KB232850

개정판

전문인 선교론
Professional Missiology

이수환 지음

KSI 한국학술정보㈜

추천의 글 

　이제 세계 선교는 전통적인 목회자 선교사 중심에서 평신도 전문인 선교를 접목할 시대가 왔다. 한국 교회는 다양한 평신도 전문인 선교의 인적 자원들이 준비되어 있다. 이 책은 한국 교회의 목회자뿐만 아니라 평신도들에게 전문인 선교에 대한 전문적인 이해를 돕는 데 좋은 영적 선물이 될 것이다.

김만수 박사(고천성결교회 담임목사, 성결교신학교 이사장)

　현대를 살아가고 있는 우리는 매우 다양하고 급변하는 사회에 살고 있다. 정치, 경제, 문화, 사회는 물론이고 심지어 종교에 이르기까지 초속도로 변하여 정신을 차릴 수 없는 사회에 우리가 살고 있는 실정이다. 그런 급변하는 사회에 선교현장도 예외가 아니다. 선교현장에서도 정치, 경제가 급변하여 타 종교인들을 테러, 핍박, 압박 등 비이성적인 행동을 종교의 이름하에 자행하고 있다. 이런 상황에서 기독교를 전도하기가 그리 간단하지 않다. 더욱이 회교권이나 공산권에는 더욱 선교가 자유롭게 전하기가 어려운 실정이다. 10/40창에 있는 나라들은 가난하기도 하지만 타 종교를 믿는 자들이 많아 선교하기가 쉬운 지역은 결코 아니다. 이렇게 어렵고 혼란스러운 선교현장에서 그래도 용이하게 선교할 수 있는 유일한 수단은 전문인 선교이다. 이 전문인 선교는 겉으로 표현되지 않으면서도 숨어서도 아닌 직업을 가지고 선교할 수 있는 효과적인 선교 전략이다. 이런 시점에서 이수환 목사의 『전문인 선교론』의 책은 많은 선교신학도들에게 매우 유익한 책이다. 그의 책은 먼저 1부에서는 전문인 선교의 정의와 현주소로 전문인 선교의 중요성을 기술하였고, 2부에서는 전문인 선교의 역사적인 배경인 구약과 신약, 그리고 바울의 전문인 선교의 배경을 신학적으로 기술하고 있다. 3부는 전문인 선교의 신학적인 방법론, 4부는 선교전략적인 측면에서 다루었고, 그리고 5부는 전문인 선교의 동력화로 영성관리, 후원문제, 케어사역을 잘 정리한 귀한 책이다. 때늦은 감이 있지만 그의 책은 쉬운 문체로 기술하였기에 선교학도는 물론 일반인들도 쉽게 읽을 수 있는 책이다. 특히 해외에 직업을 가지고 선교하려는 이들에게는 꼭 읽어볼 책으로 권하고 싶은 책이다.

손석원 박사(성결대학교 선교신학 교수)

21세기는 과학 문명과 통신 기술의 발달로 인하여 점차적으로 산업화 시대에서 정보통신 사회로 변화하고 있다. 그리고 교통의 발달로 전 세계는 일일 생활권으로 변화하여, 지역사회가 세계화의 흐름에 상호 영향을 주고받는 글로컬리제이션(glocalization)의 시대로 변화하였다. 그러나 이러한 급격한 사회 변화에 적응하지 못하고 소외되는 계층이 발생하고 있는데, 여기에 기독교 선교와 전문화된 사회 환경 사이의 기독교 선교적 차원의 네트워킹이 필요하다고 보인다. 즉, 사회 전반에 나타나는 갈등과 문제에 대하여 치유와 회복을 일으킬 수 있는 한국 교회의 전문인 선교 대응 전략이 필요한 것이다. 본 저서는 산업화 사회 이후 정보 통신 사회, 글로벌 사회에서 사회 부적응 층이 되어 버린 사람들의 사회 적응과 통합을 위해서 전문인 선교의 필요성과 대안을 생각해볼 수 있도록 돕고 있다. 항상 선교의 현장화를 위하여 학문의 길을 걸으며, 한국 교회를 향하여 전문인 선교 대응에 대한 이론적 기초를 수립하려고 노력하는 저자의 귀한 노력을 귀하게 생각하며 본서를 적극 추천한다.

노윤식 박사(성결대학교 신학대학원 원장)

21세기의 선교 패러다임은 전문인 사역자의 도래라고 생각합니다. 비록 신학 수업은 받지 않았지만 하나님의 선교적 소명을 자신의 달란트와 직업을 통해서 지상명령 앞에 순종하는 종들의 모습을 선교 현지에서 많이 보게 됩니다. 이러한 시대적 상황에 맞추어 이수환 목사의 『전문인 선교론』을 출판하게 되어 매우 기쁘게 생각합니다. 이수환 목사는 선교이론을 체계화시키는 학문과 실무에 밝은 젊은 선교지도자입니다. 그동안 강의실에서 제자들을 가르치면서 연구된 많은 새로운 선교 사상들이 담겨 있습니다. 독자들은 이 책을 통해서 전문인 선교의 성경적 기초를 확고히 수립할 뿐만이 아니라 시대에 부응하는 전문인 선교전략을 추출해 낼 수 있는 기회가 되기를 기도합니다.

조귀삼 박사
(한세대학교 선교신학 교수, 전 한국복음주의선교신학회 회장)

20세기 동안의 기독교 선교의 역사를 라토넷은 "폭풍 속의 전진"이라는 용어로 정의하였다. 선교학자이며 교회사가인 앤드류 월스는 2002년 선교세미나에서 "기독교 역사상 최악의 후퇴"라는 표현을 사용하였다. 폭풍 속 전진에서 최악의 후퇴를 경험하고 있는 21세기 초반의 선교 현실이 뚜렷하게 보인다. 이러한 영적인 혼돈과 공허 속에서 이수환 목사님의 『전문인 선교론』은 21세기 선교 사역에 새로운 생명력과 빛으로 다가오고 있음을 믿는다.

유미현 선교사(아프리카 가나신학대학 학장)

『선교와 영적 전쟁』, 『성경을 보면 선교가 보인다』, 『전문인 선교론』까지 이수환 목사님의 선교에 대한 열정은 그 누구보다 더 뜨거우며 선교에 대한 확증을 보여준다. 방송이란 전문인 선교의 한 부분을 감당하고 있는 저로서는 『전문인 선교론』을 통해서 더 다양한 주님의 선교를 접하게 되며 목사님의 책을 통하여 수많은 전문인들이 도전받고 직업인에서 멈추지 말고 선교의 현장에서 전문인 선교사로서 사명을 감당하기를 소원해 봅니다.

김양선 PD(CBS 기독교방송)

한국교회의 선교를 향한 열정은 갈수록 뜨거워지고 있다. 이런 열정이 한국을 169개국에 2만여 선교사를 파송한 세계 2위의 선교사 파송국이 되게 하였다. 그러나 종교와 이념 간의 갈등이 첨예하게 대립하고 있는 상황 속에서 세계의 효과적인 선교를 행하기 위해서는 선교 현장을 잘 이해하고 이에 걸맞은 체계적인 전문인 선교사 육성이 요구된다. 존경하는 이수환 박사님께서 최근 저술하신

『전문인 선교론』은 전문인 선교사에게 요구되는 체계적인 비전은
물론 현실적인 한계에 직면한 선교의 정신과 방법을 과감하게 바
꿀 것을 제안하고 있다. 따라서 이 책은 예비 선교사들은 물론 그
들을 가르치는 교사들, 선교의 이론적 이해를 연구하는 선교학도들
에 이르기까지 모두에게 유용한 지침서가 될 것이다.

이장석 목사(교회성장연구소 본부장)

저자 서문

　전통적인 선교 패러다임의 시대가 막을 내린다면 과연 하나님은 어떻게 선교하실까? 21세기 선교(Missions in the 21st Century)는 전문인 선교의 시대다. 최근에 전문인 선교가 세계 선교의 핵심적 화두로 등장하고 있다. 한국 교회도 전문인 선교사에 대한 인식이 점점 확산(extension)되고 있다. 동시에 전문인 선교사들의 숫자의 증가는 매우 고무적인 현상이라고 할 수 있다.

　미국의 복음전도자였던 빌리 그레이엄(Billy F. Graham) 목사는 "다가오는 시대에 하나님이 행하실 위대한 역사 가운데 한 가지는 산업현장에서 일하는 그리스도인을 통해서 일어날 것이다."라고 말했다.[1] 특히 이러한 직업현장에서 전문인 선교사의 사역과 선교 활동은 21세기 선교에 있어서 매우 중요한 역할을 하고 있다. 그것은 전문인 선교사가 불가능한 환경을 넘어 믿음으로 행동하는 사람들이기 때문이다. 전문인 선교는 필요에 따라 다양해서 그 나라 전체의 도시와 산업에 영향력을 줄 수 있다.

　그만큼 전문인 선교는 목회자나 선교사 비자를 거부하는 국가에

---

1) Ken Eldred, 『비즈니스 미션』, 안정임 역(서울: 예수전도단, 2006), 49.

위대한 미래 지향적인 세계 선교전략임이 분명하다. 한국 교회는 이에 반기를 드는 것이 아니라 기회를 붙잡아야 할 것이다. 그것은 전문인 선교야말로 예수 그리스도의 몸인 교회가 가장 폭넓게 참여하고, 하나님 나라를 위한 가장 위대한 사역이 되기 때문이다. 그러나 아직까지 목회자 중심적인 한국 교회는 평신도가 선교하는 것에 대해 부정적인 시각을 가지고 있는 것 또한 사실이다.

이러한 부정적인 평가의 한 예로 캐나다 틴데일신학교(Tyndale Theological Seminary) 교수인 하워드 스나이더(Howard A. Snyder)는 그의 책 『21세기 교회의 전망』(Foresight: 10 Major Trends that will dramatically affect the future of Christians and the Church)에서 다음과 같이 "한국에서 6개월을 보낸 한 미국 목사가 많은 그리스도인들이 아직도 자신들의 선교 사명을 깨닫지 못하고 있으며 교회 건축에만 몰두해 있었다."라고 지적하였다.[2]

---

2) Howard A. Snyder, 『21세기 교회의 전망』, 박이경·김기찬 역(서울: 아가페출판사, 1993), 21. 스나이더는 선교사의 아들로 태어나서 1966~1968년까지 미국 디트로이트 시에서 목회를 했다. 그는 교회의 본질과 사회 안에서의 교회의 역할에 대해 깊이 생각했던 목회자로 1968~1975년에 브라질 선교사로 사역한 뒤 노트르담대학에서 역사신학을 전공하면서 교회론과 교회 갱신운동에 큰 관심을 갖게 되었다. 그는 시카고의 자유감리교회

지금 세계는 새로운 선교의 패러다임으로 변화하고 있다. 전통적인 목회자만이 선교사가 되는 시대는 지나가고, 누구나 자신의 전문인 영역에서 전문인 선교를 접목할 수 있는 시대가 온 것이다. 그래서 전문인 선교는 세계 선교의 남은 과제를 해결할 수 있는 대안이며, 목회자뿐만 아니라 이제 평신도들이 가장 폭넓게 참여할 수 있는 새로운 패러다임(New Paradigms)의 선교적인 방식임이 분명하다.

필자는 다음과 같은 연구를 통해 전문인 선교의 총체적인 미션을 살펴보고자 한다. 첫째, 전문인 선교의 정의(definition of professional missions)와 그 현주소에 대하여 신학적 이론과 성경적 기초, 그리고 역사적 배경들을 알아본다. 둘째, 창의적 접근 지역에서 전문인 선교사가 전문적인 직업을 가지고 어떻게 하면 효율적으로 접근해서 선교할 것인지 그 신학적 방법론을 연구한다. 셋째, 21세기 효과적인 전문인 선교전략과 전문인 선교의 동력화에 대해 연구하고자 한다.

에서 목회하면서 노트르담대학 존 하워드 요더의 지도하에 '기독교 선교 역사에서의 교회 갱신 패턴'이라는 논문으로 박사학위를 취득했다. 켄터키 주의 애즈베리신학교 세계 선교대학원 교수로 섬겼던 그는 이론과 실천의 조화를 꿈꾸는 기독교 미래 학자이자 교회 갱신론의 대가로서 탁월한 예지력을 인정받고 있다.

이 책은 필자가 성결대학교 대학생들을 대상으로 한 학기 동안 21세기 창의적 접근 지역의 선교적 대안(missional substitute)인 『전문인 선교론』의 과목을 매주 가슴 설레는 마음으로 강의했던 것을 정리하였다. 쉽지 않은 강의였지만 최선을 다해 준비했으며, 지금의 세 번째 작품인 『전문인 선교론』이 나올 수 있었다. 이러한 티칭의 기회를 통해 전문인 선교를 총체적(holistic)으로 연구할 수 있었던 축복의 기회였다.

이 책이 나오기까지 배려를 아끼지 않으신 성결대학교 손석원 교수님과 노윤식 교수님, 격려해 주신 한세대학교 조귀삼 교수님, 총신대학교 김성욱 교수님, 전 총신대학교 선교대학원장이자 한국세계선교협의회 대표회장 강승삼 교수님, 고천성결교회 당회장 김만수 목사님 또한 이 책을 출판할 수 있도록 많은 도움을 주신 한국학술정보(주) 채종준 사장님과 강태우 차장님께 감사를 드린다.

2011년
성결대학교에서
이수환 박사(Ph.D.)

목차

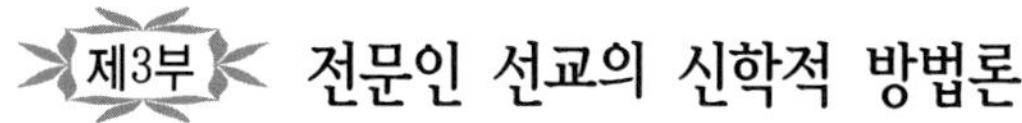

제3부 전문인 선교의 신학적 방법론

제8장 전문인 선교와 성령론 / 277

제9장 전문인 선교와 선교적 교회론 / 291

※ 제5부 ※ 전문인 선교의 동력화

제 1 부

전문인 선교의 정의와 그 현주소

제1장 전문인 선교의 필요성

맥도날드(McDonald's)는 하루에 약 5,400만 명의 고객이 찾고 있는 세계에서 가장 큰 패스트푸드 음식점이자 다국적 기업(multinational corporation)으로 알려져 있다. 이 회사가 이렇게 유명한 기업이 될 수 있었던 것은 그럴 만한 까닭이 있다. 맥도날드 회사는 본사의 직원뿐만 아니라 회사와 관계되는 모든 사람들, 이를테면 판매 대리점 주인과 회계사, 그리고 변호사까지도 맥도날드의 중역과 같은 전문 교육을 받게 한다. 그들은 미국 일리노이 주에 있는 햄버거대학교(Hamburger University)에 들어가 그곳에서 식당을 전문적으로 운영한 경력이 있는 강사로부터 열이틀 동안 전문인 교육을 받는다. 교육과정으로는 식당 경영과 인간관계, 그리고 햄버거 굽는 기술 등이 있다. 현재까지 이 햄버거 대학교에서 학사 학위를 받은 사람은 수만 명이 넘는다. 이 회사가 세계적인 유명한 회사가 된 이유는 전문인을 위한 실제적인 교육을 실행했기 때문이다.

1. 전문인이란 무엇인가?

일반적으로 전문인(professional)이라 뜻은 '어떤 일을 전문으로 하거나 그런 지식이나 기술을 가진 사람' 또는 '직업 선수', '전문가'를 말한다.[3] 연세대학교 심리학과 교수인 손영우는 전문인에 대하여 말하기를, "숙련가를 뛰어넘어 자신의 분야에 대한 통찰력과 모험 정신을 가지고 끊임없이 노력하는 사람이다."라고 주장하였다.[4]

21세기 세계 최고의 경영자로 불리던 피터 드러커(Peter F. Drucker, 1909~2005)는 전문인에 대하여 말하기를, "자발적인 의지(will)에 의해서 스스로가 자신의 미래를 개척하는 지식근로자를 말한다."라고 정의하였다.[5] 앞으로 산업사회는 20:80의 구조로 가면서 20%의 근로자가 80%의 인간을 부양하는 식이 되므로 전문인의 역할이 더욱더 중요하게 될 것이다. 그래서 아날로그(analog)형에서 디지털(digital)형으로 직업인의 기능이 변화되어 가고 있다는 인식이 필

---

3) 영한사전, "Professional", http://engdic.daum.net.

4) 손영우, 『전문가, 그들만의 법칙』(서울: 샘터, 2005), 9.

5) Peter F. Drucker, 『프로페셔널의 조건』, 이재규 역 (서울: 청림 출판사, 2001), 198-214. 현대 경영학의 아버지로 추앙받는 드러커는 지식 사회의 도래와 지식노동자의 역할을 언급함으로써 현대 경영의 본질과 방향을 제시하였고, 시대를 앞서가는 경영철학과 탁월한 통찰력으로 수많은 비즈니스맨의 멘토가 되어 왔다. 1909년 오스트리아 빈에서 태어나 프랑크푸르트대학교(Frankfurt Universität)에서 국제법학박사학위를 받았으며, 이후 영국에서 금융기관 애널리스트로 활약했다. 1938년 미국으로 건너간 뒤에는 뉴욕대학교(New York University) 등 유수의 대학에서 강의를 했으며, 제너럴 모터스, 제너럴 일렉트릭 등 세계적 기업의 컨설팅을 담당하였다. 말년까지 클레몬트대학교(Claremont University) 피터 드러커 경영대학원에서 경영학과 사회과학을 가르쳤으며, 피터 드러커 비영리재단의 명예 이사장을 역임했다. 2005년 11월 11일 96세로 생을 마감할 때까지 드러커는 자신의 일과 삶에서 끊임없이 최선을 다하는 참된 스승의 모습을 보여주었다. 대표작으로 『프로페셔널의 조건』, 『변화리더의 조건』, 『이노베이터의 조건』의 21세기 비전 시리즈와 『드러커 100년의 철학』, 『미래 경영』, 『미래를 읽는 힘』, 『실천하는 경영자』, 『경영 바이블』 등이 있다.

요한 것이다.

명지대학교 국제대학원에 문화교류선교학과 교수인 김태연은 전문인에 대하여 말하기를, "어떤 상황이 전개되더라도 하나님의 음성을 들으면서 위기를 관리할 수 있는 능력이 있는 자라고 볼 수 있다. 이들이 없으면 일이 진행되지 않는다."라고 하였다.[6]

이렇게 하나님 나라의 인재를 전문인이라고 본다면, 드러커의 의견도 전문인에게 필요한 강점이라고 볼 수 있다. 드러커는 자신의

---

6) 김태연, 『전문인 선교사를 구비시켜라』 (서울: 도서출판 치유, 2000), 45. 명지대학교 특수대학원, "국제대학원", http://www.mju.ac.kr. 문화교류선교학과(Intercultural Studies)는 선교의 체계적인 이론과 실제를 교수 연구하며, 세계 다문화 연구를 통해 선교에 대한 문화적 전략 접근법에 대해 학습하고, 열방선교의 사명과 그리스도의 가르침을 교육하여 영성과 지성을 겸한 유능한 선교 지도자를 양성한다. 첫째, 세계화 및 지역전문화시대에 섬김의 지도력을 발휘할 수 있는 전문선교 인력 양성한다. 둘째, 외국인 중 선교활동 지망생 발굴 및 훈련을 한다. 셋째, 안식선교사의 재교육을 위한 선교 비전 및 영성 함양을 한다. 넷째, 선교 비전을 가진 자비량 평신도 선교사 교육을 실시한다. 교과내용은 선교 기초 정보(세계 선교현황을 파악하고 정보와 전략 수립), 실용적인 선교준비1(장·단기별 선교사로서 지역선교의 역사적, 문화적, 전략적 이해), 실용적인 선교준비2(선교현장에서 일어날 사례파악과 성경적 세계관에 따른 대처 방안), 선교와 치유법(선교생활 대처전략, 선교사들이 겪는 스트레스와 인간관계 워크숍), 선교문화인류학(지역별 선교 방법과 선교지 특성에 따른 전도방법, 목회, 제자양육 사역 계획 연구), 자비량 전문 직업 선교 전략(신학적 의미와 교회개척 모델, 다양한 사례 비교 연구), 섬김의 리더십 훈련, 하나님의 비전과 자아발견(헌신된 사역자의 자질 향상 및 훈련 프로그램) 등이 개설되어 있다. 교육특징은 모든 강의는 영어로 진행, on/off−line 수업(인터넷 과목 개설)을 통한 석사과정 이수 시 석사학위 수여, 1학기와 4학기는 강의실수업, 개인 사정에 따라 2학기와 3학기는 국내외 원격수업 가능, 세계 선교에 부흥할 수 있는 전문선교교육 등이다. 졸업 후 진로는 선교를 목표로 하는 해외 기업 및 기관 취업, 전문직을 통한 해외 선교사 파송, 외국인은 졸업 후 직업을 통한 자국 선교, 국내외 선교기관에서 선교전략 및 실무자로 활동을 목표로 한다. 학위는 문화교류선교학 석사(M. A. in Intercultural Studies)를 수여한다. 교과 과목은 Evangelism, Cultural Anthropology, Tent−making/Professional Missions, Mission Field Trip, English for Missions, Seminar on Christian Theology, Seminar on Soteriology, Seminar on the Book of Acts, History of Missions, Unreached Poeple & Urban Missions, Issues in Contemporary Missions, History & Culture of Korea, Study on Korean Diaspora, Field Adjustment of Missionary, Theologizing in Missions, Study in China & N.Korea, Christianity & Islam, Christianity & Communism, Christianity & Buddhism, Current Cults & New Religions, Campus Missions, Business Missions, Silver Mission, Medical Missions, Spiritual Theology, Seminar on Missionary & Well−being Life, Intensive English Camp 등이다.

인생을 바꾼 일곱 가지 지적인 경험에 대해 다음과 같이 주장했다. 첫째, 목표(goal)와 비전(vision)을 가져라. 둘째, 하나님이 보고 계신다. 셋째, 끊임없이 새로운 주제를 공부하라. 넷째, 자신의 일을 정기적으로 검토하라. 다섯째, 새로운 일이 요구하는 것을 배워라. 여섯째, 의견(feed back)을 활용하라. 일곱째, '어떤 사람으로 기억되기를 바라는가?'를 스스로 질문하라.[7]

2. 전문인 선교사란 무엇인가?

지나온 과거 선교역사를 살펴보면, 영혼구원과 교회개척에만 치중한 것이 사실이다. 그러나 지금의 선교는 전문인 선교로서 영혼구원과 함께 그 사회와 개인의 필요를 외면하지 않고 이를 통해 복음의 접촉점을 찾는 유익을 넘어 직업을 통해 그 사회에 부응하고 더 나아가 한 명의 영혼이라도 신실한 그리스도인으로 만들어 그 사회에서 어떤 삶을 살아가는 것이 좋은지 보여주는 중요한 모델이 된다. 물론 선교 현지의 사람들은 자기들의 믿음만을 선교하는 이기적인 기독교 종교보다 그 사람들을 돕고 고민을 이해하며, 그들과 함께 삶의 모델들을 만들어 가는 전문인 선교사들을 필요로 한다. 그들이 전문인 선교사들과 현지인 그리스도인들에게서 이런 모델을 발견할 때 비로소 진정한 회심이 일어나는 것을 보게 된다.

오늘날 우리가 직면하고 있는 선교적 환경을 볼 때 전문인 선교사는 시대적 요청이라 할 수 있다. 21세기 선교는 선교지마다 이제

---

7) Peter F. Drucker, 『프로페셔널의 조건』, 155-168.

준비된 전문인 선교사를 필요로 한다. 기초가 없는 선교 프로젝트
는 초기에 그럴듯하게 포장이 되어 멋져 보이지만 얼마 못 가서 비
참하게 무너져 버릴 수가 있다. 많은 선교사를 파송하는 것도 중요
하지만 소수라도 양질(quality)의 교육이 준비된 전문인 선교사를
파송할 때 장기적으로 효과적인 복음을 전할 수 있는 것이다.[8]

먼저 선교사(missionary)의 단어는 원래 헬라어 아포스톨로스($\alpha\pi o$
$\sigma\tau o\lambda o\varsigma$)로 '보내심을 받은 자'(one sent forth)라는 뜻을 가지고 있
다.[9] 이러한 어원적인 의미로 볼 때, 선교사라는 명칭은 파송받은
사도와 밀접한 관계를 가지게 된다. 사도($\alpha\pi o\sigma\tau\epsilon\lambda\lambda\omega$)라는 단어가
전치사 아포($\alpha\pi o$, from)와 동사 스텔로($\sigma\tau\epsilon\lambda\lambda\omega$, to send)의 합성어
로 히브리서 3:1에서 하나님과 예수 그리스도와의 관계를 묘사할
때와 누가복음 6:13과 누가복음 9:10에서 예수님께서 특별한 훈련
을 위하여 선택하신 열두 제자들을 지칭할 때 사용되었다.

> "그러므로 함께 하늘의 부르심을 받은 거룩한 형제들아 우리가 믿는
> 도리의 사도이시며 대제사장이신 예수를 깊이 생각하라"(히 3:1)
> "밝으매 그 제자들을 부르사 그중에서 열둘을 택하여 사도라 칭하셨
> 으니"(눅 6:13)
> "사도들이 돌아와 자기들이 행한 모든 것을 예수께 여쭈니 데리시고
> 따로 벳새다라는 고을로 떠나 가셨으나"(눅 9:10)

특히 히브리서 3:1에 의하면, 예수님을 사도와 대제사장(the apostle
and high priest)이라고 묘사한 것으로 보아 예수님도 역시 보냄을

---

8) 김종성, 『선교사의 생활과 사역』 (서울: 한국장로교출판사, 2006), 50−51.

9) 신약성경에서 '보낸다'(sending)의 의미인 선교라는 개념은 206번 등장한다. 그러나 보
   냄을 받은 자라는 의미를 지닌 선교사라는 아포스톨로스($\alpha\pi o\sigma\tau o\lambda o\varsigma$)는 79번이 나타난다.

받은 자인 사도로 전문인 선교사이셨다. 구체적으로 예수님은 사도로 하나님이 세상의 자녀들에게 보내주신 위대한 심부름꾼이셨다. 하나님께서 보내신 자라는 것은 예수님께서 자기 자신에 대해 하신 말씀이다. 예수님은 자기 스스로 온 것이 아니라 하나님 곧 아버지께서 보내신 것이다.

예수님은 사도로서 그의 임무는 사랑하는 자녀에게 아버지의 뜻을 나타내고 밝히는 것이다. 또한 예수님은 대제사장으로 만물 가운데 하나님이 얼마나 탁월한 분이신가를 설명하려고 오셨다. 그래서 예수님의 위대한 목적은 전문인 선교사로서 하나님과 인간 사이를 화해(reconciliation)시키기 위한 것이다. 예수님은 우리의 평화(shalom)이시며, 평화이신 예수님을 전파하는 것이 전문인 선교사의 큰 목적이라고 할 수 있을 것이다.

1) 전문인 선교사의 정의

전문인 선교사(專門人 宣敎師)에 대한 견해는 다양하다. 그만큼 선교지마다 선교사가 다양한 전문인 사역을 하고 있기 때문이다. '전문인 선교사(professional missionary)란 무엇인가?'에 대한 세계 선교신학자들의 주장은 다양하다.

미국 트리니티복음주의신학교(Trinity Evangelical Divinity School)의 명예교수인 허버트 케인(J. Herbert Kane)은 전문인 선교사에 대하여 말하기를, "해외에 나가서 일을 하되 자신의 직업을 통한 일반적인 부르심을 개인적으로 예수 그리스도의 증인이 되어 복음을 전할 기회를 삼는 헌신적인 그리스도인이다."라고 하였다.[10]

『자비량 선교사들은 이렇게 말한다: 400명이 넘는 자비량선교사들의 실제적인 준비를 위한 조언』(Missionary Tentmakers: Practical Advice from Over 400 Missionary Tentmakers)의 저자인 돈 해밀톤(Don Hamilton)은 전문인 선교사에 대하여 말하기를, "타문화권에서 일하는 그리스도인을 뜻하며, 그 문화권에서 성직자는 아니지만 그의 헌신과 소명, 그리고 동기(motivation)와 훈련 면에서 분명히 하는 사람을 선교사다."라고 하였다.[11] 전문인 선교사는 문화적인 장벽(cross-cultural barriers)을 뛰어넘는 사람이다. 그들은 그 지역에서 문화적으로 항상 이방인이다. 또한 전문인 선교사는 우연히 해외에 살게 된 복음주의자가 아니다. 그들은 복음 전파가 부업이 아니라 하나님의 직업으로 선교의 목적과 동기가 분명하고 훈련을 거친 전문인 선교사들인 것이다.

전문인 선교의 아버지인 『현대의 자비량 선교』(Today's Tentmakers)의 저자로 고든 칸웨이신학교에서 선교학을 강의했던 아프가니스탄 출신 선교사였던 크리스티 윌슨(J. Christy Wilson)은 전문인 선교사에 대하여 말하기를, "그리스도인들로서 특히 해외 여러 가지 이유로 나아가서 머무는 곳에서 예수 그리스도를 증거할 기회 곧 선교할 수 있는 잠재력을 가진 평신도 선교사이다."라고 하였다.[12]

세계적인 선교 백화점이라고 부르는 미국 풀러신학교 선교대학원(Fuller Theological Seminary, School of World Mission)을 설립한

---

10) J. Herbert Kane, *Winds of Change in the Christian Mission* (Chicago: Moody Press, 1973), 177.

11) Don Hamilton, 『자비량 선교사들은 이렇게 말한다』, 정진환 역 (서울: 죠이선교회 출판부, 1991), 22.

12) J. Christy Wilson, *Today's Tentmakers: self-support an alternative model for worldwide witness* (Wheaton: Tyndale House, 1979), 10.

도날드 맥가브란(Donald A. McGavran)은 전문인 선교사에 대하여 말하기를, "평신도로 안수는 받지 않았지만 선교비 전액을 완전히 지원받아 일하는 그리스도인이다."라고 하였다.[13]

전 총신대학교 선교대학원 원장이자, 현재 한국세계선교협의회 (KWMA) 대표회장인 강승삼은 전문인 선교사에 대하여 말하기를, "평신도이든지 목회자이든지 또는 자비량으로 하든지 재정 후원을 받든지 간에 어떤 직업을 가지고 타문화권에 들어가 복음 사역을 하는 자이다."라고 하였다.[14]

미국 전문인선교협의회(USAT)는 전문인 선교사에 대하여 말하기를, "기술이나 전문성을 소유하고 타 문화권에 거주하면서 현지인을 예수 그리스도의 제자로 삼는 데 최우선권을 두며, 가능한 곳에서는 교회를 개척하고 견고하게 하는 그리스도의 증인이다."라고 보고하였다.[15]

미국 풀러신학교 선교학 교수인 박기호는 전문인 선교사에 대하여 말하기를, "정규신학훈련을 받고 목회에 대한 전문 지식을 갖춘 목사를 뜻하는 것이 아니라 의사, 교수, IT전문가, 농업 기술자 등

---

13) 김수곤, "평신도 선교동력화에 대한 연구," 『석사학위 논문』 (양평: 아세아연합신학대학교 신학대학원, 1997). 풀러신학교는 1947년 라디오 방송 설교자로 당대를 대표하던 전도자, 찰스 풀러(Charles E. Fuller)와 보스턴 소재 팍스트릿교회 담임목사 헤롤드 오켕가(Harold J. Ockenga)에 의하여 캘리포니아 주 파사디나(Pasadena) 시에 설립되었다. 이 신학교의 설립 목적은 복음주의를 지향함과 아울러 학문적으로도 세계적인 수준의 학교를 만드는 것이다. 설립자들의 비전대로 이 신학교는 설립된 지 54년이 되는 지금 세계 최대의 복음주의 신학교로서 그 신학적 선교적 사명을 감당해 가고 있다. 이 신학교 내에 세 개의 대학원 가운데 하나인 선교대학원은 교회성장학의 대가로 알려진 도날드 맥가브란(Donald A. McGavran)에 의해 설립된 이후 선교학 분야에서 세계 최대 최고의 선교대학원으로 성장해 오면서 하나님의 나라와 교회를 위한 선교 지도자들을 양성해 오고 있다.

14) 강승삼, 『21세기 선교 길라잡이』 (서울: 생명의말씀사, 1998), 133.

15) 강승삼, 『21세기 선교 길라잡이』, 133.

전문적인 지식과 기술을 가진 사람으로서 일반 선교지나 특수 선교지에서 전문지식과 경험을 가지고 기독교 기관이나 일반 사회 기관 등에서 일하면서 선교 사역을 하는 사람을 말한다."라고 하였다.[16]

이것을 다시 정리하면, 전문인 선교사란 전문적인 기술과 자격을 갖추고 자신의 재능을 전문인 선교에 사용하여 세계 선교에 동참하는 사람들을 말한다. 그들은 하나님의 사명을 받고 적절한 훈련을 받은 뒤에 자신의 영적인 은사를 전문인이라는 상황에 적용하는 사람이다. 전문인 선교사는 전문적인 직업에서 성공하는 것뿐만 아니라 교회 부흥에도 관심과 열정을 기울인다. 선교 사업을 사역의 걸림돌로 여기지 않고 오히려 말과 행동으로 복음을 전파하는 중요한 사역 매개체로 인식한다.[17] 전문인 선교사는 복음의 불모지에서 살아가는 현지인들의 영적인 면과 경제적인 면, 그리고 사회적 상황을 개선하고자 최선을 다하는 가운데 기꺼이 그들 속으로 들어가 살며 함께 일하고자 자원하는 사람들이다.

그래서 전문인 선교사가 지닌 선교적 사명은 광범위할 수밖에 없다. 우선 현지의 고용원과 동업자, 그리고 생산자와 구매자들에게 좋은 영향을 미치기 위해 노력하고, 사업 활동 자체에 하나님의 눈으로 세계를 보는 성경적 세계관(Biblical Worldview)이 드러나도록 노력하는 것도 중요하다. 아울러 유용한 상품과 질 높은 서비스를 제공하며, 현지인들을 고용(employment)하여 그들이 재능을 발휘하고 생활비를 벌도록 한다. 또한 성경적 세계관과 예수 그리스도의 사랑을 바탕으로 그들이 운영하는 사업체 안팎에 기독교 문

---

16) 강승삼, 『21세기 선교 길라잡이』, 133.
17) Ken Eldred, 『비즈니스 미션』, 64.

화를 형성하도록 노력해야 할 것이다.

전문인 선교사는 선교 현장의 필요성을 채워 주는 모든 직업의 전문성을 가진 선교사를 의미한다.[18] 전문인 선교사는 통상적으로 이윤(profit)을 추구하지 않으면서 자신의 사명을 추구하는 사람을 말한다. 그래서 그들은 하나님과 예수 그리스도의 머리인 교회에 대한 봉사에 있어서 자원하는 마음을 소유해야 하고 이를 나타내어야 한다. 이러한 헌신은 그들의 개인적 이익이나 이득을 위한 조건이 되어서는 안 될 것이다.[19]

뿐만 아니라 전문인 선교사들은 예수 그리스도 안에 들어와 그리스도의 마음을 품고 하나님의 뜻을 준행하는 기독교 세계관을 가진 자이다. 또한 예수 그리스도의 지상 대위임을 준행하기 위하여 전신자 선교사(Every Believer's Missionarihood)로서의 선교 사명을 가지고 어떤 특정한 분야에 종사하는 직업의 전문성에 사역의 전문성을 갖추어 타문화권에 나아가서 복음을 증거하는 성육신적인 선교사(Incarnational Missionary)를 말한다. 따라서 직업의 전문성에 사역의 전문성을 배양 받아 하나님 나라 차원에서 세계 도처에 가서 복음을 증거할 수 있는 선교적인 인재를 양성해야 할 것이다.

현재 세계적으로 전문인 선교를 가르치고 인재를 양성하는 대학교들이 늘어나고 있다. 미국의 경우를 보면, 버지니아의 리치먼드신학교(Richmond Theological Seminary), LA의 윌리엄캐리국제대학교(William Carey International University), 그리고 캐나다 리전트대학(Regent College) 등 서구 학교들이 있다. 한국의 경우를 보면, 성결

---

18) 김태연, 『전문인 선교사로 나가자』 (서울: 예영 닷컴, 2004), 46.
19) 류호준, "쉼표가 있는 삶," 『목회와신학』 (2004, 12월), 72.

대학교, 한세대학교, 총신대학교 선교대학원, 서울신학대학교 신학전문대학원, 명지대학교 국제대학원, 아세아연합신학대학교 평생교육원 기독최고지도자과정(CEO), 한반도국제대학원대학교 등에 전문인 선교 강의가 개설되어 있다.

세계의 급격한 변화에 따라 전통적인 선교 접근보다는 하나님의 선교의 목적을 온전히 이루기 위해 선교현지의 필요를 채워주면서 사회치유(social healing)를 통한 총체적 선교(hoilistic mission)가 이루어져야 한다. 최근 이러한 관점에서 그 대안으로 급부상한 전문인 선교에 대한 그 이론과 실제, 그리고 전문인 선교전략에 대한 선교학(missiology) 분야는 계속적으로 연구되어야 한다. 더 나아가 한국 기독교는 이 분야에서 가르치거나 연구하는 수준 높은 교육기관들을 많이 만들어 가는 데 최선을 다해야 할 것이다.

다음으로 국내 선교단체인 한국대학생성경읽기선교회(UBF), 국제대학선교협의회(CMI), 예수전도단(YWAM), 인터콥 전문인협력기구(HOPE), 엘로우 윈도우 연합 공동체, 열방네트워크(ANN), 그 밖에도 미전도종족선교연대(UPMA), 해외선교사협회(OMF), 전문인선교훈련원(GPTI), 국제선교회(MI) 등이 연구 네트워킹 동원 훈련에 이르기까지 전문인 선교를 위한 전파자의 역할을 수행하고 있다.[20]

한 예로 한국성결교회(韓國聖潔敎會)가 초기 선교단체(para church)로 출발하여 교단으로 형성되기까지 최초 동양선교회(東洋宣敎會, The Oriental Missionary Society)는 일본인 나까다 쥬지(中田重治, 1870~1939)와 미국인 찰스 카우만(Charles E. Cowman, 1867~1924) 등이 일본 동경에서

---

20) 엘로우 윈도우 연합 공동체는 오병이어선교회와 국제사랑의 나눔, 그리고 영양개선연구회를 포함한다.

새롭게 중앙복음전도관이라는 선교회를 1901년에 조직함으로 시작
되었다.[21] 특히 카우만은 처음에 인도로 가서 복음을 전하려고 계획
했지만 부인의 건강이 인도 기후에 견딜 수 없다는 의사의 진단으
로 게렛신학교(Garret Theological Seminary)의 특별과정과 무디성경
학원(Moody Bible Institute)을 다니며 신학수업과 함께 선교의 꿈을
키워갔다. 그는 무디성경학원에서 일본 유학생 나까다 쥬지 목사를
만나 일본 선교에 대한 요청을 받는 중에 1900년 8월 11일 드디어
일본 선교의 사명을 받았다.[22] 1902년 8월 카우만의 요청에 따라
어네스트 킬보른(Ernest A. Kilbourne, 1865~1928)이 전신기사직인
전문직을 사임하고 일본으로 건너가 합세하였다.[23] 이들은 전문인
선교사로서 중앙복음전도관과 동경성서학원의 선교활동을 활발하
게 진행하였다. 이러한 헌신이 오늘날 한국 교회를 성장하게 만들
었던 것처럼 직업의 전문성을 통해 하나님 나라의 차원에서 전 세
계에 가서 복음을 증거 할 수 있도록 전문인 선교사들을 양성해야
할 것이다.

최근 미국이 파송한 선교사의 95%가 전문인 선교사라는 것을 보
면, 이제는 자신의 직업을 가지고 하나님과 함께 일하면서 선교 사
역을 겸손히 감당하는 방법은 21세기 선교 있어서 중요한 핵심 전
략이다. 세상의 직업 수는 약 45,000여 개로 그 가운데 한국의 직
업 수는 약 25,000여 개로 보고 있다. 그중에 목사라는 직업은 전

---

21) 정상운, 『한국성결교회(Ⅰ)』 (서울: 은성출판사, 1997), 56. 동양선교회는 18세기 감리
교 존 웨슬리의 신학과 19세기 미국에서 형성된 성결운동(Holiness Movement)의 결과
로 생긴 교회이다.

22) 정상운, 『성결교회 역사총론』 (안양: 한국복음문서간행회, 2004), 39.

23) 정상운, 『성결교회 역사총론』, 43.

문인 가운데 영적인 전문인으로 볼 수 있으며, 전문인 선교사가 되려면 신학을 공부하는 것도 효과적인 사역의 방법일 것이다.

2) 전문인 선교사의 개념

오늘날 전문인 선교라는 용어가 널리 통용되고 있다. 반면에 전통적으로 정리되지 않아서 다소 혼돈이 있고, 강조점도 달라서 인용하는 사람에 따라서 같은 단어도 약간씩 달리 사용되고 있다. 현재 가장 자주 쓰이고 있는 몇몇 용어들을 먼저 살펴보기로 하자.[24]

① 텐트메이커(Tentmaker)

텐트메이커는 사도행전 18:3에서 나온 말이다. 바울이 천막(tent)을 만드는 일을 하면서 복음을 전한 데서 비롯되었다. 그런데 이 단어에 대한 정확한 정의는 아직 정리도 되지 않는 상태여서 아직까지 유사 성경적(pseudo biblical) 개념으로 여겨지고 있다. 또한 영어 표현도 'Lay Pastor', 'Non‒professional Missionary', 'Lay Apostolate', 'Self‒Supporting Cross‒Cultural Witness', 'Ambassador for Christ without Portfolio', 'Unofficial Missionary' 등 다양하게 쓰이고 있다. 이처럼 텐트메이커 방식의 선교를 전부터 시도해 온 서양에서도 아직까지 이 단어에 대해 정확한 정의를 내리지 못한 상황 가운데 있다.

② 직업 선교사(Bivocational Missionary)

직업 선교사가 두 개의 직업, 즉 세속적인 직업과 선교사 직분을

---

24) 제2차 민족과 세계복음화 회의 자료집, "전문인 선교", http://kcm.co.kr.

가지고 있음을 표현하고 있다. 영어 표현으로는 일반 직업과 함께 선교 사역을 동시에 하기 때문에 'Bivocational Missionary'(직업 선교사)라는 단어로 표기하기도 한다. 이 단어는 선교사가 직업의 전문성과 선교사로서의 전문성을 동시에 지니고 있어야 한다는 의미를 표현하고 있다.

③ 자비량 선교사(Self – Supporting Missionary)

자비량 선교사는 '텐트메이커'의 또 다른 표현인 'Self – Supporting Missionary'(자비량 선교사)를 그대로 번역한 말이다. 이 말은 바울이 '텐트메이커'로서 자신의 생활비를 스스로 벌어 가면서 복음을 전했기 때문에 붙인 것이다. 따라서 이것은 주로 경제적인 측면에서 정의된 말로 볼 수 있다. 또한 이 용어는 주로 크리스티 윌슨(J. Christy Wilson)이 '텐트메이커'라는 단어와 항상 병용하여 쓰고 있기도 한다. 그러나 '텐트메이커'라고 해서 사실 외부의 재정적 도움이 전혀 필요 없는 것은 아니다. 왜냐하면 창의적 접근 지역에 속한 많은 국가들의 경우를 보면, 이들 나라에서 전적인 자비량이 어려운 경우가 많다. 물론 '텐트메이커'란 말 속에 자비량할 수 있는 가능성이 없는 것은 아니다. 사역자(pioneer)에 따라서는 전적인 자급이 가능한 경우가 있겠지만 혹은 일부나 전부를 후원을 받아야 하는 경우도 있기 때문이다.

따라서 '텐트메이커'란 말 속에는 경제적인 필요의 일부나 전부를 자비량이라는 개념도 포함하고 있다. 그러나 모든 '텐트메이커'가 반드시 '자비량 선교사'는 아니다. 실제로 바울도 항상 자비량한 것은 아니었으며, 몇몇 경우 외에는 전적인 후원에 의존하여 활동하였다.

자비량 선교사는 의료, 교육, 사업, 외교 등의 전문 지식 때문에 입국이 허용되는 장점이 있다. 그들은 일상 업무를 통해 증인(witness)으로 살아갈 수 있다. 개종시켜서는 안 되는 제한된 상황에서 성실하게 수준 높은 일상 업무와 여가 시간을 통해 복음을 증거할 수 있다. 이는 전임 선교사와는 달리 더 높은 수준의 영적 은사(spiritual gifts)를 필요로 할 것이다.[25] 그래서 그들은 시간적 제약이 많기는 하지만 기본적으로 최소한 훌륭한 도덕성(morality)과 기도후원을 갖추어야 한다.

④ 평신도 선교사(Lay Missionary)

'텐트메이커'를 평신도 선교사로 번역하고 있는 경우가 대단히 많다. 또한 실제 평신도 신분으로 선교사가 되는 경우를 가리키는 사람들이 매우 많다. 이는 신분상 목회자 선교사와 대조된다. 그러나 만약 목회자가 목회자 신분으로 갈 수 없는 창의적 접근 지역에 어떤 직업을 가지고 간다면 '텐트메이커'로 부를 수 없겠는가? 따라서 평신도가 선교를 위한 텐트메이커가 될 수 있지만 텐트메이커가 반드시 평신도 선교사만을 가리키는 것은 아니다.[26]

결과적으로 전문인 선교라는 이 용어 안에는 직업 선교사, 평신도 선교사, 자비량 선교사, 전문인 선교사의 뜻이 모두 포함되어 있다. 이러한 전문인 선교에 대한 정의는 1987년 시카고 휘튼대학(Wheaton College)의 빌리 그래함 센터(Billy Graham Center)에서 내

---

25) Michael Griffiths, *Missionary?* (London: Inter Varsity Press, 1992), 66−70.

26) 강승삼, 『21세기 선교 길라잡이』, 134−135.

린 내용이며, 1994년 미국 전문인선교협의회(USAT)가 채택한 개념이다.

3) 전문인 선교사의 4가지 유형

선교 현지에서 필요로 하는 전문인 선교사의 유형은 다양하다. 전문인 직업들은 교회 사역 등 영적 사역 팀들과 팀워크를 이루거나 네트워크를 형성하는 프로그램을 필요로 한다.[27] IT 전문가, 각종 의료인, 지역개발 전문가, 농축산 전문가, 건축 전문가, 비즈니스, 무역업, 교수 및 교육가, 연구원, 스포츠 전문가, 각종 기술자 및 기능인, 제자훈련 전문가, 어린이 교육 전문가, 장애자 교육 지도자, MK 교육 교사, 회계사, 행정요원, 전문직에서 은퇴한 평신도들도 좋은 팀 사역자들이 될 수 있다.

비즈니스 NGO 컨설턴트인 패트릭 라이(Patrick Lai)가 분류한 전문인 선교사의 네 가지 유형별로 살펴보면 다음과 같다.[28]

① T-1 전문인 선교사 유형

본국 회사에 고용(employment)되어 타국에 진출한 자로 선교사의 사명 때문에 선교 현지에 간 것이 아니라 회사 업무상 간 경우이

---

27) 강승삼, 『21세기 선교 길라잡이』, 141.

28) Patrick Lai, 『직업선교, 미완성과업』, 선교한국 90조직위원회 역 (서울: 선교한국 90조직위원회, 1990), 73. 라이는 오리건대학교에서 비즈니스 마케팅 학위를 취득했고, 트리니티복음주의신학교에서 목회학 석사(M.Div.) 학위를 받았다. 그는 마닐라에 있는 아시아신학대학원에서 선교학 박사(D.Miss.) 학위 과정을 밟고 있다. 아시아에서는 18년 동안 사역을 감당했으며, OMF 소속 선교사로 홍콩에서 중국인들과 함께 4년간 섬겼고, 프론티어 선교회 소속 자비량 사역자로 14년간 무슬림들과 함께 사역을 감당했다. 그와 그의 팀은 두 교회를 개척했고, 여러 비즈니스를 시작하면서 무슬림 가운데 친교모임을 만들었다. 또한 아시아와 아프리카에서 비즈니스 NGO 컨설턴트로 활동하고 있다.

다. 월급을 회사에서 받기에 대부분의 시간을 회사업무에 투자하고 기회가 닿는 대로 사역을 하려고 하는 유형이다. 그러나 특별한 훈련이 없었고 책임감도 약하기에 많은 한계를 갖고 있다.

② T-2 전문인 선교사 유형

직업 유형은 T-1 전문인 선교사의 유형과 비슷하지만 사명과 헌신의 강도가 전자와는 다른 경우이다. 이들은 선교를 위해 회사의 지사를 택한 자들을 말한다. 전통적인 선교사들에게는 문이 닫힌 지역에 대한 부담감(burden)으로 택한 것이기에 사역훈련과 선교훈련들을 받은 자들이다. 그러나 여전히 월급은 회사에서 받기에 복음전도에 우선권을 두지 못한다. 이로 인해 많은 좌절을 겪은 유형이며, 선교단체(para church)와는 가볍게 연결되어 도움을 받는 유형이다.

③ T-3 전문인 선교사 유형

우선순위가 미전도 종족에게 복음을 전하는 것으로 본국에서 사역의 경험을 해 보았고 훈련도 받았다. 그리고 선교단체에서 선교사로 그들의 후원과 관리를 받는 전형적인 전문인 선교사를 말한다. 그들은 자신이 작은 회사의 경영주로 존재하며 많은 시간을 사역에 투자할 수 있는 유형이다. 자신의 사업을 통해서도 재정(cash)이 충당되지만 기본적으로 교회의 후원을 받을 수 있는 선교사이다.

④ T-4 전문인 선교사 유형

이러한 전문인 선교사의 유형은 한 회사를 위해 일하는 선교사도 아니며, 전통적인 선교사(Traditional Missionary)도 아니다. T-4 전문인 선교사는 유학생, 사회사업가 등일 수 있다. 그러나 비선교사 비자로 합법적으로 그 나라에 거주하는 사람을 말한다. 선교단체와 연결이 되어 있어서 그 단체를 통해 재정적으로 후원과 격려를 받는다. T-3 전문인 선교사의 장점을 살리면서 그 단점을 최소화한 것이라고 볼 수 있다.

따라서 이러한 네 가지의 전문인 선교사의 유형을 살펴볼 때, T-1 전문인 선교사의 경우에 전문인 선교사의 범주(category)에 포함시킬 수 있는가에 대한 의문이 제기되는 부분이 있다. 그러나 사역을 가능케 하는 전문정보와 지속적인 지지와 도움을 제공한다면 가능하다는 차원(dimensions)에서 포함시킬 수 있다.

4) 전문인 선교사의 4가지 전문성

먼저 전문인 선교를 생각하고 준비(prepare)하는 사람들이라면 선교 현지에서 직접적인 사역을 경험했던 선교사들의 말에 귀 기울이지 않으면 안 된다. 전문인 선교사들의 고백을 다음과 같이 들어보면 많은 도움이 될 것이다.[29]

> "나는 선교지로 가기 전에 6년간 대학생선교를 했기 때문에 잘 준비되었다고 생각했다. 그러나 그렇지 않았다. 나는 선교지에서 효율적인 사역을 하지 못했다. 왜냐하면 나는 준비도, 기도후원도 부족했고, 꼭 보고해야 할 책임도 없었기 때문이다."(중국 전문인 선교사)

---

29) Don Hamilton, 『자비량 선교사들은 이렇게 말한다』, 15.

"너무 갑작스레 기회가 와서 나는 구체적인 준비를 하지 못하고 떠났다. 지금 와서 생각해 보니 미리 준비를 했어야 했다."(중동 전문인 선교사)

"나는 더 준비할 수 있었는데, 후회스럽다."(일본 전문인 선교사)

"자비량 선교사로 해외에 가는 사람은 부족한 부분을 선교지에 가서 시간을 내어 보충하겠다고 생각해서는 안 된다. 조국을 떠나기 전에 미리 준비를 해야 한다."(북아프리카 전문인 선교사)

이러한 전문인 선교사들의 주장들은 모든 상황에 다 적절할 수 없지만 성공적인 전문인 선교를 위해 준비하는 데 많은 도움을 주는 사례가 된다. 전문인 선교사는 네 가지 전문성으로, 첫째는 직업의 전문성이다. 둘째는 사역의 전문성이다. 셋째는 언어의 전문성이다. 넷째로 지역의 전문성이다. 이러한 전문성을 갖출 때 비로소 성공적인 전문인 선교 사역을 감당할 수 있게 된다.

① 직업의 전문성

전문인 선교사는 직업의 전문성이 필요하다. 직업의 전문성은 현재 자신의 직업을 가지고 선교하는 일에 전략적으로 사용하는 것을 의미한다. 사람들이 직업에 대해 갖고 있는 편견(prejudice)은 직업과 신앙은 별개의 것으로 생각하기 때문이다.

미국 최고의 교회 진단 분석가인 조지 바나(George Barna)는 대표적으로 미국 기독교의 문제에 대하여 말하기를, "신앙의 내용에 있는 것이 아니라 신앙이 생활로 이어지지 못하는 데 있다."라고 지적하였다.[30] 그만큼 대부분 그리스도인들이 예수님을 따르겠다는 결정과 매일 다가오는 직장 생활에서 오는 괴리감 속에서 갈등하고 있다. 물론 실제적인 모본이 부족하다 할지라도 하나님과 우리의 일은 하나로 연결되어 있다. 어떻게 보면 하나님이 이 세상에서 일하고 계시는 것처럼 지금 우리가 직장에서 일을 하고 있는 것과 일맥상통한 점이다.31)

우리의 직업은 하나님께로부터 받은 소명의 근원이다. 즉 부르심(calling)을 따라 하나님의 자녀(Children of God)가 되었기 때문에 특정한 봉사를 해야 한다.32) 뿐만 아니라 자신의 전문 영역에서 누구보다 탁월하고 우수해야 한다. 전문인 선교사는 자신의 전문인 영역에서 남에게 뒤지지 않도록 최선을 다해야 한다. 전문인 선교사는 자신의 직업을 통하여 이웃과 사회에 기여하는 사람이 되어야 한다. 그러기 위해서 내 이웃과 사회가 필요로 하는 일을 해낼 수 있는 직업의 전문성을 발전시켜 나가야 한다. 또한 이러한 직업의 전문성을 발전시키는 교회의 모든 사역의 방향성(orientation)이 전문인 선교를 지향해야 한다. 각 사역의 영역에서 자신의 직업적 은사가 십분 발휘되도록 구조와 기회를 만들어 주어야 한다. 이러한 전문인 선교의 부르심과 선교 지향적인 직업의 개발은 지역 교회가 선교하는 교회로 사명을 감당함으로써 전 성도를 전문인 선교를 하는 교회로 만들 수가 있을 것이다.

---

30) Ken Eldred, 『비즈니스 미션』, 304.

31) Ken Eldred, 『비즈니스 미션』, 304.

32) 두란노서원 편집부, 『직업』 (서울: 도서출판 두란노, 1990), 8－10.

② 사역의 전문성

전문인 선교사는 사역의 전문성이 필요하다. 사역의 전문성은 교회에서 훈련받는 봉사적 개념의 전문성을 말한다. 예를 들면, 성가대 활동을 통한 찬양 사역, 목장 모임을 통하여 배운 셀 그룹 사역, 전도 사역, 제자훈련 사역, 주일학교 교사 사역 등이 여기에 속한다. 이러한 두 가지 사역 분야가 선교 사역에 잘 반영될 때 전문인 선교사로서의 역할을 감당하게 되는 것이다.[33] 목회자들은 이러한 차원에서 성도들의 사역의 전문성을 적극적으로 사역에 활성화하여 전문인 선교를 개발할 필요가 있다.

존 스토트(John R. W. Stott)는 일에 대하여 말하기를, "우리 모두는 평생 동안 일하는 사람으로 남아서 인간의 지성과 육체의 힘, 그리고 에너지를 사용하여 다른 사람을 유익하게 함으로써 일하는 사람들에게 만족을 주고, 사회를 이롭게 하며, 하나님을 영화롭게 하는 것이다."라고 하였다.[34] 전문인 선교사의 사역이란 다른 사람을 섬기는 것이다. 요한복음 17:4-5에 의하면, 예수님도 주어진 일을 완수함으로써 하나님 아버지를 영화롭게 하였다.

> "아버지께서 내게 하라고 주신 일을 내가 이루어 아버지를 이 세상에서 영화롭게 하였사오니 아버지여 창세전에 내가 아버지와 함께 가졌던 영화로써 지금도 아버지와 함께 나를 영화롭게 하옵소서"(요 17:4-5)

예수님은 이 세상에서 완벽한 삶을 사셨다. 그분은 목수 일을 하

---

33) 송기태, "모든 성도를 전문인 선교화 하는 교회,"『선교타임즈』(2008, 6월), 45.

34) John R. W. Stott,『현대 사회 문제와 그리스도인의 책임』, 정옥배 역 (서울: 한국기독학생회출판부, 2005), 247－277.

는 기간이든 공생애 기간이든 자신의 생애 전체가 전문인 사역이었다.

전문인 선교사는 자신의 일을 통해 하나님을 예배하고(worship), 영화롭게(glorify) 해야 한다. 빌립보서 2:7 - 8에 의하면, 전문인 선교사는 반드시 "오히려 자기를 비워 종의 형체를 가지사 사람들과 같이 되셨고 사람의 모양으로 나타나사 자기를 낮추시고 죽기까지 복종하셨으니 곧 십자가에 죽으심이라."라는 예수님의 동질화의 본성을 기억해야 한다. 이것은 전문인 선교사들이 선교현지에서 복음을 전할 때 탄탄한 유대관계를 형성하는 데 도움을 줄 것이다.

③ 언어의 전문성

전문인 선교사는 언어의 전문성이 필요하다. 인간과 인간 사이에 의사를 전달하는 것이 일반적인 커뮤니케이션(communication)이다. 커뮤니케이션은 상호의사를 전달하며, 상호소통까지 하는 것을 포함한다. 이러한 커뮤니케이션은 전문인 선교사에게 있어서도 가장 중요한 요소들 가운데 하나이다.

선교 커뮤니케이션의 권위자인 데이비드 헤셀그레이브(David J. Hesselgrave)는 선교사의 사명을 요약하는 가운데 여러 표현들 속에 최선의 단어로 커뮤니케이션을 뽑았다.[35] 그래서 커뮤니케이션에

---

35) David J. Hesselgrave, *Communicating christ cross -culturally* (Grand Rapids: Zondervan Publishing House, 1991), 25. 헤셀그레이브는 트리니티복음주의신학교와 미네소타대학교에서 수학하여 학사(B.A.)와 석사(M.A.) 및 박사(Ph.D.) 학위를 받았다. 미국 복음자유교단(Evangelical Free Church)의 파송을 받아 일본 선교사로서 9년간 교회 개척 사역과 제자 양육 사역을 하였으며, 모교인 미국 트리니티복음주의신학교의 선교대학원 원장과 교수로서 평생을 후진 양성에 매진하였다. 그는 왕성한 저술 활동을 통해서 세계 선교학계에 큰 영향을 끼쳤으며, 그의 대표적인 선교학 책들은 여러 나라에서 선교학 교재로 널리 사용되고 있다. 대표적인 저작으로는 본서를 비롯하여,

있어서 최상의 수단은 언어이다. 언어는 하나님의 창조물이다. 하나님은 우리를 언어적인 존재로 만드셨다. 따라서 하나님은 그 자신과 창조질서에 대한 그의 욕구를 소통하는 실제적인 커뮤니케이션의 수단으로 언어를 사용하셔야 했던 것은 전혀 이상한 일이 아닐 것이다.[36]

현재 캐나다 리전트대학(Regent College)의 영성신학 교수인 유진 피터슨(Eugen H. Peterson)은 언어에 대하여 말하기를, "언어는 모음 하나하나 자음 하나하나까지 모두 하나님이 주신 선물이다."라고 말한다.[37] 선교보다 언어가 더 어렵다는 말이 있을 만큼 다른 나라의 언어를 배운다는 것은 힘든 일이다. 그러나 초기 한국 전문인 선교사였던 언더우드 선교사는 어려운 조선말을 열심히 배웠다. 하나님은 그의 마음을 여시고 언어의 은사를 허락하셔서 선교사들 중에 가장 조선말을 잘하는 선교사가 되게 하셨다. 그는 후배 선교사들을 위하여 한국어 문법과 한영사전을 편찬했으며, 성경번역 위원으로 참여 조선어 성경을 번역하였다.

하나님은 우리를 창조하시고, 명령하기 위해서 언어를 사용하셨다. 그래서 우리는 죄를 고백하고 하나님을 찬양하기 위해서 언어를 사용한다. 이러한 언어의 사용은 전문인 선교사에게 중요한 위치를 차지하고 있다. 그러면 왜 언어가 선교현장에서 가장 중요한 도구가 되는가?

Planting Churches Cross –Culturally, Counseling Cross –Culturally, Contextualization, Dynamic Religious Movement, Theology and Mission, Today's Choices for Tomorrows Mission 등이 있다.

36) Robert E. Webber, 『그리스도교 커뮤니케이션』, 정장복 역 (서울: 대한기독교출판사, 1985), 80.

37) Eugen H. Peterson, 『비유로 말하라』, 양혜원 역 (서울: 한국기독학생회출판부, 2008), 12–13.

첫째, 전문인 선교사의 언어 습득(Language Acquisition)은 현지 문화를 반영한다.

언어는 단순히 말이 아니라 그 안에 많은 문화적 요소가 담뿍 담겨 있다. 전문인 선교사가 언어를 습득한다는 것은 사실 그 나라의 문화와 관습, 그리고 예의 등을 배우는 것이다. 그래서 선교현지에서의 언어 적응 기간은 전문인 선교를 위해서 가장 중요한 것이다.[38] 언어는 문화를 반영할 뿐만 아니라 새로운 문화를 형성하기도 한다. 개인의 가치관과 개인의 활동, 그리고 세계관 모두가 그 사람의 언어에 반영된다. 더 나아가 언어는 반영하는 것만이 아니라 인간들이 서로 커뮤니케이션을 하는 데 있어서 기본적인 구조를 부여한다. 언어는 우리 자신들의 커뮤니케이션을 할 수 있는 구조를 부여할 뿐만 아니라 말과 생각을 하는 것이다.[39] 그래서 선교현지에서 복음을 전달하는 전문인 선교사에게 언어는 최우선 순위이다.

전문인 선교사들은 반드시 선교 사역에 있어서 현지 지역 사람들과 관계를 쌓는 일은 매우 중요한 것이다. 이것은 그 지역 언어와 문화를 배우고 그 사람들과 함께 시간을 보내는 것을 포함한다. 현지인들과 시간을 보내면 전문인 선교사들은 뛰어난 통찰력을 얻을 수 있다. 그러나 이것은 그 지역 사회와 동일화(identification)되려는 의지와 시간의 할애를 요구한다.

둘째, 성공적인 전문인 선교사들은 현지 언어에 능통하다.

전문인 선교사는 사역에 있어서 어떤 특수사역이든지 간에 그것

---

38) 선교사케어넷, 『땅끝의 아침』 (서울: 도서출판 두란노, 2007), 47.
39) 방지형, 『목회 커뮤니케이션』 (서울: 성광문화사, 1993), 159.

을 수행하는 데 있어서 반드시 언어는 필요한 것이다.[40] 헤롤드 쿡 (Harold R. Cook)은 전문인 선교사의 언어에 대하여 말하기를, "만일 의료 선교사가 현지인의 언어를 모르는 경우에 그가 환자에게 질문하기 위하여 통역하는 사람을 세워 물었을 때 통역하는 사람이 그의 질문을 이해하지 못하면 엄청난 장애가 일어날 것이고, 전문인 선교사가 어떻게 사역할 수 있지를 문제 삼을 수 있다."라고 하였다.[41] 전문인 선교사에게 역시 언어는 동일하게 중요함을 강조하고 있다. 전문인 선교 사역에 있어서 언어의 장애가 있는 곳에는 선교의 장애가 남아 있으며, 언어의 소통이 이루어지는 곳에는 선교의 문이 열리게 될 것이다.

셋째, 전문인 선교사가 복음을 제시하는 데 필수적인 요소가 언어이다.

전문인 선교사가 언어 소통이 다소 이루어진다고 해도 계속해서 언어의 발전이 없으면 효과적인 복음 제시가 이루어질 수 없다. 복음을 제시하는 것은 단순히 복음의 내용만을 전하는 것이 아니라 상대방에게 복음의 소개로 그의 감정(emotion)까지도 표현할 때 호소력이 있다. 이러한 호소와 애절함이 없는 내용만을 전달하게 되면 사람들은 더 이상 듣고 싶어 하지 않는다.[42] 언어의 전문성은 아무리 강조해도 무리가 아닌 것은 언어가 바로 전문인 선교사의 가장 큰 무기이기 때문이다.[43]

---

40) Harold R. Cook, *Missionary Life and Work* (Chicago: Moody Press, 1959), 41.

41) Harold R. Cook, *Missionary Life and Work*, 294.

42) Michael Griffiths, 『선교사가 되려는 분에게』, 보이스사 편집부 역 (서울: 보이스사, 1988), 159.

번역 이론의 선구자인 미국성경협회(American Bible Society)의 유진 나이다(Eugene A. Nida)는 남미 어느 지역의 언어에 대해 말하기를, "그 지역에는 20여 명의 선교사들이 30여 년 동안 선교 사역을 담당하였다. 그 기간 중 한 명의 선교사도 심도 있게 인디안 말을 배우지 않았다. 그래서 실제 선교사 한 명만 노력하였다. 그 결과 16명도 안 되는 인디언들이 회심하지만 그들 중 반 이상은 과거의 신앙으로 되돌아갔다. 만일 한 문화가 언어에 의하지 않고서는 그 개념들을 전할 수 없다면 어떻게 선교사들이 사람들의 언어를 사용하지 않고서도 외국의 개념들을 가르칠 수 있는가."라고 지적하였다.44)

미국 애즈베리신학교(Asbury Theological Seminary)에서 오랫동안 선교학 교수로 있었던 존 시먼즈(John T. Seamands)는 언어의 전문성에 대하여 말하기를, "언어는 사람들의 마음을 이해하고 이해시키는 데 필요하다. 그 이유는 언어가 사람들의 마음을 여는 열쇠이기 때문이다. 언어는 사람들이 생각하고, 추리하고, 느끼는 것을 그대로 표현해 주기 때문이다. 또한 언어는 사람들을 가깝게 해 주기 때문에 필요하다. 그래서 언어는 사람들의 심장을 여는 열쇠라고 말한다. 사람들과 아주 편안하게 만나고 사랑할 수 있는 최상의 방법은 그들의 모국어(heart language 혹은 mother tongue)를 배우는 것이다. 언어는 복음을 효과적으로 전하는 수단이기 때문에 영혼을 여는 열쇠이다."라고 하였다.45) 따라서 전문인 선교사가 선교 현지

---

43) 이은무, 『한국 선교를 깨운다』 (서울: 도서출판 두란노, 2006), 127.

44) Eugene A. Nida, *Customs and Culture* (New York: Harper, 1954), 212-213. 나이다는 현대 성경번역의 이론과 실제를 주도해 온 학자로 학문적 배경과 그가 지난 반세기 동안 걸어온 길을 기술 언어학 시기, 비교 문화 커뮤니케이션 시기, 번역 시기, 의미론 시기, 기호론 시기의 다섯 단계로 나누어 설명하고 있다.

45) John T. Seamands, *Tell It Well: Communicating the Gospel Across Cultures* (Kansas: Beacon

의 언어를 가볍게 생각하고 등한시한다면 현지인과의 관계성뿐만 아니라 복음 전파나 문화 적응 면에서 많은 어려움을 겪게 될 것이다.

넷째, 전문인 선교사에게 언어는 자신감을 준다.

전문인 선교사는 언어의 전문성을 위해 많은 시간을 투자해야 한다. 이것이 좋은 전문인 선교사가 되기 위한 첩경이 되기 때문이다. 언어를 해결하지 못하는 전문인 선교사는 선교 사역에 자신감이란 있을 수 없다. 그래서 전문인 선교를 하는 사람이나 주재원 혹은 선교사들이 그 나라 말을 배울 수 있도록 만들어 놓은 특수학교에 입학하는 것도 좋은 방법이다. 인도네시아의 경우, 반둥시에 OMF(Overseas Missionary Fellowship) 선교사들이 세워 놓은 현지인이 운영하는 임락(IMLAC, International Missionary Language Center for Cross – Cultural Communication)이라고 하는 선교사들을 위한 좋은 언어학교가 있다. 이 학교의 교과 과정을 살펴보면, 대화와 성경공부, 그리고 기독교인들의 친교 등으로 배우는 사역을 위한 언어 공부를 하도록 고안되었다.

다섯째, 전문인 선교사의 언어는 미전도 종족과 자국어 성경이 없는 부족(Bibleless People)들을 위해 성경을 번역할 수 있다.

Hill Press, 1971), 92. 시먼즈는 미국인 선교사 아들로 인도에서 출생하여 성장 세람포르대학교에서 신학박사(Th.D.) 학위를 받았으며, 인도에서 20여 년 동안 헌신적인 선교사로 사역하였고, 애즈베리신학교에서 선교학 교수로 봉직하였다. 저서로는 『성령의 충만을 받으라』(On Tiptoe with Love), 『그리스도를 위하여 세계를 가다』(*Around the World for Christ*), 『인간의 수확: 변화의 시대에 처한 교회의 선교』(*Harvest of Humanity: The Church's Mission in Changing Times*), 『타문화권 복음 전달의 원리와 적용』(*Tell It Well: Communicating the Gospel Across Cultures*), 『선교지 교회의 개척자들』(*Pioneers of the Younger Churches*) 등이 있다.

성경번역에 전문인 선교의 길을 열었던 위클리프 성경번역 선교회(Wycliffe Bible Translators)의 설립자였던 윌리엄 타운센드(William C. Townsend, 1896~1982)는 성경 번역에 대하여 말하기를, "가장 훌륭한 선교사는 선교 현지인의 언어로 쓰인 성경이다. 성경은 선교사들처럼 안식년도 필요 없고 외국인이라고 배척받는 일도 없다."라고 하였다.[46] 전문인 선교사의 모델이라고 할 수 있는 타운센드가 스페인어 성경을 팔기 위해 과테말라에 갔을 때, 그는 10대 청소년에 불과하였다. 타운센드는 하나님을 향한 마음을 가지고 하나님의 영광을 위해(to glorify God) 살았다. 젊은 그는 위클리프 성경번역 선교회의 공동 설립자가 되어 현재 6,000명 이상의 선교사를 세계 전역에 파송한 운동(movement)을 일으켰다. 많은 전문인 선교사들은 성경을 수백 가지 언어로 전문적인 번역을 감당하였다.

세계 기독교 중심이 아프리카와 아시아로 이동하고 있다는 것을 가장 먼저 간파했던 세계적 선교역사학자인 전 영국 에든버러대학교(Edinburgh University)의 앤드류 월스(Andrew F. Walls)는 성경번역에 대하여 말하기를, "한국교회가 세계 기독교 중심으로 부상한 것에 자만하지 말고 깨어 있어야 한다고 지적하면서 사회 문화 변화에 발맞춰 교회도 번역 작업을 해야 한다. 또한 말씀이신 하나님이 사람이 되신 성육신은 하나님 자신을 번역한 것이라며, 교회도 세상 문화와 사회 속에서 자신을 번역함으로 새로운 기독교를 창출해야 한다."라고 강조하였다.[47] 이러한 성경번역의 결과는 예

---

46) James & Marit Hefley, *Uncle Cam* (Waco: Word, 1974), 182.

47) 국민일보 2008년 1월 19일자 신문. 월스는 영국 옥스퍼드대학교에서 공부했으며, 아프리카 시에라리온 선교사 출신으로 에딘버러대학교 은퇴교수이다. 그는 에딘버러대학교 신학부 내에 있는 비서구 세계기독교연구센터를 설립했으며, 지금은 은퇴하여 영국,

수 그리스도를 통해 죄 사함을 받고 새 생명과 새 소망을 갖게 만
드는 개인과 종족, 그리고 집단의 삶을 변화시켰다.

④ 지역별 전문성

전문인 선교사는 지역별 전문성이 필요하다. 처음 선교현지의 환
경과 상황은 전문인 선교사의 편이 아니다. 전문인 선교사가 능력
을 발휘하도록 만들어 주지 않는다. 그래서 지역에 대한 자세한 정
보를 위해 많은 노력을 하지 않으면 안 된다.[48] 전문인 선교사는 아
프리카, 동남아시아, 동아시아, 중동 지역, 유럽 등 다양한 지역을
선택하여 자신이 사역할 그 지역을 선택하여 형편성이 맞는 전략
을 세우는 것이다. 또한 종족 개요에 대한 구분도 계속되어야 하고,
미전도 종족의 작업도 전문성을 가지고 연구가 계속되어야 한다.

이러한 지역별 연구의 전문성이 확립되면 선교단체(para church)
와 지역교회(local church)를 통해서 사람들을 보낼 수 있다. 그리고
상호보완을 통해 각자의 전문성을 더욱 높일 수 있을 뿐만 아니라
독려하고 협력하여 하나님 나라를 위한 공동의 노력을 해야 한다.
이러한 일들이 유행이 아니라 지속적으로 진행되도록 대안을 마련
하는 것은 절대적으로 필요하다.[49] 전문인 선교사는 구체적으로 선
교 현지에 대한 정보를 파일로 다음과 같이 정리하는 것도 좋은 방
법이다.[50]

미국, 아프리카 및 아시아 등지에서 강의하고 있다.

48) 노봉린, 『미전도 종족 선교정보』 (서울: 도서출판 횃불, 1995), 13-23.

49) 이은무, 『한국 선교를 깨운다』, 186.

50) 노봉린, 『미전도 종족 선교정보』, 13-23.

종족 개요

- 정체성 및 위치(국가, 거주지, 종족명, 언어, 종교, 방언)
- 인구(총인구, 도시 인구비율, 타국 거주 인구)
- 사회 및 경제상황(직업, 생산물, 교역대상국, 주식, 놀이, 예술 형태, 축제)
- 개발 정도(보건위생, 영양, 식수, 전기, 교육, 라디오, 전화, 대중교통)

기독교 현황

- 기독교인수(실질적 신자)
- 기독교 전래사(시작 연도, 누구로부터, 특이한 사건)
- 파송선교사
- 성경 보급
- 기독교 방송
- 사용 가능한 기록물(복음 테이프, 라디오, 문헌, 예수 영화, 기타 등)
- 사역단체
- 최근의 사역(교회개척)
- 기독교에 대한 반응(전통적으로 반발심이 강하다. 점차적으로 변화에 대해 부드럽게 진행되고 있다.)

국가 정보

- 국가
- 인구

- 기독교인 비율
- 주요 종교
- 선교사에 대한 개방(폐쇄적 혹은 우호적)

구체적 기술

- 위치 및 환경정보(산, 낮은 지역, 부유한 농업 생산, 거주하는 종족)
- 언어(제1언어, 제2언어, 제3언어, 제4언어 등)
- 경제(직업, 수입원, 생산물, 수공품, 교역상대, 현대화 및 공공 사업 등)
- 생활조건 및 지역사회 개발현황(음식, 주거, 의복, 보건위생, 물, 에너지 등)[51]
- 사회구조(가족제도, 이웃과의 관계, 규칙, 권위, 사회적 관습 및 재판처벌, 집단 형성, 사법제도, 역사, 기념일, 놀이, 대중매체)
- 어린이 및 청소년(교육 및 학교 형태, 노동 및 작업, 종교적 관습 및 예식, 영적 분위기)
- 효과적 복음 전파를 위한 방안(전문인 선교, 비자문제, 장기적 접근법, 의료사역, 예수 영화, 전통 음악 등)
- 당면한 문제들(교육받은 지도자의 상태, 성경책, 성경연구교재, 소책자, 기독교 문헌 등)
- 중보기도 제목

---

51) 물은 가정용과 농업용으로 분류한다. 연료는 목재 연료, 동물 배설물, 등유, 대체 자원 연료, 전기 등이 있다.

이러한 네 가지의 전문성이 적절한 조화(harmony)를 잘 이룰 때, 국제 사회에서 실력 있는 전문인 선교사로 훌륭한 사역을 감당할 수 있다.[52] 열방 가운데 복음을 증거하는 자로 하나님은 전문인 선교사로 부르셨다. 고린도전서 3:9에 의하면, 위대한 선교사의 부르심에 대하여 말하기를, "우리는 하나님의 동역자들이요 너희는 하나님의 밭이요 하나님의 집이니라."라고 하였다. 복음을 전하는 것은 하나님을 위한 전문인 사역이다. 이런 관점에서 보면, 목사와 선교사, 그리고 평신도 선교사 모두는 실질적인 측면에서 전문성을 가진 사역자라는 인식을 하게 된다. 하나님은 이 일을 우리에게 맡기셨는데, 하나님의 사역을 감당할 때 전문성은 자신감을 갖게 한다. 전문인 선교사에게 자신감은 성공으로 가는 길이다. 전문인 선교사는 하나님께서 전략적으로 어두운 세상을 밝히는 빛으로 부르셨다(빌 2:15). 전문인 선교사는 하나님 나라 차원에서 세계 도처에 가서 하나님의 아들이신 예수 그리스도의 복음을 증거하는 것이다.

3. 전문인 선교사의 선교 전략적 개념

전문인 선교는 바로 지역교회 안에서 그리스도인들이 세계 선교에서의 주체적 역량에 대해서 말하는 전략적 선교개념이다. 전문인 선교는 21세기에 들어서면서 선교지에서 선교사 입국의 제한에 따라 창의적인 접근을 위해서 개발된 선교전략이다. 1980년대 말에 한국의 여러 선교단체들은 자비량 선교와 직업 선교, 그리고 전문

---

52) 김태연, 『전문인 선교사로 나가자』, 47.

인 선교, 평신도 선교, 기능인 선교 등으로 혼용해서 사용하였다. 특히 자비량 선교라는 용어는 서구 교회에서 일반적으로 사용되고 있었던 선교 전략 개념이다. 이 개념은 1980년 이후 한국에 보급되기 시작했다. 이러한 용어가 한국에 소개된 것은 한국 교회의 선교 전략적 필요에 의한 것이라기보다는 서구 선교계와 연관되어 일해 온 분들에 의해 서구 교회의 선교정책을 소개하는 과정에서 서구 교회 선교이론과 같이 소개되었다. 그래서 선교의 연륜이 짧은 한국 교회가 당시에 별다른 반응이 있지 않았다.[53] 그것은 평신도, 즉 정규 목회자 선교사가 아닌 아마추어(amateur) 선교사란 개념으로 인식되었기 때문이다. 자비량 선교를 오해(misunderstandings)하고 있는 사람들은 자비량 선교가 급격히 세계 선교계에서 새로운 전략으로 부상하게 된 이유는 갈수록 늘어만 가는 선교 제한 국가들을 복음화시키려는 선교 전략적 요청에 의한 것임을 심각하게 생각하지 않고 있었다.

그러나 1993년 6월에 있었던 한국전문인선교훈련원(GPTI) 주관의 전문인 선교 세미나와 그 결과로 태동하게 된 한국전문인선교협의회(KAT)의 결정으로 20여 관련 단체들이 '전문인 선교'란 용어를 사용하기 시작하였다. 이제 전문인 선교는 기존의 전통적 선교(traditional mission)와 더불어 한국 교회의 전략적 선교(strategic mission)의 한 형태로 자리 잡고 있다.

전문인 선교는 전통적 선교사를 받아들이지 않는 지역에 들어가기 위하여 신분을 숨기고, 후문으로 들어가는 하나님의 방법(God's way)이라고 주장하는 이들이 있다. 그러나 이 같은 주장은 소극적

---

53) 펴내기, 『텐트메이커선교 그 이론과 실제』 (서울: 도서출판 펴내기, 1994), 9.

인 주장이며, 오히려 창의적 접근 지역에 정당한 전문성과 자격을 가지고 정문을 통해 들어가는 방법이라는 것이 더 긍정적인 설명일 것이다.

21세기에 들어와서 전통적인 목회자 선교사를 받아들이지 않는 지역이 약 80% 이상이 되어 가고 있다. 즉 전통적인 목회자 선교사를 거부하는 지역에 주님의 명령을 수행하기 위하여 그리스도인으로서의 전문인들을 통해 선교 사역을 감당하는 일이다. 한국 글로벌리더십연구원(Korea Global Leadership Focus)의 원장인 이태웅은 텐트메이커(Tentmaker)를 자비량 선교사라고 번역하는 것을 성경적 관점(biblical exposure)이기는 하지만 현재 선교 전략적 차원에서 적합하지 않다고 지적하였다. 오히려 전문인 선교사라는 용어가 오늘날 선교 감각에 맞는 용어라고 주장한다. 전문인 선교사라는 용어를 사용할 때는 다음과 같은 다섯 가지의 편견(biases)을 버릴 필요가 있다.[54)]

① 전통적인 목회자 선교사와 대립되는 개념으로서 평신도 선교사를 지칭하는 말로 사용되는 것은 아니다.

전문인 선교사는 목회자이든 평신도이든 간에 세속적인 직업 혹은 신분을 선교전략적인 이유를 가지고 선교 현지에 들어가서 사역하는 모든 사역자를 지칭하는 말이다. 이러한 전문인 선교사를 우리는 세계를 품은 그리스도인(World Christian)이라고 할 수 있다. 세계를 품은 그리스도인이라는 말이 언제부터 사용되었는지는 명확하게 알 수 없지만 세계 기독교 운동을 위한 퍼스펙티브스(Perspectives

---

54) 한국전문인선교협의회, 『선교의 패러다임이 바뀐다』 (서울: 도서출판 창조, 2000), 86.

on the World Christian Movement)의 초기 참여자이며, 기도 합주회 설립자인 데이비드 브라이언트(David Bryant)는 1920년 출간된 YMCA의 서적『세계를 품은 그리스도인의 표지』(Marks of a World Christian)를 거론하면서 저자인 다니엘 플레밍(Daniel Fleming)은 이 용어를 사용한 최초의 인물로 추측한다. 1980년대 들어서면서 미국의 여러 선교 기관이나 선교 안내 서적들은 다투어 이 의미를 사용하였다. 심지어『세계를 품은 그리스도인』(World Christian)이라는 잡지까지 있다.[55] 이 용어가 던지는 참의미를 파악하는 데 가장 앞장을 선 브라이언트는 해외로 가든 국내에 남든 그리스도인이라면 누구세계를 품은 그리스도인에 대하여 말하기를, "온 세상에 대한 그리스도의 뜻이 자기들의 삶 전체를 하나로 엮어주는 최우선적 원리임을 인정하며, 매일을 살아가는 제자들이다. 제자들이라면 마땅히 그러해야 되듯이 그들은 스승의 지상대위임이 의미하는 바가 무엇인지 열심히 살펴야 하며, 또한 배운 바에 따라 행동해야 한다. 세계를 품은 그리스도인들은 온 세상을 바라보면서 삶의 방향이 완전히 뒤바뀐 그리스도인들이다."라고 역설하였다.[56]

허버트 케인(J. Herbert Kane)은『세계를 품은 그리스도인의 표지』 (The Marks of a World Christian)에서 믿음의 사람에 대하여 말하기를, "하나님의 왕국의 자녀로서 세계를 품은 그리스도인이 된다. 그는 부르심을 받아 우주적인 교제와 우주적인 교회에 속하게 된다. 그는 확신을 가지고 우주적인 메시지 기독교의 복음을 선포한다. 그는 스스로 결단하고 우주의 왕 예수 그리스도께 충성을 다짐한다.

---

55) 송인규,『세계를 품은 그리스도인』(서울: 한국기독학생회출판부, 1992), 10.

56) 송인규,『세계를 품은 그리스도인』, 10.

그는 부르심에 합당한 전 세계적 운동 기독교 선교에 참여한다."라고 묘사하였다.[57] 그의 주장대로 라면, 우주적 교회(universal church), 기독교 복음, 그리스도께 충성, 세계 선교의 참여라는 점층적 구조는 하나님의 우주적 부권(fatherhood)과 그리스도의 우주적 주권(universal lordship)을 시인하는 진정한 그리스도인의 표시에 근거한다. 이러한 신앙과 통찰은 오직 하나님의 관심에만 가능한 것이다.[58]

합동신학대학원대학교 조직신학 교수인 송인규는 마태복음 9:35 - 10:1에서 세계 품은 그리스도인의 세 가지 발전도식에 대하여 말하기를, "첫째, 하나님의 관점 파악이다(35 - 36절). 둘째, 공동체의 과제인식이다(37 - 38절). 셋째, 개인적 헌신이 그것이다(마 10:1)."라고 하였다. 이 세 가지 발전 도식은 제자파송 과정에서도 역력히 나타나는 텍스트인 것이다. 이것을 세계 선교와의 관련에서 볼 때, 선교의 영적, 현실적 동기 마련, 세계 선교의 과제와 전망, 복음 전파를 위한 구체적 현장 참여로 접근할 수 있다. 특히 마태복음 9:37에 의하면, "이에 제자들에게 이르시되 추수할 것은 많되 일꾼이 적으니"에서 많고 적음의 아이러니는 교회 공동체가 과제로 안을 만한 도전이자 영적 자극이기도 하다.

또한 최근에 그리스도인으로서 세계적인(worldly) 안목을 강조한 어떤 교회 지도자는 '세계를 품은 그리스도인'이라는 표현과는 달

---

57) J. Herbert Kane, *Wanted: World Christians* (Grand Rapids: Baker, 1990), 137 - 138.

58) 윤춘식, 『현대교회와 선교교육』 (서울: 도서출판 영문, 2000), 299. 우주적 부권(父權)이란 "태초에"(창 1:1), 그리고 "천하 만물이 다 여호와의 소유"(시 24:1)로서 우주적 아버지이심을 선포하였다. 우주의 주권은 인류의 머리로서 "하늘과 땅의 모든 권세를 내게 주셨으니"(마 28:18)라고 부활 후 제자들에게 위임명령을 내릴 때 확실하게 되었으며, 교회 내 선교교육의 신조를 가장 잘 요약한 "예수 그리스도는 주"(빌 2:11)라고 말씀에서 공고히 되었다.

리 '세계적인 그리스도인'(a World - Class Christian)이라는 용어를 사용하면서 세계적인 그리스도인에 대하여 말하기를, "하나님께서 이 세상에서 무엇을 하시고, 또 무엇을 하기 원하시는지에 합치되게 자신의 삶의 스타일과 순종의 모습을 가꿔 나가는 그리스도인이다."라고 정의하였다.[59] 무엇보다도 세계를 품은 그리스도인의 과제는 전 세계적이다. 세계를 품은 그리스도인이라면 마땅히 이 지구촌의 모든 사람과 나라, 그리고 민족과 백성, 족속을 포함하여 전 세계적 사명을 인식해야 할 것이다.

② 선교제한 지역에서만 전문인 선교사를 필요로 하는 것은 아니다.

선교전략적인 측면에서 전문인 선교가 선교 제한 지역 혹은 창의적 접근 지역에서 더욱 절실히 요구되는 것은 분명하다. 그러나 반드시 선교 제한 지역에서만 전문인 선교를 필요로 하는 것은 아니다. 정식적으로 선교사 입국이 허용되는 지역에서도 팀 사역이나 프로그램 사역에서 단기선교훈련 과정을 마친 전문인들이 전문인 선교사로 사역하고 있다. 이러한 전문인 선교사의 필요는 계속되어야 한다.

③ 전문인 선교사라 할 때 의사와 교수, 그리고 기술자 등 자격증을 가진 특수 전문인에 국한시키는 것은 적합한 것이 아니다.

우리가 전문인 선교사를 말함은 세속적 직업 혹은 신분을 가진 선교사라는 개념으로 말하는 것이다. 전문인이라고 해서 의사와 치과, 그리고 기술자 등과 같이 세속적인 직업의 전문인을 말하지 않

---

59) Paul Borthwick, *How to Be a World -Class Christian* (Wheaton: Victor Books, 1991), 24.

는다. 물론 이러한 직업이 선교 현장에서 효과적인 경우도 있지만 반드시 이러한 직업적인 면에만 국한되어서는 안 된다. 선교현장은 하나의 사회집단과 같다.[60] 그래서 다양한 직종의 일들이 존재한다. 우리는 하나님이 주신 각자의 다양한 재능들을 사용하여 다양한 직업 혹은 일을 택할 수 있다.

④ 고도의 전문성 혹은 기술을 소유한 것이 전문인 선교사가 되기 위한 필요 충분한 조건은 아니다.

선교 현지에서 사역하는 전문인 선교사는 직업적인 전문성보다는 더 중요한 사역적인 전문성이다. 전문인 선교사는 교회개척 임무를 띠고 선교 현지에 파송된다. 직업의 전문성은 있으나 교회 사역인 선교를 위한 사역의 열정이 없다면 결코 훌륭한 전문인 선교사가 될 수 없다. 특히 선교 현지의 교회개척 사역에 있어서 제자훈련, 어린이 선교, 타문화권 상담, 문서 선교, 캠퍼스 선교, 농촌 선교, 장애인 선교, 경배와 찬양, 말씀 사역 등 다양한 사역의 전문성을 가진 사역자들을 필요로 한다.[61] 이러한 다양한 사역의 재능을 가진 사역자들이 팀이 하나 되어 선교의 임무를 수행해 나가는 것이다. 그래서 전문인 선교사가 되기 위해서는 전통적인 선교사 못지않게 성경에 대한 지식(information)과 사역의 경험, 그리고 영적 훈련을 필요로 하는 것이다.

---

60) 한국전문인선교협의회, 『선교의 패러다임이 바뀐다』, 86-87.
61) 한국전문인선교협의회, 『선교의 패러다임이 바뀐다』, 87.

⑤ 전문인 선교사는 풀타임 사역자이지 파트타임 사역자가 아니다.

전문인 선교사가 현장에서 직업을 갖는 것은 선교 전략적 구상에서 나온 하나의 방편이지 그것이 본업이 될 수 없다. 선교는 파트타임으로 하는 것이 아니다. 그래서 전문인 선교사는 선교현장에서 직업 혹은 직종을 택할 때까지 개인의 요구에 따라 택하는 것이 아니다. 선교단체의 전략적 필요에 따라 선교단체와 현지 교회, 그리고 선배 사역자들과 함께 상의하는 것은 지혜로운 방법이라 할 수 있다. 또한 전문인 선교사는 선교적 차원에서 필요하면 언제든지 직종을 바꿀 수 있어야 하며 포기할 수도 있어야 한다. 따라서 전문인 선교사가 선교 현장에서 경영하는 사업의 재산은 특별한 이유가 없는 한 선교단체 혹은 교회에 속하여 처리하게 된다.

4. 전문인 선교의 필요성

목회자 위주에서 평신도 참여의 선교로 종래의 안수(ordination) 받은 목회자 중심적인 사역에서 근래에 와서는 평신도 선교가 돋보이고 있다. 사실 선교를 함에 있어 목회자와 평신도를 구분할 필요는 없다. 그러나 목회자보다는 평신도들에게 그 기회가 훨씬 더 많다는 것을 다음과 같이 살펴보면, 첫째, 숫자적으로 평신도가 목회자보다 많다. 둘째, 불신자들을 만나서 전도하는 일에 평신도가 목회자보다 시간을 많이 할애할 수 있다. 이것은 전문인 선교도 마찬가지다. 성경에 많은 인물들이 평신도로서 자신의 삶의 현장에서 복음을 전했다.

이런 현상은 타 종교에서도 살펴볼 수 있다. 특히 이슬람교[62]가 아시아나 아프리카로 전파된 과정을 보면, 그들은 성직자들에 의해서가 아니라 거의 대부분은 아라비안 상인에 의해서 그들의 종교를 전파했다. 상인들이 물건을 팔기 위해서 가는 곳마다 낮에는 장사를 하고 밤에는 사람들과 대화(dialogue)하면서 이슬람교를 전파한 것이다. 이 상인들이 바로 평신도들이지만 전문인 선교사들인 셈이다. 따라서 오늘날 기독교도 모든 문화를 장벽을 뛰어넘어서 선교 현지마다 침투하여 많은 사람들에게 복음을 전하는 전문인 선교사들이 절대적으로 요청된다.

국제기아대책(Food for the Hungry International) 총재였던 데쓰나오 야마모리(Tetsunao Yamamori)는 현재 선교현장의 실제적인 문제에 대한 아홉 가지를 다음과 같이 제시하였다.[63]

---

62) 한국선교연구원(KRIM) 보고에 의하면, 이슬람 국가인 터키의 EU 가입과 더불어, 사우디가 영국의 전투기 72대(43억 파운드)를 구입하고 영국 내에서 영향을 키워가고 있고 1970년 유럽 내 무슬림이 720만 명, 2004년 유럽 내 무슬림의 수는 1,500만 명, 현재는 러시아 2,000만 명을 포함해서 유럽에만 4,000만 명이 있다고 한다. 이슬람 은행은 오일 달러에 힘입어 매년 200%의 성장률을 보이고 있다.

63) Tetsunao Yamamori, *Penetration Missions Final Frontier: A New Strategy for Unreached Peoples* (Downers Grove: IVP, 1993), 46. 야마모리는 현재 20여 개국에서 백만 이상의 사람들에게 물질적, 영적 지원 활동을 하고 있는 기독교 구호와 개발 기관인 국제기아대책기구(FHI)의 총재였다. 1971년에 설립된 국제기아대책기구는 스위스 제네바에 본부를 두고 있다. 6개국(캐나다, 일본, 한국, 노르웨이, 영국, 미국)에 지부를 두고 있으며, 30만 명 이상의 기도 후원자와 수천의 교회, 수십 개의 정부 및 개인 기관들과 협력하여 일하고 있다. 그는 일본 나고야에서 출생하여서 어린 시절 그곳에서 교육을 받았다. 미국으로 와서 텍사스크리스천대학교(Texas Christian University)에서 학사학위(B.D.)를 받고 듀크대학교(Duke University)에서 종교 사회학으로 박사학위(Ph.D.)를 받았다. 1981년 국제기아대책기구로 옮기기까지 18년 동안 여러 대학교에서 가르쳤다. 이 동안에 바이올라대학교(Biola University)의 타문화권 연구 교수와 책임자로 봉직하였고, 미국 교회 성장연구소(Institute for American Church Growth)의 회장 그리고 노스웨스트기독교대학(Northwest Christian College)의 학장을 역임하였다. 그는 선교학, 사회학, 구제 개발 분야에서 공저를 포함하여 여러 저서와 논문 등을 저술하였다. 현재는 애리조나시립대학교(Arizona State University)의 사회학 객원 교수로 봉직하고 있다. 자기 자신이 2차 세계대전 동안 일본 어린아이로서 거의 기아 상태에서 생존한 개인적 체험을 가지고

첫째, 폭발적인 비그리스도인의 인구가 증가이다.

인구보건복지협회가 유엔인구기금(United Nations Fund for Population Activiries)과 공동으로 발간한 '2007년 세계 인구현황 보고서'에 의하면, 세계 총인구는 66억 1,590만 명으로 2006년도에 비해 7천560만 명이 늘어났다. 그중 중국이 13억 3,140만 명으로 세계 1위의 인구 대국이고, 다음으로 인도 11억 3,560만 명, 미국 3억 390만 명 등의 순이다.[64] 전문가들은 2030년이 되면 약 90억 이상이 늘 것으로 예상하고 있다.[65] 이와 같이 세계 인구는 급증하는 반면 기독교 신자 수는 인구의 자연 증가 속도에 비해 따라가지 못하고 있다. 이렇게 많은 교회들이 쇠퇴하고 있는 같은 기간에 다른 종교들은 괄목할 만한 성장을 경험하였다. 상당수의 서구인들이 이슬람교(Islam), 힌두교의 뉴에이지 운동(New Age Adaption of Hinduism), 불교(Buddhism)나 토착 아메리카의 신비주의 신앙(Native American Spirituality and Paganism), 드루이드교와 이교도 신앙 등 기독교 이전의 종교들에 끌리고 있다.[66] 그러므로 교회 출석률의 저하가 반

있는 그는 물질적, 영적 궁핍 가운데 있는 사람들을 돕기에 지치지 않고 활동하고 있다. 매년 세계의 극빈 지역들을 방문하고 있기도 하다. 대표적인 저술로는 *Christopaganism or Indigenous Christianity?* (edited with Charles R. Taber, William Carey Library), *Church Growth: Everybody's Business* (with LeRoy Lawson, Standard Publishing), *Church Growth in Japan* (William Carey Library), *Exploring Religious Meaning*(with others: Prentice Hall/Simon and Schuster), *God's New Envoys* (Multnomah Press), *Growing Our Future: Food Security and the Environment* (edited with Katie Smith, Kumarian Press), *Introducing Church Growth* (with LeRoy Lawson, Standard Publishing) 등이 있다.

64) 인구보건복지협회, 『2007 세계인구현황보고서』 (서울: 인구보건복지협회, 2007), 46.

65) 인구보건복지협회, 『2007 세계인구현황보고서』, 1-2.

66) 드루이드교는 드루이드라고 불리는 일군(一群)의 사제들이 창시한 것으로 영혼의 불멸·윤회(輪廻)·전생(轉生)을 믿고 죽음의 신을 세계의 주재자로 받드는 것이다. 드루이드 사제(司祭)는 고대 아이슬란드에서 성립된 특수 형태의 문학인 사가(saga) 가운데서 또는 그리스도교 전설 속에서 마술사로 표현되었다.

드시 세족주의의 영향이라고만 볼 수는 없다.[67] 이슬람교와 힌두교, 그리고 유교, 도교와 불교가 주를 이루는 지역에서 많은 인구가 유입되고 있다. 따라서 그들이 믿는 종교도 수입되는 등 인구이동 변화에 따라 기독교 이외의 종교들이 증가하고 있다. 게다가 무슬림과 힌두교인들의 출산율은 평균 출산율보다 높다. 이 종교들은 기존 기독교 교인들의 전환이나 교회 경험이 없는 사람들의 회심으로 성장하고 있다.[68]

이런 형편에 세계 선교를 전통적인 목회자 선교사들만으로는 늘어나는 세계 인구를 감당할 수 없다.[69] 그래서 전문인 선교사들이 나서야 할 때가 된 것이다. 모든 전문인 선교사들이 선교훈련을 받아서 세계를 향해 복음을 전파한다면 온 세계가 복음을 듣게 될 것이다.

둘째, 아직 복음을 듣지 못한 나머지 종종 집단의 지속적인 폐쇄성이다.

비록 모든 사람이 잊힌 상태에 있지만 그 모든 사람들이 복음의 메시지(message)를 동등하게 접할 수 있는 것은 아니다. 그러나 미전도 종족을 향한 전문인 선교사의 마음중심에서 우러나오는 외침은 모든 사람들이 복음을 들을 기회를 갖도록 한다.[70] 모든 종족집

---

67) Eddie Gibbs, *Church Next* (Downers Grove: Inter Varsity Press, 2000), 17.

68) Eddie Gibbs, *Church Next*, 17－18.

69) 남후수, 『미래의 세계선교 전략』 (서울: 프리칭아카데미, 2008), 98.

70) 각 종교별 미전도 종족분포를 보면, 이슬람교에 4,100개 미전도 종족이 있으며, 두 번째로 힌두교 2,700개 미전도 종족이 있다. 이 외 부족 종교 2,000개, 불교 1,000개다. 힌두교는 대부분 인도에 집중되어 있으며, 부족 종교는 아프리카에 집중되어 있다. 동아시아 지역 주요 미전도 종족이 집중된 국가는 인도, 중국, 파키스탄, 방글라데시, 네

단(people group)으로 좋은 소식(good news)에 반응할 기회를 갖도
록 해야 한다.[71] 전 세계에 대한 전문인 선교의 강조는 요한복음
3:16에 의하면, "하나님이 세상을 이처럼 사랑하사 독생자를 주셨
으니 이는 그를 믿는 자마다 멸망하지 않고 영생을 얻게 하려 하심
이라."라는 말씀에 둔다. 사랑의 하나님은 어느 누구라도 멸망하기
를 원하지 않으신다.

> "주의 약속은 어떤 이들이 더디다고 생각하는 것같이 더딘 것이 아
> 니라 오직 주께서는 너희를 대하여 오래 참으사 아무도 멸망하지 아
> 니하고 다 회개하기에 이르기를 원하시느니라"(벧후 3:9)

하나님은 여전히 세상의 모든 사람들이 자신에게 돌아오고 구원
(salvation)받기를 촉구하고 계신다.

> "땅의 모든 끝이여 내게로 돌이켜 구원을 받으라 나는 하나님이라
> 다른 이가 없느니라 내가 나를 두고 맹세하기를 내 입에서 공의로운
> 말이 나갔은즉 돌아오지 아니하나니 내게 모든 무릎이 꿇겠고 모든
> 혀가 맹세하리라 하였노라"(사 45:22-23)

우리는 종족이나 혹은 잊혀진 개인들 어느 하나에 접근하는 것
을 정당화하는 것은 성경적 강조점이라고 할 수 있다. 그래서 모든
사람과 동시에 복음을 나눌 수 없기 때문에, 우리는 어디에서 출발

팔 등으로 인도는 2,332개 민족 중 2,082개가 미전도 종족이다. 전 세계 미전도 종족
분포도를 보면, 전체적으로 위도 10도와 40도 지역에 집중되어 있으며, 문명이 발생한
지역인 중동, 북인도, 중국, 북부아프리카를 중심으로 집중되고 있음을 발견할 수 있다.

71) 종족집단은 종족 혹은 언어차원으로 인간집단을 정의하고자 하는 용어를 말한다. 현재
지구상에는 약 12,000개의 언어와 방언, 그리고 약 24,000 종족이 존재한다.

할지 그것을 어떻게 진전시킬지 결정해야 한다.72) 따라서 미전도 종족에 대한 전문인 선교는 모든 사람들에게 우리가 복음을 전하고자 할 때에 실재하는 종족 집단의 지속적인 폐쇄성의 불균형 (imbalance)에 대하여 언급하는 데에 있다. 그러나 이러한 불균형에 대한 언급이 하나님께서 사랑하시는 다른 잃어버린 영혼에 대한 무시를 낳게 된다면 그러한 패러다임(paradigm)은 수정될 필요가 있다. 전문인 선교는 그러한 문화 가운데 있는 지속적인 기회와 씨 뿌리는 일을 간과함으로써 숨겨진 종족 집단들을 다시 만들어 내는 것을 원치 않기 때문이다.

셋째, 문화적 장벽을 넘어가고, 알려지고, 신뢰받고, 이해되는 문제이다.

지금까지 선교역사(history of mission)를 살펴보면, 문화는 복음 전달(the communication of the gospel)의 장벽으로 인식되어 왔다. 그러나 문화는 복음 전파의 장벽이 아니라 복음이 전달되는 하나의 통로이다. 이런 복음의 통로로서의 문화를 이해하는 것은 중요하며, 다른 사람의 문화를 이해하기 위해 자신의 문화를 먼저 이해하는 것은 필수적이다. 그리고 오직 하나뿐인 복음은 변질되지 않으면서 각 민족 문화에 가장 적합한 방법으로 전달될 수 있어야 한다.73)

효과적인 복음 전달을 위해서 먼저 그 본문(text) 자체의 내용을 철저히 이해해야 한다. 그리고 시대적 상황에 그 메시지를 관련시

---

72) Ted Elder, "Where Are the Frontiers?", *International Journal of Frontier Mission* (Jannuary 1992), 8.

73) 권병기, "전방개척선교에서의 문화선교사역의 방향," 『전방개척선교』 (2006, 5월), 94.

킬 수 있는 능력이 부과되어야 할 것이다. 그러나 대부분의 복음 전파자들이 전달했다고 상상하는 것과는 근본적으로 달라질 수 있다는 사실에 민감하지 못하다.[74] 따라서 복음은 결코 진공 속에 선포함이 아닌 언제나 메시지를 듣는 사람들을 향하여 그들이 이해할 수 있는 형태로 전달되어야 할 것이다.[75] 전문인 선교사는 그 자신이 자라온 문화적 채색을 벗겨내고 전파하고자 하는 그 선교 현지에 적합한 문화 형태로 복음을 소개해야 한다. 이는 타문화권에 파송된 전문인 선교사가 교회개척 사역을 시작할 때 부딪치는 본격적인 문제이기도 하지만 선교 교육론의 입장에서 지역교회 목회자들도 반드시 이해하고 있어야 할 문제들인 것이다.[76] 전문인 선교사 시대를 맞은 오늘에 와서 점점 하나가 되어 가고 있다. 반면에 문화교류가 가까워질수록 나라와 나라, 민족과 민족이 서로 다르다는 사실을 과거 어느 때보다도 강하게 의식하게 되었다.[77] 이러한 주제는 해외선교의 상황에서만 관련된 것이 아니라 제도적 교회들의 접근방법에 대해 저항감을 갖고 있는 동일사회 내의 여러 계층 간에도 관계될 수 있다.[78]

미국 트리니티복음주의신학교의 선교와 인류학 교수인 폴 히버트(Paul G. Hiebert)는 문화에 대하여 말하기를, "한 사회의 특징적인 행동과 생각 그리고 생각에 대한 학습된 양식들의 종합적 체계이다."라고 간주하였다.[79] 예수 그리스도의 복음이 전파되어 교회

---

74) 윤춘식, 『현대교회와 선교교육』, 300.

75) Michael Green, *Evangelism in the Early Church* (London: Hodder & Stoughton, 1970), 115.

76) 윤춘식, 『현대교회와 선교교육』, 300－301.

77) 사실 인류의 문화교류가 없이 서로 떨어져 살았을 때는 이것을 별로 의식하지 못하였다.

78) 윤춘식, 『현대교회와 선교교육』, 301.

가 설립되는 곳에서는 그 지역에 영향을 미치게 되는데 문화 환경과 필연적인 관계를 갖게 된다. 사실 문화는 한 세대에서 다른 세대로 전달되는 유산들이기 때문에 신념(conviction)이나 가치(value), 습관들(habits)과 제자들을 결속시키며 책임성과 통일성을 유지시켜 준다.[80]

여기서 전문인 선교사는 선교 현지 문화의 기초에 대해서 세 가지 단계로 연구할 필요가 있다.

첫째 단계, 그리스도의 복음과 문화의 단계로 그리스도는 복음의 핵심(Heart of the Gospel)이다.

복음을 효과적으로 전달하고자 열망할 때, 어떤 복음의 내용도 문화와 무관하지 않음을 발견하게 된다. 세계복음화를 위한 로잔위원회(Lausanne Committee for World Evangelization) 산하 '윌로뱅크 보고서'(The Willowbank Report)에 따르면, "모든 신학적인 표현은 그 모든 것보다 우위에 있는 성경에 의해서 판단되어야 한다. 그리고 그 가치는 성경의 메시지를 자신의 문화에 얼마나 적절히 적용시키고 있는가에 의해서 더 나아가 얼마만큼 성경에 충실한가에 의해 판단되어야만 한다."라고 명시하였다.[81] 이미 우리에게 메시지가 주어져 있는데, 우리의 책임(responsibility)은 이것을 마음대로 편집하는 것이 아니라 그것을 선포하는 것이다. 그러나 복음이 어떤 특정문화 안에서나 그들의 사회구조(social structure)와 국가 혹

---

79) Paul G. Hiebert, *Cultural Anthropology* (Grand Rapids: Baker, 1983). 25.

80) 윤춘식, 『현대교회와 선교교육』, 301.

81) 윤춘식, 『현대교회와 선교교육』, 301-302.

은 부족의 결속을 위협한다고 판단될 때는 비록 복음이라 할지라도 거절당하게 된다.[82] 이와 동시에 모든 문화 속에는 예수 그리스도의 주권과 상반되지 않는 요소도 있는 것이다. 특히 선교사의 경우에 위와 같이 두 요소에 관한 문화적 요인에 민감해야 한다. 예를 들면, 이슬람 지역들과 아시아, 그리고 아프리카와 라틴아메리카, 그 외에 유럽권의 각 국가 지역은 사전에 정탐작업이 필수 불가결하다.[83] 그것은 미리 포장된 복음을 가지고는 민감한 타문화권 선교(cross – cultural missions)에 효과적으로 수행할 수 없기 때문이다. 따라서 전문인 선교사는 선교적 차원에서 부딪쳐오는 도전 앞에서 좀 더 적절한 대응으로써 비록 그것이 전통적 교회의 형식들(forms)을 벗어난다 할지라도 그리스도인들과 구도자들의 연합을 위한 방법들을 재개발시키려는 새로운 시도와 용기가 요청된다. 그래서 전문인 선교사는 복음에 대한 책임감과 인격적 자질, 그리고 협동적인 제자도 등 예수 그리스도의 강권적인 사랑일 것이다.

리차드 니버(H. Richard Niebuhr, 1894~1962)는 『그리스도와 문화』(Christ and Culture)라는 책에서 그리스도와 문화의 관계성에 관한 신학자들의 다양한 견해들을 다음과 같이 네 가지로 범주화시켰다.[84] 첫째, 문화에 대립하는 그리스도(Christ Against Culture)이다.[85]

---

82) 윤춘식, 『현대교회와 선교교육』, 302.

83) J. Herbert Kane, *Understanding Christian Mission* (Grand Rapids: Baker, 1986), 185. 케인은 이것을 가리켜 문화적 전투(cultural penetration)라 말한다.

84) 니버는 신정통주의 신학자 라인홀드 니버의 동생이다. 그는 미국 미주리 주에 있는 라이트시티에서 태어났다. 니버 형제는 어려서부터 아버지 밑에서 자유롭게 신학 공부를 했다고 한다. 니버는 아버지의 뒤를 따라 목사가 되고자 엘머허스트대학을 거쳐 이든신학교에 가서 공부했다. 1914년 그는 신학교를 졸업하는 즉시 세인트루이스에 가서 목회를 했다. 목회를 하면서 그는 워싱턴대학교에서 문학석사 학위를 받았다(1917년). 1919년 그는 이든신학교로 자리를 옮겨 신학과 윤리를 교수하다가 3년 후에 예일대학교에 가서 신학을 공부하였다. 1924년 그는 철학박사 학위를 받았다. 그 후 엘머허스

둘째, 문화의 그리스도(The Christ of Culture)이다.[86] 셋째, 문화 위의 그리스도(Christ Above Culture)이다.[87] 넷째, 문화의 변혁자 그리스도(Christ the Transformer of Culture)[88]이다.[89]

둘째 단계, 문화변혁의 과정이다.

위의 네 번째 범주에 대하여 교회성장학자 에드 깁스(Eddie Gibbs)는 찰스 크래프트(Charles H. Kraft)의 견해에 대하여 말하기를, "하나님께서는 문화 밖에 존재하시고 인간은 전적으로 문화 안에 살지만 하나님은 그의 백성들과 교제하시기 위해 문화 환경을 선택하신다."라고 지지하였다.[90] 이와 같이 하나님은 문화와의 관계 속에서 구속(redemption)사역을 행하신다. 그 안에는 어떤 것들에 대한 심판과 다른 영역에 대한 승인, 그리고 그 전체의 변혁(transformation) 등의 사역이 포함되어 있다. 그런데 전문인 선교사가 자신의 문화라는 안경을 통해 다른 민족들의 생활양식을 판단하는 것을 목격할 때, 자민족중심주의(Ethnocentrism)에 빠져 있음을 알게 된다.[91]

이러한 경우, 특히 한국과 대만, 그리고 일본 같은 단일문화적인

트대학의 학장으로 3년간 지낸 다음 1927년 자기 모교인 이든신학교로 다시 돌아가 기독교윤리를 가르쳤다. 이때에 『교파주의의 사회적 기원』이라는 책을 써서 학계의 인정을 받았다. 1931년 그는 예일대학교로부터 초청을 받아 이 세상을 떠날 때까지 그곳에서 윤리와 신학을 가르쳤다.

85) 교회와 세상을 문화의 과격한 대립관계로 본다.

86) 그리스도를 문화옹호자나 완성자로 보고 혼합이 성향을 나타낸다.

87) 그리스도를 문화적 열망의 성취자로서 참된 사회제도의 회복자로 생각한다.

88) 문화에 대한 보다 긍정적인 태도로써 문화가 하나님의 심판 아래 놓여 있지만 그것은 전적으로 하나님의 구원법칙에 종속되어 있음을 인정한다.

89) 윤춘식, 『현대교회와 선교교육』, 302-303.

90) Eddie Gibbs, *I Believe in Church Growth* (London: Hodder & Stoughton, 1990), 78.

91) 윤춘식, 『현대교회와 선교교육』, 303.

관점에서 타문화(cross-cultural)의 관점으로 전환하기 위해서는 전문인 선교사의 인내와 통찰력은 각별한 은사가 필요하다. 윌로뱅크 보고서에 의하면, 복음과 문화는 문화변혁의 과정을 다음과 같이 네 가지로 일깨워 준다.[92] 첫째로 사람들은 그들이 원하는 대로 문화의 변화를 원하는 때에 변화한다. 둘째로 제3세계에서 복음을 증거 하는 사람들은 일반적으로 사회변화를 가져다줄 수 있는 내적 매개체들에 대해 존경심을 가져야 한다. 셋째로 실제로 모든 관습이 그 문화 안에서 중요한 기능을 수행하고 있다는 사실을 기억해야 한다. 넷째로 어떤 문화적 관습은 잘못된 신학적 뒷받침을 받고 행해진다는 사실을 인정해야 한다. 이 경우 신학이 수정되어야 문화도 변하게 된다.

따라서 선교 현지에서 회심자로 하여금 그의 문화 속에 있는 악에 대해 개인적으로 저항하도록 하는 것만으로는 충분하지 못하다. 온 교회가 그것을 제거하기 위해 함께 일해야 한다. 여기서 우리는 문화가 복음의 영향 하에서 어떻게 변혁되어 가고 있는가를 질문하여 문화변혁의 수많은 사례들을 살펴볼 수 있게 된다. 그러나 사실 문화변혁이 필요할 때 외관상 그렇게 야단스럽게 저항하지는 않는다. 하지만 변화를 시도하려 할 때는 많은 주의가 필요하다.[93]

셋째 단계, 상황화를 넘는 타문화 선교교육이다.

전문인 선교사는 문화적 공백상태에 들어가는 것이 아니라 움직이는 사회와 문화적 공백상태에 들어가는 것이다. 때때로 현지인은

---

92) 윤춘식, 『현대교회와 선교교육』, 303.
93) 윤춘식, 『현대교회와 선교교육』, 303-304.

최첨단 과학을 신봉하기도 하고 정글 속의 원주민들은 그들이 만든 토속 신에게 기도하며 영을 달래기도 한다. 오늘날에도 아르헨티나의 안데스 산맥에 여전히 목신(木神)을 섬기는 마뿌체 족이 건재하고 있다.94)

새로운 복음을 가지고 온 전문인 선교사가 선교 현지의 문화에 어떻게 반응했으며 어떻게 반응해야 하는가? 또한 전통문화를 어떻게 볼 것인가? 이 질문은 선교학계에 오랫동안 논란의 대상이 되어 왔다. 예를 들면, 초기 인도선교에 있어 로마 가톨릭(Roman Catholic) 선교사들은 인도문화의 우수성에 큰 감명을 받은 바 있었다. 그래서 예수회 측은 전통적인 인도문화를 유지하는 가운데 적응(adaptation)할 것을 주장했고, 프란시스칸은 예수회 측이 복음을 헐값에 팔아치우고 있다고 비난했다. 초기 개신교 선교사들은 사전을 낼 수 있을 정도로 인도어를 배우고 인도 고전문학과 송가를 쓸 수 있었고 인도의 경전을 독일어와 영어로 번역하였다.95) 그 후 식민주의(colonialism)의 발흥과 문화 진화론의 대두는 비서구문화를 원시문화로 무시하며 잠식해 들어가기 시작했다. 이러한 양대 지역의 양극화된 상대주의(relativism)는 의존과 독립 그 너머에 있는 상호의존을 향하여 움직여 갔다.96)

곧 문화인류학(cultural anthropology)97)의 접근을 통해서 지역문

---

94) 윤춘식, 『현대교회와 선교교육』, 304-305.

95) Paul G. Hiebert, 『선교현장의 문화이해』, 김영동·안영권 역 (서울: 죠이선교회 출판부, 1997), 96.

96) Paul G. Hiebert, 『선교현장의 문화이해』, 111.

97) 문화인류학이란 하나님의 선교 명령을 보다 효과적으로 수행하고 타문화 속에서 발생할 수 있는 문제들을 미리 막기 위하여 선교지 민족들의 문화와 세계관을 연구하는 학문이다. Stephen A. Grunlan & Marvin Mayers, *Cultural Anthropology* (Grand Rapids:

화에 대한 현상학적 주석을 가하고 첫째, 원주민교회 지도자와 전문인 선교사는 우선 약간의 질문을 가지고 전통적인 신념과 관습을 무비판적으로 수집, 분석하며 회중을 인도한다. 이렇게 오래된 숨기어진 관습을 다룬 후 성경의 주석(exegesis)과 해석(hermeneutic)의 가교를 설치해 준다. 둘째, 원주민교회 지도자와 선교사는 실제 성경의 연구를 통해 진리 이해에 대한 문화적인 틀(mentacultural framework)을 제공하며 회중 인도, 그리고 최종단계로 회중으로 하여금 비판적 대응을 하도록 한다. 셋째, 회중이 공동으로 그들의 새로운 성경적 이해에 비추어 과거의 관습을 평가(evaluate)하고 새로이 발견된 진리에 대한 그들이 반응을 결정하는 일이다.

폴 히버트(Paul G. Hiebert)는 '그리스도인들의 죽은 시체 매장법'에 대한 의식을 예로 들었는데 위의 첫째와 둘째, 그리고 셋째 과정에 대입하는 방법을 발전시켰다.[98] 그러면 상황화를 넘는 타문화 선교교육이 왜 필요한가? 우선 전문인 선교사 자신에겐 새로운 사회적, 지리적 상황 안에서 교회를 개척하게 하는 것만도 가히 혁명적이라 할 수 있다. 동시에 파송교회(sending church)와 선교단체, 그리고 교단에게 바깥 세계의 다원주의(Pluralism)를 경험하게 하므로 파송교회의 안락한 교구주의를 깨뜨리기도 한다. 초대교회는 이 사실을 알고 있었다. 한편, 선교 현지에서는 새롭게 개종된 사람들이 점차적으로 옛 이교적인 관습을 버릴 필요가 있음을 이해하게 된다.[99] 물론 우선적인 검증은 성경 그 자체에서 비롯되어야 한다.

Zondervan, 1988), 29.

98) Paul G. Hiebert, 『선교현장의 문화이해』, 113 – 114.

99) 윤춘식, 『현대교회와 선교교육』, 306.

따라서 역사와 문화의 테두리 속에 있는 교회는 자신의 신학을 점검해야 한다.

전문인 선교사를 위한 진정한 선교교육(missions education)은 해석학적 공동체 안에서 실현되어 감을 믿는다. 전문인 선교사를 위한 선교교육의 목표는 인간 삶의 다양한 상황에 복음을 적용시키는 것이 아니다. 그것은 복음의 본질을 이해하며, 시간과 문화적인 다원주의를 넘어서는 본연의 것이다. 어떤 교회도 이 본질 바깥에서 타문화에 묻어 도입된 기독교 형태의 외래성이 있음을 날카롭게 인식해야 한다. 그래서 선교 현지에서 말씀을 선포하는 전문인 선교사는 복음이 구원을 얻게 하는 하나님의 능력임을 체험하게 되고, 타인에게도 계속 일어날 것을 기대하는 것은 당연하다. 동시에 우리가 부딪쳐야 할 반대와 고난에 대한 예수님의 경고도 잊지 말아야 한다.[100] 부단히 변화하는(transforming) 시대와 문화 속에서 영원불변의 복음을 전하려면 이 시대에 가장 적합한(appropriate) 문화 매체를 통한 총체적 커뮤니케이션 수단을 제시하여야 한다.[101]

넷째, 교회 인구의 중심이 발전된 서구로부터 제3세계 지역으로 전이된다.[102] 그동안 서구를 대표하던 기독교가 이제 그 무게 중심이 남반부를 대표하는 제2/3세계로 옮겨지고 있다. 이미 한국은 전 세계 선교국가로부터 세계 선교에 있어 동반자(partner)로서 세계 선교를 이끌어 갈 대상으로 기대를 받고 있다.

다섯째, 선교 사역에서 중요한 역할을 하고 있는 제3세계 그리스

---

100) 윤춘식, 『현대교회와 선교교육』, 306-307.

101) 권병기, "전방개척선교에서의 문화선교사역의 방향,", 94.

102) Tetsunao Yamamori, *Penetration Missions Final Frontier: A New Strategy for Unreached Peoples*, 46.

도인의 증가하는 선교 열정이다.[103] 1990년대 들어와서 선교학계에서 두드러진 경향은 새로운 선교전략과 방법론(methodology)의 개발이다. 전략적인 면에서는 1960년대에서 1970년대까지 주로 교회성장학파(the Church Growth School)가 주도한 시대라고 한다. 그러나 80년대 이후에는 중국 지하교회와 화교교회의 대표적인 지도자이자 세계적인 선교 지도자인 토마스 왕(Thomas Wang)과 같은 제2/3세계 출신 지도자들이나 랄프 윈터(Ralph D. Winter) 등에 의한 미전도 종족선교라든지 제2/3세계 선교운동의 대두가 두드러진 현상이다. 이에 공산권의 붕괴와 선교문화인류학의 발달, 제2/3세계교회의 급격한 부흥 등이 요인이 되었다고 본다. 실제 제2/3세계 출신 선교사의 숫자가 서구 출신 선교사들의 총수를 앞서게 되는 상황이고 한국과 브라질 등을 중심으로 한 제2/3세계 국가 중 일부가 선교 사역의 주요한 요소로 등장하고 있다.[104] 오늘날 세계 선교에서 가장 축하받는 일은 기독교가 비서구적인 종교로 탈바꿈하고 있다는 것이다. 1492년 이후 아메리카와 아프리카, 그리고 아시아와 태평양 연안에서 교회의 수적 증가(numerical strength)가 이뤄졌다. 반면 유럽은 실질적인 감소를 경험했다. 현재 세계 기독교 인구의 27.7%가 오순절파와 은사주의자들이다. 이러한 기독교의 급성장은 주로 비백인과 비서구적인 형태로 이뤄지고 있다. 특히 아프리카에서 매일 23,000명의 기독교인이 증가하고 있다. 그러나 유럽과 북미에서는 매일 7,600명이 신앙을 포기하고 있다. 세계 기독교(world

---

103) Tetsunao Yamamori, *Penetration Missions Final Frontier: A New Strategy for Unreached Peoples*, 46.

104) Larry D. Pate, *Perspectives on the World Christian Movement* (Pasadena: William Carey Labrary, 1992), 229-238.

christianity) 인구 분포의 급속한 변화는 놀라울 정도다. 현재 세계 기독교는 약 34,000여 개의 분파로 나눠져 있다. 이러한 현상을 '카멜레온'이라는 단어로 표현할 수 있다.[105]

여섯째, 어떤 외부의 지원도 받지 못하는 국가에 알맞은 교회개척 전략이 필요로 한다.[106] 향후 25년 한국선교의 새로운 패러다임으로 가장 큰 이슈가 될 전문인 선교에 대한 가능성과 효용성은 이미 큰 자리매김을 하고 있다. 특히 전문인 선교에 대한 열린 가능성의 시대에 사는 한국 교회는 이제 현세대의 전문인 선교를 통하여 자생적인 교회가 세워지지 않은 미전도 종족 거주지에서의 교회개척 선교가 활발히 이루어져야 할 단계가 되었다고 본다.[107]

일곱째, 교회 장년교인의 주류(mainline)가 부유한 자의 교회로부터 가난한 자의 교회로 전이되었다.[108] 부유한 사람들과 가난한 사람들 간의 격차가 커짐(a widening gap between the wealthy and the burgeoning poor)은 세계 각처에서 크게 벌어지고 있다. 북미와 독일, 그리고 일본이 세계에서 부(富)가 거의 절반을 독점하면서 북반구는 국민 총생산량 면에서 남반구를 압도하고 있다. 세계의 가장 부유한 사람들 20%가 85%의 세계 수입을 가지고 있다. 그리고 라틴 아메리카에서는 전체 국민의 20%를 차지하는 가장 큰 부자들이 20%를 차지하는 가장 가난한 사람들보다 15배의 부를 가지고 있다.[109]

---

105) 국민일보 2007년 3월 15일자 신문.

106) Tetsunao Yamamori, *Penetration Missions Final Frontier: A New Strategy for Unreached Peoples*, 46.

107) 권병기, "전방개척선교에서의 문화선교사역의 방향,", 96.

108) Tetsunao Yamamori, *Penetration Missions Final Frontier: A New Strategy for Unreached Peoples*, 46.

109) Briant Myers, *The New Context of World Mission* (Monrovia: MARC, 1997), 22－24.

가장 가난한 사람들은 소외되었으며, 개발도상국들의 모든 국가적인 부채는 1.8조 달러($1.8 trillion)이다.[110] 라틴아메리카와 같은 지역의 가난한 사람들 가운데 오순절 교단(pentecostal association)과 카리스마틱 그룹(charismatic group)의 교회들이 크게 성장하고 있고, 그들의 삶의 질을 향상시켜 주고 있다. 따라서 우리는 가난한 사람들과 함께 그리고 그들을 위하여 일하는 신학과 사역을 개발하여야 한다. 그리고 의존감을 길러주는 일이 없이 그들의 가난한 사람들의 삶의 형편을 돕고 증진시킬 프로그램과 재정을 사용해야 할 것이다.

여덟째, 미전도 종족 내에서의 빈번한 물질적(material) 궁핍이다.[111] 통계적에 의하면, 한 명의 기독교인을 만드는 데 소요되는 비용에서 제3세계가 서구보다 적게 든다. 예를 들어 콩고에서 침례교인 1명을 배출하는 데 영국과 비교할 때 대략 693분의 1의 비용과 노력이면 가능하다.[112]

아홉째, 선진국의 물질적 번영과 힘(power)을 따라잡고자 하는 많은 미전도 종족 지도자들의 야심 등이다.[113] 이러한 변화된 선교현지의 상황에서 필요한 새로운 선교전략의 필요성을 강조해야 할 것이다.

---

110) Briant Myers, *The New Context of World Mission*, 25-41.

111) Tetsunao Yamamori, *Penetration Missions Final Frontier: A New Strategy for Unreached Peoples*, 46.

112) 국민일보 2007년 3월 15일자 신문.

113) Tetsunao Yamamori, *Penetration Missions Final Frontier: A New Strategy for Unreached Peoples*, 46.

5. 전문인 선교의 필요성에 대한 학자들의 주장들

랄프 윈터(Ralph D. Winter)와 크리스티 윌슨(J. Christy Wilson), 그리고 데쓰나오 야마모리(Tetsunao Yamamori), 데니 마틴(Danny Martin)은 21세기 선교 전략의 새로운 패러다임으로 전문인 선교가 절실히 요구됨을 주장하였다.

1) 랄프 윈터(Ralph D. Winter)의 주장

윈터는 미전도 종족 선교에 대한 전문인 선교의 필요성에 대하여 말하기를, "지금 미전도 종족 선교를 선교의 중심적인 전략으로 본다. 이것은 이제 선교가 어느 나라와 어느 지역으로 가는 것이 아니다. 그것은 아직 한 번도 예수 그리스도의 복음을 듣지 못한 종족들에게 가는 것이다. 선교는 이러한 복음을 필요로 하는 모든 종족들에게 가서 선포하는 것이다."라고 제시하였다.[114] 이러한 미전도 종족들을 위한 선교적 접근(missionary approach)을 위해 제시된 선교 전략이 전문인 선교이다. 전문인 선교는 전통적인 목회자 선교사 신분으로 사역할 수 없는 지역에 가는 선교 전략으로, 1989년 필리핀 마닐라 제2차 로잔세계선교대회는 이러한 전문인 선교 전략의 중요성에 대하여 말하기를, "온전한 교회(the whole church)가 온전한 복음(the whole gospel)을 전 세계로(the whole world) 복음을 전하기 위하여 더 이상 선교를 전통적인 방법으로 선교사에게만 맡길 것이 아니라 전교인이 참여하는 선교이다."라고 강조하

---

114) Ralph D. Winter, *Mission Frontiers* April—May 1991, 2—4.

였다.115)

이러한 미전도 종족 지역들은 이슬람교권과 힌두교권, 그리고 불교권을 포함하고 있으며, 중국과 구공산권을 포함한다.116) 이 지역의 위치는 새로운 선교 표적 국가들로 대부분이다. 아울러 전 세계 빈민의 82%와 저개발 국가들을 포함하는 지역이기도 하다. 그런데 이 지역에 있는 많은 국가는 선교사에게 비자를 발급하지 않는다. 또한 거의 대부분이 전통적인 목회자 선교사들을 환영하지 않는 금지 구역으로 전문인 선교사만 사역이 가능한 지역이다. 그래서 이 국가들은 종종 선교사가 입국하기 위해 창의성이 요구되는 지역으로 '접근제한 국가'(restricted - access countries) 또는 '창의적 접근 국가'(creative - access countries)로 불리고 있다.

2) 크리스티 윌슨(J. Christy Wilson)의 주장

이슬람권과 구공산권 지역에서 전문인 선교사로 사역했던 윌슨은 전문인 선교의 필요성에 대하여 말하기를, "만약 그리스도인이 지상 대위임을 진지하게 수행한다면 앞으로 10년 안에 거대한 이슬람교도의 무리가 예수 그리스도께 돌아오는 것을 보게 될 것이다. 인도네시아와 방글라데시의 경우 만약 우리가 사랑의 복음을 가지고 회교도에게 가지 않는다면 하나님은 그에 대한 심판으로서 그들이 우리를 대적하도록 하실 것이다. 이슬람교의 종말론(Eschatology)은

---

115) 김성욱, "21세기 한국교회 선교와 전문인 선교," 『총신대 논총』 제22집 (2003, 3월), 116.

116) 미전도 종족들은 10/40Window에 걸쳐 있는 지역으로서 서아프리카로부터 중동을 지나 아시아까지 뻗쳐 있는 북위 10도에서 40도 사이에 있는 띠 모양의 지역의 국가와 종족들이다.

그들이 온 세상을 정복하게 될 것이라고 가르친다. 그리고 그들은 지금 자신들이 세계를 정복하는 성전 가운데 있다."라고 하였다.[117]

3) 데쓰나오 야마모리(Tetsunao Yamamori)의 주장

야마모리는 기존의 선교전략의 부적절한 관점을 지적하고 새로운 전문인 선교전략에 대하여 말하기를, "오늘 선교가 잘못된 표적을 가지고 중복(duplication) 투자하는 비효율적인 선교이다."라고 지적하였다.[118] 현대 선교는 이미 기독교화(christianization)된 지역에 99.9%의 자원을 사용하고 있는 반면 미전도 종족선교에는 오직 0.1%만을 사용한다. 이제 선교의 마지막 최전선은 미전도 종족임을 인식하고, 이러한 미전도 종족선교를 위한 전문인 선교의 전문가들과 훈련된 선교 지도자가 부족하다. 그러므로 새로운 선교를 위한 전문인 선교의 전략적 전환이 필요하다. 뿐만 아니라 6,000개의 미전도 종족 선교를 위한 전문인 선교전략이 시급할 정도이다.[119]

4) 데니 마틴(Danny Martin)의 주장

마틴은 전문인 선교의 필요성에 대하여 말하기를, "구제 사역과 함께 연합해야 한다(Incorporation of Christian Relief and Development Tentmaking)."라고 하였다.[120] 미국의 대부분 복음주의 선교단체에

---

117) Tetsunao Yamamori, *Penetration Missions Final Frontier: A New Strategy for Unreached Peoples*, 46.

118) 김성욱, "21세기 한국교회 선교와 전문인 선교,", 117.

119) 김성욱, "21세기 한국교회 선교와 전문인 선교,", 117.

120) 한국전문인선교훈련원(GPTI) 대전 지원, "선교칼럼", http://www.gpti.co.kr.

서는 제자화에 더 큰 비중을 두고 있는 것이 사실이다. 그러나 전문인 선교의 입장에서 보면, 이 두 가지 개념이 양분될 것이 아니라 연합이 되어야 한다. 그 가능성으로 미국의 4만 개의 직업이 있는데 이처럼 다양한 직업을 통해서 그들의 배고픔과 아픔, 그리고 안타까운 사정에 선교적 접촉점을 가지고 접근할 수 있다.[121] 또한 복음을 통해서 침투할 수 있어서 전문인 선교야말로 마지막 시대에 마지막 주자로 쓰임 받는 전천후 선교방식이라고 할 수 있을 것이다. 전문인 선교는 가난에 대한 문제를 재조명을 해야 하며, 이것이 자칫 해방신학과 같이 비춰져서 기존의 정통 신학을 뒤엎는 전문인 신학이 되어서는 안 된다. 모든 것을 다 수용할 수 있어야 하지만 21세기에도 통(通)하는 진정한 의미에서 행동하는 신학(doing theology)으로서의 전문인 신학(professional theology)이 되어야 한다. 한마디로 말하면, 신학은 보수 그러나 행동은 실천적으로 하라는 것이다. 따라서 전문인 선교를 NGO 단체와 연합할 뿐 아니라 영적으로 가난에 대한 문제에 우선순위를 두어 온 가난한 자들, 특히 탈북자 사역과 같은 두리하나 선교회와는 더욱더 삼 겹줄로 묶어져야 한다.[122] 이러한 전문인 선교의 방법은 예수 그리스도의 성육신과 바울의 성육신의 원리, 그리고 동일시의 원리와 섬김의 원리에 성경적 기초를 두고 있다(빌2:6 – 8).

---

121) 한국전문인선교훈련원(GPTI) 대전 지원, "선교칼럼", http://www.gpti.co.kr.

122) 한국전문인선교훈련원(GPTI) 대전 지원, "선교칼럼", http://www.gpti.co.kr.

6. 성육신적인 사역, 전문인 선교

전문인 선교는 성육신적인 사역이다. 그래서 성육신은 전문인 선교의 심장이라 할 수 있다. 하나님의 선교(Missio Dei)에 대한 수직적 모습은 복잡하게 섞여 있는 하나님과 인간의 상호작용 안에서 인간의 선교(human's missions)사역이라는 수평적인 범주와 상호작용을 한다.

> "그는 근본 하나님의 본체시나 하나님과 동등됨을 취할 것으로 여기지 아니하시고 오히려 자기를 비워 종의 형체를 가지사 사람들과 같이 되셨고 사람의 모양으로 나타나사 자기를 낮추시고 죽기까지 복종하셨으니 곧 십자가에 죽으심이라"(빌 2:6-8)

예수님께서 성육신적인 삶을 사셨던 것처럼, 전문인 선교사는 자기희생의 정신으로 삶을 살아야 하며, 선교 현지는 이러한 삶을 요구하고 있다. 전문인 선교는 자신과 직업, 그리고 재능 등 모든 것을 헌신하는 성육신적인 선교(incarnational mission)이다. 그러나 전문인 선교의 구체적인 모델이 나오기 위해서는 전문인 신학이 철저하게 준비되어야 하며, 그 열매를 보고 선교하시는 하나님께 영광을 돌리게 될 것이다.[123] 이러한 신학의 정립이 언제 끝날지 모르지만 전문인 선교사는 신학에 기초하여 하나님 나라를 위해 전문인 선교의 계절이 오게 해야 한다. 이제 전문인 신학을 활성화하기 위해서 다음과 같은 선교신학적인 전략을 가지고 사람의 인격을 존중하는 성육신적인 신학으로 인정받아야 한다.

---

123) 김태연, 『전문인 선교사를 구비시켜라』, 71.

이를 위해 한국전문인선교훈련원 원장 김태연은 다음과 같이 타 문화권에서 사역하기 위한 전문인 선교사의 십계명(十誡命)을 제시하였다.

첫째, 전(全)신자선교사주의(Every Believer's Missionaryhood)를 주장하라.

한국 선교는 평신도들의 괄목할 만한 적극적인 참여로 활성화되고 있다. 예를 들면, 1981년 직장선교회의 활성화를 통한 민족복음화와 세계 선교를 목적으로 창립된 한국기독교 직장선교연합회는 1993년 세계 직장인의 복음 생활화를 통한 세계 기독교 문화 창조 및 국제 평신도 초교파 연합운동을 통한 세계 교회 일치를 위하여 '세계기독교직장선교회'로 확대 개편되어 활동하였다.124) 이것은 한국 교회 선교의 목회자 중심적 선교현상을 극복하는 계기가 되었고, 평신도 선교에 대한 선교신학(mission theology)의 정립과 평신도 전문인 선교사의 지도자 개발과 훈련으로 발전되었다. 예를 들면, 대표적으로 전문인선교회와 전문인선교훈련원으로서 이 선교 기관은 전신자선교사주의(Every Believer's Missionaryhood)라는 이론적 틀로 실제적인 직업군에 속한 다양한 평신도들을 선교 훈련하여 파송하고 있다.125)

전신자선교사주의란 예수님의 삼중사역(three-fold ministry)에 기

---

124) 박흥일, 『2004년 세계선교대회 평신도/전문인 선교대회: 21세기 직장 선교와 세계선교』 (서울: 한국세계선교협의회, 2000), 21-24. 1999년까지 한국에는 32개 지역별, 31개 직능별, 6,000여 개의 직장신우회가 조직되어 있다.

125) James M. Phillips & Robert T. Coote, *Toward the Twenty-First Century in Christian Mission* (Grand Rapids: Eerdmans, 1993), 271.

초하여 예수님의 제자로서 지상 대위임(the Great Commission)을 준행하는 타문화권 셀 그룹의 리더(cross‑cultural cell group leader)로서의 전문인 선교사의 정체성(identity)을 의미한다. 이러한 주장은 1590년에 화란의 개혁교회 목사 출신으로 영국 국교회 목사이며, 웨스트민스터신학교 학장이었던 아드리아누스 사라비아(Adrianus Saravia, 1531~1613)에 의해서 처음으로 주장된 것이다. 전신자선교사주의는 마틴 루터의 만인제사장주의(All Believer's Priesthood)에서 비롯되었다.126) 이것이 만인선교사주의(All Believer's Missionaryhood)에서 더 발전한 개념이다. 다시 말해서 모든 사람이 생활 가운데 전도자(Life‑Style Evangelist)로 살아야 한다는 것이다. 그것이 타문화권에 나아가면 자신의 직업을 가진 생활 선교사(Life‑Style Missionary)가 되는 것이다. 이러한 전신자선교사주의에 기초하여 전문인 선교를 하려면 교회론(Ecclesiology)에 대한 국제적인 차원에서의 재정립이 필요하다. 거듭난 성도들이 하나님을 아는 지식으로 채워지지 못함을 자극하여 진정한 의미에서 하나님의 사람으로서 선교에 동참하도록 깨우쳐야 한다.127)

이를 위해서 목회자와 교회 안에 있는 평신도들의 적극적인 참여가 필수적이다. 목회자만 복음을 전하는 것이 아닌 각자의 자리에서 복음을 전하는 것이다. 따라서 전통적 선교가 미래 선교시대로 나가기 위해서는 전신자선교사주의에 입각한 전문인 선교로 점진적으로 완성되는 것을 인정해야 한다. 이것은 21세기 선교 사역에 있어서 새로운 패러다임의 대세라고 볼 수 있다.

---

126) 노윤식, "20세기의 부흥운동과 선교," 『선교신학』 제16집 (2007, 11월), 107.
127) 김태연, 『전문인 선교사를 구비시켜라』, 71.

오늘날 선교 현지는 기독교에 대한 적대감으로 갈수록 노골적인 상황이 되어 목회자 선교사 사역의 범위는 날로 좁아질 수밖에 없는 상황이다. 그래서 현지 사람들이 경제적으로 잘살도록 만들어 주는 평신도 전문인 선교사를 필요로 한다. 이러한 평신도 전문인 선교사를 준비시켜 보내야 한다. 구약성경에서 애굽을 경제 위기로부터 구한 요셉 같은 사람, 이방의 주권자를 충성되게 섬겼던 다니엘 같은 사람들이 준비되어 보내져야 한다. 또한 철저한 신앙의 사람, 진실하고 유능한 사람들을 보내야 할 것이다. 한국 교회에서 가지고 있던 전문적인 능력의 사람들이 그대로 사용되도록 다양한 분야의 전문인 선교사를 보내야 한다.

에베소서 4:11에 의하면, "그가 어떤 사람은 사도로, 어떤 사람은 선지자로, 어떤 사람은 복음 전하는 자로, 어떤 사람은 목사와 교사로 삼으셨으니" 여기서 사도로부터 시작하는 것을 보면 교회에 목사들도 있었지만 사도들도 있었을 것이다. 이것은 목사는 교회 안에서 전문가이다. 하지만 평신도는 세속 사회에서 전문가이다. 이러한 은사 배치 사역을 통한 전문인 선교는 정체성을 확립하는 데 아무런 문제가 되지 않는다.

최근 들어, 전문인 선교사에 대한 지대한 관심이 더욱더 커지고 있다. 전문인 선교가 가야 할 방향과 전문인 선교사가 가져야 할 마음가짐(attitudes of heart)에 대해 다음과 같이 '전문인 선교의 A to Z'를 소개하고자 한다.

A(Age, 나이)

전문인 선교에서 A는 나이를 의미한다. 전문인 선교에 있어서 나이 든 선교사들은 환영을 받는다. 그들이 축척한 전문적인 지식들이 선교의 현장에서 꽃을 활짝 피울 수 있기 때문이다. 그러나 최근 선교의 연령이 낮아져 나이 든 선교사들이 대우를 받지 못하고 있다. 또한 나이가 든 사람들은 군림하는 자세로 일하다가 선배 선교사들에게 푸대접을 받는 경우가 있다. 따라서 전문인 선교에서 연령이 중요한 것이 아니다. 이름도 없이 빛도 없이 섬기는 자세가 전문인 선교사에게 요구되기 때문이다.

B(Balance, 균형)

균형 잡힌 감각과 하나님 중심적인 세계관을 가지고 현실을 직시하지 못하면 전문인 선교를 활성화될 수 없다. 전문인 선교사는 현실을 직시하고 미래를 예견하는 균형 잡힌 안목이 필요하다.

C(Command, 사명)

예수님의 제자인 모든 하나님의 백성(the People of God)들은 마태복음 28:18 – 20에 나타난 지상 대위임(the Great Commission)의 말씀을 준행할 책임이 있다. 그것은 모든 민족을 제자로 삼아 아버지와 아들과 성령의 이름으로 세례를 주고 예수 그리스도께서 분부한 모든 것을 가르쳐 지키게 하는 것이다. 전문인 선교사는 사명을 감당하기 전에 죽지 않는다는 격언과 같이 전문인 선교사는 언제든지 세 가지를 준비해야 한다. 첫째, 어느 나라든지 들어갈 수 있는 직업의 전문성을 구비하고 있어야 한다. 둘째, 어느 순간이든지 복음을 증거할 수 있는 언어와 메시지가 준비되어 있어야 한다. 마지막으로 셋째, 언제든지 선교 현지에서 추방 명령을 받으면 천성을 향하여 떠날 준비가 되어 있어야 한다.

D(Dynamic Equivalence, 역동적 등가)

성경의 문화(the Culture of the Bible)와 선교 현지의 문화는 균형 잡힌 감각으로 이어준다. 또한 비판적 상황화(critical contextualization)에 의해서 성경을 번역하고 사역의 차별화를 이루어야 한다. 인도네시아 이리안자야(Irian Jaya)에서 사역하던 한 선교사는 억울하게 칼을 쓰고 재판을 받는 현지인의 모습을 번역하면서 춘향이가 억울하게 옥살이하는 가운데 칼을 쓰는 장면과 동일시하는 방법으로 번역을 성공적으로 마쳤다. 전문인 선교사는 타문화권에서 성경의 문화가 생각날 수 있도록 구속적 유머(redemptive analogy)를 할 수 있는 내부자적 시각(emic view)을 기르는 훈련을 해야 한다. 이것은 관찰일기(observation training)를 통해 키워질 수 있다.

E(Efficiency, 효율성)

전문인 선교는 전문성을 가진 자가 특수부대 요원처럼 일을 맞춰놓고 회계해 보는 것이 중요하다. 효율성이 떨어지는 일이라면 그것은 전문인 선교가 아니다. 그러므로 전문인 선교를 하려면 한계 효용 체증의 법칙과 마찬가지로 계속적으로 효용이 증가할 수 있는 전문성을 계속해서 키워 나가는 것이 중요하다.

F(Flexibility, 융통성)

타문화권의 셀(cell)을 향해서 나아가고자 할 때는 다양한 가운데 조화를 이루어야 한다. 이를 위해서는 빌립보서 2:5-9에 의하면,

자기낮춤의 교리(doctrines)와 마찬가지로 자기 자신의 입장에서보다 타인의 입장에서 보아야 한다. 20세기까지의 사고(thinking)의 틀인 행태론적 근본주의(morphological fundamentalism)에 입각, 석고화된 사고의 틀을 벗어나 새로운 사고를 하는 것이다. 그러나 패러다임은 계속해서 위상을 달리하며 변하지만 복음은 변하지 않아야 한다.

G[Glocalization, 'Global + Localization' (세계화 + 현지화)]

전문인 선교는 자비량 선교에서 비롯되었지만 자비량 선교에 국한된 개념이 아니다. 또한 평신도 직업 선교로 보는 개념도 너무 얕은 개념이다. 전문인 선교는 바울의 제3차 선교 사역 당시 장막을 깁는 사역을 통해서 배운 선교의 한 방법이다. 이것은 바울의 소아시아 복음화를 위해 순례자적인 모델을 가지고 사역한 선교의 모델(sodality model, para church model)이다. 전문인 선교를 우리의 것으로 소화시킨 세계화의 입장에서 보면, 바울의 선교 사역을 이 시대 가운데 재현해야 한다. 목회자와 평신도는 모두 전문인으로 조화를 이루는 사고를 해야 될 이유가 여기에 있다.

H(Habitat, 해비타트)

전문인 선교의 실례 가운데 해비타트 운동(Habitat for Humanity)이 있다.128) 예를 들면, 전 미국 대통령 지미 카터(Jimmy Carter)는 바울의 장막을 깁는 사건에서 착안하여 현대의 장막인 집을 지어주는 해비타트 운동을 시작하였다. 전문인 선교는 어려운 것과 최고

---

128) 해비타트 운동(Habitat 運動)은 무주택 서민의 주거문제를 해결하기 위한 기독교의 초교파적 민간운동이다. 1976년 미국인 밀러드 풀러에 의해 시작되었으며, 우리나라에서는 1992년 사랑의 집짓기운동연합회로 시작되었다.

의 지식만을 요구하는 것이 아니다. 이처럼 단순한 가운데 사역의 전문성이 떨어지더라도 전문인 선교에 참여할 수 있는 길은 많다. 모든 사람이 할 수 있는 일을 하지 말고 내가 아니면 할 수 없는 하나님의 일을 하는 것이 전문인 선교이다.

I(Identity, 정체성)

자기 자신이 어디서 왔다가 어디로 가는지를 알지 못한다면, 그는 자신의 정체성을 모르는 사람이다. 정체성을 아는 사람은 지천명의 마음을 가지고 하나님 중심의 세계관을 가지고 산다. 예수 그리스도 안에 들어와서 예수 그리스도의 마음을 품고 하나님의 뜻을 준행하는 삶을 사는 것은 기독교 세계관을 가진 생활 전도자(life style evangelist)의 삶이다. 이러한 정체성이 있어야만 진정한 의미에서 내가 죽으면 선교가 살고 내가 살면 선교가 죽는다는 말이 무슨 뜻인지 알 수 있을 것이다.

J(Jesus, 예수님)

전문인 선교의 J는 여전히 예수 그리스도이시다. 전문인 선교를 한다고 하면서 사업에만 몰두하는 사람이 있다. 비즈니스를 위해서 바쁘게 움직이는 모습을 보면서 기도하는 시간이 없이 바쁘게 다니면 어떻게 되는가? 예수 그리스도가 전문인 선교사의 마음에 계셔야 한다. 오직 예수 그리스도만이 전문인 선교사가 전해야 할 복음의 내용이다. 십자가가 빠진 전문인 선교는 선교를 빙자한 기독교 사업일 뿐이다. 기독교 사업과 선교 사업은 서로 다른 것이다.

K(Korea, 한국)

이미 전문인 선교의 계절은 한국에 와 있다. 크리스티 윌슨(J. Christy Wilson)은 임종하기 전 21세기에 전문인 선교를 통해서 쓰임 받을 국가를 열거하였는데, 남아프리카공화국, 노르웨이, 뉴질랜드, 오스트레일리아, 한국, 미국을 그 예로 들었다. 그러나 전통적으로 당연히 언급되어야 한다고 생각했던 영국과 캐나다 등의 나라는 빠져 있다. 하나님께서 쓰실 새로운 나라들에 대해 한국과 미국이 있다. 특히 한국은 전 세계 165개국에 흩어져 있는 740만 명의 한국 디아스포라(korean diaspora) 가운데 복음적인 그리스도인들에게 선교의 사명을 일깨워서 세계 복음화를 위해 크리스천 팍스 코리아나(christian pax koreana)를 이루어야 될 중요한 영적인 사명(spiritual mandate)을 가진 나라이다.[129] 이제 하나님 중심(God-centered)의 세계관만 회복하게 되면 하나님은 마지막 시대 마지막 전문인 선교사를 위한 주자로 선교 한국은 쓰임 받게 될 것이다.

L(Life-style evangelist, 생활 전도자)

우리가 추구하는 것은 타이틀도 아니고 명예도 아니다. 다만 예수님과 바울처럼 생활 가운데 전도자로 사는 전문인 선교 운동을 하고자 하는 것이다. 자문화권에서 이러한 삶을 사는 자는 타문화

---

129) 세계 각처에 흩어진 한국인 디아스포라를 선교자원으로 동원하여 훈련하여 일에 관심을 가질 필요가 있다. 고려인은 러시아어에 자유롭고, 조선족은 중국어에 자유롭다. 중남미는 스페인어와 포르투갈어에 자유롭고 그 문화에 이미 적응되어 있다. 따라서 디아스포라가 가진 잠재력의 가능성은 엄청난 것이다. 이들 중에 특별히 관심을 두고 함께 동원해야 할 자원은 선교사 자녀들이다. 그들의 문화 특성의 바탕에서 세계 복음화를 위해 기여하도록 길을 준비해 준다면 하나님 나라에 크게 기여하게 될 것이다. 김병선, "선교훈련의 다양화," 『한국선교 KMQ』 통권 29호 (2008, 4월), 65.

권에 나아가서도 이러한 삶을 살게 된다. 문화를 '라이프스타일'이라고 정의하는 용어(terminology)에 따르면, 전문인 선교사는 문화를 개혁하는 선구자(forerunner)가 되어야 할 것이다.

M(Man, Method, Money, Message, Management - 5M)

특히 전문인 선교사는 선교 경영과 리더십, 그리고 내적 치유(inner healing)에 대한 인식을 바로 해야 한다. 전문인 선교를 위해 총체적인 사고를 가지고 있을 뿐만 아니라 부분적으로 보기보다는 전체를 보는 선교적인 관점(reality)을 가져야 할 것이다.

N(Non - residential Missionary, 비거주 선교사)

전통적인 선교사가 장기적으로 머무는 데 비해서 비거주 선교사는 이러한 장기 선교사들을 1~2주일 소집하여 세미나를 인도하여 다시 선교 현지로 투입하는 역할을 하는 선교 전략가(strategy coordinator)라고 볼 수 있다. 또는 사역의 촉매와 같은 역할을 하는 선교사라고 볼 수 있다. 주로 창의적 접근 지역에서 사역하는 선교사들이 여기에 속한다.

비거주 선교사는 그들과 함께 사는 것이 아니라 그들과 떨어져 살지만 그들을 방문하고 또 복음을 전하는 이들을 말한다. 비거주 선교사는 전략적인 통합 조정자이다. 따라서 비거주 선교사 역시 전문인 선교사인 것이다.

O(Obedience, 순종)

전문인 선교사에게 가장 중요한 덕목 중에 하나는 순종이다. 순종이 제사보다 나은 것처럼 순종이 선교 사역보다 낫다. 평신도 전문인 선교사들은 전통적인 목회자 선교사들의 사고의 틀이 넓지 않기 때문에 무시를 당한다고 생각하지 말아야 한다. 전문인 선교사는 예수님의 고난을 생각하며 순종하면 하나님의 때에 하나님이 높이 들어 쓰시게 될 것이다. 요셉을 살펴보면, 자신을 판 형들 때문에 애굽에 온 것이 아니라 하나님이 자신을 먼저 보냈다고 여기는 놀라운 선교사로서의 발언을 하고 있다. 따라서 전문인 선교사는 여호와 이레의 하나님께서 역사할 기회를 기대해야 할 것이다.

P(Professional, 전문인)

가장 위대한 P는 Paul(바울)이라고 본다. 랍비인 바울은 교육을 받으면서 바느질 기술을 배워서 장막을 깁는 일로 쓰임을 받았다. 따라서 P는 프로페셔널(professional)이고 마침내 바울(Paul)이다. 그러므로 전문인 선교는 바울의 선교 패러다임대로 선교하는 것이다.

Q(Question, 질문)

전문인 선교사는 항상 문제의식을 가지고 사물을 바라보며, 작은 사건(events)을 통해서도 하나님이 말씀하시는 것을 들을 수 있는 귀가 열려 있어야 한다. 왜 전통적인 목회자들은 전문인 선교를 받아들이기를 주저하고 있는가?

R(Redemptive Analogy, 구속적 유비)

드라마 야인시대의 김두한은 종로에서 독립운동을 하는 독립군이라고 생각하여 주먹 세계에 뛰어든다. 그는 종로 야시장에서 장사하는 조선인을 지켜주며, 시장의 사도(marketplace apostle)와 같은 기능을 한 것이다. 이와 마찬가지로 전문인 선교사는 어떠한 문화권에 가든지 그들의 문화를 보고 예수님의 구속의 은혜를 유추해 낼 수 있는 전문적인 문화에 대한 통찰력이 있어야 한다.

종족연구소(Institute of Tribal Studies)의 돈 리차드슨(Dan Richardson)은 이것을 "구속적 유비"(類比, analogy)라고 하였다.[130] 그가 인도네시아 이리안자야에서 사역할 때, 두 부족 간의 전쟁 시에 휴전을 선포할 때, 부족의 전통(tradition)으로 서로 아이들을 바꾸는 '화해의 아이'라는 관습을 가지고 있었다. 그는 이것을 보고 예수님이 하나님과 인간 사이의 화해의 아이로 죽으셨다는 설명을 이끌어 낼 수 있었다. 그래서 전문인 선교사들은 이러한 일을 할 수 있는 자질을 갖추어야 할 것이다.

S(Speciality, 특수성)

전 세계의 직업이 45,000개라고 하는데, 그 가운데 25,000여 개 정도의 직업이 한국에 있다. 직업의 전문성을 갖춘 사람은 언제든지 쓰임을 받게 되어 있다. 요셉을 살펴보면, 꿈을 해석하는 능력을 가지고 있었기 때문에 위기를 기회로 삼아서 국무총리까지 될

---

130) 리차드슨은 1935년 캐나다에서 출생하여 프레리(Prairie) 신학교에서 신학을 공부했다. 1955년 아내 캐롤(Carol)과 7개월 된 아들을 데리고 한 번도 선교사가 들어간 적이 없는 네덜란드령 뉴기니 섬에 들어가 사위족(sawi)에게 복음을 전했다(RBMU 소속). 거기서 신약성경을 사위어로 번역하고, 구원의 유비를 발견하여 식인종 사위족을 선교한다. 아내 캐롤은 간호사로서 2,500명 이상의 사위인을 치료해 주었다. 1972년 파사디나 세계선교센터에서 종족연구소장으로 일한 목사이면서 바이올라대학교에서 명예문학박사 학위를 받기도 했다. 현재까지 40년 이상 이슬람권 선교 사역을 하면서 매년 40회 이상 집회를 인도하고 있다. 그는 언어학 교수이자 탁월한 선교사이고, 설교가이며 이슬람 전문가이다.

수 있었다. 어떠한 상황에 처해도 살아남을 수 있는 전문인의 정신을 가진 자는 창의적 접근 지역과 같이 열악한 상황에 있는 국가에 가서 자신의 특수성을 가지고 승리하게 될 것이다.

T(Tentmaking Mission, 자비량 선교)

이 위대한 글자 T자 하나로 21세기 세계 선교는 마지막 시대에 마지막 주자로서의 사명을 완수하게 될 것이다. 여기에는 삼자원칙(three - self formula)이라고 할 수 있는 자립(自立), 자치(自治), 자전(自傳)이 나온다.

U(Unreached People, 미전도종족) · V(Victory - Day, 승리의 날) · W(Worldview, 세계관)

전문인 선교사가 정의와 세계관(Worldview)을 가지게 되면 마지막 때 V - Day에 승리하는 개가를 부르게 될 것이다.

X(X - file)

전문인 선교의 엑스 파일(X - file)은 전신자선교사주의(Every Believer's Missionaryhood)이다.131) 구원을 받고 세계를 품은 그리스도인이 된 사람들은 생명이 있는 동안에 하나님 나라(Kingdom of God)를 위해서 하나님 앞에서(Coram Deo) 평생 동안 선교사로 살아야 할 것이다.

Y(Young, 젊은)

전문인 선교 이론은 아직 젊은 이론(theory)으로 전문인 선교에

---

131) 엑스 파일은 알려지거나 밝혀지지 아니한 일이나 문건을 의미한다.

대한 연구는 지속되어야 한다. 그것은 전문인 선교의 실제와 전문인 선교론, 그리고 전문인 신학과 전문인 철학, 전문인 세계관에 대한 연구는 계속되어야 할 것이다.

Z(ZZZ, 코 고는 소리)

전문인 선교가 마치는 날, 우리는 잠자리에 들어가게 된다. 그러나 아직도 우리는 해가 지기 전에 한 걸음 더 가야 할 것이다.

둘째, 성경을 선교적으로 해석하라.

선교학자들에게 있어서 문화가 신학에 끼치는 영향은 복합적인 것이다. 그것은 그들이 성경의 메시지를 다양한 현대 문화에 전달하는 문제에 봉착하기 때문이다.[132] 전반적으로 선교학자들은 인류학적(anthropological) 안목과 사회학적(sociological) 안목이 가져다준 공헌을 긍정적인 것으로 볼 뿐만 아니라 성경 계시의 내용을 인류학(Anthropology)의 전제와 방법, 그리고 결론과 어떻게 연결시켜야 할 것인가를 연구하고 있다.[133] 더 나아가 소위 문화해석학이라고 하는 것을 성육신적인 입장에서 보면, 전통적이고 교리적인 해석에 식상한 하나님의 백성들이 선교의 하나님을 높이는 선교적 해석을 통해서 결국 전문인 선교의 현장으로 나오게 된다. 그래서 사도행전의 해석만큼은 선교사들의 해석에 귀를 기울일 줄 아는 겸손함이 요구된다.[134]

---

132) Bruce J. Nicholls, *Contextualzation: A Theology of Gospel and Culture* (Downers Grove: Inter Vasity, 1979), 13.

133) William J. Larkin, 『문화와 성경해석학』, 정득실 역 (서울: 생명의말씀사, 2000), 169.

134) 김태연, 『전문인 선교사를 구비시켜라』, 71-72.

성경은 그 어떤 책도 견줄 수 없는 선교사의 교본이다. 성경은 선교하시는 하나님(Missionary God)의 계시로 인간 역사를 통해서 개입하시는 하나님에 대해 말해 주고 있기 때문이다. 성경은 하나님의 선교(Missio Dei)에 대해서도 말해 주고 있으며, 선교에 있어서 우리가 따라야 할 예수 그리스도의 선교적인 사례들을 제공해 주고 있다.135)

셋째, 선교 사명자는 생활 전도자로 만들라.

모든 성도들은 생활 가운데 선교할 수 있도록 제자훈련을 벤치마케팅하여 선교 현지에서도 소통할 수 있는 수준 높은 리더십을 배양해야 할 것이다.136)

넷째, 목회자를 전문인으로 인식시켜라.

목회자도 전문인 선교에 참여할 수 있기 때문에 비전을 갖고 특권의식의 전문인으로 거듭나야 한다. 21세기는 전문인을 위한 리더십 훈련이 꼭 필요하여 기존 선교사들의 신학 교육의 참여를 위한 재교육을 적극적으로 검토해야 한다. 전문인 시대에 변화에 부응하는 전략적 수립은 21세기 전문인 선교로 승패를 좌우한다. 전문인 선교사는 태어나는 것이 아니라 양성된다는 일반적인 논리가 선교에도 적용되어야 할 것이다.

한국성결교회를 창립한 주역이었던 정빈(鄭斌)이 신학을 공부했

---

135) Charles E. Van Engen, *Mission on the Way: Issues in Mission Theology* (Grand Rapid: Baker, 1996), 35 − 43.

136) 김태연, 『전문인 선교사를 구비시켜라』, 72.

던 동경성서학원(Tokyo Bible Institute)은 따로 건물을 가지지 못하고, 1909년 4월에 개설한 중앙복음전도관 건물을 학교 교실로 병용하였다.[137] 10칸 정도의 낡은 이층집 건물 각층에는 방이 두 개씩 있었고, 일 층에는 나까다 목사의 사택과 성서학원의 교실로, 그리고 이 층에는 찰스 카우만 선교사 부부의 사택과 수양생들의 기숙사로 사용하는 등 가족적인 분위기의 소규모 학교로서 출발하였다. 복음전도관과 함께 성서학원으로 한 건물을 두 용도로 사용한 것은 경제적인 어려움이 주된 요인이었다. 그것은 복음전도를 통한 영혼구원과 전도자 양성이라는 이중목표를 실현하기 위해서였다.[138]

따라서 전문인 선교사는 선교를 위해 훈련받은 사람이 하는 일이지 조직(organize)이나 재력으로 되는 사역이 아니다. 신학교육을 위해서는 최고 학위를 가진 전문인 선교사들을 보내야 한다. 그러나 교회개척을 위해서는 이 방면에 훈련을 쌓은 전문인 선교사를 보내야 할 것이다.

다섯째, 주도하는 전문인 선교가 되도록 하라.

전문인 선교를 주도하기 위해서 전통적인 선교방법에서 차별화하여 말로만 지구촌 선교가 아니라 내용상 주도하는 선교가 되도록 해야 할 것이다.

---

137) Edward & Esther Erny, *No Guarantee But God* (Greenwood: The Oriental Missionary Society, 1986), 13.

138) 정상운, 『한국성결교회사(Ⅰ)』, 60-61.

여섯째, 사랑을 실천하는 전문인 선교를 하라.

구제의 초점인 노인복지와 빈민 구제사역(compassion ministry)은 사랑으로 실천해야 한다. 이것이 전문인 선교사들이 해야 할 중요한 과제이다. 전문인 선교사의 최고의 리더십은 사랑이라고 할 수 있다. 그것은 물이 변하여 포도주가 되는 그런 실천적(praxeological) 사랑을 해야 하기 때문이다. 그래서 선교사를 파송하는 데 멈추지 말고, 지속적으로 관리(maintenance)하고 후원해야 할 것이다.

일곱째, 전통적인 교회론에서 선교적 교회론(Missional Church) 으로 전환하라.

전문인 선교를 위해 교회는 은사 재배치 사역을 적용해야 한다. 그것은 예수 그리스도의 몸으로서 함께 팀 조직이 일어나도록 해야 한다. 따라서 선교적 교회는 이러한 성공적인 모델의 정보를 확보할 필요가 있을 것이다.

여덟째, 컨설팅 전문인 선교사가 되게 하라.

전문인 선교를 위해서 지역교회와 다양한 연합 운동을 펼쳐야 한다. 그것은 지역 교회의 선교를 깨울 뿐만 아니라 자문해 줄 수 있는 선교가 되도록 하기 때문이다.

아홉째, 성육신적 전문인 선교사가 되게 하라.

교회는 중보기도와 헌신된 전문인 소그룹을 통해서 전문인 선교사들이 자유롭게 사역할 수 있도록 선교 환경을 조성해야 한다. 그래서 전문인 선교사는 개척자의 정신을 가지고 영적 전쟁(spiritual warfare)에서 예수님을 버리지 않도록 성육신적 선교(Incarnational Mission)를 통해 승리해야 한다. 전문인 선교사는 먼저 하나님과의 영적인 교제를 확인해야 한다. 전문인 선교사는 하나님의 형상(Imago Dei)대로 지음을 받은 자신이 전문인으로서 정체성을 수립해야 한다. 전문인 선교사는 성육신적인 영성을 가진 총체적 영성을 추구해야 한다.

실제로 전문 직업을 가진 자들은 해외 출장을 자주 나가지만 전문인 선교의 개념을 가지고 나가기보다는 직업을 전문성을 가지고 나가는 것에 불과하다. 따라서 전문인 선교사는 양 날개인 성령의 기류를 타는 법을 배우게 함으로써 추진력을 가지고 타문화권을 향해 나가야 할 것이다.

열째, 자기 의가 아닌 하나님의 의를 위한 전문인 선교를 하도록 하라.

오늘날까지 한국 교회가 견고한 신학에 기초하여 발전할 수 있었던 것은 다름 아닌 자기 의가 아닌 하나님의 의(Righteousness of God)를 위한 겸손한(humility) 자세였기 때문이다. 이제 질적인 미래 전문인 선교를 위한다면, 전신자선교사운동은 자연적으로 거룩한(holy) 점염들이 일어날 것이다. 복음의 문이 닫힌 국가들에 대한 전문인 선교의 필요성에 대한 강조는 그 시간이 더해 감에 따라 전문인 선교사의 숫자도 증가할 것이다. 한국 교회는 이들과 적절한 관계를 형성하지 않고, 이들을 혼자 내버려두면 성공적인 전문인 선교를 하기 어려울 것이다.

제2장 한국교회와 전문인 선교

전문인을 통한 선교는 결코 새로운 일이 아니다. 바울의 경우, 오늘처럼 비자를 얻기 위해 직업을 가진 것은 아니지만 선교비 조달을 위해 천막(tent)을 만들어 그의 동역자들과 함께 선교한 전문인 선교의 모델을 성경에서 찾아볼 수 있다.

현대선교신학의 용어로 전문인 선교사는 자비량 선교사라고도 부르고, 텐트메이커(Tentmaker)로서 직업을 통한 선교사는 이제 갈수록 그 열기를 더해 가고 있다. 이것은 열방을 선교하는 데 있어 무시할 수 없는 선교적 현상으로 큰 관심을 갖고 있다. 특히 빌리 그래함(Billy Graham) 목사에 의해 소집된 1974년 제1차 로잔 세계복음화대회(Lanusanne Congress on World Evangelization) 이후, 미전도 종족에 대한 연구가 활기를 띠면서 전문인 선교는 더 큰 중요성을 갖게 되었다.[139]

랄프 윈터(Ralph D. Winter)의 주장에 따르면, 미전도 종족은 1980년대에 17,000여 그룹의 약 27억 인구로 추산되었고, 최근에

---

139) 이태웅, 『한국교회의 세계선교 그 이론과 실제』(서울: 죠이선교회 출판부, 1997), 157. 1974년 복음주의로잔대회는 빌리 그래함과 여러 사람들에 의해 조직되었는데 150개국의 4,000명의 참석자가 있었고, 그 모토는 "세상은 그의 목소리를 들을지어다."이었다.

는 이 숫자가 11,000여 그룹의 약 21억 인구로 그 수치가 수정되었다.[140) 이런 지역에서 선교는 전통적인 선교방식으로는 가능하지 않다는 것이다. 따라서 현대 시대의 요구에 부응하여 전문인 선교사가 많이 나와야 한다. 1980년대 경우, 전문인 선교 사역에 대한 교회나 선교단체들의 반응은 소극적이었다. 그러나 1980년대 말과 1990년대 초에 와서야 비로소 미국 젊은 세대들의 부상과 선교 현지의 요구에 따라 선교의 방식은 더 활발하게 되었던 것이다.[141)

한국세계선교협의회(KWMA, Korean World Missions Association)가 발표한 2008년 1월 한국 파송 선교사 리서치 현황에 따르면, 선교사들이 교단 혹은 선교단체에 이중적으로 소속되어 있는 숫자가 1,856명으로 전체 선교사 18,625명의 10%가량이 되는 것으로 나타났다. 그리고 한국세계선교협의회가 조사한 교단은 58개이며, 선교단체는 무려 196개에 달하였다. 이런 이중 중복 선교사를 제외하고 2007년에 선교사 2,801명이 증가해 2006년 대비 19%가 성장한 것으로 조사되었다.[142)

또한 파송기관별로 교단 대 선교단체 파송 비율은 44:56이며, 직분별로는 교역자와 배우자, 그리고 평신도의 비율이 교단의 경우에는 52:43:5였지만 선교단체는 23:20:5로 나타났다. 교역자와 배우자를 포함할 경우와 평신도와의 비율은 교단이 96:4로 나타났으며, 선교단체는 43:57로 나타났다. 이는 학생 중심의 선교단체나 직장 선교회의 경우는 평신도 선교사의 비중이 훨씬 높았지만 여전히

---

140) Robb Butler, *"The Hope and the Challenge of World Evangelization"* in IJFM, April 1993, 87.

141) 이태웅, 『한국교회의 세계선교 그 이론과 실제』, 157-158.

142) 한국세계선교협의회, "선교사 파송현황", http://www.kwma.org.

선교 현지에서는 목사 선교사 중심의 사역이 많이 이뤄지고 있어, 다양한 평신도 전문인 선교사 양성이 필요하다고 관계자들은 분석하였다.[143] 물론 한국 교회의 선교 역사는 짧은 기간에 세계가 주목할 정도로 빠른 성장을 가져왔다. 그러나 선교전략의 부재와 물량주의, 그리고 지나친 경쟁(competition), 성장 일변도, 획일적 선교 방식 등의 적지 않은 문제점을 노출시켰다. 이러한 급변하는 시대에 한국 교회의 바른 선교를 위한 선교전략의 재조명이 필요한 시점에 도달하였다.

1. 전방개척선교(Frontier Mission) 전략

현재 선교 전문가와 단체들을 중심으로 한 랄프 윈터(Ralph D. Winter)의 주장인 전방개척선교의 중요성이 강조되고 있다. 오늘날 미전도 종족(unreached people) 선교는 시골 인구의 대도시 집중 유입 현상으로 인해 도시에서 오히려 효과적으로 일어나고 있다. 이러한 도시 집중화 현상 속에서 이제는 미접촉 종족을 향해 집적 나아가는 좀 더 적극적인 성격을 띤 전방개척선교의 방향 전환이 이루어지고 있다.[144] 복음을 접해 보지 못한 미접촉 종족에 대한 선교적 책임성과 중요성은 그 누구도 간과할 수 없지만 다양한 선교 현지의 소명 또한 도외시해서는 안 된다. 한국 교회는 전문인 선교를 통해 전방개척 지역에 대한 과감한 투자와 복음의 수용성(receptivity)

---

143) 한국세계선교협의회, "선교사 파송현황", http://www.kwma.org.
144) 김주환, "척박한 땅에 세워진 선교의 전진기지,"『월간목회』(2008, 8월), 128-129.

이 좋은 추수 지역의 강점을 극대화시켜서 남은 하나님의 선교적 명령을 완성해야 할 것이다.

2. 단기선교의 효율성과 전문인 인력의 바른 참여

1949년에서 1974년 사이 25년간 동양선교회(Oriental Missionary Society) 국제선교부는 108명의 단기 선교사들 가운데 64명이 장기 선교사가 되었다. 그들 중에 3명은 두 번째 단기선교를 지원하였으며, 4명은 다른 선교부 소속 장기 선교사가 되었다. 그 당시 63%의 동양선교회(OMS) 출신 단기 선교사들이 선교활동을 계속했으며, 그 외에 15%가 목회활동을 했던 것으로 보고되었다.[145]

이로 인해 선교사의 목적과 목표에 대한 보다 나은 이해와 다른 문화에 대한 이해를 돕기 위한 단기선교(short term missions)는 이미 서구에서 없어서는 안 될 선교의 중요한 전문인 사역으로 자리매김한 지 오래되었다. 현재 한국 교회도 단기선교 운동이 매우 활발하게 전개되고 있는 상황이다.[146] 사실 교회가 배출하거나 신학교나 성경학교의 선교교육 프로그램으로 훈련되어 교단과 선교단체가 파송하는 전통적인 선교사들의 수가 일반적으로 줄고 있다. 그러나 반면 보다 많은 사람들이 근래의 단기선교 운동의 영향과 가족 고려, 그리고 재정 혹은 전통 선교사들의 입국을 허락하지 않는 나라들이 늘어감에 따라 단기 선교사들이 늘고 있는 실정이다.

---

145) J. Herbert Kane, *A Concise History of the Christian World Mission*(Grand Rapids: Baker Book House, 1982), 142.

146) 이충성, 『청년단기선교 A to Z』 (서울: 죠이선교회 출판부, 2008), 9.

앞으로 단기 선교사를 지망하는 사람들이 계속 늘어날 것이다. 그러나 이것이 전임(full time) 선교사들의 필요를 대체하는 것이 아니라 보완할 수 있는 것임을 안다면 긍정적으로 생각된다. 물론 효과적인 단기선교 사역을 위해서 현지 선교사들과의 협조와 선교회의 보다 적극적인 자세가 요구된다.[147] 단기 선교사들은 일반인들이 아닌 전문인 선교사들과 자비량 선교사들, 그리고 보수를 받지 않는 자원봉사자들과 은퇴한 사람들 혹은 비거주 선교사들을 말한다.

단기 선교사는 100미터 혹은 200미터 단거리 경주 선수에 비교할 수 있다. 그들은 전력질주를 하는 데 있어 짧은 시간에 승부를 보려고 한다. 그러나 장기 선교사는 장거리 마라톤 경주 선수와 같다. 그래서 그들은 적절한 페이스를 지키며, 에너지를 잘 배분해야 결국 승리를 할 수 있다. 어떻게 보면 단기 선교사와 장기 선교사는 출발점은 비슷할 수 있지만 그 결승점은 완전히 다르다.[148] 그들에게 있어 하나님 나라의 결승점은 마태복음 28:19-20의 지상대위임으로 가서 복음을 전파하는 것이다. 그러나 전문인 선교사는 복음 전파를 통해 영혼 구원뿐만 아니라 선교 현지에서 구제와 교육의 사명을 감당해야 한다. 예를 들면, 아프리카의 많은 지역에서 재해로 많은 사람이 굶어 죽는 일이 종종 발생한다. 이때 전문인 선교사의 역할(professional missionary's part)은 복음 전파에 국한하지 않고 그들의 굶주림을 배부르게 해야 한다. 따라서 전문인 선교사는 복음 전파와 사회봉사(social service)라는 교회의 사명을 선교 현

---

147) C. Gordon Olson, "세계의 종교 현황과 미래의 선교방향," 『현대선교』 8권 (1996, 2월), 82.

148) 이충성, 『청년단기선교 A to Z』, 9-10.

지에서 감당하는 하나님의 대사와 같은 것이다.

일반적으로 단기 선교사는 선교단체에서 그 임기가 2년으로 한다. 그래서 장기 선교사의 대부분 단기선교사 기간인 1~2년 정도의 기간을 통해 평생의 결정을 내릴 수 있다. 이러한 관점에서 단기선교사 제도를 통해 확실한 소명을 가진 전문인 선교사를 발굴하고 검증된 인물을 적절한 곳에 파송해야 한다. 그리고 먼저 선교 현지에 대한 바른 이해와 충분한 정보수집이 이루어져야 한다. 또한 적절한 훈련과정을 거친 각 분야에 달란트가 있는 전문인 인력을 단기선교에 참여할 때 보다 효율적인 선교활동(missions)이 이루어질 것이다.

따라서 새로운 선교전략에 의한 효과적이고 성숙한 전문인 단기선교 프로그램이 요구된다. 이러한 프로그램은 세계 선교의 사명을 보다 빨리 효과적으로 완수할 수 있게 한다. 단기선교의 효과는 첫째, 선교사의 모판이 된다. 단기선교를 경험한 자들은 세계 각처에서 선교단체 혹은 지역교회에서 장기 선교사로 사역하고 있다. 둘째, 양질의 선교사를 발굴한다. 단기 선교사들의 철저한 사역 평가는 장기 선교사를 받아들이기 때문에 보다 적임자로 사역지별로 발굴할 수 있다. 셋째, 사역에 최대한 효과를 성취한다. 단기 선교사들은 육체적, 정서적, 영적으로 선교에 대한 열정에 불타고 있기 때문에 장기 선교사들에게 재도전을 준다.[149] 단기선교는 세계 복음화에 기여함으로써 세계 선교를 가속화하게 만들고, 많은 영혼들이 구원받는 것에 필요한 전문적인 사역이 될 것이다.

---

149) 한국전문인선교협의회, 『선교의 패러다임이 바뀐다』, 133.

3. 전문인 선교의 활성화

과거에 비해 전문인 선교사의 활동 영역이 많이 확대되고 있다. 그러나 전문인 선교사 제도가 보편화되어 있는 서구사회에 비하면 한국교회는 아직도 턱없이 부족한 현실이다. 따라서 접근이 제한된 창의적 접근 지역에 들어가 주도적으로 선교 사역을 진행할 수 있는 전문인 선교사들을 제도적 차원에서 적극적으로 활성화시켜야 하는 것이 시급한 과제일 것이다.

4. 영적 전쟁

성경은 영적 전쟁에 대해서 분명히 언급하고 있다(엡 6:10 – 20, 계 19:19 – 20). 풀러신학교(Fuller Theological Seminary)에서 문화인류학(文化人類學)과 문화 간 의사소통을 가르쳤던 찰스 크래프트(Charles H. Kraft)는 영적 전쟁에 대하여 말하기를, "중요한 성경적 실재(reality)이고, 우리와 같은 실천가들에게 거듭되는 실존적인 실재이다."라고 주장하였다.[150] 예수님은 사탄적이고 마귀적인 힘들을 실제적인 원수로 다루셨다. 예수님은 자주 귀신을 쫓아내셨고, 그래서 포로 되었거나 억압된 사람들을 해방하셨다(눅 4:18). 더욱이 예수님은 사탄을 '이 세상의 임금'이라고 부르셨다(요 14:30). 바울도 사탄을 사람들로 하여금 하나님의 복음(the Gospel of God)

---

150) Charles H. Kraft, 『말씀과 문화에 적합한 기독교』, 김요한·피터 강·크리스티나 강·백신종 역 (서울: 생명의말씀사, 2007), 546.

을 보지 못하게 하는 이 세상 신이라고 말했다(고후 4:4). 그리고 사도 요한은 "온 세상은 악한 자(the evil one) 안에 처한 것이며"라고 말한다(요일 5:19). 그러나 예수님은 마귀의 일을 멸하려고 오셨다(요일 3:8). 그리고 예수님은 제자들에게 "모든 귀신을 제어하며 병을 고치는 능력과 권세를" 주셨다(눅 9:1). 그리고 예수님은 이 땅에 계시는 동안 그 자신이 하셨던 일을 할 수 있도록 하셨다(요 14:12).

사람이 계획하고 행하는 일에 완벽이란 있을 수 없다. 그래서 선교 현지에서 수많은 선교의 전략보다 더 중요한 것은 하나님의 말씀에 귀 기울이는 것이다. 선교현장(mission context)은 항상 사탄과 투쟁하는 영적 전쟁의 싸움터이다. 따라서 전문인 선교사는 말씀과 기도를 통한 성령의 역사가 나타날 때 복음의 강력한 에너지를 발산할 수가 있으며, 진정한 선교의 부흥이 일어날 것이다.

제3장 전문인 선교의 비전

예전에 이란의 한 남부 도시에서 경찰이 이란 가정교회 기독교 인들을 적발하면서 이슬람에서 기독교로 개종한 12명의 이란인 기독교인들을 체포하였다고 기독교인 박해를 감시하는 국제단체 나침반 지도(Compass Direct) 선교회가 밝혔다. 지난 2008년 5월 11 일 이란의 쉬라즈(Shiraz) 국제공항에서 두 쌍의 이란인 기독교인 부 부가 비행기에 탑승하기 직전 경찰에 의해 연행되어 조사를 받았다. 같은 날 이란 정부 요원은 58세의 하미드 알래딘 후세인(Hamid Allaedin Hussein)의 집에 난입하여 후세인과 그의 가족들을 체포하 였다. 이렇게 체포된 12명의 기독교인들 중 8명은 현재 석방되었지 만 남아 있는 4명은 아직 조사를 받고 있는 것으로 알려졌었다. 이 란에서는 개종으로 인해 체포된 이들 중 종종 사형을 당하는 경우 가 있다.

세계적인 선교단체 국제오픈도어(Open Doors International)의 미 국 대표 칼 묄러(Carl Moeller)는, 기독교로 개종한 이들을 단속하는 것은 이란 정부가 기독교인들에게 불안을 조성하려는 전술(tactics)이 라고 말하였다.[151] 그리고 이란에서 몇몇 기독교인들이 사라지는 경우들이 있는데 과거의 전례로 미루어 보아 이런 경우들은 죽임을 당하거나 또는 고문을 받는 중 사망한 경우라고 밝혔다. 이런 경우 연락이 전혀 닿지 않고 있는 상태로 어디에 구금되어 있는지도 알려지지 않는다. 아마도 남아 있는 기독교인들은 지하 교회의 다른 기독교인들의 이름을 실토하라는 신체적 가해를 받고 있을 것이라 추측하기도 한다. 이란에서 무슬림이 기독교로 개종하는 것은 불법이며, 배교의 죄목으로 사형까지 당할 수 있다. 이란은 국제오픈도어선교회가 작성한 최악의 기독교 박해 국가 목록에서 3위에 선정되어 있으며, 미국 국무부 산하 국제종교자유위원회가 작성하는 '특별 관심 국가' 목록에서도 최악의 종교 자유 침해 국가 중 하나로 분류되고 있다.[152] 이런 경우, 한국 교회는 그들이 무사히 석방될 뿐만 아니라 종교 자유가 실현되도록 기도해야 할 것이다.

1. 전문인 선교의 장점과 단점

전문인 선교는 남은 선교지인 1990년부터 A.D. 2000운동(A.D. 2000 Movement)의 루이스 부시(Luis Bush)가 만들어 낸 10/40창(10/40Window) 지역 혹은 창의적 접근 지역에 선교의 유일한 선교적 대안이다. 따

---

151) 2009년에도 기독교인에 대한 박해가 계속 증가할 것이라고 묄러 박사가 최근 오픈도어 단체 홈페이지를 통해 밝혔다. 묄러는 "2009년에는 종교 박해가 격렬하게 일어나고, 특히 기독교인들이 더욱 핍박을 받을 것이며, 중동 등지에서 기독교인들에 대한 폭력 행위가 증가할 것이다."라고 전망했다. 그는 "인도의 경우 지난해와 같은 대규모 반기독교 폭력 사태가 올 하반기에 일어날 가능성이 있다."고 말했다. 이처럼 기독교인 박해가 증가할 것으로 예상한 것은 그동안 박해받는 기독교인들을 지원해 온 미국과 서구 국가들이 경제위기에 직면하면서 박해받는 기독교인들을 향한 지원이 어려워지고 있다는 판단에서이다. 국민일보 2009년 1월 27일자 신문.

152) The Christian Post 2008년 5월 27일자 신문. 한국선교연구원(krim.org) 파발마 615호.

라서 전문인 선교의 장단점을 다음과 같이 정리하고자 한다.[153)

1) 전문인 선교의 7가지 장점

① 선교 대상자와 접촉과 관계성이 자유롭다.

전문인 선교사는 사역 대상과 생업 현장에서 호흡을 같이하는 사람들과 수많은 선교 대상자들과 자연스럽게 접촉할 수 있어서 관계를 형성하는 데 문제가 되지 않는다. 그래서 그들의 사업 관계로 현지의 투자자이기 때문에 현지인들로부터 환영을 받는다. 특히 창의적 접근 지역의 열악한 선교적 현장에 현지인들에게 쉽게 접근할 수 있는 장점이 있다.

② 선교 대상자의 삶과 특수성을 잘 파악할 수 있다.

삶의 현장에서 함께 일하며 호흡하는 전문인 선교사는 사역 대상자들의 내면적인 생각과 가치관, 그리고 세계관, 성품, 기질을 체험적으로 알아가게 된다. 따라서 전문인 선교사는 선교 대상자와 효율적인 접근방법과 복음 전달을 전달하는 데 기회를 갖게 된다.

③ 선교 대상자가 사용하는 말로 선교할 수 있다.

전문인 선교사는 선교 대상자가 사용하는 말로 선교한다는 것은 단순히 그 나라 언어를 사용한다는 의미가 아니다. 그것은 교회 안에서의 문화와 교회 밖에서의 문화적 장벽과 갭은 이민족 사이의 문화적 간격보다 더 높고 두텁고 깊다고 할 수 있다.

---

153) 아세아연합신학대학교 라틴아메리카 연구원, 『라틴아메리카여 일어나라』 (서울: 예영 커뮤니케이션, 2007), 364-365.

예를 들면, 한국 교회에 새신자가 처음 교회를 나오게 되면 심한 문화적 충격(cultural shock)과 함께 예배와 설교를 알아들을 수 없어 당혹감과 일종의 수치심을 느끼게 된다. 그래서 새신자가 교회라는 토양 안에 잘 정착할 수 있도록 다양한 양육 프로그램을 실시한다. 마찬가지로 선교 대상자도 일상생활에서 사용하는 말로 관계를 맺고 친구가 되기 때문에 복음의 진리를 잘 전달할 수 있다.

④ 선교 대상자에게 자연스러운 모델이 될 수 있다.

교회 안에 있는 성도들과 교회 밖에 있는 불신자들은 일반적으로 전도하고 성경을 가르치는 일은 목회자들의 사명 내지 직업적 업무로 보는 경향이 있다. 따라서 목회자들이 강단에서 많이 강조하더라도 전문인 선교사들이 영적 지도력(spirituality leadership)을 발휘하며 생업 현장에서 하나님 나라를 확장해 나가는 모습을 보기가 쉽지 않은 것이 현실이다. 전문인 선교사는 생활 속에서 전도하며, 성경을 가르칠 때, 전도의 열매들은 예수님의 제자로 길러내는 본보기를 눈으로 보게 되고, 선교 열매들은 자연스럽게 그 본을 따르게 된다.

"형제들아 너희는 함께 나를 본받으라 그리고 너희가 우리를 본받은 것처럼 그와 같이 행하는 자들을 눈여겨 보라"(빌 3:17)

⑤ 전문인 선교의 경우 파송기관과 단체의 선교비를 절감시켜 준다.

전문인 선교사들은 파송기관과 교회의 해외 선교비를 절감시켜 준다. 이들은 주님의 은혜와 복음을 자신들에게 전해 준 믿음의 선배들의 희생(sacrifice)을 생각하며, 자신들의 필요를 스스로 채우면서 복음에 참여하는 것을 당연한 것으로 여기는 사람들이다.

⑥ 신분의 보장과 인정을 받게 된다.

일반적으로 선교현지인들은 전문인 선교사들이 자기의 직업을 가지고 외국인으로 투자자의 신분으로 그 나라에 오기에 정부의 환영과 백성들의 존경을 받는 신분을 가지게 된다. 물론 선교사들은 그렇지 않음을 우리는 잘 알고 있다.

⑦ 선교지에서 장기 사역(long run)을 하게 된다.

전문인 선교사들은 본국에서 직장이 있거나 전문인으로 자리매김이 되어 있는 안정된 사람들이 대부분이다. 이들이 해외에서 10년 내외의 기간을 보내고 나면 본국으로 귀국해도 생계를 위한 취업이나 창업을 하기 어렵다. 필연적으로 선교지에서 터를 닦고 평생을 선교사로 살아가게 된다.

2) 전문인 선교사의 4가지 단점

① 전문적인 일에 많은 시간과 정력을 쏟게 된다.

현대사회를 무한경쟁의 시대라 말한다. 살아남기 위해 어려운 생업에 전무한다. 이런 상황에서 선교의 사명을 수행해 나가는 전문인 선교사들은 전문직에 많은 시간과 정력을 빼앗기게 되어 선교를 향한 열정을 위해 더 많은 투자를 하지 못하는 아픔을 안고 사역하게 된다.

② 선교사 사회에서 동역자 대우를 받지 못하는 경우가 있다.

한국 사회는 아직도 기능적 역할과 계급적 역할의 구분이 모호한 경향이 있다. 교회 안에 목사와 평신도의 구분의 영적 의미가 기능과 직위 면으로 보는 데 문제가 있다. 하나님께서 세우신 질서와 영적 권위를 존중하는 것과 세상적 권위(authority) 구조의 형태는 구별되어야 한다. 전문인 선교사의 영성(spirituality)과 자질에 따라 합당한 역할이 위임(commitment)되고, 존중하여 동역자(partnership)의 관계가 아름답게 이루어질 때 선교의 효율성이 극대화될 것이다.

③ 선교후원을 받기가 어렵다.

전문인 선교사는 한국 교회에서 후원을 모집하기에 상대적으로 어려운 형편이다. 파송된 선교사의 중보기도 지원과 재정 후원의 책임은 파송교회 혹은 선교단체가 져야 한다. 파송된 선교사의 필요한 재정은 현지에서 자기의 생업으로 조달되거나 현지 교회의 지원으로 해결되거나 혹은 파송교회에 의해 지원될 수 있다. 그러나 처음부터 규정될 수는 없지만 어느 선교사가 선교 현지에서 직업을 가져 모든 재정을 해결하면 갑자기 전문인 선교사가 되는 것은 아니다. 어느 선교사가 진행하고 있는 사역 형태를 놓고 선교적 사역 차원에서 전문인 선교 형태라고 부를 수는 있지만 현지에서 필요한 물건을 자기가 생업으로 해결하는 선교사라는 의미의 전문인 선교사라는 개념은 성경적 근거가 없다. 바울도 필요시 다른 사역자 혹은 교회의 재정을 후원받았다. 따라서 전문인 선교사를 재정 지원의 형태를 놓고 선교사를 구분하는 용어로 사용해서는 안 된다. 전문인 선교사는 사역 형태별로 구분할 뿐이다. 따라서 전문인 선교사로서의 사역은 선교 전략적 차원에서 이해되어야 할 것이다.

④ 자아상과 정체성의 갈등을 겪을 수 있다.

전문인 선교사는 사회적으로 목회자들처럼 영적 지도자로서의 객관적 신분이 부여되지 못한 채로 사역을 해 나가는 사람들이다. 따라서 전문인 선교사는 스스로 하나님과 깊이 있고, 의미 있는 동행을 해야 한다. 전문인 선교사는 경건한 인품(character)과 영성(spirituality)을 키워 가야 한다. 전문인 선교사는 사역을 게을리 하지 말아야 한다. 전문인 선교사는 사역자로서의 자기 계발을 소홀히 하지 말아야 한다. 이러한 갈등으로 인해 전문인 선교사는 심각한 정체성의 혼동에 빠질 수 있다. 그래서 심한 경우에 자아상이 무너지며, 선교 사명을 상실하는 경우도 발생할 수도 있을 것이다.

2. 전문인 선교사 파송전략

1) 자질을 갖춘 전문인 선교사를 파송하라.

"예수께서 모든 도시와 마을에 두루 다니사 그들의 회당에서 가르치시며 천국 복음을 전파하시며 모든 병과 모든 약한 것을 고치시니라 무리를 보시고 불쌍히 여기시니 이는 그들이 목자 없는 양과 같이 고생하며 기진함이라 이에 제자들에게 이르시되 추수할 것은 많되 일꾼이 적으니 그러므로 추수하는 주인에게 청하여 추수할 일꾼들을 보내 주소서 하라 하시니라"(마 9:35-38)

마태복음 9:35에 의하면, 이것은 예수님의 가르침과 능력 행함의 사역을 마무리하는 요약적인 내용이다. 그리고 마태복음 9:36에서 9:38은 제자들에게 부여될 선교 사역을 시작하는 도입의 내용이다. 이 내용에서 모든 도시들과 마을을 다니며 사역하신 예수님은 그 곳에서 만난 사람들이 "마치 목자 없는 양과 같이 고생하며 기진함이라"는 사실을 깨달으시고, 그들을 불쌍히 여기셨다(마 9:36). 예수님의 불쌍히 여기심은 단지 마음의 느낌에 그치지 않았으며, 반드시 그 어려움을 해결하는 행동이 뒤따른다.154) 이것은 마태복음 9:36의 이후에 마태가 곧바로 예수님께서 제자들에게 선교적 책임을 부여하신 사건을 보도함으로써 그들이 선교를 행함(doing)에 있어서 잃어버린 양들에 대한 예수님의 연민을 공유해야 했음을 지적하고 있다.155)

예수님은 선교를 위해 가장 필요한 것은 추수를 위한 일꾼이라고 하셨다. 선교 현지에서 가장 필요한 사람은 누구인가? 그것은 영혼을 추수할 줄 아는 일꾼이다. 전문인 선교사는 선교를 위해 추수를 위한 일꾼을 길러내는 일꾼 생산 공장의 역할을 하는 선교사들이 되어야 한다.156) 이제 교회들은 가장 영향력(presence)이 많은 지도자들을 긴급히 이끌어 들일 필요가 있다. 그들 중 대부분은 목회자들이 아니지만 그들을 향한 하나님의 사명을 한 번도 심각하게 생각해 보지 않았다. 그러나 그들은 경제와 사회, 그리고 정치계에 깊이 관여하고 있기 때문에 각 전문직과 학문 분야를 대표하고 있는 이들은 지도자로 오늘의 세계에 복음의 의미를 바로 풀어

---

154) 양용의, 『마태복음 어떻게 읽을 것인가』 (서울: 성서유니온선교회, 2005), 174.
155) Johannes Nissen, 『신약성경과 선교』, 최동규 역 (서울: 기독교문서선교회, 2005), 39.
156) 아세아연합신학대학교 라틴아메리카 연구원, 『라틴아메리카여 일어나라』, 367.

전하도록 도전을 받아야만 한다. 지금 그리스도인들은 모든 사회와 문화 속에서 발견될 수 있다.[157] 그들은 모두 다 교회의 세계 복음화를 위한 운동(movement)에 아주 필요한 전문적인 일꾼들이다.

2) 성경에 대한 말씀을 올바로 사용할 줄 아는 전문인 선교사를 파송하라.

> "너는 진리의 말씀을 옳게 분별하며 부끄러울 것이 없는 일꾼으로
> 인정된 자로 자신을 하나님 앞에 드리기를 힘쓰라"(딤후 2:15)

전문인 선교사는 세계 선교를 위해 성경적인 기초를 잘 아는 일은 매우 중요하다. 전문인 선교사는 예수 그리스도를 위해 타문화권 사람들에게 나아가고자 하는 것은 인간 자신의 바람이 아니라 잃어버린 영혼을 향한 하나님의 구원 사역으로 하나님의 바람임을 기억해야 한다. 다시 말하면, 전문인 선교사는 잃어버린 영혼을 향한 관심이 하나님의 마음(heart for God)에 무겁게 자리 잡고 있다는 사실을 창세기로부터 출발해서 요한계시록까지 성경 전체에서 되풀이하여 가르치고 있다는 것을 알고 있다. 그래서 전문인 선교사는 하나님의 부담이 사실상 교회의 존재 목적이며, 복음을 가지고 이웃과 도시, 그리고 국가, 세상의 가장 격리된 부분에까지 나아가야 하는 것이다.

이런 곳에 성경에 대한 올바른 지식과 복음적(evangelical) 해석 능력이 있으며, 말씀을 올바로 사용할 줄 아는 전문인 선교사를 보

---

157) J. Christy Wilson, *Today's Tentmakers: self-support an alternative model for worldwide witness*, 66.

내야 한다. 전문인 선교사는 하나님께 쓰임 받고자 하면 성경에 능한 사람들이 되어야 한다.[158] 전문인 선교사는 풍부한 성경지식과 올바른 성경해석의 지혜가 있어야 할 뿐만 아니라 복음적으로 말씀을 적용할 줄 알아야 할 것이다.

3) 선교지에서 전문인 선교사는 목회자와 올바른 동역자 관계를 맺으라.

"그가 어떤 사람은 사도로, 어떤 사람은 선지자로, 어떤 사람은 복음 전하는 자로, 어떤 사람은 목사와 교사로 삼으셨으니 이는 성도를 온전하게 하여 봉사의 일을 하게 하며 그리스도의 몸을 세우려 하심이라"(엡 4:11－12)

"그러므로 하나님의 전신 갑주를 취하라 이는 악한 날에 너희가 능히 대적하고 모든 일을 행한 후에 서기 위함이라 그런즉 서서 진리로 너희 허리띠를 띠고 의의 호심경을 붙이고 평안의 복음이 준비한 것으로 신을 신고 모든 것 위에 믿음의 방패를 가지고 이로써 능히 악한 자의 모든 불화살을 소멸하고 구원의 투구와 성령의 검 곧 하나님의 말씀을 가지라 모든 기도와 간구를 하되 항상 성령 안에서 기도하고 이를 위하여 깨어 구하기를 항상 힘쓰며 여러 성도를 위하여 구하라 또 나를 위하여 구할 것은 내게 말씀을 주사 나로 입을 열어 복음의 비밀을 담대히 알리게 하옵소서 할 것이니 이 일을 위하여 내가 쇠사슬에 매인 사신이 된 것은 나로 이 일에 당연히 할 말을 담대히 하게 하려 하심이라"(엡 6:13－20)

여기서 교회가 세상을 지배한다는 어떤 관념도 없다. 오히려 교회는 성도들로 하여금 봉사의 일을 하게 하고 악한 영들의 공격에 능히 대적하고 설 수 있도록 준비시키는 역할을 한다(엡 4:12; 6:13－20).[159] 따라서 목회자들은 사역에서 전문인들을 성장시켜야 한

---

158) 아세아연합신학대학교 라틴아메리카 연구원, 『라틴아메리카여 일어나라』, 367.

다. 그래서 그들을 동역자(partnership) 위치에 끌어 올려놓고 함께 사역할 필요가 있다. 전문인 선교사들은 선교 현지의 목회자들과 목사 선교사들을 존중해야 한다. 그들의 사역에 힘이 되어 주면서 사역할 줄 알아야 한다. 그것은 영적 재생산을 위해 서로 함께 하여 용기를 북돋아 주어 동역하게 될 때, 효율적인 전문인 선교 사역을 감당할 수 있기 때문이다.

4) 전문인 선교사가 정착할 수 있도록 적극적으로 도와주라.

> "사랑하는 자여 네가 무엇이든지 형제 곧 나그네 된 자들에게 행하는 것은 신실한 일이니 그들이 교회 앞에서 너의 사랑을 증언하였느니라 네가 하나님께 합당하게 그들을 전송하면 좋으리로다 이는 그들이 주의 이름을 위하여 나가서 이방인에게 아무 것도 받지 아니함이라 그러므로 우리가 이 같은 자들을 영접하는 것이 마땅하니 이는 우리로 진리를 위하여 함께 일하는 자가 되게 하려 함이라"
> (요삼 1:5-8)

전문인 선교사는 선교 현지에서 뿌리내리고 삶의 터전을 마련하도록 격려 받아야 한다. 본국에 귀국할 경우, 전문인 선교사는 생업을 갖기 어려운 사람들이다. 또한 본국에서의 안정과 귀국할 수 없다는 약점을 알면서도 돌아갈 배를 불태워 버리고 온 사람들이다. 그래서 선교 현지에 있는 교회들과 교민 사회에서 이들의 직업적 정착을 관심을 가지고 도와주면 이들은 더 효율적으로 선교를 진행해 나갈 것이다.[160)]

---

159) Johannes Nissen, 『신약성경과 선교』, 215.
160) 아세아연합신학대학교 라틴아메리카 연구원, 『라틴아메리카여 일어나라』, 368.

5) 전문인 선교사에게 효율적이고 적절한 후원을 하라.

"이는 지나가는 길에 너희를 보고 먼저 너희와 사귐으로 얼마간 기
쁨을 가진 후에 너희가 그리로 보내주기를 바람이라 그러나 이제는
내가 성도를 섬기는 일로 예루살렘에 가노니 이는 마게도냐와 아가
야 사람들이 예루살렘 성도 중 가난한 자들을 위하여 기쁘게 얼마를
연보하였음이라 저희가 기뻐서 하였거니와 또한 저희는 그들에게 빚
진 자니 만일 이방인들이 그들의 영적인 것을 나눠 가졌으면 육적인
것으로 그들을 섬기는 것이 마땅하니라"(롬 15:24 - 27)

바울의 선교에 나타나는 특징들을 보면, 예루살렘의 가난한 자들
을 위한 배려는 그의 헌금 모금 활동에서 잘 나타나고 있다. 그의
헌금 모금은 선교신학(mission theology)과 선교실천(mission praxis)
에 얼마나 밀접한 관계를 가지고 있는지를 보여주는 좋은 사례가
된다.161) 이러한 선교실천의 사례는 전문인 선교에도 적용될 수 있
으며, 전문인 선교사의 부족한 재정을 보충해 주어야 한다는 통찰
력을 알게 된다. 그것은 그들의 사역 책임이 확장됨에 따라 전문적
으로 바뀔 필요가 있다. 전문인 선교사는 생활할 뿐만 아니라 자녀
를 양육하며, 사역을 확장해 나가야 하기 때문에 계속해서 적극적
인 후원을 해 주어야 할 대상이다.

6) 전문인 선교사는 후원교회들에게 선교 현장과 현실에 대해 이해
시켜라.

한국 교회는 선교에 뜨거운 열정을 가지고 있다. 그러나 선교를

---

161) Johannes Nissen, 『신약성경과 선교』, 186.

선두 지휘하는 교단 지도층 인사들과 선교기관의 지도자들은 선교사의 경험(experiences)을 한 적이 많지 않다. 그래서 선교사들을 지휘하고 선교 결과를 기대하는 내용이 선교사들에게 어려움이 된다. 선교사들은 선교 사명의 열망과 현실 사이에서 스트레스가 많다. 처음 선교 현지에 갈 때와 달리 선교 현지에서 시간이 갈수록 잊힌다고 느끼게 되는 경우 정서적 어려움이 만만치 않다. 그리고 자녀가 점점 성장함에 따라 늘어나는 자녀 교육비와 사역의 성장에 따라 커지는 선교비 후원은 먼 곳 선교 현지에서 확보해 나가는 것도 커다란 기도제목이다.[162]

뿐만 아니라 한국 교회 성도들이 선교 현지를 다녀간 이후 형편을 모르면서 나름대로 느낌에 따라 엉뚱한 소문을 퍼뜨리는 것도 선교사의 마음에 아픔이 된다. 따라서 선교 현지에서 10년 정도 성공적인 사역을 경험한 선교사들 중에 학문적 열정이 있는 분들이 귀국하여 선교학자들이 되고, 교계 선교전략가들이 되어 선교에 대한 효율성을 가르칠 필요가 절실하다.

7) 전문인 선교사를 통해 전략적인 거대도시(Megacity) 선교를 시도하라.

"예수께서 그들과 함께 내려오사 평지에 서시니 그 제자의 많은 무리와 예수의 말씀도 듣고 병 고침을 받으려고 유대 사방과 예루살렘과 두로와 시돈의 해안으로부터 온 많은 백성도 있더라"(눅 6:17)
"복음을 그 성에서 전하여 많은 사람을 제자로 삼고 루스드라와 이고니온과 안디옥으로 돌아가서"(행 14:21)

---

162) 아세아연합신학대학교 라틴아메리카 연구원, 『라틴아메리카여 일어나라』, 369.

도시는 인간이 처음 시작할 때부터 존재하였다. 그러나 인류역사를 보면, 지금만큼 도시가 중요한 시대는 없다. 도시화(urbanization)의 현재 비율은 말할 수 없이 증가하고 있다.

종교학자와 신학자로 알려진 미국 하버드대학교(Harvard University)의 역사 및 사회신학 교수였던 하비 콕스(Harvey Cox)는 과거 20세기에 대하여 말하기를, "미래 역사가는 20세기에 세계가 거대한 도시가 되어 버린 세기이다."라고 주장하였다.163)

미국 선교 통계학자인 데이비드 바레트(David B. Barrett)는 인구밀도에 따라 도시 유형 세 가지에 대하여 말하기를, "첫째, 거대도시(Megacity)로 인구 백만 정도의 도시이다. 둘째, 초대형 도시(Supercitiy)로 인구 4백만 이상의 도시이다. 셋째, 초대형 거대도시(Supergiant)로 인구 천만 이상의 도시이다."라고 구분하였다.164)

이러한 관점에서 바울의 전문인 선교는 주로 거대도시(Megacity) 중심의 선교였다.165) 복음서와 사도행전에 나타나 있는 초대교회들

---

163) C. Peter Wagner, 『기독교 선교전략』, 전호진 역 (서울: 생명의말씀사, 1978), 179.

164) David B. Barrett, *World —Class Cities and World Euangelization* (Birmingham: New Hope, 1986), 8.

165) 여기서 거대도시는 인구 100만 이상의 도시를 의미한다. 세계적으로 도시화 현상이 확대되면서 인류 역사상 처음으로 2007년 전 세계 인구 중 도시에 사는 사람이 절반을 넘어설 것으로 보인다. 2050년이 되면 세계 인구의 70% 이상이 도시에 거주하게 되고, 인구 1,000만 명이 넘는 '거대도시'도 크게 늘어날 것으로 예상된다. 유엔 인구국은 지난해 세계 인구가 총 67억 명으로 집계되었으며, 2007년 말이면 전 세계에서 도시에 거주하는 인구가 사상 처음으로 50%를 넘어설 것으로 보인다고 발표했다. 하니아 즐로트닉 인구국장은 미국 뉴욕 유엔 본부에서 '2007 세계 도시화 전망' 보고서를 공개하면서 밝혔다. 이 보고서에 따르면, 2006년 67억 명에 이르렀던 세계 인구 중 절반에 조금 못 미치는 33억 명이 도시에 거주하고 있는 것으로 나타났으며, 도시 거주인구는 올해 과반을 웃돌게 될 것으로 확실시된다. 세계 인구는 2050년에는 92억 명으로 늘어날 것으로 예상된다. 같은 기간 도시 인구는 현재의 2배에 가까운 64억 명으로 늘어 전체의 70%가량을 차지하게 될 전망이다. 도시화가 급진전되면서 인구 50만 명 이상의 중규모 도시들이 지구촌을 점하게 되고, 인구 1,000만 명 이상의 거대도시(Megacity)들도 현재의 19개에서 27개로 늘어날 것으로 보인다. 반면 비(非)

을 통해 그 당시 존재했던 도시들을 살펴볼 필요가 있다. 그 도시는 안디옥, 이고니온, 루스드라, 다소, 빌립보, 베뢰아, 에베소, 드로아, 데살로니가, 고린도, 두로 등이다. 이곳에 여러 도시들의 공통점은 하나같이 오늘과 같은 거대도시였다. 그 당시 거대도시들은 해로와 육로의 교통 요충지였으며, 무역과 상업의 중심지였으며, 인근지역의 행정 중심지였다. 그래서 바울의 선교전략은 그 당시 거대도시를 중심으로 선교했던 것이다. 따라서 전문인 선교사를 파송하는데 있어 거대도시의 선교전략은 많은 장점들을 가지고 있다.

첫째, 전문적인 직업을 구할 수 있다.

> "그 후에 바울이 아덴을 떠나 고린도에 이르러 아굴라라 하는 본도에서 난 유대인 한 사람을 만나니 글라우디오가 모든 유대인을 명하여 로마에서 떠나라 한 고로 그가 그 아내 브리스길라와 함께 이달리야로부터 새로 온지라 바울이 그들에게 가매 생업이 같으므로 함께 살며 일을 하니 그 생업은 천막을 만드는 것이더라"(행 18:1-3)

하나님은 꼭 필요한 사람을 예비해 두셨는데 그 부부가 '아굴라와 브리스길라'이다. 이 부부는 자기 집에서 장막을 지어 팔고 있었다. 바울도 그들과 함께 장막 짓는 전문적인 일을 함께하였다.[166] 이러한 전문인 직업을 통해 아굴라와 브리스길라는 바울과 동행하였고, 그가 회당(synagogue)에서 전하는 복음을 더 분명하게 들을 수

도시인구는 2050년이 되면 지금보다도 오히려 6억 명이나 줄어들 것으로 예상된다. 특히 아시아에서는 중국과 인도의 경제발전으로 인해 다른 어떤 지역보다 도시화가 빨리 진전될 것으로 전망된다. 현재 아시아 각국은 도시화 수준에서 큰 편차를 보이고 있다. 문화일보, 2008년 2월 27일자 신문.

166) 김승호, 『사도행전』 (서울: 기독교문서선교회, 2003), 236-237.

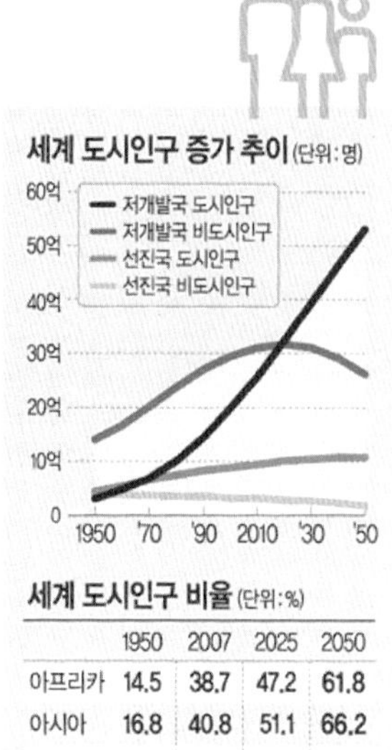

	1950	2007	2025	2050
아프리카	14.5	38.7	47.2	61.8
아시아	16.8	40.8	51.1	66.2
유럽	51.2	72.2	76.2	83.8
중남미	41.4	78.3	83.5	88.7
북미	63.9	81.3	85.7	90.2

〈도표 1〉 세계도시인구

있는 기회를 누렸다. 따라서 전문인 직업을 통해 복음을 전하는 것은 중요한 선교전략이 될 것이다.

둘째, 미전도 종족 선교를 위한 전략적 요충지이다.

"또 너희는 많은 환난 가운데서 성령의 기쁨으로 말씀을 받아 우리와 주를 본받은 자가 되었으니 그러므로 너희가 마게도냐와 아가야에 있는 모든 믿는 자의 본이 되었느니라 주의 말씀이 너희에게로부터 마게도냐와 아가야에만 들릴 뿐 아니라 하나님을 향하는 너희 믿음의 소문이 각처에 퍼졌으므로 우리는 아무 말도 할 것이 없노라"(살전 1:6-8)

바울은 데살로니가 성도들이 믿음으로 산 것에 대해 이방 사람들에게 모범이 되었음을 언급하였다.[167] 바울이 미전도 지역을 방문하여 전도하는 것도 중요하지만 데살로니가 성도 중에 미전도 지역 출신의 성도가 고향을 방문하거나 혹은 사업차 다녀가면 이미 바울에 대한 이야기와 함께 온전하게 복음을 전했다는 것이다. 따라서 그 당시 데살로니가는 거대도시로 미전도 종족 지역에 복음을 전하는 전략적 요충지가 되었던 것이다.

---

167) D. A. Carson and Douglas J. Moo and Leon Morris, *An Introduction to the New Testament* (Grand Rapids: Zondervan, 1992), 343.

셋째, 전문인 일꾼이 많이 모이는 곳이다.

"주의 말씀이 너희에게로부터 마게도냐와 아가야에만 들릴 뿐 아니
라 하나님을 향하는 너희 믿음의 소문이 각처에 퍼졌으므로 우리는
아무 말도 할 것이 없노라"(살전 1:8)

세계는 더욱더 거대하게 도시화되고 있다. 한국 교회는 이러한
현실을 직시하여 전문인 선교의 비전을 발견하는 것은 매우 중요
하다. 그것은 비전이 없이 전문인 선교가 있을 수 없으며, 현실에
대한 분명한 이해가 없이는 전문인 선교에 대한 비전이 생길 수 없
기 때문이다. 모든 족속이 거대도시로 모여들고 있다. 특히 다양한
사람들을 상대로 사업하는 전문인들은 거대도시로 진출하는 상황
가운데 있다. 그래서 이러한 전문인을 얻으면 다양한 사람들을 만
날 수 있게 된다. 그들은 전문인 선교사가 전하는 예수 그리스도를
영접하고 자기의 고향을 방문하여 복음 전하면 전문인 선교사가
되는 것이다.

거대도시 선교는 그 나라 안에 있는 미전도 종족뿐만 아니라 멀
리 있는 다른 나라에서 온 사람들까지 복음을 듣고 돌아가 전도하
여 자기 나라에 믿음의 공동체를 만드는 전문인 선교가 되도록 하
는 거점이 되게 한다. 데살로니가의 성도들은 지경을 넘어 마케도
니아와 아가야, 그리고 많은 지역들에 복음을 전파하였다.

넷째, 효율적인 제자훈련의 장소로 활용할 수 있다.

"바나바가 사울을 찾으러 다소에 가서 만나매 안디옥에 데리고 와서

둘이 교회에 일 년간 모여 있어 큰 무리를 가르쳤고 제자들이 안디옥에서 비로소 그리스도인이라 일컬음을 받게 되었더라"(행 11:25-26)

"일 년 육 개월을 머물며 그들 가운데서 하나님의 말씀을 가르치니라"(행 18:11)

"아볼로가 고린도에 있을 때에 바울이 윗지방으로 다녀 에베소에 와서 어떤 제자들을 만나 이르되 너희가 믿을 때에 성령을 받았느냐 이르되 아니라 우리는 성령이 계심도 듣지 못하였노라 바울이 이르되 그러면 너희가 무슨 세례를 받았느냐 대답하되 요한의 세례니라 바울이 이르되 요한이 회개의 세례를 베풀며 백성에게 말하되 내 뒤에 오시는 이를 믿으라 하였으니 이는 곧 예수라 하거늘 그들이 듣고 주 예수의 이름으로 세례를 받으니 바울이 그들에게 안수하매 성령이 그들에게 임하시므로 방언도 하고 예언도 하니 모두 열두 사람쯤 되니라 바울이 회당에 들어가 석 달 동안 담대히 하나님 나라에 관하여 강론하며 권면하되 어떤 사람들은 마음이 굳어 순종하지 않고 무리 앞에서 이 도를 비방하거늘 바울이 그들을 떠나 제자들을 따로 세우고 두란노 서원에서 날마다 강론하니라 두 해 동안 이같이 하니 아시아에 사는 자는 유대인이나 헬라인이나 다 주의 말씀을 듣더라"(행 19:1-10)

거대도시는 비교적 안전하여 옆집에 누가 드나드는지 알지 못할 뿐만 아니라 관심도 별로 없다. 따라서 함께 기거하며 훈련할 장소로 적합한 거대도시는 그 나라뿐만 아니라 이웃 나라의 장래 지도자들이 스스로 찾아와 공부하거나 삶을 개척해 나가는 장소이다. 그래서 거대도시는 그들에게 복음을 전하고 일꾼으로 훈련하여 장래 사역자로 일하도록 도울 수 있는 효율적인 장소라고 볼 수 있다.[168]

이러한 예들은 사도행전에서 찾아볼 수 있다. 바나바가 바울을 데리고 일 년간 제자훈련에 전무했던 거대도시인 안디옥이 그곳이다 (행 11:25-26). 바울이 일 년 육 개월을 집중적으로 말씀을 가르쳤

---

168) 아세아연합신학대학교 라틴아메리카 연구원, 『라틴아메리카여 일어나라』, 371.

던 고린도와 회당에서 석 달 동안 말씀을 강론한 후 믿음의 반응을 보이는 사람들만 따로 데리고 두란노서원에서 날마다 강론을 2년 동안 했었던 곳이 에베소이다(행 18:11, 19:1 – 10).[169) 이 거대도시는 효율적인 제자훈련의 장소의 특성들을 활용할 수 있었던 도시였다.

따라서 거대도시는 그들과 정서적 공감대를 이루며 삶 속에 파고 들어가는 장소로 본다면, 인격과 믿음, 그리고 비전을 나누며 전도하고 예수님의 제자들을 훈련해 내는 전문인 선교사를 만들어 내는 절대적으로 필요한 곳이다.

---

169) 아세아연합신학대학교 라틴아메리카 연구원, 『라틴아메리카여 일어나라』, 371.

제 2 부

전문인 선교의 성경적 기초와 역사

제4장 구약성경과 전문인 선교

성경은 전체가 선교의 책(missionary book)이며, 특히 전문인 선교에 대한 사례를 들고 있다. 그래서 성경은 전문인 선교의 개념을 잘 이해할 수 있는 지침서가 된다. 성경에 나타난 전문인 선교는 어떤 인간적인 전략이 아니라 세계 선교를 위한 성경적인 하나님의 뜻임을 알 수 있다.[170] 크리스티 윌슨(J. Christy Wilson)은 구약성경을 통해 전문인 선교사를 다음과 같이 나열하였다. 아담은 에덴동산을 가꾸고 다스리는 자, 아벨은 양치는 목동, 아브라함은 가축을 기르는 자, 하갈은 집안일을 돌보는 자, 이삭은 농사하는 자, 리브가는 물을 긷는 자, 야곱은 양떼를 돌보는 자, 라헬은 양을 지키는 자, 요셉은 총리대신, 미리암은 아이 보는 자, 모세는 양을 돌보는 자, 브사렐은 숙련공, 여호수아는 사령관, 라합은 여관주인, 드보라는 나라를 구하는 자, 기드온은 군사의 지도자, 삼손은 당할 자 없는 장수, 룻은 이삭을 줍는 자, 보아스는 농사하는 자, 다윗은 통치자, 아삽은 작곡가, 솔로몬은 제왕, 시바의 여왕은 관리자, 욥은 경건하고 신사적인 농장주인, 아모스는 소작인, 바룩은 저술가,

---

170) 김성욱, "21세기 한국교회 선교와 전문인 선교,", 129.

다니엘은 수상, 사드락과 메삭과 그리고 아벳느고는 지방장관, 에스더는 왕후, 느헤미야는 방백이었다.[171]

그리고 하나님은 레위인, 나실인인 제사장 그룹, 선지자, 왕, 사사, 민족지도자는 물론 일반 하나님 백성에게도 일과 삶을 통해 자신의 신앙을 전파하도록 계획하셨다. 구약성경에 나타난 대표적인 전문인 선교사들의 모델은 다음과 같다.

1. 모세오경(Torah)에 나타난 전문인 선교사

1) 아담(Adam)

하나님은 사람을 만드실 때, 그냥 만드신 것이 아니다. 하나님은 사람을 자신의 형상(image)을 따라 전문적인 사람으로 만드셨다. 그래서 모든 피조물 가운데 하나님의 형상으로 지음 받은 존재는 사람밖에 없다. 이러한 점에서 사람은 다른 피조물들이 갖지 못한 하나님과의 특별한 관계를 갖는다. 사람은 하나의 전문인 봉사자로 부름을 받은 것이다.

> "여호와 하나님이 그 사람을 이끌어 에덴동산에 두어 그것을 경작하며 지키게 하시고"(창 2:15)

창세기에서 아담은 에덴동산을 가꾸고 다스리는 자로 전문인 선

---

171) J. Christy Wilson, *Today's Tentmakers: self—support an alternative model for worldwide witness*, 20−21.

교사로 소개한다. 에덴동산은 낙원으로 일하지 않고 놀고먹는 곳이 아니다. 낙원은 일하는 곳인데, 최초의 인간 아담도 일하는 농부로 창조되었다.[172] 사람은 하나님께서 노동하도록 지어진 존재이다. 그래서 노동은 창세 때부터 하나님의 사람을 위하여 정하신 창조 질서에 속한 것이다.[173] 노동은 본래부터 인간의 삶을 이루는 본질의 하나이며, 자기를 실현해 가는 도구로서 하나님의 뜻을 받드는 하나님의 일이다.[174] 따라서 인간은 창조주 하나님을 전적으로 의존하는 전문인이 되어야 할 것이다.

2) 아벨(Abel)

"그가 또 가인의 아우 아벨을 낳았는데 아벨은 양 치는 자였고 가인은 농사하는 자였더라"(창 4:2)

아벨은 양치는 목동이었고, 가인은 농사꾼이었다. 그러나 하나님은 피 흘림이 없는 가인의 제물보다는 피의 제물인 아벨의 것을 받으셨다. 하나님은 제물 그 자체보다는 제물을 드리는 자의 삶을 먼저 살피신다.[175] 하나님은 가인의 제물보다 그 제물을 바치는 사람인 가인의 삶을 중요시한 것이다(창 4:7). 하나님이 원하시는 것은 하나님 앞에서 드려지는 제물 자체가 아니다. 하나님에게는 제물 자체가 필요한 것이 아니라 하나님이 주목하시는 것은 하나님 앞

---

172) 차준희, 『창세기 다시 보기』 (서울: 대한기독교서회, 1998), 18. 임태수, 『구약성서와 민중』 (서울: 한국신학연구소, 1993), 227.

173) 손석태, 『창세기 강의』 (서울: 성경읽기사, 1993), 41.

174) 차준희, 『창세기 다시 보기』, 19.

175) 김이곤, "하나님이 기뻐하시는 감사 예물," 『기독교사상』 제453호 (1996, 9월), 247-248.

에 나오기 전에까지의 삶이다.[176) 따라서 전문인 선교사는 아벨처럼 일상적인 삶이 선한 삶이어야 한다. 그래서 하나님은 그 사람과 그의 제물을 받으실 뿐만 아니라 많은 영혼들이 전문인 선교사의 삶을 통해 예수 그리스도를 만나게 될 것이다.

3) 노아(Noah)

"너는 고페르 나무로 너를 위하여 방주를 만들되 그 안에 칸들을 막고 역청을 그 안팎에 칠하라"(창 6:14)
"노아가 그와 같이 하여 하나님이 자기에게 명하신 대로 다 준행하였더라"(창 6:22)

구약성경은 노아의 방주로 하나님의 구원을 묘사하고 있다. 하나님은 해양 전문가인 노아가 만든 완벽한 배로 사람을 구원하셨다. 그러나 사람들은 이 전문인 선교사가 만든 구원의 배를 거절하여 구원을 받지 못했던 것이다.

4) 아브라함(Abram)

"아브람에게 육축과 은금이 풍부하였더라"(창 13:2)

약 4,000년 전 믿음의 조상이었던 아브라함은 가축 기르는 자로 전문인 선교 사역을 했던 것으로 이해할 수 있다. 아브라함은 세속적인 직업을 가지고 하나님의 말씀을 이웃에게 혹은 이웃나라에

---

176) 차준희, 『창세기 다시 보기』, 39-40.

증거한 것이다. 아브라함은 하나님의 구속사역에 있어서 중요한 역할을 담당했던 인물로, 그의 직업은 가축을 기르는 유목민이었다. 그는 유목생활 가운데 하나님의 명령을 따라 가나안 땅에 복음을 전하기 위해서 온 가족과 함께 선교 현지로 향했다. 하나님은 아브라함을 택하시고 그를 통해서 열방에 하나님의 사랑을 전하기를 원하셨다. 그는 어떤 후원자들에 의해서 지원받는 것이 아니라 스스로 자기의 생활과 가족의 생활을 유지하면서 전문인 선교의 사역을 감당하였다. 아브라함은 가나안 사람들과 함께 생활하며 그들로부터 하나님의 방백과 하나님의 친구로 인정을 받았다. 아브라함은 자신의 삶을 통해서 땅의 모든 이들을 위한 전문인 선교를 한 것이다.

5) 이삭(Isaac)

"이삭이 저물 때에 들에 나가 묵상하다가 눈을 들어 보매 약대들이 오더라"(창 24:63)

이삭이라는 이름은 하나님이 직접 지어 주셨다(창 17:19). 이삭은 '웃음'이라는 뜻으로, 하나님이 지어 주신 이름대로 하나님의 사명을 갖고 성장하였다. 이삭은 아버지 아브라함의 대를 이어 유목생활을 하면서 전능하신 하나님께 기도했던 사람이었다. 또한 그는 전 세계적인 구원의 목적을 가지신 살아 계신 하나님(the Living God)을 가나안 사람들에게 증거하였던 전문인 선교사였다.

6) 리브가(Rebecca)

> "말을 마치지 못하여서 리브가가 물 항아리를 어깨에 메고 나오니
> 그는 아브라함의 동생 나홀의 아내 밀가의 아들 브두엘의 소생이라"
> (창 24:15)

리브가는 물 긷는 자로 활동성과 근면성, 그리고 적극성을 가진
여성이었다.[177] 리브가는 한 가정과 한 가문, 그리고 한 부족의 여
족장으로 손색이 없는 여성 전문인 선교사였다. 이러한 사명감은
영혼을 구원하는 일에 인간관계에서 하나님을 높이는 전문인 선교
사로서 갖추어야 할 자세라고 볼 수 있다. 이러한 전문인 선교의
방법은 자문화권과 유사문화권, 그리고 타문화까지의 불신의 장벽
을 무너뜨리는 강력한 무기가 될 것이다.

7) 야곱(Jacob)

> "그 아이들이 장성하매 에서는 익숙한 사냥군인고로 들사람이 되고
> 야곱은 종용한 사람인고로 장막에 거하니"(창 25:27)

야곱은 양떼를 돌보는 목축업에 종사하였다. 그는 자기에게 주어
진 기득권에 집착하여 현실에만 안주하지 않았다. 미래 지향적인
삶에 게을리 하는 사람은 언제나 퇴보할 수밖에 없다.[178] 그리스도
인은 빠르게 변화하는 세계화(globalization) 속에 살고 있다. 이러한

---

177) G. Von Rad, 『창세기』, 국제성서주석 역 (서울: 한국신학연구소, 1981), 287.
178) 차준희, 『창세기 다시 보기』, 160.

새로운 시대에 전통적인 선교를 뛰어넘어 전문인 선교를 완수하기
위한 과감한 발상의 전환이 필요할 것이다.

8) 요셉(Joseph)

"바로가 그 신하들에게 이르되 이와 같이 하나님의 신이 감동한 사
람을 우리가 어찌 얻을 수 있으리요 하고 요셉에게 이르되 하나님이
이 모든 것을 네게 보이셨으니 너와 같이 명철하고 지혜 있는 자가
없도다 너는 내 집을 치리하라 내 백성이 다 네 명을 복종하리니 나
는 너보다 높음이 보좌뿐이니라 바로가 또 요셉에게 이르되 내가 너
로 애굽 온 땅을 총리하게 하노라 하고 자기의 인장 반지를 빼어 요
셉의 손에 끼우고 그에게 세마포 옷을 입히고 금사슬을 목에 걸고
자기에게 있는 버금 수레에 그를 태우매 무리가 그 앞에서 소리 지
르기를 엎드리라 하더라 바로가 그로 애굽 전국을 총리하게 하였더
라"(창 41:38－43)

요셉은 야곱의 열한 번째 아들로 태어나 열일곱 살까지 아버지
의 사랑을 독차지하며 살았다. 그 결과 요셉은 다른 형들에게서 시
기를 받아 애굽으로 팔려가는 신세가 되었다. 그는 노예로 살다가
억울한 누명을 쓰고 죄수로 30세가 넘도록 옥살이를 하였다. 그런
타문화권이라고 할 수 있는 애굽의 환경 가운데 전문적인 정치가
의 안목과 식견을 구비하게 되었다. 요셉은 처음에는 노예로서 나
중에는 애굽의 전문인 정치가인 총리로서 평생 동안 하나님의 신
앙을 전파하였다.

9) 모세(Moses)

모세는 애굽 왕 바로의 궁전에서 왕자로 40년간 가장 귀한 제왕술을 익혔다. 그다음 40년간은 미디안 광야에서 애굽인들이 가장 천하게 여기는 양치기로 살았다.[179] 이런 광야와 사막에서 목축을 하는 유목민들에게 우물은 생명과 재산을 보존시켜 주는 원천(source)이 된다. 그 당시 생존에 있어서 필수적인 우물이 언제 바닥을 드러낼지도 모르기 때문에 우물가에서의 분쟁은 아주 흔한 일이었다(창 21:25; 26:18-22). 모세가 앉아 있던 우물가도 예외는 아니었다. 여자들이 먼저 와서 물을 긷고 양떼에게 물을 먹이려 하는데 남자 목자들이 나타나서 그들을 쫓아내었다. 이런 상황에서 모세는 약자의 편에 서서 그 여자들을 도와주었던 것이다.[180]

> "미디안 제사장에게 일곱 딸이 있었더니 그들이 와서 물을 길어 구유에 채우고 그들의 아버지의 양 떼에게 먹이려 하는데 목자들이 와서 그들을 쫓는지라 모세가 일어나 그들을 도와 그 양 떼에게 먹이니라"(출 2:16-17)

이 여자들을 도와준 사건이 계기가 되어 모세는 그들의 아버지 르우엘의 환대를 받아, 결국 그의 딸인 십보라와 결혼하여 그 집의 사위가 된다. 그는 서서히 하나님의 사람으로 성장하게 되었다.[181] 이제 마지막 40년은 하나님 백성의 지도자로 살았다. 바로의 궁전에서 모세는 최고의 두 세계 문화를 접하며 살았다. 첫째, 어머니

---

179) 남후수, 『미래의 세계선교 전략』, 94.
180) 차준희, 『출애굽기 다시 보기』 (서울: 프리칭아카데미, 2004), 34.
181) 차준희, 『출애굽기 다시 보기』, 34-35.

의 젖을 빨며 어머니 슬하에서 히브리 전통으로 양육을 받았다. 둘째, 양어머니 밑에서 애굽 최고의 교육과 다양한 문화를 익히며 성장하였다. 그 당시 왕위는 장녀의 계보를 따라 계승되었기 때문에 모세는 바로의 뒤를 이을 준비도 하며 양육되었다.[182] 학문과 군사적인 지도자로서 모든 교육을 받았을 뿐만 아니라 애굽 전국을 치리할 준비를 한 것이었다. 또한 바로의 딸의 아들로서 장차 호화스러운 영광이 그의 손안에 들어올 것이다.[183] 그러나 모세는 자신의 문화권이 아닌 타문화권 지역에서 스스로 생계를 유지하면서 전문인 선교사로 하나님의 사역을 감당하였다. 그는 당대 최고의 전문인 정치가의 경륜을 쌓았고, 최하의 목동생활도 경험한 전문인으로서 이스라엘의 위대한 지도자였다. 그는 장정 60만이 넘는 한 민족을 40년 동안 사막을 통과하여 이주시키는 지도자로서 모세만이 감당할 수 있는 전문적인 일이었다. 그리고 그는 혼신의 힘을 다해서 이스라엘 민족에게 하나님의 계명을 가르치며 전수하는 사명까지 감당하였다.

모세는 가장 위대한 성경 인물일 뿐만 아니라 인류 역사상 뛰어난 전문인 지도자로서 평가된다. 이런 모세의 탁월함에 대해 이의를 제기하는 사람은 거의 없다. 그는 막강한 지도자뿐만 아니라 모든 종교인들의 귀감으로서 타의 추종을 불허한다. 민수기 12:3에 의하면 "이 사람 모세는 온유함이 지면의 모든 사람보다 더하더라."라고 말한다. 이 말은 그 당시 세상에서 모세가 가장 겸손한

---

182) Lioyd John Ogilvie, 『당신에게 기적이 필요할 때』, 정진환 역 (서울: 생명의말씀사, 2006), 78.
183) 남후수, 『미래의 세계선교 전략』, 77-78.

사람이었다는 의미이다. 모세는 세상에서 가장 힘 있는 권력자의 모습과 겸손함이 동시에 담긴 성품의 소유자였다.[184] 이러한 모세의 본을 따라 전문인 선교사는 날마다 겸손하게 사는 삶의 자세를 가져야 한다. 겸손은 평생 동안 사역을 이루어 가는 전문인 선교사의 삶의 과정이기 때문이다.

2. 역사서에 나타난 전문인 선교사

1) 여호수아(Joshua)

"이는 모세가 땅을 정탐하러 보낸 자들의 이름이라 모세가 눈의 아들 호세아를 여호수아라 불렀더라"(민 13:16)

여호수아는 처음부터 지도자가 된 것이 아니라 오랜 기간 동안 훈련을 받고 지도자가 되었다. 한국 교회는 전문인 선교사를 파송하기 위해 훈련시키는 지도자 양성에 주력해야 한다. 민수기 13:16에 의하면, 여호수아는 '군대 사령관'으로 모세가 가나안에 정탐 선교사(research missionary)로 보냈던 전문인 선교사였다. 하나님은 여호수아를 통해 가나안 땅을 미리 정탐하게 하셨던 것처럼 전문인 선교는 선교 현지를 정탐하는 데부터 시작하는 것이다.

---

184) C. Peter Wagner, 『겸손』, 정진환 역 (서울: 죠이선교회 출판부, 2004), 39–40.

2) 라합(Latin)

"여리고 왕이 라합에게 사람을 보내어 이르되 네게로 와서 네 집에
들어간 그 사람들을 끌어내라 그들은 이 온 땅을 정탐하러 왔느니라
그 여인이 그 두 사람을 이미 숨긴지라 이르되 과연 그 사람들이 내
게 왔었으나 그들이 어디에서 왔는지 나는 알지 못하였고"(수 2:3-4)

기생인 라합은 여리고 성에 거주했던 여관 주인이었다. 그녀는 여
호수아의 두 정탐꾼들을 숨겨 주었던 전문인 선교동원가(mobilizer)
였다. 선교동원가란 자신이 선교사로 가기보다는 더 많은 선교사를
보내기 위해 선교 자원을 일깨우고 헌신하게 하여 선교 동력을 일
으키는 사람을 말한다. 물론 선교동원가로서의 헌신은 선교 현장에
가는 것을 피하기 위한 것이 아니라 오히려 더 큰 비전을 보고 더
큰 사역에 헌신하는 것을 의미한다. 선교동원에는 선교훈련, 미전
도 종족을 위한 조직적이고, 지속적인 기도운동, 전문인 선교사가
되기 위한 지망생의 발굴 등이 포함된다.

3) 드보라(Deborah)

"그때에 랍비돗의 아내 여선지자 드보라가 이스라엘의 사사가 되었
는데"(삿 4:4)

드보라는 이스라엘의 사사가 되어 그 당시 우상(idleness)을 숭배
했던 이스라엘 백성들을 훈계하였다.[185] 우상숭배로 인해 그들은

---

185) 사사(Judges: 土師)는 유대인에게만 있는 독특한 제도로 여호수아가 죽은 이후 사울이
왕이 되기까지 일종의 지도자요 통치자였다. 또한 사법과 행정을 겸한 자이며 전쟁

하나님의 진노를 사서 이방 나라로부터 침입이 잦았다. 드보라는 야빈이 이스라엘을 억압하고 있던 시기에 사사가 되어 백성들의 재난을 수습해 주는 역할을 하였다. 따라서 드보라는 나라를 구하는 자였다.

4) 기드온(Gideon)

"여호와께서 그를 향하여 이르시되 너는 가서 이 너의 힘으로 이스라엘을 미디안의 손에서 구원하라 내가 너를 보낸 것이 아니냐 하시니라 그러나 기드온이 그에게 대답하되 오 주여 내가 무엇으로 이스라엘을 구원하리이까 보소서 나의 집은 므낫세 중에 극히 약하고 나는 내 아버지 집에서 가장 작은 자니이다 하니 여호와께서 그에게 이르시되 내가 반드시 너와 함께 하리니 네가 미디안 사람 치기를 한 사람을 치듯 하리라 하시니라"(삿 6:14-16)

기드온은 농장과 과수원을 가진 순수한 농부였다. 그가 하나님의 소명을 받은 곳은 타작마당이었다. 그는 독실한 신앙 때문에 하나님께 선택되었고, 큰 사명을 감당하게 된 것이다. 기드온은 '군사의 지도자'로 미디안을 격파한 후에 국민 내부에 일어난 불협화음을 해결하였던 것이다.

5) 삼손(Samson)

"삼손이 여호와께 부르짖어 이르되 주 여호와여 구하옵나니 나를 생각하옵소서 하나님이여 구하옵나니 이번만 나를 강하게 하사 나의 두 눈

____

때는 사령관과 같은 역할을 한다.

을 뺀 블레셋 사람에게 원수를 단번에 갚게 하옵소서 하고"(삿 16:28)

삼손은 흥미 있는 역사적인 인물로 그의 일생을 보아 알 수 있는 것처럼 흥미 이상의 많은 교훈들을 준다. 삼손은 어머니가 천사의 계시를 받고 잉태되었다. 그는 어려서부터 머리에 면도칼 한 번 대지 않고 특별하게 성장하였다. 그가 자라면서부터 여호와의 신이 감동했을 뿐만 아니라 하나님은 그를 통해 블레셋 손에서 이스라엘을 구원할 사명을 주셨다. 삼손은 힘이 강한 무적의 장수였는데, 그 힘은 하나님의 영(the Spirit of God)에 의해 주어진 선물이었다. 힘이 세다는 것은 멋있는 일이지만, 또한 영적인 힘을 어떻게 쓰느냐는 전문인 선교사에게도 매우 중요한 것이다.

6) 룻(Ruth)

"룻이 이르되 내게 어머니를 떠나며 어머니를 따르지 말고 돌아가라 강권하지 마옵소서 어머니께서 가시는 곳에 나도 가고 어머니께서 머무시는 곳에서 나도 머물겠나이다 어머니의 백성이 나의 백성이 되고 어머니의 하나님이 나의 하나님이 되시리니"(룻 1:16)
"모압 여인 룻이 나오미에게 이르되 원하건대 내가 밭으로 가서 내가 누구에게 은혜를 입으면 그를 따라서 이삭을 줍겠나이다 하니 나오미가 그에게 이르되 내 딸아 갈지어다 하매"(룻 2:2)

구약성경은 위대한 남성들의 이야기로 대부분을 차지한다. 그러나 구약성경 39권 중에 유일하게 여자의 이름으로 눈길을 끈 책이 있다면, 유대 여성으로 이방 나라의 왕후가 된 에스더이다. 다른 하나는 이방 나라 여성인 유대 남자와 결혼한 과부가 된 룻으로

'이삭 줍는 자'였다. 보아스는 자기 밭에 여기저기 이삭을 남겨 놓았는데, 룻은 매일 그 이삭을 주어다가 시어머니를 섬겼다. 그러는 동안 농사하는 자 보아스와 룻은 가까워져서 결혼을 하고 아기를 낳게 되었다. 그래서 낳은 아들이 오벳이요 그가 바로 다윗의 할아버지가 되었다. 룻은 다윗의 증조모로 그 가문에서 예수님이 나오게 되었고, 예수님의 조상 할머니가 된 것이다.

룻은 이방 나라인 모압 여인이었지만 시어머니 나오미를 잘 모시고 이스라엘 베들레헴으로 온 여성 전문인 선교사였다. 그녀는 좋은 여건의 고향과 친정, 그리고 자신의 민족과 나라를 택하지 않고 하나님의 백성, 시어머니를 택한 장한 며느리였다. 이것은 노인을 케어 하는 전문인 선교의 길을 연 위대한 복지 전문인 선교사의 효시가 되었다. 룻처럼 아름다운 사랑의 마음을 간직하고 사는 것은 전문인 선교사에게도 매우 중요한 영적인 태도인 것이다.

7) 다윗(David)

"지금은 왕의 나라가 길지 못할 것이라 여호와께서 왕에게 명령하신 바를 왕이 지키지 아니하였으므로 여호와께서 그의 마음에 맞는 사람을 구하여 여호와께서 그를 그의 백성의 지도자로 삼으셨느니라 하고"(삼상 13:14).
"폐하시고 다윗을 왕으로 세우시고 증언하여 이르시되 내가 이새의 아들 다윗을 만나니 내 마음에 맞는 사람이라 내 뜻을 다 이루리라 하시더니"(행 13:22)
"내가 내 종 다윗을 찾아내어 나의 거룩한 기름을 그에게 부었도다"
(시 89:20)

지금까지도 이스라엘 사람들은 다윗을 역사상 가장 위대했던 왕으로 우러러본다. 그는 베들레헴에서 맹수들과 싸웠던 목동 다윗은 사무엘에게 기름부음(anointment)을 받고, 30세에 왕위에 올라 37세에 통일국가를 이루었다. 그는 40년 동안 '통치자'로 있으면서 하나님의 사명을 잘 감당하였다. 그러나 사울은 자신의 사명을 망각하고, 하나님의 뜻을 행하지 않고, 욕심을 내며, 유혹을 받고 시험을 이겨내지 못함으로 실패한 선교사가 되었다.

전문인 선교사는 선교 현지에서 많은 시험과 유혹에 노출된다. 전문인 사역을 하다 보면, 욕심으로 무리하게 프로젝트를 확대하다가 인간적인 방법으로 넘어지게 되는 경우가 많을 수 있다. 그러나 전문인 선교사인 다윗은 하나님께서 하라고 하는 것만 할 때 하나님의 선교가 잘 이루어졌다.

다윗은 사람이 보기에는 자격 없는 것처럼 보이지만 중심을 보시는 하나님은 그에게 다양한 전문적인 직업을 주셨다. 첫째, 다윗은 최고 권력자였다. 둘째, 다윗은 영혼을 움직이는 깊은 감동의 운율에 타고난 음악가였다. 셋째, 다윗은 구약성경에서 가장 길다는 시편의 2/3에 달하는 엄청난 분량의 시를 쓴 시인이었다. 넷째, 다윗은 청소년 시절에 백전백승의 전과를 자랑했던 장군이었다.

당시 돌팔매는 오늘처럼 아이들의 장난에 사용하는 것이 아니라 정규 군사 전에서 가공할 만한 전술 중 하나였을 것이다. 베냐민 지파 중에는 700명이나 되는 돌팔매 전문가가 있었다. 전쟁에서 던지면 백발백중 적의 이마를 맞춰 즉사시키는 고도의 무인들이었다(삿 20:15 - 16). 그는 목동 시절부터 그러한 기술을 연마하여 사자와 곰 같은 동물들을 즉사시켰다. 장군들이 창과 칼로 자신의 무기를 과시하고 자신의 용맹을 자랑했을 때, 그는 자기만의 창의적인 기술을 묵묵히 연마한 것이다. 따라서 오늘날 전문인 선교사는 과거의 성공에만 도취해서 선입견을 깨지 못하고 자기 개발을 못하는 사람은 다른 사람을 지도할 수 없을 것이다.

다윗은 새로운 패러다임을 가지고 창의적인 시도에 도전함으로써 자신의 전문적인 실력을 최대한 발휘하였다. 이 시대의 전문인 선교사는 다윗을 벤치마킹(benchmarking)하여 골리앗 앞에 당당히 설 때, 골리앗은 반드시 쓰러지게 된다. 다윗은 하나님의 아들 예수 그리스도를 예표하는 구약성경의 대표적인 인물이다.

그만큼 다윗은 메시아의 조상으로 하나님이 진정 원하시는 삶을 산 위대한 전문인 선교사였다. 전문인 선교사가 되는 것은 어떤 의미에서 너무나 어렵고 험난한 좁은 길이다. 그러나 다윗은 40년을 이스라엘을 다스리는 동안 국내정책으로 예루살렘을 예배의 중심지로 삼아 정교일치의 정치를 하였다. 아울러 국외정책으로는 적국을 물리치고 외교를 강화하여 나라의 기틀을 반석 위에 세웠다. 그는 어떠한 환경에서든지 열방이 살아 계신 하나님을 만나도록 만민에게 추앙받았던 전문인 선교사였던 것이다.

8) 솔로몬(Solomon)

> "누가 주의 이 많은 백성을 재판할 수 있사오리이까 듣는 마음을 종에게 주사 주의 백성을 재판하여 선악을 분별하게 하옵소서 솔로몬이 이것을 구하매 그 말씀이 주의 마음에 든지라 "(왕상 3:9－10)

솔로몬은 일천번제를 드리며, 기도를 게을리 하지 않았던 왕이었다. 그가 지혜를 구한 목적은 주의 백성을 재판하여 선악을 분별하기 위한 것이다. 선악을 분별하는 지혜는 사람에게서가 아니라 하나님께 속한 것이다. 솔로몬은 통치의 대상이 다름 아닌 하나님의 백성인 것을 인식하였다. 그래서 백성들을 바로 섬기기 위하여 하나님의 지혜를 구하였다. 솔로몬이 하나님께 지혜를 구한 것처럼 전문인 선교사는 이러한 하나님의 지혜를 구해야 할 것이다.

3. 시가서에 나타난 전문인 선교사

1) 욥(Job)

"우스 땅에 욥이라 불리는 사람이 있었는데 그 사람은 온전하고 정직하여 하나님을 경외하며 악에서 떠난 자더라 그에게 아들 일곱과 딸 셋이 태어나니라 그의 소유물은 양이 칠천 마리요 낙타가 삼천 마리요 소가 오백 겨리요 암나귀가 오백 마리이며 종도 많이 있었으니 이 사람은 동방 사람 중에 가장 훌륭한 자라"(욥 1:1-3)
"나는 맹인의 눈도 되고 다리 저는 사람의 발도 되고 빈궁한 자의 아버지도 되며 내가 모르는 사람의 송사를 돌보아 주었으며 불의한 자의 턱뼈를 부수고 노획한 물건을 그 잇새에서 빼내었느니라"(욥 29:15-17)

욥은 극한 시련을 참고 견디는 전문인이었던 것으로 보인다. 시련을 빼놓고 욥을 다 이해할 수 없는 것처럼, 그는 경건한 신사적인 농장 주인으로 훌륭한 전문인 사업가였다. 또한 그는 사업가로서의 고결한 전문인의 윤리관을 가지고 있었다. 그의 배려와 가난한 사람들에 대한 베풂, 그리고 사업의 책임의식은 전문인 선교사가 본받아야 할 점이다. 전문인 선교사는 타문화권에서 개인의 시련을 참아 내는 법을 배우게 될 것이다. 이러한 시련은 전문인 선교사에게 있어서 어려움에 처한 다른 사람들을 돕는 데, 하나님은 이 일을 준비시키고 계신다.

4. 예언서에 나타난 전문인 선교사

1) 아모스(Amos)

> "너희는 살려면 선을 구하고 악을 구하지 말지어다 만군의 하나님 여호와께서 너희의 말과 같이 너희와 함께 하시리라"(암 5:14)

아모스는 소작인이자 예언자로 자신의 시대에 하나님의 뜻과 말씀을 전하는 전문인 선교사였다. 하나님은 예언자 아모스를 하나님의 메시지를 대언하는 전문인으로 담당케 하기 위하여 성별하게 사용하셨다. 그는 하나님의 나라가 임하며 공의(justice)가 이루어지기를 바라는 하나님의 전문인 선교사라고 말할 수 있다. 따라서 아모스는 자신의 문화권이 아닌 타문화권 지역에서 스스로 생계를 유지하면서 하나님의 사역을 감당했던 전문인 선교사였던 것이다.

2) 다니엘(Daniel)

> "이에 느부갓네살 왕이 엎드려 다니엘에게 절하고 명하여 예물과 향품을 그에게 주게 하니라 왕이 대답하여 다니엘에게 이르되 너희 하나님은 참으로 모든 신들의 신이시요 모든 왕의 주재시로다 네가 능

히 이 은밀한 것을 나타내었으니 네 하나님은 또 은밀한 것을 나타
내시는 이시로다 왕이 이에 다니엘을 높여 귀한 선물을 많이 주며
그를 세워 바벨론 온 지방을 다스리게 하며 또 바벨론 모든 지혜자
의 어른을 삼았으며"(단 2:46-48)

죄를 범한 이스라엘은 하나님의 심판을 받아 흩어졌다. 앗시리아
와 바벨론에 의해 이스라엘과 유다는 멸망하였다. 그래서 많은 사
람들이 바벨론의 포로로 잡혀갔다. 그 후 그리스와 로마의 통치를
받게 되었고, 하나님은 이렇게 흩어진 역사를 통해 하나님의 선교
의 목적을 이루어 가셨다. 유대인들이 흩어짐으로 이스라엘의 신앙
이 성전 중심의 구약적인 의식을 탈피하여 보편적 타당성(validity)
을 인정받을 수 있는 개인 중심의 신앙으로 발전하였다.[186] 하나님
은 복음 전파의 전초적업으로 본국 거주민보다 흩어진 유대인의
수를 더 많게 하셨다. 하나님은 이스라엘 백성들을 구속역사의 중
심에 두어 하나님은 그들에게 베푸신 은혜의 빛을 만민에게 비치
게 하셨다. 흩어진 유대인 중에서 하나님의 영광을 나타낸 대표적
인 사람이 다니엘이었다.[187]

다니엘은 포로 된 나라에서 신앙으로 인정을 받은 그는 전문인
수상이라는 관직에 올랐다. 그는 자문권이 아닌 타문화권 지역에서
스스로 생계를 유지하며 하나님의 사역을 감당하였다. 그는 신앙으
로 하나님의 존재를 증명해 보여주었던 최고의 전문인 선교사였던
것이다.

---

186) 이광순·이용원, 『선교학 개론』 (서울: 한국장로교출판사, 1996), 58.
187) 이사무엘, 『평신도를 부른다 제1권』 (서울: 성광문화사, 1999), 110-111.

3) 사드락과 메삭, 그리고 아벳느고
(Shadrach, Meshach and Abednego)

> "왕이 또 다니엘의 요구대로 사드락과 메삭과 아벳느고를 세워 바벨
> 론 지방의 일을 다스리게 하였고 다니엘은 왕궁에 있었더라"(단 2:49)

특히 다니엘의 세 친구들은 풀무불과 사자 굴의 사건은 바벨론의 가장 영향력 있는 사람들의 바로 면전에서 일어난 사건이었다. 그러나 그들은 하나님을 증거하기에 이보다 더 좋은 기회는 없다고 여겼다. 그들은 자신의 문화권이 아니라 타문화권 지역에서 스스로 생계를 유지하며, 그 당시 지방 장관들로서 전문인 선교 사역을 감당했던 것이다.

4) 에스더(Esther)

> "아하수에로 왕의 제칠년 시월 곧 데벳월에 에스더가 왕궁에 인도되
> 어 들어가서 왕 앞에 나가니 왕이 모든 여자보다 에스더를 더 사랑
> 하므로 그가 모든 처녀보다 왕 앞에 더 은총을 얻은지라 왕이 그의
> 머리에 관을 씌우고 와스디를 대신하여 왕후로 삼은 후에 왕이 크게
> 잔치를 베푸니 이는 에스더를 위한 잔치라 모든 지방관과 신하들을
> 위하여 잔치를 베풀고 또 각 지방의 세금을 면제하고 왕의 이름으로
> 큰 상을 주니라"(에 2:16－18)

바벨론으로 사로잡혀 온 에스더는 그 사촌 오빠인 모르드개의 집에서 성장하였다. 포로이자 고아였던 에스더는 그 당시 최고의 전문인인 왕후가 되어 신앙으로 민족을 살리고 이스라엘 민족의

부흥을 가져오게 하였다. 왕궁의 문지기에 불과한 모르드개 역시 포로로 잡혀 와서 왕궁 문지기라는 직책으로 연명하면서도 유대인의 기상을 간직하고 신앙으로 살았던 인물들로서 히브리 민족사에 영원히 남게 되었다.

5) 느헤미야(Nehemiah)

> "주여 구하오니 귀를 기울이사 종의 기도와 주의 이름을 경외하기를 기뻐하는 종들의 기도를 들으시고 오늘 종이 형통하여 이 사람 앞에 서 은혜를 입게 하옵소서 하였나니 그 때에 내가 왕의 술 관원이 되었느니라"(느 1:11)

바벨론에 포로로 잡혀간 유대 귀족 출신이었던 느헤미야는 페르시아 왕의 상당한 신임을 얻었던 사람이었다. 그는 자신의 신앙적인 생활로 왕의 인정을 받아 왕의 술 관원이라는 높은 전문직에 있었다. 술 관원의 임무는 왕이 먹고 마시는 모든 음식물이 안전하다는 것을 확인(affirm)하는 일이었다. 고대 근동 지역에서는 전쟁에 나가 전사한 왕 등의 숫자에 비교하여 평화스러운 시절에 독살당한 왕의 숫자들이 많았다는 것을 감안한다면 왕이 자신의 생명을 맡길 수 있는 사람, 절대적으로 신뢰할 수 있는 사람을 선별하여 이 일을 하도록 하는 것은 당연한 일이다. 이러한 전문적인 일로 인해 느헤미야는 왕의 총애를 한 몸에 받던 사람이었다.

또한 그는 기도의 사람으로 예루살렘 재건 시에도 경건한 생활과 신앙으로 대적들의 함정을 피할 수 있었다. 그의 기도를 통하여 하나님의 백성인 이스라엘의 중흥을 가져올 수 있었다. 그는 바벨론 포로에서 귀환 이후 이스라엘을 거룩한 공동체와 제사장 나라 (his kingdom of priests)를 건설하려는 전문인 선교사였다. 그는 하나님의 문화와 하나님을 철저히 아는 문화를 만들기 위해 통치자와 서기관으로서 전문인 선교사의 사명을 잘 감당하였다. 그는 바벨론 궁정에서 전문인 선교사 파송을 받은 세상의 지혜인과 행정가이면서 내면의 세계는 하나님의 선교사로서 전문인 선교를 잘 감당하였다.

이와 같이 구약성경에 나타난 전문인 선교는 다양한 선교 형태 (pattern)와 선교사의 여러 유형을 살펴볼 수 있다. 하나님의 구원 역사를 위한 전문인 선교는 창세기부터 말라기까지 계속되고 있다. 이렇게 구약성경에 기록된 하나님께 쓰임 받은 사람들은 자신의 직업을 가지고 선교한 하나님을 섬겼던 전문인 선교사들이었다.

제5장 신약성경과 전문인 선교

전문인 선교의 중요성은 신약성경 전체에서 분명히 나타난다. 특히 전문인 선교사로서의 사역에 대한 성경적인 교훈은 신약성경 전체를 통해 볼 수 있다.[188] 크리스티 윌슨(J. Christy Wilson)은 신약성경의 전문인 선교사를 다음과 같이 나열하고 있다. 요셉은 목수, 마르다는 집안일을 보살피는 자, 삭개오는 세리장, 니고데모와 아리마대 요셉은 공회의원, 바나바는 지주, 고넬료는 백부장, 누가는 의원, 흩어진 사람들, 브리스길라와 아굴라, 그리고 바울은 천막 제조업자, 루디아는 자주장사, 세나는 교법사, 에라스도는 성의 재무였다.[189] 따라서 신약성경에 나타난 전문인 선교사들의 대표적인 모델을 다음과 같이 정리하였다.

---

188) 김성욱, "21세기 한국교회 전방개척선교를 위한 평신도 선교 사역의 효율성 연구," 『복음과 선교』 제4권 (2006, 6월), 128.

189) J. Christy Wilson, *Today's Tentmakers: self-support an alternative model for worldwide witness*, 21.

1. 완전한 전문인 선교사, 예수 그리스도(Jesus Christ)

"아브라함과 다윗의 자손 예수 그리스도의 계보라"(마 1:1)

구약성경에서 대표적인 전문인 선교사의 모델로 믿음의 조상 아브라함이라고 본다면, 신약성경에서 대표적인 전문인 선교사의 모델은 역시 예수 그리스도라고 볼 수 있다. 이러한 관점에서 마태복음 1:1은 아브라함과 예수 그리스도를 소개하고 있다. 이것은 신약성경의 세계를 열고 있는 분이 예수 그리스도이시기 때문에 아브라함과 예수 그리스도를 비교해 보는 것은 전문인 선교를 연구하는 데 큰 의미가 있다.

아브라함은 75세에 선교의 부르심을 받았고, 예수 그리스도는 30세에 공생애를 시작하셨다. 이러한 전문인 선교의 특성상 둘 다 부르심을 받고, 선교사로 보냄 받은 선교라는 것이다. 그러나 아브라함은 전문성(expertise)이 확보된 75세에 하나님께 부름 받았고, 가나안 땅으로 보냄을 받은 선교사였다. 그러나 예수 그리스도는 선교사로서 먼저 이 세상에 보냄을 받았고, 그다음 전문성을 확보한 선교사라는 점에서 구별될 수 있다.[190]

예수 그리스도의 생애를 구체적으로 살펴보면, 평범한 전문인 목수 가정(family)에서 태어나셨다. 예수님은 33년의 생애 가운데 전문인 선교사의 삶을 사셨다. 그분은 12세 때 이미 탁월한 학생으로 두각을 나타내셨다. 그 당시 율법 학자들과 토론할 수 있을 만큼의 율법에 전문인이었다. 뿐만 아니라 목수 전문가인 아버지 요셉 밑

---

190) 한국전문인선교협의회, 『선교의 패러다임이 바뀐다』, 25-26.

에서 목수의 아들로서 최선의 삶을 사셨다. 그만큼 그분은 모든 면에서 최선을 다해 전문인으로서의 삶의 사셨던 것이다.[191]

예수님은 가르치시고(teaching), 설교하시고(preaching), 많은 사람들을 고치심(healing)으로 위대한 전문인 선교사로서 놀라운 결과의 사역들을 펼치셨던 것이다.

> "예수께서 모든 도시와 마을에 두루 다니사 그들의 회당에서 가르치
> 시며 천국 복음을 전파하시며 모든 병과 모든 약한 것을 고치시니라"
> (마 9:35)

이러한 예수님의 전문인 선교는 각 복음서마다 찾아볼 수 있다. 이것은 오늘날 전문인 선교사에게도 필요한 선교적인 정체성으로 애정 어린 봉사(diakonia)와 사역이다. 그래서 전문인 선교사를 통해 예수님의 복음은 반드시 세상에 선포(kerygma)되어야 할 것이다.[192]

미국의 루터교 선교신학자 제임스 쉐러(James A. Scherer)는 선교에 대하여 말하기를, "기독교 공동체에 설교하고, 가르치고, 치유하며, 양육하여 정의 수호와 인류에 봉사를 포함한 하나님 나라를 증언하는 교회의 모든 행위를 의미한다."라고 정의하였다.[193] 그래서 완전한 전문인 선교사이신 예수님의 전문인 선교의 내용은 다음과 같이 세 가지로 요약할 수 있다.

---

191) 한국전문인선교협의회, 『선교의 패러다임이 바뀐다』, 26.

192) 이수환, 『성경을 보면 선교가 보인다』 (파주: 한국학술정보, 2008), 218.

193) Charles E. Van Engen, 『모이는 교회, 흩어지는 교회』, 임윤택 역 (서울: 도서출판 두란노, 1994), 112.

첫째, 탁월하게 가르치셨다.

"예수께서 나오사 큰 무리를 보시고 그 목자 없는 양 같음으로 인하
여 불쌍히 여기사 이에 여러 가지로 가르치시더라"(막 6:34)

잘 가르치기 위해서는 먼저 탁월한 선생이 되어야 한다. 가르친
다는 것은 엄청난 영향력을 말한다. 그래서 가르치는 자는 이 세상
을 떠나기 전부터 그들의 말과 생각들(ideas)은 삶의 변화에 계속적
인 영향력을 가지게 된다. 가르치는 자들은 비교할 수 없는 배움의
유산을 남긴다. 왜냐하면 사실 가르치는 자는 학생들이 도저히 할
수 없는 전달을 계속하기 때문이다. 그래서 엄청난 책임감이 뒤따
른 가르침은 엄청난 리더십의 효과가 발생하는 것이다.[194]

그래서 하나님은 모세의 문서와 율법, 역사적인 책들의 내러티브
(narrative), 시편(psalms)의 시, 잠언(proverbs)의 지혜서를 통해서 말
씀하셨다. 그리고 예언자들의 진술(statement), 복음서에 나타난 예
수님의 말씀, 그리고 사도행전과 서신서, 혹은 요한계시록, 하여튼
성경은 분명히 가르치는 책이다. 성경은 하나님의 방법과 하나님의
뜻 안에서 하나님의 백성들에게 지시하는 설계된 책이다.[195] 그러
나 가르치지 않으면 하나님의 백성들은 제멋대로 방종해진다. 하나
님의 백성들의 리더십은 신앙적으로 하나님의 말씀을 가르치는 데
서 온다.

구약성경에 꿈꾸는 지도자에 대한 필요성을 강조하는 데 사용된,

---

194) Gary Bredfeldt, *Great Leader Great Teacher* (Chicago: Moody Publishers, 2006), 47−48.
195) Gary Bredfeldt, *Great Leader Great Teacher*, 48.

거의 일치된 시의 절 가운데 하나는 잠언 29:18이다.

"묵시가 없으면 백성이 방자히 행하거니와 율법을 지키는 자는 복이
있느니라"(잠 29:18)

킹 제임스 번역(KJV)을 보면, "비전이 없는 백성은 망한다."(Where
there is no vision, the people perish.)라고 표현되어 있다. 하나님의
계시된 말씀은 하나님 없는 삶을 살아가는 하나님의 백성의 문제를
회피하려 것을 가르치는 사명이 있다. 베드로는 자신의 가르침을
그의 선생이신 예수님의 전문적인 가르침의 방법으로부터 전수를
받았다.

둘째, 탁월하게 설교하셨다.

"심령이 가난한 자는 복이 있나니 천국이 그들의 것임이요 애통하는
자는 복이 있나니 그들이 위로를 받을 것임이요 온유한 자는 복이 있
나니 그들이 땅을 기업으로 받을 것임이요 의에 주리고 목마른 자는
복이 있나니 그들이 배부를 것임이요 긍휼히 여기는 자는 복이 있나
니 그들이 긍휼히 여김을 받을 것임이요 마음이 청결한 자는 복이 있
나니 그들이 하나님을 볼 것임이요 화평하게 하는 자는 복이 있나니
그들이 하나님의 아들이라 일컬음을 받을 것임이요 의를 위하여 박해
를 받은 자는 복이 있나니 천국이 그들의 것임이라"(마 5:3－10)

선포자로서 능력을 발휘하려면 탁월한 설교자가 되어야 한다. 마
태복음 5:3-10에 의하면, 산상수훈(山上垂訓, Sermon on the Mount)
은 예수님이 분명 탁월한 설교자였음을 알 수 있다. 탁월한 설교는

쉬워야 한다. 예수님의 설교는 쉬워서 그의 설교를 듣는 사람들은 깊은 감동을 받았다. 그래서 전문인 선교사의 경우도 설교를 할 기회가 분명히 있을 것이다.

전문인 선교사는 청중이 이해(understand)할 수 있는 언어를 사용해야 하기 때문에 문장을 짧게 기록해야 한다. 그래서 구체적인 단어와 활동적인 동사를 선택해야 한다. 왜냐하면 듣고 이해하는 데 방해가 될 수 있기 때문에 형용사나 부사는 너무 많이 사용하지 말아야 한다. 사람들을 위해 전문인 선교사는 말하고자 하는 바를 쉽게 이해하도록 글을 써야 한다. 설교가 끝난 후 성도들로 하여금 당신이 사용했던 표현이 아닌 그 내용을 기억하게 하는 설교를 해야 한다.[196] 이러한 쉬운 설교에는 탁월한 설교자로서의 전문성이 내포되어 있어야 할 것이다.

셋째, 탁월하게 치료하셨다.

> "예수께서 들으시고 그들에게 이르시되 건강한 자에게는 의사가 쓸 데 없고 병든 자에게라야 쓸 데 있느니라 나는 의인을 부르러 온 것이 아니요 죄인을 부르러 왔노라 하시니라"(막 2:17)
> "예수께서 또 이르시되 너희에게 평강이 있을지어다 아버지께서 나를 보내신 것같이 나도 너희를 보내노라"(요 20:21)

예수님은 모든 병에 있어서 탁월한 전문인 의사이시다. 의사는 병든 자를 위해 존재하기 때문에, 예수님은 자기 자신의 정체성과 본질을 너무나 잘 알고 계셨다. 예수님은 의인을 위해 온 것이 아니

---

196) James E. Miller, 『설교를 돕는 소중한 책』, 정형수 역 (서울: 요단출판사, 1999), 32.

라 죄인을 위해서 치료(healing)하러 오신 의사라고 명확하게 말씀하셨다.[197] 특히 누가복음에서 처음부터 예수님의 공생애를 치료 사역으로 시작하셨다. 누가복음의 내용들을 보면, 시돈 땅에 있는 사렙다의 한 과부에게 행한 엘리야의 기적(눅 4:23 – 30), 수리아 사람 나아만에게 행한 엘리야의 치료(눅 4:24 – 27), 하나님을 경외한 백부장의 믿음(눅 7:9), 선한 사마리아인의 이야기(눅 10:25), 사마리아인의 문둥병자의 치료(눅 17:11 – 19) 등은 이스라엘 이외의 다른 대상에 대한 전문인 선교 활동(missionary activity)을 뜻하고 있다.

그래서 예수님은 최고의 치료자이시며, 치료를 통해 효과적인 전문인 선교를 하셨다. 예수님은 구약성경에 예언된 치료자이셨다.[198] 치료 사역을 통해 하나님 나라의 도래(the Coming of the Kingdom)를 선포하셨던 예수님은 자신만 치료 사역을 하신 것이 아니라 제자들에게도 치료의 능력을 주셨으며, 병을 치료하는 전문인 선교사의 사명도 주셨다(눅 9:1; 10:1 – 23).[199] 누가복음에는 특정한 치료 사역에 대한 기록들이 다른 복음서들보다 더 많이 나타나 있다.

예수님은 하나님의 성육신한 전문인 선교사로 이 땅에 오셔서 하나님 나라를 선포하고 증거하셨다.[200] 그러므로 예수님께서 치료 사역을 하신 것은 치료가 목적이 아니라 영혼 구원을 위한 전문인 선

---

197) 한국전문인선교협의회, 『선교의 패러다임이 바뀐다』, 28.

198) 이훈구, 『성경적 치유사역』 (서울: 갈릴리출판사, 2003), 30. 이훈구, "예수님의 선교 전략으로서의 치유사역," 『복음과 선교』 제5권 (2005, 12월), 390 – 391. 이사야 29:18 에 의하면, "그날에 귀머거리가 책의 말을 들을 것이며 어둡고 캄캄한 데서 소경의 눈이 볼 것이며"라고 예수 그리스도가 이 땅에 초림하시기 약 700년 전에 이사야 선지자가 예언한 말씀이다. 이 말씀은 예수님께서 이 땅에 오셔서 치료 사역을 통하여 귀머거리와 소경을 치료하실 것을 의미한다.

199) 성결교회와 역사연구소 편, 『신유』 (서울: 도서출판 바울서신, 2002), 259.

200) 이훈구, 『성경적 치유사역』, 394.

교가 그 목적(object)이었다. 이러한 치료에 대한 강조점은 육체의 문제에 대한 치료의 차원을 넘어 전문인 선교적인 차원까지 확장되는 것을 보여준다. 인간은 누구든지 질병에 노출되었을 때, 치료받기 위해서 하나님께 기도함으로 치료의 능력을 얻을 수 있다. 전문인 선교에 있어 치료 사역은 오순절 성령과 함께 세워진 교회의 사명으로 예수님께서 선포한 메시지를 전하고, 예수님께서 행한 치료 사역을 계승하는 것이다. 따라서 선교하는 교회(church in mission) 혹은 선교적 교회는 하나님의 표징으로서 당연히 치료를 선포하고 실천(praxis)해야 할 것이다.

예수님은 제자들에게도 이러한 삶의 정체성을 똑같이 실천할 것을 부탁하셨다. 그래서 우리는 사명의 전문인으로 가르치고 선포하는 전문인이 되어야 한다. 물론 우리는 예수님처럼 완벽할 수 없지만 전문인의 영역을 찾아볼 필요가 있다. 그것은 예수님께서 부탁하신 명령이기 때문이다. 누구든지 예수 그리스도 안에서 거듭난 영혼은 바로 전문인 선교사이다.

예수님은 그런 점에서 탁월한 전문인 선교사로서의 생애를 모든 그리스도인 앞에 제시하고 계신다. 따라서 예수님의 마지막 3년 동안의 공생애의 사역은 탁월한 선생으로서 사셨던 것을 볼 때, 오늘날 전문인 선교사의 생활과 사역(Life and Work on the Professional Missionary)은 바로 십자가를 지고 가는 삶이며, 십자가를 전파하는 것이라 말할 수 있다. 지금도 세계 각 지역에서 수많은 전문인 선교사들이 고난과 역경 속에서도 최선을 다해 기쁨으로 사역을 감당하고 있다. 그들은 전문인 선교를 통해 하나님께 영광 돌리며 헌신하고 있는 것이다.

2. 베드로(Peter)

"갈릴리 해변에 다니시다가 두 형제 곧 베드로라 하는 시몬과 그의 형
제 안드레가 바다에 그물 던지는 것을 보시니 그들은 어부라 말씀하시
되 나를 따라오라 내가 너희를 사람을 낚는 어부가 되게 하리라 하시
니"(마 4:18-19)

예수님의 공생애를 3년 동안 따라다녔던 베드로는 고기 잡는 어
부 직업에 열심히 종사했던 전문인이었다. 이런 그가 이제 사람을
낚는 어부 전문인 선교사가 되었다.

3. 빌립(Philip)

"이튿날 예수께서 갈릴리로 나가려 하시다가 빌립을 만나 이르시되
나를 따르라 하시니 빌립은 안드레와 베드로와 한 동네 벳새다 사람
이라"(요 1:43-44)
"주의 사자가 빌립에게 말하여 이르되 일어나서 남쪽으로 향하여 예
루살렘에서 가사로 내려가는 길까지 가라 하니 그 길은 광야라 일어
나 가서 보니 에디오피아 사람 곧 에디오피아 여왕 간다게의 모든
국고를 맡은 관리인 내시가 예배하러 예루살렘에 왔다가 돌아가는데
수레를 타고 선지자 이사야의 글을 읽더라 성령이 빌립더러 이르시
되 이 수레로 가까이 나아가라 하시거늘 빌립이 달려가서 선지자 이
사야의 글 읽는 것을 듣고 말하되 읽는 것을 깨닫느냐"(행 8:26-30)

열두 제자의 한 사람인 빌립은 본래 갈릴리의 어부였으며, 나다
나엘을 예수님에게 인도하였다. 또한 예루살렘 교회의 7인 집사(執
事) 가운데 한 사람으로 초대교회의 유력한 전도자였다. 사도행전

8:26 – 30은 복음 전파에 있어서 성령의 강력한 지도와 간섭을 잘 보여주는 내용이다. 전문인 선교사 빌립이 최초의 이방인 내시에게 복음을 전파하는 일은 성령께서 강력하게 간섭하신 것인데, 당시 유대인과 유대인들의 생각에는 이방인들에게 가서 하나님의 말씀을 전파한다는 것이 존재하지 않았기 때문이다.[201] 그러나 예수님은 그를 통해 전문인 선교사로 부르셨다.

이방인을 향한 선교는 유대교(Judaism)에서 기원한 것이 아니라 성령의 주도적인 역사로 시작된 것이다. 그래서 빌립을 통해 전문인 선교사로서의 바람직한 자세를 찾아볼 수 있다.

첫째, 그는 성령이 지시하는 대로 순종했던 사람이다(행 8:26 – 30). 특히 '가사'라는 지역은 사람들이 거주하는 지역이 아니다. 그냥 통과하는 지역으로 복음을 전파한다는 것은 적합한 장소가 아니었다. 거주하는 사람들이 많지 않은 지역으로 간다는 성령의 음성은 순종하기 어려운 것이다.[202] 그러나 빌립은 성령이 가라(Go)했을 때 갔을 뿐만 아니라 정확히 말씀하신 곳으로 가는 순종을 보였다. 전문인 선교사에게 요구되는 가장 중요한 삶의 자세는 빌립처럼 성령의 인도하심에 민감하게 순종으로 반응하는 것이다.

둘째, 그는 복음을 듣는 자에게 매우 수용적일 뿐만 아니라 예의바른 라이프스타일을 보여준 사람이다. 그는 내시에게 부드러운 어조로 읽고 있는 것을 물었고, 내시가 그 상황에 대해 설명했을 때 그 말을 끝까지 잘 들어 주었다. 이것은 충분히 상대방의 감정(feelings)을 잘 이해하려고 노력했던 것으로 보인다(행 8:30 – 35).

---

201) Scot Mcknight, "Gentiles, Gentile Mission", *in Dictionary of Jesus and the Gospels* (1997), 389.

202) William Barclay, *The Acts of the Apostles* (Philadelphia: Westminster Press, 1976), 68.

이러한 관점에서 전문인 선교사는 선교현지에서 그곳 사람들이 어디에 관심이 있으며 무엇(What)을 원하는지를 명확하게 알아서 빠른 시간 내에 접촉점(points of contact)을 찾는다면, 거기에서부터 복음을 전파할 수 있는 기회를 포착할 수 있다. 아울러 그는 전문인 선교사였지만 내시의 질문에 대하여 즉시 입을 열어 성경을 가르친 것은 성경에 대한 풍부한 지식을 갖고 있었기 때문이다.

셋째, 그는 내시에게 세례를 베푼 사람이다. 세례라는 것은 신앙에 있어서 공인으로 신앙을 성숙하는 데 매우 결정적인 역할을 하는 예식이다. 아마도 그는 내시에게 복음을 증거하면서 그 결론으로 사도들이 사람들에게 늘 권고했던 것처럼 회개하고 주 예수님의 이름으로 세례를 받으라고 권고했을 것이다(행 2:38). 그는 이미 사마리아인들에게도 예수님의 이름으로 세례를 베푼 바 있었다(행 8:12). 오늘날 이러한 성령의 민감한 빌립과 같은 전문인 선교사들의 수급은 절실히 요구된다. 전문인 선교사가 이와 같이 성령의 강력한 인도와 역사에 민감하다면 복음 전파는 전 세계에 효과적으로 진행될 것이다.

넷째, 그는 복음만을 전파했으며, 아무런 보상도 기대하지 않은 사람이다(행 8:38 - 39). 실제로 내시는 한 나라의 재무를 담당한 총책임자였지만 그는 내시로부터 큰 보상을 받았을지도 모른다. 그러나 그는 자신의 이름을 밝히지 않았고 자신을 드러내지도 않았다.[203] 선교를 하는 가운데 정말 보상이 없어서 인간적으로 실망할 때가 많다. 인간적으로 생각할 때 섭섭하고 공허감을 느낄 때가 있을 것이다. 이러한 감정은 평신도 전문인 선교사의 경우는 더할 것이다. 물론

---

203) 유니온, 『한 무명 선교사의 역설적 조언』 (서울: 성광문화사, 1996), 177.

안수 받은 전문인 선교사는 국내에서 얼마든지 설교하고 강의하기 때문에 사례를 받을 수 있다. 그러나 빌립처럼 내시로부터 보상을 받지 않고 하나님 나라에서 상급 받게 될 것을 기대해야 할 것이다.

4. 흩어진 사람들(who had been scattered)

"그 흩어진 사람들이 두루 다니며 복음의 말씀을 전할새"(행 8:4)

스데반의 순교(the Martyrdom of Stephen)와 그 이후 계속된 핍박은 초대교회에 큰 타격이 되었다.[204] 특히 예루살렘의 산헤드린 공회는 적극적으로 기독교인들을 핍박하기 시작했다. 그래서 예루살렘 교회의 많은 성도들이 잡혀가 죽임을 당했다. 이러한 핍박으로 인하여 예루살렘 교회의 성도들은 여러 지역으로 흩어지게 된 것이다. 그러나 하나님은 이러한 핍박을 통하여 자신의 뜻을 이루셨는데 곧 흩어진 사람들을 통해 복음을 증거하게 되었다.[205] 예수 그리스도의 복음은 흩어진 사람들을 통해 계속 전파되어 갔으며, 사도행전 8장과 11장에 의하면, '흩어진 사람들'은 평신도 전문인 선교사로 성경에서 가장 효과적인 선교였던 것으로 볼 수 있다. 흩어진 사람들은 유대와 사마리아, 그리고 당시 땅 끝이라고 할 수 있는 지역인 구브로, 구레네, 안디옥, 그 너머의 지역으로 흩어져 가면서 복음을 전파하였다.

존 스토트(John R. W. Stott)는 흩어진 사람들에 대하여 말하기를,

---

204) J. Herbert Kane, *A Concise History of the Christian World Mission*, 8.

205) 목회와신학 편집부, 『사도행전을 어떻게 설교할 것인가』 (서울: 두란노아카데미, 2003), 189.

"평신도 증인들 혹은 이름 없는 아마추어 선교사들이다."(Lay Witnesses or Nameless Amateur Missionaries.)라고 주장하였다.[206] 그들은 핍박으로 분산되어 흩어짐에 따라 복음의 좋은 씨앗을 뿌렸다. 흩어진 사람들은 도망을 가서는 몸을 숨기거나 심지어 신중하게 침묵을 지키지 않고 두루 다니며 하나님의 말씀을 증거했던 것을 알 수 있다.

5. 전문인 선교사 부부, 브리스길라와 아굴라(Priscilla and Aquila)

> "아굴라라 하는 본도에서 난 유대인 한 사람을 만나니 글라우디오가 모든 유대인을 명하여 로마에서 떠나라 한 고로 그가 그 아내 브리스길라와 함께 이달리야로부터 새로 온지라 바울이 그들에게 가매"
> (행 18:2)
> "바울은 더 여러 날 머물다가 형제들과 작별하고 배 타고 수리아로 떠나갈새 브리스길라와 아굴라도 함께 하더라 바울이 일찍이 서원이 있었으므로 겐그레아에서 머리를 깎았더라"(행 18:18)
> "그가 회당에서 담대히 말하기 시작하거늘 브리스길라와 아굴라가 듣고 데려다가 하나님의 도를 더 정확하게 풀어 이르더라"(행 18:26)

소아시아 본도 출신인 이들 브리스길라와 아굴라 부부는 로마에 살다가 추방을 받아 고린도에서 바울을 만나 전문인 선교사로 합류하였다. 그들은 바울과 함께 선교 여행을 떠났고, 가는 곳마다 장막을 만들었다. 브리스길라와 아굴라는 직업상 로마로부터 고린도와 에베소 지역까지 광범위하게 이동할 수 있었다. 그들은 대표적인 전문인 선교사 부부로 자기의 전문인 직업을 통해 얻은 수입

---

206) John R. W. Stott, *The Message of Acts* (Downers Grove: Inter Varsity Press, 1990), 146.

으로 바울과 그 선교 팀을 후원하기도 하였다. 아울러 스스로 복음 전도 사역에 나서서 일하기도 하였다. 그들은 알렉산드리아 출신인 구약성경에 정통한 젊은 아볼로에게 예수님을 더 자세히 가르친 것으로 보아 실력 있는 전문인 선교사 부부의 모델이 되었다. 전문인 선교사 부부의 역할은 어디서 주님을 섬기든 하나님께서 부르셨다는 분명한 확신이 중요하며, 하나님의 뜻에 순종하는 것이다. 전문인 선교사 부부인 브리스길라와 아굴라는 아볼로에게 진리를 가르쳐 효과적으로 전도할 수 있도록 도왔다(행 18:24 – 28). 그리고 성실한 전문인 선교사였던 그들의 집에서 가정교회(church in the house)가 세워졌다(고전 16:19). 이러한 교회의 역사를 통해 전 아시아가 복음 듣게 되는 놀라운 복음의 역사가 일어난 것이다.

6. 누가(Luke)

"사랑을 받는 의사 누가와 또 데마가 너희에게 문안하느니라"(골 4:14)

내과 의사인 누가는 교육을 잘 받았던 것으로 보아 교양이 있고, 여행을 자주 하고, 부유했으며, 이방인 개종자로 누가복음과 사도행전의 저자이기도 하였다.[207] 전문인 선교사로 활동했던 의사 누가는 빌립보 교회의 핵심적인 인물이었다.

---

207) C. Peter Wagner, 『일터교회가 오고 있다』, 이건호 역 (과천: WLI Korea, 2007), 40.

7. 루디아(Lydia)

"두아디라 시에 있는 자색 옷감 장사로서 하나님을 섬기는 루디아라
하는 한 여자가 말을 듣고 있을 때 주께서 그 마음을 열어 바울의
말을 따르게 하신지라"(행 16:14)

루디아는 자색 옷감과 자색 염료 생산지로 유명한 두아디라성에
사는 여성이었다. 그녀는 자줏빛 옷감 장사로 멀리 빌립보에 와서
장사하였다. 이런 장사를 한 것으로 보아 그녀는 당시 국제적인 사
업을 하던 여인이었고, 이방인 개종자(proselytes)로 안식일이 되면
사업을 생각하지 않고 기도처에 모여 안식일 예배를 준수하는 경
건한 여성이었다. 그녀는 바울이 유럽에 건너가 맨 처음 선교 현지
가 된 빌립보의 첫 열매로서 복음을 받아들여 자신의 집에서 교회
를 시작하였다. 루디아를 통한 교회개척은 유럽 전도의 첫 열매가
되었고, 서양 최초의 교회가 된 것이다. 그 당시 복음은 에게해를
건너 유럽의 해안 지역으로 확장되었다. 루디아는 옷감 장사를 하
러 마케도니아로 옮겨 갔을 때, 원료를 사려고 두아디라로 여행 중
에도 복음을 전한 것을 보고 있다.

신약성경에서 예수님은 이러한 세속적인 직업인들을 선택하셔서
그의 제자들을 전문인 선교사로 만드셨다. 하나님은 전문인 선교사
를 발굴하시는 탁월한 분이시다. 하나님은 오늘도 우리의 직업의
일을 통해 이끄시고, 하나님의 음성을 들으며 기름 부으심을 받고
성경적인 원칙대로 일한다면 그 일은 전문인 사역이 될 수 있다.

사역에 대해 누구보다 잘 설명하고 있는 로라 내쉬(Laura Nash)

의 『사업하는 성도들』(Believers in Business)이라는 책에서 85명의 기독교 복음주의 전문인 경영자들과 인터뷰한 내용에 대하여 말하기를, "그들은 일 자체에 대해서 깊은 개인적인 의미를 부여하고 있는 것이다. 프레스 스미스(Fred Smith)는 훌륭한 말로 표현한다. '나의 일은 나의 예배입니다.' 그의 선언은 기독교 윤리에서 나온 단순한 기계적 발언이 아니다. 그것은 세상 속에서 일하는 과정과 기독교인 한 개인의 정체성 실현을 단단히 묶는 보다 깊은 차원의 고백인 것이다."라고 결론을 내렸다.[208] 하나님은 모든 성도들에게 개개인마다 주시는 다양한 영적 은사가 있다. 하나님은 성도들로 하여금 그들의 전문적인 은사를 사용할 수 있는 길을 열어 주시는 분이시며, 그 부르신 사명을 완수할 수 있도록 전문적으로 도와주실 것이다.

---

208) Laura Nash, *Believers in Business* (Mashville: Thomas Nelson, 1994), 60.

제6장 바울과 전문인 선교

기독교의 반대세력이었던 바울은 하나님의 은혜로 변화되어 기독교의 위대한 대변자요 선교사가 되었다. 이후로 그는 견줄 사람이 없을 정도로 전문적인 재능을 가지고 사역을 감당하였다. 그는 사명을 받은 사도, 열심 있는 복음 전도자, 정열적인 교회 개척자, 신약의 절반을 기록한 저술가, 통찰력 있는 선교신학자, 든든한 변증가, 역동적인 설교자, 온화한 마음을 지닌 목회자, 마음을 움직이는 교사, 문화를 초월해서 선교했던 위대한 전문인 선교사로 하나님을 섬겼다.

1. 위대한 전문인 선교사, 바울

바울은 예수님의 부르심에 응답했을 때, 자신이 주변 세상으로부터 벗어난 것이 아니라 세상 가운데 맹렬히 던져진 것을 알았다. 결과적으로 그는 이후 30년 동안 넓은 지중해 연안을 여러 차례 넘나들면서 다양한 인종과 국가들의 배경(setting)을 가진 사람들을 접하게 되었다. 그들은 디아스포라(diaspora) 유대인과 본토 헬라인, 그리고 이

주민 헬라인, 로마 제국의 중심부 및 멀리 떨어진 지역에 사는 로마인, 구브로인, 마케도니아인, 소아시아 여러 지역의 주민들, 그리고 소수지만 애굽, 그레데, 몰타, 스구디아 출신의 사람들도 있었다.[209] 이러한 여행을 통해 여러 학파의 철학자들인 스토아 철학(stoicism)과 에피쿠로스주의(epicureanism) 철학자들을 만났고, 다른 종교 운동들 특히 전통적인 헬라(platonism)의 도시 국가 종교와 해외에서 유입된 동양의 신비종교들도 접하였다.[210] 또한 여행 중에 여러 곳에서 여러 부류의 관원과 정치 당국과 부딪쳤고, 다양한 법적 절차와 판결에 따른 결과를 직접 경험하기도 했다.[211] 그가 만났던 사람들의 사상과 제도(institutions)들을 접하기만 한 것이 아니라 의도적(purposefully)으로 그것들에 적응하려는 정책을 취한 것으로 보아 바울은 역사적으로 가장 위대한 타문화권 전문인 선교사의 모델로 인정받고 있다.

성경에 나타난 전문인 선교사 바울의 선교 사역을 살펴보면, 전문인 선교사의 선교전략을 발견할 수 있다.[212] 그는 유대인으로 길리기아(Cilicia) 다소(Tarsus)에서 태어났다. 예루살렘 성에서 성장하여 가말리엘 문하에서 수학하였다. 바울이 기독교로 개종(proselytism)

---

209) Robert J. Banks, 『바울의 공동체 사상』, 장동수 역 (서울: 한국기독학생회출판부, 2007), 27.
210) 스토아 철학은 주전 300년경에 아덴에서 제노(Zeno)에 의해 창설된 철학의 한 학파이다. 자신을 이해하는 것을 통해 자유를 발견했다. 그러나 바울은 성령을 통해 그리스도의 마음을 소유함으로써 자유를 발견한다(고후 6:16). 그들은 신에 대한 헌신이 없는 것은 결코 아니다. 그러나 새롭고 초월적인 모든 것을 강조함에도 불구하고 그들의 신 개념에는 범신론적인 요소가 강하다. 즉 그들에게는 내적 자아도 기본적으로 신성하기 때문에 개인의 자아가 더 확고하게 고정되어 있다. 그러나 바울은 자아 자체는 인격적인 하나님께 진실하게 복종해야 하는데 이렇게 하는 것은 신령한 로봇이 되는 것이 아니라 진정한 자아를 올바로 발견하고 실현하는 것이다(빌 2:15-16, 골 3:10, 엡 4:23-24). Robert J. Banks, 『바울의 공동체 사상』, 53-54.
211) Robert J. Banks, 『바울의 공동체 사상』, 27-28.
212) 김성욱, "21세기 한국교회 선교와 전문인 선교,", 133.

하기 전에 힐렐파와 바리새인으로 이방인들에게 개방적이었다.[213)
따라서 바울은 이방인을 개종시키는 일은 결코 어려운 일이 아니
었다. 이런 그가 기독교로 개종하여 이방인 선교 사역에 부름 받은
것이다. 바울의 전문인 선교에 대해서는 사도행전 18:3에서 유일하
게 언급한다.

> "생업이 같으므로 함께 살며 일을 하니 그 생업은 천막을 만드는 것
> 이더라"(행 18:3)

바울은 선교 기간 동안 장막을 만드는 전문인 직업을 감당하였
다. 바울은 다른 후원이 없기 때문에 필요에 의해 할 수 없이 일을
한 것이 아니라 여러 나라에 복음을 전하는 그의 전문인 선교전략
의 핵심이었다.

> "어떻게 우리를 본받아야 할지를 너희가 스스로 아나니 우리가 너희
> 가운데서 무질서하게 행하지 아니하며 누구에게서든지 음식을 값없
> 이 먹지 않고 오직 수고하고 애써 주야로 일함은 너희 아무에게도
> 폐를 끼치지 아니하려 함이니 우리에게 권리가 없는 것이 아니요 오
> 직 스스로 너희에게 본을 보여 우리를 본받게 하려 함이니라"
> (살후 3:7 − 9)[214)

바울의 이러한 모습을 제1차 선교여행, 제2차 선교여행, 제3차
선교여행에서 시기별로 살펴보면 다음과 같다.

---

213) 박창환, "바울의 선교원칙,"『교회와 신학』제28집 (1996, 4월), 24.
214) 사도행전 20:33−35와 데살로니가전서 4:11−12를 참고하라.

1) 제1차 선교여행(행 13:1-14:28)

바울의 제1차 선교여행 지역은 안디옥 교회에서 소아시아로 현재 터키 반도의 남단 지역인 우선 바나바의 고향인 구브로(Cyprus), 버가, 주요 도시인 비시디아 안디옥(Pisidian Antioch), 이고니온(Iconium), 바울이 돌에 맞았던 루스드라(Lystra), 그리고 각 도시에 교회를 세우고 해안을 따라 새신자들을 권면했던 더베(Derbe)였다.[215] 이때 바울은 바나바와 함께 선교역사를 감당했다. 바울은 제1차 선교여행 때를 회상하며 장막을 만드는 일을 하면서 전문인 선교를 했음을 알 수 있다(고전 9:6).

2) 제2차 선교여행(행 15:40-18:22)

바울의 제2차 선교여행 지역은 현재 유럽 지역인데 바울이 처음 정착한 귀신을 쫓아냈다가 감옥에 갇히게 되었던 마케도니아(Macedonia)의 로마 직영 도시인 빌립보(Philippi)였다.[216] 그곳에서 바울은 자유로워지기 위해 그의 로마 시민권을 유용하게 사용하였다(행 16:16-

---

215) 이사무엘, 『평신도를 부른다 제1권』, 113. D. A. Carson and Douglas J. Moo and Leon Morris, *An Introduction to the New Testament*, 183. 구브로에서 바울은 바나바의 고향인 구브로 섬의 바보에서 로마 총독 서기오 바울을 회심시켰다(행 13:4-12). 비시디아 안디옥에서 바울은 배를 타고 소아시아 남해안을 따라 항해하여 비시디안 안디옥이라는 주요 도시에 진입했다. 그곳 회당에서 바울은 복음적인 설교를 하는데 누가가 요약한 이 설교는 유대인을 향한 바울의 선교의 예를 보여준다(행 13:13-43). 또한 여기서 바울과 그의 동료들의 전형적인 전도 양식이 처음으로 나타난다. 즉 바울과 동료들은 유대인들이 복음을 거부하면 이방인에게 복음을 전하고, 그리하여 유대인들이 핍박을 하고 이들은 다른 곳으로 옮겨간다(행 13:44-52). D. A. Carson and Douglas J. Moo and Leon Morris, *An Introduction to the New Testament*, 183. 이고니온은 사도행전 14:1-7을 참고하라. 루스드라는 사도행전 14:8-20을 참고하라. 더베는 사도행전 14:21-28을 참고하라.

216) D. A. Carson and Douglas J. Moo and Leon Morris, *An Introduction to the New Testament*, 183-184.

40). 그리고 바울과 실라는 데살로니가(Thessalonica)에서 심한 핍박을 받았고, 밤을 이용해 비교적 잘 알려져 있지 않던 도시 베뢰아(Berea)로 피신하였다(행 17:1 - 9). 그러나 그곳까지 문제가 따라와 바울은 결국 피신한 곳이 아덴(Athens)이었으며(행 17:10 - 15), 바울은 좁은 해협을 건너 펠로폰네스(Peloponnese)의 주요 도시인 고린도(Corinth) 등이었다.[217] 그는 이 모든 지역에 빌립보교회, 데살로니가교회, 베뢰아교회, 고린도교회를 개척하였다. 바울이 데살로니가교회에 보낸 편지를 보면 그가 전문인 선교를 했던 것을 알 수 있다.[218]

"형제들아 우리의 수고와 애쓴 것을 너희가 기억하리니 너희 아무에게도 폐를 끼치지 아니하려고 밤낮으로 일하면서 너희에게 하나님의 복음을 전하였노라"(살전 2:9)

바울은 단지 생계를 위해 노동현장에서 일한 것이 아니라 그의 가르침의 진실성(integrity)과 개종자들(gentile proselyte)에게 모범을 보여주기 위해 의도적으로 일을 했던 것이다(엡 6:5 - 9, 골 3:17; 22 - 25). 특히 사도행전 18:3에 의하면, 바울은 고린도 지역에서 같은 업종에 종사하고 있었던 아굴라와 브리스길라를 만나 그들과 함께 장막을 만드는 일하면서 예수 그리스도에게로 인도하였다.

"생업이 같으므로 함께 살며 일을 하니 그 생업은 천막을 만드는 것이더라"(행 18:3)

---

217) D. A. Carson and Douglas J. Moo and Leon Morris, *An Introduction to the New Testament*, 184.

218) 이사무엘, 『평신도를 부른다 제1권』, 113.

그것뿐만 아니라 고린도전서 9:11 - 12에 의하면, 바울은 자신의 전문인 선교에 대해서 변호하고 있다. 바울은 전적으로 지원받는 선교사들의 정당성을 믿고 그것을 가르치고 있다.[219]

> "우리가 너희에게 신령한 것을 뿌렸은즉 너희의 육적인 것을 거두기로 과하다 하겠느냐 다른 이들도 너희에게 이런 권리를 가졌거든 하물며 우리일까보냐 그러나 우리가 이 권리를 쓰지 아니하고 범사에 참는 것은 그리스도의 복음에 아무 장애가 없게 하려 함이로다"(고전 9:11 - 12)

그러나 그는 스스로 복음 전파에 아무 장애가 없게 하려고 다른 그리스도인들에게 재정적인 지원을 받을 권리를 사용하지 않기로 작정하였다.

3) 제3차 선교여행(행 18:23 - 21:14)

제3차 선교여행 지역은 아시아의 수도는 에베소(Ephesus)로서 바울은 에베소에 머물러 있던 브리스길라와 아굴라가 알렉산드리아에서 온 재능 있는 청년인 아볼로(Apollos)를 더욱 믿음에 굳게 세웠다(행 18:24 - 28). 바울은 약 2년 반 동안 에베소에 머물면서 세례 요한의 제자들을 거듭나게 했으며(행 19:1 - 7), 두란노서원과 회당에서 복음을 전하면서 선교의 역사(history of mission)를 이루었다(행 19:8 - 10). 이러한 바울의 에베소 사역은 기적을 행하기도 했으며(행 19:11 - 12), 그 도시에서 잘 알려진 마귀를 쫓아내기도 하

---

219) 이사무엘, 『평신도를 부른다 제1권』, 114.

였다(행 19:13 – 19).[220] 그 후 바울은 고린도에서 예루살렘으로 가는 도중 밀레도(Miletus)에서 에베소의 장로들을 불러 그의 고별 메시지를 전하였다. 그중에서 자기가 계속 전문인 선교로 사역했던 것을 볼 수 있다(고후 11:12, 고후 4:16; 12:14 – 16). 그리고 전문인 선교와 물질생활에 대해 다음과 같이 증거하였다.[221]

"내가 아무의 은이나 금이나 의복을 탐하지 아니하였고 너희 아는 바에 이 손으로 나와 내 동행들의 쓰는 것을 당하여 범사에 너희에게 모본을 보였노니 곧 이같이 수고하여 약한 사람들을 돕고 또 주 예수의 친히 말씀하신바 주는 것이 받는 것보다 복이 있다 하심을 기억하여야 할찌니라"(행 20:33 – 35)

바울은 필요한 경우 자신이 개척한 교회에서 선교 후원을 받기도 했다(고후 11:8 – 9, 빌 4:15 – 16).

"내가 너희를 섬기기 위하여 다른 여러 교회에서 요를 받은 것이 탈취한 것이라 또 내가 너희에게 있어 용도가 부족하되 아무에게도 누를 끼치지 아니함은 마게도냐에서 온 형제들이 나의 부족한 것을 보충하였음이라 내가 모든 일에 너희에게 폐를 끼치지 않기 위하여 스스로 조심하였거니와 또 조심하리라"(고후 11:8–9)
"빌립보 사람들아 너희도 알거니와 복음의 시초에 내가 마게도냐를 떠날 때에 주고받는 내 일에 참예한 교회가 너희 외에 아무도 없었느니라 데살로니가에 있을 때에도 너희가 한 번 두 번 나의 쓸 것을 보내었도다"(빌 4:15 – 16)

---

220) D. A. Carson and Douglas J. Moo and Leon Morris, *An Introduction to the New Testament*, 184.
221) 이사무엘, 『평신도를 부른다 제1권』, 114.

그러나 바울의 원칙은 전문적인 일을 하면서 전문인 선교를 한 것이다. 따라서 이것은 전문인 선교사가 선교함에 있어서 물질적인 지원을 받을 수 있는 사례가 되었다. 그러나 여기에 원칙이 있었는데 그것은 교회의 이익과 교회의 발전, 그리고 교회의 건설적인 도움이 되어야 한다는 것이다.222)

이러한 전문인 선교를 위한 바울의 중요성을 다음과 같이 정리해 볼 수 있다.

첫째, 바울의 전문인 선교는 복음의 신뢰성을 확보하기 위해서이다.

바울은 오늘날 전통적인 목회자와는 달리 복음 전파에 방해가 되지 않기 위해 전문인 선교사가 되었다(살전 2:3 – 9, 딛 1:10 – 12, 고후 11:12 – 15).

둘째, 바울의 전문인 선교는 개척된 교회들이 재정적인 문제와 영적인 문제가 자립할 수 있도록 하기 위해서이다.

개종자들과 성도들 모두에게 그리스도인의 삶의 모범을 보여주기 위해 바울은 스스로 노동을 했다(살후 3:8). 바울은 사역의 현장에서 그리스도인의 정체성이 무엇인지를 보여주었다(고후 6:9 – 11). 그래서 도적과 강도들이 새롭게 개종하였으며, 거지와 술주정꾼들에게 가족을 부양하도록 했다. 또한 가난한 자를 관대히 베풀 줄 아는 사람으로 변화시키는 사역을 하였다(딤전 5:4; 5:8, 살전 5:14,

---

222) 박창환, "바울의 선교원칙,", 17. 이러한 선교적 사상은 롬 14:19; 15:2, 고전 14:3; 14:5; 14:12; 14:26, 고후 5:1; 10:8; 12:19; 13:10 등에 나타난다.

살후 3:6 – 12, 갈 6:10, 고후 8:3; 고후 9:1 – 15, 딛 3:14). 바울이 개척한 교회는 전문인 선교를 하는 교회로 외부원조에 의지하지 않는 교회로서 자립을 추구하였다. 또한 섬기는 지도자의 모범으로 권위주의자가 아니라 지혜로운 아버지 같은 바울의 사역을 찾아볼 수 있다(고전 9:19).

셋째, 바울의 전문인 선교는 동질성(Identity)을 가진 사람들을 이해하고 섬기기 위해서이다.

바울은 비그리스도인에서 그리스도인으로 만들기 위해 복음의 대상자들의 문화를 수용(accommodation)하며, 일하는 사람들에게 접근을 시도하기 위해 전문인 선교사가 되었다. 그 당시 최고의 엘리트였던 바울이었지만 단순히 복음을 노예들과 노동자들, 그리고 거지들과 가난하고 무지한 자들에게 가르쳤다. 그러나 이것은 바울의 독창적인 사역이 아니라 예수 그리스도께서 자신을 낮추신 것처럼 자신을 낮추며 함께하시는 성육신 사역에서 따른 것으로 볼 수 있다(빌 2:5 – 11, 고전 11:1).

넷째, 바울의 전문인 선교는 그리스도인들이 국내와 국외에서 일반 직업에 종사한다는 이유로 영적 사역에 깊이 참여할 수 없다는 타당성(Validity)이 잘못된 점이라는 것을 보여주기 위해서이다.

다섯째, 바울의 전문인 선교는 새신자들에게 그들의 근면한 노동으로 얻는 수익으로 곤경에 처해 있는 그리스도인이나 비그리스도인들을 도와야 한다는 것을 가르치기 위해서이다.

여섯째, 바울의 전문인 선교는 개인적 이유에서 예수 그리스도께 빚을 졌다는 그의 강한 책임의식 때문이다.

바울은 전문인 선교사로서 선교했던 가장 큰 이유는 사도행전 20:35에 의하면, 예수님의 나눠 주는 섬김의 정신과 선교정신에 부합된다는 사실 때문이다.

> "범사에 여러분에게 모본을 보여준 바와 같이 수고하여 약한 사람들을 돕고 또 주 예수께서 친히 말씀하신 바 주는 것이 받는 것보다 복이 있다 하심을 기억하여야 할지니라"(행 20:35)

전문인 선교사란 직업 현장과 여가에 타문화 전도를 시행하면서 자신의 생활비를 벌기 위해 일하는 선교에 헌신된 그리스도인들이다. 바울의 전문인 선교는 그들에게 성경지식, 전도, 제자도, 교회 개척론, 선교학, 타문화 이해에 대한 훈련과 함께 세속사회 속의 삶과 노동, 복음증거, 전문인 선교사의 윤리 등을 잘 보여주었다.[223]

2. 바울의 전문인 선교전략

바울의 전문인 선교에 나타난 사역은 초대교회의 급성장과 선교 전략을 보여준다. 바울의 성공적인 전문인 선교전략은 다음과 같다.

---

223) 김성욱, "21세기 한국교회 선교와 전문인 선교,", 135.

1) 교회개척 전략(Strategy of Church Planting)

바울은 교회개척을 위해서 자신을 헌신했던 전문인 선교사였다.
피터 와그너(C. Peter Wagner)는 교회개척에 대하여 말하기를, "하
늘 아래서 가장 효과적인 전도방법은 새로운 교회를 개척하는 것
이다. 그는 교회개척이 교회사역과 선교전략에서 중심적인 위치에
있음을 다섯 가지 이유로 열거한다. 첫째, 교회개척은 성경적이다.
둘째, 교회개척은 교단 생존을 의미한다. 셋째, 교회개척은 새로운
지도자를 개발한다. 넷째, 교회개척은 기존의 교회를 자극(stimulus)
한다. 다섯째, 교회개척은 능률적이다."라고 주장하였다.[224] 바울은
그의 선교 사역 기간이 10년 조금 더 되는 가운데 로마의 네 개의
속주인 갈라디아와 아시아, 그리고 마케도니아와 아가야 지방에서
건강하게 성장하는 교회들을 개척하였다.

2) 도시선교 전략(Strategy of Urban Mission)

바울은 그의 생애 동안 전문인 선교사로 교회개척을 위해서 멀
리 떨어진 작은 마을보다는 도시 지역을 선택하였다. 바울은 편리
성 때문이 아닌 안디옥과 빌립보, 그리고 데살로니가와 고린도, 로
마의 상황과 같이 그 도시들의 전략적인 중요성 때문에 교회개척
을 위해서 도시를 선호한 것이다.

세계적인 복음 전도자요, 옥스퍼드대학교(Oxford University)의 위
클리프 홀(Wycliffe Hall) 신학대학장인 마이클 그린(Michael Green)

---

224) C. Peter Wagner, *Church Planting for a Greater Harvest* (Ventura: Regal Book, 1990), 11−21.

은 바울의 도시 집중 선교전략에 대하여 말하기를, "사도행전은 바울의 주요 도시에서 도시로의 방문을 기록한다. 안디옥은 로마의 세 번째 도시이고, 빌립보는 로마인 거류지이고, 데살로니가는 마케도니아의 중심도시이고, 고린도는 로마 행정치하에 있는 그리스의 수도이고, 바보는 구브로의 로마 통치의 중심지이고, 에베소는 아시아 속주의 선두도시이다. 바울이 주요 도시들을 선교센터로 삼아 선교활동을 한 것은 우연히 된 것이 아니다. 이것은 제국 전체에 걸쳐 주요 지점들에 복음을 심는다는 분명한 계획의 일부였다."라고 지적하였다.[225]

바울은 선교여행 중에 주요 도시에서 활동하면서 매 안식일마다 유대인 회당(jewish synagogue)을 찾아 거기에 모인 유대인들과 이방인 중에서 하나님을 경외하는 사람(God seeker)들에게 예수님을 선포하였다(행 13:5; 14:1; 17:1 - 2; 18:4; 18:19; 18:26).[226]

> "살라미에 이르러 하나님의 말씀을 유대인의 여러 회당에서 전할새 요한을 수행원으로 두었더라"(행 13:5)
> "이에 이고니온에서 두 사도가 함께 유대인의 회당에 들어가 말하니 유대와 헬라의 허다한 무리가 믿더라"(행 14:1)
> "그들이 암비볼리와 아볼로니아로 다녀가 데살로니가에 이르니 거기 유대인의 회당이 있는지라 바울이 자기의 관례대로 그들에게로 들어

---

225) Michael Green, *Evangelism in the Early Church*, 262. 그린은 주로 복음 전도와 신약학에 관련된 과목들을 가르치고 있으며, 저술과 강연을 통해 전 세계적인 영향을 끼쳐 왔다. 그는 노팅햄의 세인트존스칼리지 학장을 역임했고, 옥스퍼드 시에서 가장 큰 복음주의 교회인 세인트 올데이트 교회의 담임목사로 사역한 바 있다. 그리고 캐나다 밴쿠버에 있는 리전트대학의 복음 전도학 교수로 재직했다. 현재 그는 영국 성공회의 대주교인 조지 커레이 목사의 선교 담당 자문 위원으로서 활동하고 있다. 또한 약 열다섯 권의 저서를 집필했고, 복음적이면서도 은사운동에 호의적인 신학자로 널리 알려져 있다.

226) Edward R. Dayton & David A. Fraser, *Perspectives on the World Christian Movement* (Pasadena: William Carey Library, 1981), 569.

가서 세 안식일에 성경을 가지고 강론하며"(행 17:1-2)

"그가 회당에서 담대히 말하기 시작하거늘 브리스길라와 아굴라가 듣고 데려다가 하나님의 도를 더 정확하게 풀어 이르더라"(행 18:26)

바울은 구브로 섬 바보(Paphos)라는 도시에서 총독 서기오 바울 (Sergius Paulus)을 전도하였다(행 13:6-12). 그 당시 바울이 교회를 개척했던 모든 도시들은 로마 행정과 헬라 문명, 그리고 유대인 영향력과 로마 군사력, 상업 중심도시들이었다.[227] 바울이 도시를 선택한 이유는 두 가지로 볼 수 있다. 첫째는 바울이 일상적으로 방문한 주요 도시들은 인근 지역을 대표하는 성격을 가지고 있다.[228] 둘째는 복음과 이방인들의 사이에 가교(bridge) 역할을 한 유대인 회당이 있었다.[229] 바울은 회당을 통해서 흩어진 유대인들과 이방인들 모두를 접촉할 수 있는 가장 중요한 전략적인 장소로 사용하였다. 바울의 전문인 선교는 로마의 네 개 속주의 주요 도시들과 그 주변들에만 국한되지 않고 전 세계적이었다.

바울은 세계의 나머지 지역을 교회가 확장되어 가기 위해서 로마가 그 중심적인 가교(架橋) 역할의 중요성과 효과성을 분명히 인

---

227) Merrill C. Tenney, *New Testament Survey* (Grand Rapids: Eerdmans Publishing Company, 1961), 20-45.

228) 바울이 도시를 선택한 것은 기독교 공동체의 기초를 놓은 모든 도시들은 전략적 중심지이었고, 거기서부터 장사꾼과 로마 병정들과 기타 여행자들을 통해 인근의 성과 촌락들로 복음이 퍼져 갔다(행 19:1). Frederick F. Bruce, *Paul* (Grand Rapids: Eerdmans Publishing Company, 1978), 475.

229) 남후수, 『바울과 한국 선교사』(파주: 한국학술정보, 2007), 33. 바울은 이 회당을 전도를 위한 발판으로 이용했다(행 13:5; 14:1; 17:1-2; 18:4; 18:19; 14:26). 모든 회당은 이방인들을 연결하는 고리였다. 거의 모든 회당에는 유대인들의 유일신 예배에 매료된 하나님을 경외하는 헬라인들이 있었고, 이들은 바울로부터 복음을 들을 준비가 되어 있었다(행 13:43; 17:4; 18:4). 바울은 회당에서 설교하기를 선호했는데 그것은 열린 마음(Open-Mindedness)을 가진 사람들에게 쉽게 접근할 수 있었기 때문이다. R. C. H. Lenski, 『사도행전(하)』, 차영배 역 (서울: 백합출판사, 1979), 170.

식하였다.[230) 바울은 로마 시민권의 특전을 너무 잘 알고 있었다.
그는 복음 전파를 위하여 그것이 얼마나 많은 도움이 되는지 알기
에 그 특권(privilege)을 사용하였다. 로마 시민권은 그에게 복음 전
파를 위한 엄청난 기회(opportunity)를 주었다(행 16:37; 22:25 – 29).

> "바울이 이르되 로마 사람인 우리를 죄도 정하지 아니하고 공중 앞에
> 서 때리고 옥에 가두었다가 이제는 가만히 내보내고자 하느냐 아니라
> 그들이 친히 와서 우리를 데리고 나가야 하리라 한대"(행 16:37)

특히 로마서는 바울이 로마 성도들의 도움을 받아 로마의 서쪽
절반과 당시에 지구의 끝이라고 알려진 스페인(Spain)에 가서 복음
전하기를 원한다고 언급하였다.[231) 바울은 전문인 선교사로 전도하
면서 특정 계층의 사람들을 선호하지 않고 교육을 받은 사람이든
지 부유하든지 혹은 높은 지위에 있든지 상관하지 않았다.[232) 그리
고 바울은 교회개척의 전문인 선교사로 그 당시에 효율적이고 타당
한 방법(methods)을 선택하였다. 또한 가정교회(행 16:14 – 15; 20:20)
와 가족전도 방법(행 16:15; 16:30 – 34; 18:2; 18:8; 18:18; 18:26),
그리고 개인전도(행 17:17; 20:20 – 21), 대중전도(행 13:45; 14:3;
15:2; 17:2; 18:4; 19:8 – 9), 단기간 체제(행 13:51; 14:23 – 26; 15:36
– 41; 18:6; 18:23), 지역교회의 모델 역할(행 18:3; 20:24; 20:28 –
32; 20:34 – 35) 등의 방법도 동원하였다.

---

230) David J. Bosch, *Transforming Mission* (New York: Orbis Books, 1991), 130.

231) James Dunn, *Romans 9 –16* (Dallas: Word Books Publisher, 1988), 872.

232) Wayne A. Meeks, *The First Urban Christians* (New Heaven: Yale University Press, 1983), 51 – 53.

3) 복음설교 전략(Strategy of Evangelistic Sermons)

고린도전서 9:16에 의하면, 바울은 복음을 설교하는 전문인으로
자신의 사명을 충분히 이해하고 있었다.

> "내가 복음을 전할찌라도 자랑할 것이 없음은 내가 부득불 할 일임
> 이라 만일 복음을 전하지 아니하면 내게 화가 있을 것임이로라"(고전
> 9:16)

설교는 기독교의 심장이다. 그것은 구원(salvation)의 진리를 전하
는 최고의 수단이기 때문이다. 설교는 구원의 진리를 나르고 설명
하고 그리스도인들을 성장하게 한다. 복음에 대한 전문인의 사명은
설교자가 가지는 고유한 일이다. 따라서 전문인 선교사는 이 세상
에서 가장 큰 필요를 다루는 위치에 있어서 사람이라고 할 수 있
다. 바울은 전문인 선교사로 유대인과 이방인, 그리고 모든 사람들
에게 복음을 전했다. 그는 회당은 물론 기독교인들의 모임에서도
광장에나 개인에게 그리고 시장에서도 복음을 전하였다.

바울이 그곳에서 설교했던 주제는 유대인들과 모든 이방인들에
게 예수님께서 하나님과 인간 사이에 유일한 중재자임을 설교했던
것이다.[233] 그의 독특한 설교는 그를 끊임없이 곤경과 박해, 그리고
영적 전쟁으로 이끌어 갔다.[234] 바울은 예수님에 대한 설교는 서론
이자 결론이었다. 따라서 바울은 그의 전문인 선교를 예수 그리스도
의 사역의 연장으로 여겼다.[235] 바울의 설교는 모세의 율법이나 선

---

233) 전호진, 『종교다원주의와 타종교 선교전략』 (서울: 한국기독교신행협회, 1992), 81.

234) Harold Lindsell, *An Evangelical Theology of Missions* (Grand Rapids: Zondervan Publishing House, 1970), 87-91.

지자의 글에서 시작하여 예수 그리스도에게로 갔다. 그는 예수 그리스도가 성경이 약속했던 그 메시아라고 논증하였다(행 13:16-43). 그리고 그가 자기의 주장을 증명하기 위해서 성경을 사용한 것은 계약사상에 익숙한 유대인들에게 아주 적절한 접촉점(points of contact)이 되었다.

4) 영적 전쟁 전략(Strategy of Spiritual Warfare)

바울의 전문인 선교 사역에는 항상 영적 전쟁이 함께하였다. 따라서 우리는 전문인 선교사인 바울의 선교를 통해서 영적 전쟁에 대한 다섯 가지의 사례들을 찾아보고자 한다.

① 바예수(Bar-Jesus)를 소경으로 만듦

"온 섬 가운데로 지나서 바보에 이르러 바예수라 하는 유대인 거짓 선지자인 마술사를 만나니 그가 총독 서기오 바울과 함께 있으니 서기오 바울은 지혜 있는 사람이라 바나바와 사울을 불러 하나님의 말씀을 듣고자 하더라 이 마술사 엘루마는(이 이름을 번역하면 마술사라) 그들을 대적하여 총독으로 믿지 못하게 힘쓰니 바울이라고 하는 사울이 성령이 충만하여 그를 주목하고 이르되 모든 거짓과 악행이 가득한 자요 마귀의 자식이요 모든 의의 원수여 주의 바른 길을 굽게 하기를 그치지 아니하겠느냐 보라 이제 주의 손이 네 위에 있으니 네가 맹인이 되어 얼마 동안 해를 보지 못하리라 하니 즉시 안개와 어둠이 그를 덮어 인도할 사람을 두루 구하는지라"(행 13:6-11)

사도행전 13:6-11에 의하면, 바울은 바보에서 총독 서기오 바울

---

235) Peter Beyerhaus, *Shaken Foundation* (Grand Rapids: Zondervan Publishing House, 1972), 38.

을 믿지 못하도록 힘쓰는 유대인 거짓 선지자인 박수 바예수(Bar –
Jesus)를 소경으로 만들었다. 바울과 바나바는 구브로 섬을 관통해
서쪽에 위치한 섬 수도인 바보에 도착했을 때 공개적으로 사탄의
공격을 만나게 되었다. 바예수라는 유대인 거짓 선지자 박수가 그
곳에 살고 있었다. 이 사람은 남자 무당으로 자신을 선지자로 자처
하며 거짓 행세하고 있었다. 이 사람은 사마리아의 시몬처럼 마술
로 사람들을 속이며 부와 권력을 누리고 있다. 사도행전 13:11에
의하면, 바울은 주님을 대적하는 엘루마를 향해 "보라 이제 주의
손이 네 위에 있으니 네가 맹인이 되어 얼마 동안 해를 보지 못하
리라."고 말하자 즉시 안개와 어두움이 덮어 인도할 사람을 찾는
무기력한 사람이 되어 버렸다. 성령 충만했던 바울을 통해 성령의
능력과 악한 영의 영적 전쟁이 일어난 것이다.

총독이 놀란 것은 엘루마가 소경이 된 것보다 바울이 전하는 예
수 그리스도에 관한 진리 때문이었다. 총독은 그리스도에게 순종하
며 드렸고, 바울이 전하는 진리를 믿게 됨으로 드디어 구원에 이르
게 되었다. 오늘날 선교현장에서도 전문인 선교사는 이러한 영적
전쟁의 상황 가운데 살아갈 수 있다. 선교에 있어 영적 전쟁에 임
하는 전문인 선교사는 영적 능력을 반드시 지녀야 함을 보여주고
있다.

② 앉은뱅이를 고침

"루스드라에 발을 쓰지 못하는 한 사람이 앉아 있는데 나면서 걷지
못하게 되어 걸어 본 적이 없는 자라 바울이 말하는 것을 듣거늘 바

울이 주목하여 구원받을 만한 믿음이 그에게 있는 것을 보고 큰 소
리로 이르되 네 발로 바로 일어서라 하니 그 사람이 일어나 걷는지
라"(행 14:8 - 10)

사도행전 14:8 - 10에 의하면, 바울은 루스드라에서 앉은뱅이를
고쳤다. 여기서 태어날 때부터 앉은뱅이였던 한 사람을 전문인 선
교사들이 고친 이적을 기록하고 있다. 그는 전문인 선교사인 바울
의 말을 열심히 들었다. 바울은 열심히 듣고 있는 앉은뱅이를 보고
그 속에 구원을 얻을 만한 믿음이 있는 것을 본 것이다. 여기서 구
원 얻을 만한 믿음이란 치료받을 수 있는 믿음을 말한다. 결국 바
울은 그를 향해 일어날 것을 명령하고 그는 치유함을 받게 된 것이
다. 이러한 사건은 영적 전쟁에 놓여 있는 그들에게 하나님의 말씀
과 능력이 함께 역사하는 모습이다. 전문인 선교사는 영적 전쟁에
서 항상 하나님의 말씀과 능력이 함께 역사한다는 사실을 기억해
야 한다. 영적 전쟁에서 복음은 이 앉은뱅이에게 놀라운 내적 치유
를 가져오기 시작하였다.

전문인 선교사인 바울이 전하는 예수 그리스도의 복음을 계속해
서 듣는 순간 그의 마음에는 엄청난 변화가 일어난 것이다. 아마도
모든 병자를 고치시고, 문둥병자를 고치시고, 소경의 눈을 뜨게 하
시고, 자신과 같은 앉은뱅이도 일으키시고, 심지어 죽은 자도 살리
시는 예수 그리스도에 대한 말씀을 들으면서 자신도 그 주님의 사
랑의 대상이 될 수 있음에 믿음을 갖게 되었을 것이다.

③ 점치는 귀신 들린 여종을 치료

"이같이 여러 날을 하는지라 바울이 심히 괴로워하여 돌이켜 그 귀
신에게 이르되 예수 그리스도의 이름으로 내가 네게 명하노니 그에
게서 나오라 하니 귀신이 즉시 나오니라"(행 16:18)

사도행전 16:18에 의하면, 바울은 영적 전쟁에서 예수 그리스도
의 이름으로 악한 영이 그녀에게서 나가라고 명령하였다. 그래서
바울은 빌립보에서 귀신 들린 여종의 귀신을 쫓아낸 것이다. 사탄
은 선교 현지에 있는 귀신 들린 여종이 하나님의 자녀가 되는 것을
싫어하였다. 따라서 영적 권세를 가지고 있는 전문인 선교사는 영
적 전쟁에서 예수 그리스도의 이름으로 어두운 영들을 물리칠 수
있다. 하나님께서는 전문인 선교사가 예수님의 권세를 사용하여 포
로 된 자를 자유케 하시기를 소원하신다.

④ 병든 사람을 고치고 악령을 쫓아냄

"하나님이 바울의 손으로 놀라운 능력을 행하게 하시니 심지어 사람
들이 바울의 몸에서 손수건이나 앞치마를 가져다가 병든 사람에게
얹으면 그 병이 떠나고 악귀도 나가더라 이에 돌아다니며 마술하는
어떤 유대인들이 시험삼아 악귀 들린 자들에게 주 예수의 이름을 불
러 말하되 내가 바울이 전파하는 예수를 의지하여 너희에게 명하노
라 하더라"(행 19:11 - 12)

사도행전 19:11 - 12에 의하면, 바울은 많은 병자들을 고치고, 악
령을 쫓아내었다. 심지어 병자들이 그의 손수건이나 앞치마를 만지

기만 해도 병이 나았다. 영적 전쟁의 선교 현지인 에베소에서 전문인 선교사였던 바울에게 축귀(逐鬼)와 신유(神癒)를 동반한 것이다.

⑤ 문화의 변화

> "또 마술을 행하던 많은 사람이 그 책을 모아 가지고 와서 모든 사람 앞에서 불사르니 그 책값을 계산한즉 은 오만이나 되더라"(행 19:19)

에베소는 문자로 된 주문과 부적, 그리고 호부(護符)들인 에베소 증서로 유명한 곳이다. 사도행전 19:19에 의하면, 바울은 이런 에베소에서 성령의 능력을 경험한 많은 마술사들이 그들의 책을 모아 와서 공중 앞에서 그것들을 불태웠다. 그것은 그들의 회심이 진정한 회심이었다는 주목할 만한 증거라고 볼 수 있다. 이것은 자연히 영적 전쟁 지역인 에베소에 주술적인 문화 체제를 개혁하는 큰 문화의 변화가 일어난 것이다.

따라서 전문인 선교사인 바울은 영적 전쟁에서 이적과 표적, 병고침, 그리고 귀신들(demons)을 쫓아내어 성령의 능력을 보여주었을 때 사람들은 복음을 더 많이 받아들였고(행 13:12; 14:21 – 23; 19:17 – 20; 28:7; 28:8 – 9), 영적 전쟁에서 승리할 수 있었다. 하나님은 오늘도 전문인 선교사를 통하여 귀신들을 쫓아내고, 사람들을 치유하고 계신다. 전문인 선교사는 모든 영역에서 하나님의 능력이 나타나야 할 것이다.

5) 지도자 훈련 전략(Strategy of Leadership Training)

이제 새롭게 개척하는 교회가 제일 필요한 것은 건물과 계획서, 장비가 아니라 지도자이다.[236] 세계적인 리더십 전문가인 존 맥스웰(John Maxwell)은 『당신 주위에 있는 사람을 키우라』(Developing the Leaders Around You)라는 책에서 영적인 직위를 가진 많은 사람들은 청렴할 뿐만 아니라 지적이며 헌신적이지만 현대 교회에서 어떻게 지도자로서 그 기능을 해야 하는지 모르고 있다고 지적하고 있다.[237]

이러한 관점에서 전문인 선교사가 효과적인 리더십을 발휘하기 위해서 실제적인 열 가지 자격의 요건들을 갖추는 것이 중요하다.

첫째, 긍정성(positiveness)이다. 사람과 상황에 대해 긍정적인 면으로 볼 뿐만 아니라 그들과 함께 일할 수 있는 능력이 있어야 한다.

둘째, 종의 정신(servanthood)이다. 순종할 뿐만 아니라 단체 행동을 하고 구성원들을 따르려고 하는 마음을 필요로 한다.

셋째, 잠재적 성장(growth potential)이다. 개인적인 성장과 발전을 위해 몸부림을 치는 것이다. 사역을 확대하는 데 있어 성장을 지속하는 능력이 있어야 한다.

넷째, 추진력(follow – through)이다. 지속적으로 완전히 그 전문인 사역을 성취하도록 결단력이 있어야 한다.

---

236) David J. Hesselgrave, *Planting Churches Cross –Culturally* (Grand Rapids: Baker Book House, 1980), 349.

237) John C. Maxwell, *Developing the Leaders Around You* (Nashville: Tomas Nelson Publishers, 1993), 22.

다섯째, 충성심(loyalty)이다. 항상 전문인 선교사는 개인적인 욕
  망보다 조직을 생각하는 마음이 있어야 한다.

여섯째, 탄력성(resiliency)이다. 문제가 발생할 때 탄력적으로 대
  응할 수 있는 능력이 있어야 한다.

일곱째, 청렴성(integrity)이다. 진실성과 견고한 성품, 그리고 말
  과 행동이 일치해야 한다.

여덟째, 비전(big picture mind－set)이다. 조직 전체와 그 조직에
  필요한 것들을 볼 수 있는 능력이 있어야 한다.

아홉째, 훈련(discipline)이다. 개인적인 기분에 좌우되지 않고, 주
  어진 일에 최선을 다하는 마음이 있어야 한다.

열째, 감사(gratitude)이다. 전문인 선교가 생활의 일부로서의 감
  사하는 자세가 있어야 한다.[238]

위와 같은 자격 요건들은 잠재적인 전문인 선교사를 발굴하는
데 좋은 지침서가 된다. 또한 기존의 지도자들이 보여주는 리더십
의 효과성을 측정하는 데 네 가지로 정리해서 적용하면 도움이 될
것이다.

① 현지인을 교회 전문인 지도자로 훈련시켜라.

바울은 현지 교회들에게 남자와 여자 지도자를 훈련하고 무장시
키는 일에 많은 관심을 두었다. 그는 현지인 지도자들을 예수 그리
스도 안에서 협력하는 전문인 사역자들이라고 생각하였다. 사도행
전은 현지 교회 지도자들을 선택하고 무장시키고 임명하는 일에

---

238) John C. Maxwell, *Developing the Leaders Around You*, 22－23.

성령이 직접적으로 영향을 끼치는 것을 증거한다. 성령께서 바울이 전문인 선교 활동들을 하도록 처음에 간여하셨다. 바울과 바나바는 성령의 부르심으로 전문인 사역자로 지명되었고, 안디옥 교회의 후원을 얻었다(행 13:1 - 3).

> "안디옥 교회에 선지자들과 교사들이 있으니 곧 바나바와 니게르라 하는 시므온과 구레네 사람 루기오와 분봉 왕 헤롯의 젖동생 마나엔과 및 사울이라 주를 섬겨 금식할 때에 성령이 이르시되 내가 불러 시키는 일을 위하여 바나바와 사울을 따로 세우라 하시니 이에 금식하며 기도하고 두 사람에게 안수하여 보내니라"(행 13:1-3)

그 당시 안디옥 교회는 국제적인 교회로서 전 세계의 기독교 선교(christian mission)의 발판으로서 역할을 잘 수행하였다. 하나님은 이방인 선교를 위해 안디옥 교회를 예비해 두셨다(행 11:19 - 30). 전 세계 복음화를 위해 먼저 이방인을 위한 전문인 선교사로 바울을 부르셨고, 베드로가 유대인과 이방인 사이의 벽을 제거하기 위해 고넬료에게 복음을 전하였다. 그래서 드디어 세계 선교의 중심지로 안디옥 교회가 세워지게 되었다. 안디옥 교회는 뛰어난 선교적 교회였다. 안디옥 교회는 선교하는 교회로서 신약성경의 모범적인 교회요 선교하는 교회의 모델이 된 것이다.

더 나아가 성령은 바울에게 고린도 사역을 연장하도록 격려하였다(행 18:9 - 10). 그리고 성령은 디도 유스도, 그리스보, 그리고 아굴라와 브리스길라와 같은 많은 전문인 선교사들을 길러 내었다(행 18:2; 18:7 - 8).[239] 성령은 바울의 전문인 선교 사역들을 완성하게

---

239) John R. W. Stoott, *Persperctives on the World Christian Movement* (Pasadena: William

하였다. 바울은 자신의 한계를 인정했을 뿐만 아니라 자신의 사역들을 성령의 돌보심에 위탁하였다. 바울은 자신의 전문인 선교에 대한 기여가 단순히 씨를 뿌리는 정도임을 고백(confession)하고, 성령께서 자라나게 하셨음을 인정하였다.[240]

② 여성을 전문인 지도자로 동원시켜라.

유대와 헬라 사회에서 남자들은 여자들이 하등의 신분이고 열등하여 제한된 권리를 소유한다고 믿었다. 바울은 대담하게 이런 비성경적인 관념(ideas)들을 대항하면서 여성들을 교회의 전문인 사역에 참여하라고 격려하였다.[241] 루디아는 유럽에서 최초의 기독교인이 되었고, 바울의 지도 아래서 유럽의 첫 교회 지도자가 되었다.[242]

> "안식일에 우리가 기도할 곳이 있을까 하여 문 밖 강가에 나가 거기 앉아서 모인 여자들에게 말하는데 두아디라 시에 있는 자색 옷감 장사로서 하나님을 섬기는 루디아라 하는 한 여자가 말을 듣고 있을 때 주께서 그 마음을 열어 바울의 말을 따르게 하신지라 그와 그 집이 다 세례를 받고 우리에게 청하여 이르되 만일 나를 주 믿는 자로 알거든 내 집에 들어와 유하라 하고 강권하여 머물게 하니라"
> (행 16:13-15)

또한 브리스길라와 아굴라는 고린도 교회에서 주요 인물이 되었다. 그들은 바울에게서부터 성경을 깊이 있게 공부하여 나중에는

Carey Library, 1992), 18.

240) 장중열, 『교회성장과 선교』 (서울: 성광문화사, 1978), 71.

241) James Dunn, *The Theology of Paul the Apostle* (Grand Rapids: Eerdmans Publishing Company, 1998), 586-587.

242) John Temple Bristow, *What Paul Really Said about Women* (San Francisco: Harper and Row, 1988), 55.

바른 교리에 대해서 아볼로를 가르쳤다.[243]

"알렉산드리아에서 난 아볼로라 하는 유대인이 에베소에 이르니 이 사람은 언변이 좋고 성경에 능통한 자라 그가 일찍이 주의 도를 배워 열심으로 예수에 관한 것을 자세히 말하며 가르치나 요한의 세례만 알 따름이라 그가 회당에서 담대히 말하기 시작하거늘 브리스길라와 아굴라가 듣고 데려다가 하나님의 도를 더 정확하게 풀어 이르더라"(행 18:24－26)

그 당시에 여성들은 주로 그들의 집을 개방하여 모임을 가졌고, 이 모임은 계속하여 교회로 성장하였다. 여성들은 교회에서 책임 있는 자리를 맡았고 자신들을 인습으로부터 해방시켰다.[244] 바울의 선교 전략 중에서 한 가지 중요한 것은 주님을 섬기기 위해 여성들을 동원한 것을 찾아볼 수 있다.

③ 전문인 선교 팀을 만들라.

바울은 한곳에서 5개월에서 6개월 동안 설교하고도 떠날 때에는 교회와 훈련된 지도자들을 세우고 떠났다.[245] 바울의 선교전략에서 새로운 교회에서 현지 지도자들을 선택하고 검증된 지도자를 임명하는 것은 매우 중요하였다. 바울이 디모데를 그의 선교 팀의 일원으로 선택한 것은 디모데가 자기 고향뿐만 아니라 가까운 다른 도시에서도 칭찬받는 사람이었기 때문이었다.

---

243) John Temple Bristow, *What Paul Really Said about Women*, 57－58.

244) John Temple Bristow, *What Paul Really Said about Women*, 57－58.

245) Roland Allen, *Missionary Methods: St. Paul's or Ours?* (Grand Rapids: Eerdmans Publishing Company, 1962), 79.

"바울이 더베와 루스드라에도 이르매 거기 디모데라 하는 제자가 있
으니 그 어머니는 믿는 유대 여자요 아버지는 헬라인이라 디모데는
루스드라와 이고니온에 있는 형제들에게 칭찬받는 자니 바울이 그를
데리고 떠나고자 할새 그 지역에 있는 유대인으로 말미암아 그를 데
려다가 할례를 행하니 이는 그 사람들이 그의 아버지는 헬라인인 줄
다 앎이러라 여러 성으로 다녀 갈 때에 예루살렘에 있는 사도와 장
로들이 작정한 규례를 그들에게 주어 지키게 하니 이에 여러 교회가
믿음이 더 굳건해지고 수가 날마다 늘어가니라"(행 16:1-5)

한 지역에서 복음을 전하고 교회를 개척한 후 지도자를 세우고
현지 사람들 중에서 장로를 임명하는 것은 바울에게는 자연스러운
일이었다(행 14:23; 20:17).

"각 교회에서 장로들을 택하여 금식 기도 하며 그들이 믿는 주께 그
들을 위탁하고"(행 14:23)
"바울이 밀레도에서 사람을 에베소로 보내어 교회 장로들을 청하니"
(행 20:17)

바울이 디모데를 선택한 이유는 그가 좋은 평판을 받았기 때문
이기도 하지만 토착 혈통을 가지고 있었기 때문이다(행 16:1-5).
그리고 마케도니아에서 바울은 현지 사람인 누가를 그의 전문인
선교 팀에 합류시켰다(행 16:9).

"밤에 환상이 바울에게 보이니 마게도냐 사람 하나가 서서 그에게
청하여 이르되 마게도냐로 건너와서 우리를 도우라 하거늘"(행 16:9)

바울은 현지 사람들의 유리한 점들을 이해하고 그의 전문인 사
역에서 이 점을 극대화한 것으로 보인다.

④ 지도자 훈련의 기본 요소를 강조하라.

모든 교회의 미래는 거기서 나오는 지도자들의 자질에 달려 있다. 바울은 이런 관점을 충분히 이해하였다. 그래서 그는 개척한 모든 교회에서 가능한 빠르게 지도자를 임명하였다. 지도자를 훈련하는 과정에서 바울은 세 가지 기본적인 요소들을 강조하였다.

첫째, 지도자의 교리적(doctrinal) 기초를 강조하였다. 바울은 그의 개종자들에게 기독교의 핵심 교리인 천지를 창조하신 하나님 아버지와 구원자(mediator) 되신 예수 그리스도와 성령을 가르쳤다(행 13:16 – 41; 14:15 – 17; 16:31; 17:24 – 33; 18:5; 19:2 – 7; 20:21; 28:31).

둘째, 지도자의 실제적(practical) 기초를 강조하였다. 바울은 교회 지도자들에게 신앙생활에 모범이 되라고 가르쳤다. 루스드라에서 바울은 신자들에게 천국으로 들어가는 길에 많은 고통이 있을 것이므로 준비하라고 교훈하였다(행 14:19 – 22; 20:19). 이 외에도 바울이 가르친 신앙생활의 다른 본질적인 것들에는 성결, 청지기 삶, 사역에 대한 열정(행 20:33 – 35), 그리고 말과 행동으로 나타나는 주님을 위한 희생 등이 포함되었다(행 20:22 – 24; 21:13).

셋째, 지도자의 영적(spiritual) 기초를 강조하였다. 바울의 새로운 제자들이 굳게 서서 성숙의 단계로 자라나도록 하는 훈련의 다른 전략은 성령께서 남은 사역들을 계속해 가시도록 위탁하는 것이었다.

⑤ 지도자의 훈련 방법을 전력화하라.

바울은 그의 새신자들이 굳게 서서 성숙된 신자로 성장하기 위한 훈련을 할 때에 몇 가지 전략들을 사용하였다.

첫째, 규칙적인 성경공부를 가르쳤다. 바울은 회당 등에서 기초 교리들을 사람들에게 규칙적으로 가르쳤다. 예를 들면 바울은 비시디아 안디옥에서 두 번의 안식일 동안 회당에 있는 사람들에게 말씀을 가르쳤다(행 13:15; 13:42 – 49). 이고니온 회당에서 바울과 바나바는 많은 유대인들과 이방인들에게 말씀을 전하였고(행 14:1), 데살로니가에서는 세 번의 안식일에 말씀을 전하였다(행 17:2; 17:17). 매일 성경을 가르친 베뢰아의 사역은 현대적 형식의 연속 성경공부와 동일한 것이며(행 17:11), 로마에서 그의 가르치는 사역은 규칙적인 연속 교육과 같은 것이다(행 28:23).246)

둘째, 정규학교에서 교육시켰다. 바울은 성경을 정규적인 학교에서 가르쳤다. 예를 들면 그는 에베소에서 삼 개월 동안 회당에서 성경을 가르쳤다. 회당에서 쫓겨난 후에 그는 이 년 동안 매일 제자들을 두란노서원(Hall of Tyrannus)에서 교육시켰다(행 19:8 – 10).

> "바울이 회당에 들어가 석 달 동안 담대히 하나님 나라에 관하여 강론하며 권면하되 어떤 사람들은 마음이 굳어 순종하지 않고 무리 앞에서 이 도를 비방하거늘 바울이 그들을 떠나 제자들을 따로 세우고 두란노 서원에서 날마다 강론하니라 두 해 동안 이같이 하니 아시아에 사는 자는 유대인이나 헬라인이나 다 주의 말씀을 듣더라"
> (행 19:8 – 10)

셋째, 지도자를 위해 강화 사역을 시켰다. 바울은 그의 후속 방문 시에 재교육을 통하여 교회 지도자들을 강화시켰다. 이 강화사역을 통해서 그는 교회의 지도자들이 주님을 섬기는 일에 보다 적

---

246) R. C. H. Lenski, 『사도행전(하)』, 491 – 503.

합하도록 훈련시키고 세워주었다(행 15:26; 16:40; 18:22 − 23; 21:1 − 2; 20:17 − 38). 바울은 가끔씩 선교 팀의 다른 사람을 시켜 교회들을 재방문하여 당면 문제들을 해결하고 지도자들을 강화하도록 하였다(행 19:22).

> "자기를 돕는 사람 중에서 디모데와 에라스도 두 사람을 마게도냐로
> 보내고 자기는 아시아에 얼마 동안 더 있으니라"(행 19:22)

우리는 리더십에 대한 관심이 집중되는 시대에 살고 있다. 리더가 그 모임의 회중들을 위해서 어떻게(How) 해야 하는가를 정리해 보자. 첫째, 격려하라(Encourage). 둘째, 권고하라(Advise). 셋째, 섬겨라(Serve). 리더는 이런 역할을 가져야 한다는 점에서 공감할 수 있을 것이다. 그러나 한국 교회의 실정을 들여다보면 리더의 역할은 사람들 앞에서 격려와는 조금 다르게 보이는 결정적이거나 일종의 압력(pressure)의 분위기를 인위적으로 만들어서 사람들을 격동해야 하는 것처럼 보이기도 한다.

사실 한국 교회는 목회자가 평신도의 리더십을 확대하지 않았다. 이런 상황에서 한국 교회를 살릴 수 있는 길은 교회의 리더십을 갱신(revitalization)하는 것만이 가능하다. 팀워크를 통해서 한국 상황에 대응할 수 있는 지도력(leadership)을 갖춘 전문인 인재를 키워야 할 것이다.247) 리더는 야구장에서의 응원 단장처럼 선수라는 하나님과 관객이라는 회중 사이에서 무언가 큰 역할을 감당해야 하는 위치에 서 있는 것처럼 보인다. 좀처럼 복음에 반응하지 않는 사람

---

247) 김태연, 『전문인 선교사를 구비시켜라』, 159.

들을 반응시키기 위해 앞에서 큰 소리와 동작을 통해 사람들을 변하게 만들어야 하는 책임을 가지게 된다. 이 상황은 목회자뿐만 아니라 전문인 선교사에게도 동일하게 적용될 수 있으며, 또한 성경 공부모임의 리더 등 많은 리더들에게 주어지는 부담감일 수 있다. 만약 구성원들이 적극적이고도 능동적이라면 그러한 리더의 무거운 역할이 해당되지 않을 수 있지만 우리의 상황에서는 그런 경우가 흔하지 않다.

리더십은 여러 전문직에서 전문인 선교사로서 선교하는 경우가 많다. 전문인 선교에 있어서 리더는 혼자 하기 위한 것이 아니라 회중과 함께 하나님을 높이기 위한 목적성을 가진 행위라는 원칙을 기억해야 한다. 전문인 선교는 각각의 상황에 따라 어떠한 방식의 전문인 선교를 준비해야 하는 지혜도 필요할 것이다. 전문인 선교사들은 사도행전의 사도들의 모범을 따라서 자기들이 떠난 후에 사역을 수행할 수 있는 지역 지도자들을 배출하기 위해 노력해야 할 것이다.

6) 바울의 재정전략

돈 문제는 태어날 때부터 죽을 때까지 인간 삶의 모든 방면에서 필수불가결한 부분이다.[248]

① 전문인 선교사

바울은 위대한 전문인 선교사로서 그는 평소에 자신을 위해서

---

248) J. Herbert Kane, *Life and Work on the Mission Field* (Grand Rapids: Baker Book House, 1980), 65-66.

재정후원을 요구하지 않았으며, 오히려 자기 손으로 일을 하여 재정문제를 해결하였다. 바울은 장막 만드는 사람이었고, 이것으로 자주 그의 선교 팀을 후원하였다(행 18:3; 20:34).[249]

> "생업이 같으므로 함께 살며 일을 하니 그 생업은 천막을 만드는 것이더라"(행 18:3)
> "여러분이 아는 바와 같이 이 손으로 나와 내 동행들이 쓰는 것을 충당하여"(행 20:34)

바울 시대에는 많은 순회 설교자들이 있어서 이곳저곳을 돌아다니면서 강의를 하고 참석자들로부터 돈을 받았다. 바울은 그런 설교자들을 인정하고 그들이 합법적이라고 주장하였다(고전 9:7 - 12).

> "누가 자기 비용으로 군 복무를 하겠느냐 누가 포도를 심고 그 열매를 먹지 않겠느냐 누가 양 떼를 기르고 그 양 떼의 젖을 먹지 않겠느냐 내가 사람의 예대로 이것을 말하느냐 율법도 이것을 말하지 아니하느냐 모세의 율법에 곡식을 밟아 떠는 소에게 망을 씌우지 말라 기록하였으니 하나님께서 어찌 소들을 위하여 염려하심이냐 오로지 우리를 위하여 말씀하심이 아니냐 과연 우리를 위하여 기록된 것이니 밭 가는 자는 소망을 가지고 갈며 곡식 떠는 자는 함께 얻을 소망을 가지고 떠는 것이라 우리가 너희에게 신령한 것을 뿌렸은즉 너희의 육적인 것을 거두기로 과하다 하겠느냐 다른 이들도 너희에게 이런 권리를 가졌거든 하물며 우리일까보냐 그러나 우리가 이 권리를 쓰지 아니하고 범사에 참는 것은 그리스도의 복음에 아무 장애가 없게 하려 함이로다"(고전 9:7 - 12)

바울은 자신이 새신자들에게 재정적인 부담이 되는 것을 피하려

---

249) Frederick F. Bruce, *The Book of The Acts* (Grand Rapids: Eerdmans Publishing Company, 1984), 367 - 368.

고 노력하였다.

② 자립교회

바울이 개척한 모든 교회들의 특징을 보면, 처음부터 재정적으로 독립적이었다. 바울은 오히려 그들에게 다른 나라에 있는 어려운 교회들을 도우라고 격려하였다. 바울은 마케도니아와 아가야의 신자들로부터 헌금을 모아 의연금을 예루살렘으로 가져갔다(행 11:28－30; 24:17).

> "그중에 아가보라 하는 한 사람이 일어나 성령으로 말하되 천하에 큰 흉년이 들리라 하더니 글라우디오 때에 그렇게 되니라 제자들이 각각 그 힘대로 유대에 사는 형제들에게 부조를 보내기로 작정하고 이를 실행하여 바나바와 사울의 손으로 장로들에게 보내니라(행 11:28－30)
> "여러 해 만에 내가 내 민족을 구제할 것과 제물을 가지고 와서"(행 24:17)

바울은 이것으로서 교회의 일치성(compatibility)을 보여주려고 하였다. 예를 들면, 한국의 기적을 일으킨 선교사 마포삼열(Samuel A. Moffett)은 전도나 성경공부 반과 함께 자립 면에 괄목할 만한 공헌을 하였다. 그는 모든 교회가 처음부터 자립해야 한다고 믿어 선교회가 교회 건물을 매입해 주는 것보다 신자의 집에서 몇 년이라도 모이는 편이 낫다고 믿었다. 또한 교회가 재정적 부담을 감당할 수 있는 한도 내에서 교역자를 모시는 것을 원칙으로 하였다. 그는 교회나 선교부가 요긴하게 사용할 만한 땅을 자기 돈으로 사두었다가 그들의 필요에 따라 쓰게 하되 반드시 땅값을 지불하도록 하였

다. 이와 같은 방법으로 하여 평양에 27군데와 그 부근에 여러 교
회가 세워졌다. 한국 교회가 이러한 교회자립 원리에 잘 적응하여
1897년 평양의 예배 처 53개 처 중에 25개 처가 자체 건물을 건축
하였다. 그다음 해에는 126예배 처 중에 69개 처가 건물을 신축하
여 한 해에 44개 처를 건축하였다. 1908년에는 188개 장로교회 중
에 186교회가 자립 교회였다고 한다.[250]

7) 바울의 팀 사역 전략

바울은 전문인 선교 사역에서 그 자신만의 방식이나 일만을 추
구하지 않았다. 바울은 협력을 진심으로 믿었기 때문에 친구를 만
드는 탁월한 능력이 있었던 것으로 보인다. 바울은 다른 사람들과
어울리는 데 최선을 다하였다.

① 전문인 선교 팀 구성

바울은 분명히 선교를 혼자 하는 사역으로 여기지 않았고, 협력
하는 일로 생각하였다. 이런 점은 바울이 동역자들과 안디옥에 있
는 파송교회(sending church)와의 교제를 지속적으로 유지하는 것을
보아도 증명되고 있다.[251]

② 전문인 선교 팀 사역 방법

바울은 항상 그의 선교 팀들과 교회와 함께 사역하였다. 바울은

---

250) 서정운, "마포삼열이 한국교회 성장에 미친 영향," 『長神論壇』 제6권 (1990, 12월), 56-57.
251) Harold R. Cook, *Missionary Life and Work*, 137.

교회들과 함께 일하며 그들과 친밀한 관계를 유지하였다. 바울은 상황에 따라서 그의 협력 전문인 사역자들을 여행하게 하기도 하였다. (행 17:15; 18:5).

> "그러나 유대인들은 시기하여 저자의 어떤 불량한 사람들을 데리고 떼를 지어 성을 소동하게 하여 야손의 집에 침입하여 그들을 백성에게 끌어내려고 찾았으나"(행 17:15)
> "실라와 디모데가 마게도냐로부터 내려오매 바울이 하나님의 말씀에 붙잡혀 유대인들에게 예수는 그리스도라 밝히 증언하니"(행 18:5)

그들은 교회를 방문하여 바울의 편지를 전달하고 돌아올 때는 바울에게 그 교회의 소식을 전달해 주었다(행 18:27; 19:22).

> "아볼로가 아가야로 건너가고자 함으로 형제들이 그를 격려하며 제자들에게 편지를 써 영접하라 하였더니 그가 가매 은혜로 말미암아 믿은 자들에게 많은 유익을 주니"(행 18:27)
> "자기를 돕는 사람 중에서 디모데와 에라스도 두 사람을 마게도냐로 보내고 자기는 아시아에 얼마 동안 더 있으니라"(행 19:22)

이렇게 함으로써 바울은 이방인 세상에서 더 효과적으로 일할 수 있었다. 그는 그의 선교 팀들을 단지 그의 조력자(helper)나 도우미나 혹은 부하로 여기지 않고 사역에 있어서 동료로 여겼다.[252] 바울은 그의 지도력을 겸손함으로 행사하여 다른 지도자들의 조언을 받아들였다. 그렇게 바울은 교회를 겸손함과 눈물로 섬겼던 것이다(행 20:19).

---

252) David J. Bosch, *Transforming Mission*, 132.

> "곧 모든 겸손과 눈물이며 유대인의 간계로 말미암아 당한 시험을
> 참고 주를 섬긴 것과"(행 20:19)

바울은 자신과 그의 동료들의 필요한 것들은 그가 장막을 만드는 일을 하여서 공급하였다(행 18:3; 20:34). 예루살렘에서 바울은 장로들의 제안을 따라서 결례의 비용을 지불하기도 하였다(행 21:23 - 26).

8) 상황화 커뮤니케이션 전략

바울은 복음을 전할 때, 현지의 문화적 차이(cultural differences)와 마주쳤다. 그러나 바울은 이런 면들을 충분히 파악하고 있었으며, 보다 효과적으로 복음을 전하기 위해서 많은 노력을 기울였다. 여기서 우리는 바울이 어떻게 현지의 관습(customs)과 복음의 메시지를 상황화(contextualization)시켰는가를 살펴볼 수 있다. 현지 관습들의 상황화에 대한 바울의 노력은 할례문제, 예전(liturgical)문제, 그리고 복음문제 순으로 살펴봄으로써 알 수 있다.

① 할례문제

예루살렘 공회에서 토론된 주제는 안디옥 교회가 제출한 할례가 구원조건인가에 대한 문제였다(행 15:5 - 6). 공회의 결론은 이방인 출신으로서 기독교인이 된 사람들이 진정한 기독교인이 되기 위한 조건으로서 할례를 행하거나 모세의 율법을 꼭 지킬 필요는 없다는 것이다(행 15:19). 공회의 또 다른 의제는 역시 안디옥 교회가 제출한 것으로서 유대인 기독교인들과 이방인 기독교인들 사이의 식탁 교제 때에 먹을 것과 먹지 말아야 할 것에 관한 조건들은 무

엇인가에 대한 문제였다.[253] 두 번째 주제에 대한 결론은 우상의 제물과 피와 목매어 죽인 것과 음행을 멀리할 것이었다(행 15:29).

> "우상의 제물과 피와 목매어 죽인 것과 음행을 멀리할지니라 이에
> 스스로 삼가면 잘되리라 평안함을 원하노라 하였더라"(행 15:29)

이 결정에 의해 이방인 기독교인들은 동등한 신분으로 유대인 기독교인들과 교제를 가질 수 있었다. 예루살렘 공회는 두 문제 사이에 있던 문화적인 분리(separation)의 벽을 제거하였다.[254] 예루살렘 공회의 결정은 이방인 새신자들을 할례하지 않는 바울의 입장을 명확하게 만들어 주었다. 그러나 바울은 예루살렘 공회 이후 디모데에게 할례를 행하였다(행 16:3). 이와 달리 바울은 디도에게는 할례를 행하지 않았다(갈 2:3).

바울은 디모데에게 할례를 행했던 첫 번째 이유는 디모데는 믿는 유대인 모친에서 태어났고 그리하여 디모데는 유대인이기 때문이었다(행 16:1). 두 번째 이유는 만약 디모데가 할례를 받지 않으면 그는 배교한 유대인이 되기 때문이었다. 디모데로 하여금 할례를 받게 한 세 번째 이유는 실제적인 이유로서 할례를 받는 것이 디모데가 유대인들 속에서 복음 전파하는 일에 더욱 유익했기 때문이었다.[255] 디도는 유대인이 아니므로 할례를 행할 필요가 없었던 것이다.

---

253) Frederick F. Bruce, *New Testament History* (New York: Doubleday & Co, 1971), 286.

254) Norman R. Ericson, *Theology and Mission* (Grand Rapids: Baker Book House, 1978), 75.

255) Frederick F. Bruce, *The Book of The Acts*, 304.

② 예전문제

바울은 로마 시민이자 디아스포라 유대인으로서 그레코로만(Greco
-Roman) 문화의 영향에서 벗어날 수 없었다.[256] 당시 바울이 살았
던 세계는 정치적으로 로마가 다스렸고 문화적으로 헬레니즘이 통
치하였다. 유신론자인 유대인들과는 달리 헬라파 이방인들은 범신
론(pantheism)자나 다신론(polytheism)자 혹은 우상 숭배자들이었다.
바울은 구약성경에 있는 율법과 일치하는 우상의 제물과 피와 목
매어 죽인 것과 음행을 멀리할 것을 요구하는 예루살렘 공회의 결
정을 받아들였다. 예루살렘 공회는 이 네 가지 금기사항들을 결정
적인 의식의 최소한의 조건으로 요구하였다. 그의 제2차 선교여행
에서 바울은 신자들에게 예루살렘 공회에서 나온 결정들을 전달하
고 이 요구들을 지키라고 부탁하였다(행 16:5).

바울은 무엇을 먹든 모든 것은 주님이 만든 것으로 믿었다. 그는
아무거나 먹었고, 간수의 집에서도 이런 믿음에 따라서 먹었다(행
16:34). 그러나 그의 자유로움이 다른 사람들에게 문제를 일으키면
그는 먹는 것을 삼가기도 하였다(고전 10:25-30). 바울은 복음의
순수성을 위해 싸웠던 것이다. 그는 우상숭배를 거부하고 '아가페'
라고 하는 새롭고도 긍정적인 가치를 소개하였다.[257]

---

256) Donald Senior and Carroll Stuhlmueller. *The Biblical Foundations for Mission* (Maryknoll:
Orbis Books, 1983), 164. 그레코로만은 로마가 그리스의 문화를 흡수해서 만든 복합
적 문화형태를 말한다.

257) Daniel Patte, *Paul's Faith and the Power of the Gospel* (Philadelphia: Fortress Press, 1983),
69-70.

③ 복음문제

바울은 이방인 세계에 복음을 전할 때 모든 가능한 상황화된 방법들을 동원하였다. 바울이 사용한 다양한 상황화의 방법들을 살펴보면 다음과 같다.

첫째, 바울은 현지 언어(Language)를 사용하였다.

사람들은 자신들의 언어로 복음을 듣지 못하면 우선 복음을 이해하지 못할 뿐만 아니라 다른 사람들에게 메시지를 전달하는 것도 불가능하게 된다. 바울의 새신자들은 복음을 자신들의 언어로 들었을 뿐만 아니라 훈련받았다.[258] 바울이 현지 지방 언어를 말할 수 있었던 것은 매우 중요하다. 예를 들면, 예루살렘 성전에서 체포되었을 때 그는 지휘관에게 연설한 기회를 달라고 요청해서 헬라어를 사용하였다. 이때 바울은 그를 죽이려고 하는 사람들의 주목을 끌기 위해서 아람어로 헬라어를 대체하였다.

가말리엘 문하에서 수업하고 랍비가 된 바울은 구약성경의 언어인 히브리어를 알고 있었다(행 22:3). 히브리어 이외에도 바울은 루가오니아 언어를 이해할 수 있었고(행 14:11 – 12), 로마의 정치와 군사 언어인 라틴어도 이해하고 있었다. 그러므로 바울이 로마와 당시에 세상의 끝이라고 알려진 스페인에도 복음을 전할 계획을 가진 것으로 보인다(행 19:21).[259]

---

258) Charles Brock, *The Principles and Practice of Indigenous Church Planting* (Nashville: Broadman Press, 1981), 39 – 40.

259) Johannes Blauw, *The Missionary Nature of the Church* (New York: McGraw – Hill, 1963), 103.

둘째, 바울은 현지 상징(Symbols)들을 사용하였다.

바울은 그의 청중들의 수준에 맞추어 메시지를 시작하였다. 그렇게 하지 않으면 그의 메시지가 청중들에게 전혀 다른 나라의 이야기로 들릴 것이기 때문이다. 바울은 현지 사람들에게 친숙한 현지 상징들을 사용함으로써 모든 사람들이 그의 메시지를 이해할 수 있도록 노력하였다.260)

첫째로, 바울은 일신론(monotheism)자를 대상으로 메시지를 전했다. 바울이 회당을 방문할 때 만난 청중들을 구약성경에 대해 지식이 있는 유대인들과 하나님을 경외하는 이방인 신자들이었다. 그러므로 바울은 그들의 상징인 히브리 역사를 사용하여 메시지를 시작했다. 회심(conversion) 바로 직후에 다메섹 회당에서 행한 바울의 첫 메시지는 "예수님은 하나님의 아들"(행 9:20)이라는 말이 시편 2:7에서 나오는 '메시아'와 동일한 것임을 증거하는 것이었다.261)

> "즉시로 각 회당에서 예수가 하나님의 아들이심을 전파하니"(행 9:20)
> "내가 여호와의 명령을 전하노라 여호와께서 내게 이르시되 너는 내 아들이라 오늘 내가 너를 낳았도다"(시 2:7)

둘째로, 바울은 다신론자를 대상으로 메시지를 전했다. 루스드라의 청중들은 일신론자들과는 다른 상징을 가진 완전한 다신론자들이었다. 제우스 신당의 제사장과 군중들이 바울과 바나바에게 제사하려고 할 때 바울은 앉은뱅이를 고친 것은 사람이 아니라 하나님

---

260) David J. Hesselgrave, *Planting Churches Cross −Culturally*, 207−208.

261) Charles W. Carter and Ralph Earle, *The Acts of the Apostles* (Grand Rapids: Zondervan Publishing House, 1978), 130.

이라고 강조하면서 설교했다(행 14:15 – 17).262)

> "이르되 여러분이여 어찌하여 이러한 일을 하느냐 우리도 여러분과
> 같은 성정을 가진 사람이라 여러분에게 복음을 전하는 것은 이런 헛
> 된 일을 버리고 천지와 바다와 그 가운데 만물을 지으시고 살아 계
> 신 하나님께로 돌아오게 함이라 하나님이 지나간 세대에는 모든 민
> 족으로 자기들의 길들을 가게 방임하셨으나 그러나 자기를 증언하지
> 아니하신 것이 아니니 곧 여러분에게 하늘로부터 비를 내리시며 결
> 실기를 주시는 선한 일을 하사 음식과 기쁨으로 여러분의 마음에 만
> 족하게 하셨느니라 하고"(행 14:15 – 17)

바울은 빌립보에서 점하는 노예 여종으로부터 귀신을 쫓아내었
다. 이 영적 전쟁으로 인해 바울과 실라는 매를 맞고 옥에 갇혔으
나 이 일로 빌립보에 복음이 널리 전파되었다(행 16:16 – 21).

> "우리가 기도하는 곳에 가다가 점치는 귀신 들린 여종 하나를 만나
> 니 점으로 그 주인들에게 큰 이익을 주는 자라 그가 바울과 우리를
> 따라와 소리 질러 이르되 이 사람들은 지극히 높은 하나님의 종으로
> 서 구원의 길을 너희에게 전하는 자라 하며 이같이 여러 날을 하는
> 지라 바울이 심히 괴로워하여 돌이켜 그 귀신에게 이르되 예수 그리
> 스도의 이름으로 내가 네게 명하노니 그에게서 나오라 하니 귀신이
> 즉시 나오니라 여종의 주인들은 자기 수익의 소망이 끊어진 것을 보
> 고 바울과 실라를 붙잡아 장터로 관리들에게 끌어갔다가 상관들 앞
> 에 데리고 가서 말하되 이 사람들이 유대인인데 우리 성을 심히 요
> 란하게 하여 로마 사람인 우리가 받지도 못하고 행하지도 못할 풍속
> 을 전한다 하거늘"(행 16:16 – 21)

셋째로, 바울은 범신론자를 대상으로 메시지를 전했다. 범신론적

---

262) Frederick F. Bruce, *The Book of The Acts*, 292.

으로 기울었던 아테네 철학자들을 위해 바울은 '알지 못하는 신'의 제단과 같은 현지 상징과 헬라의 시와 우상을 사용하여 그의 메시지를 시작했다(행 17:23; 17:28 - 29).263)

> "내가 두루 다니며 너희가 위하는 것들을 보다가 알지 못하는 신에게라고 새긴 단도 보았으니 그런즉 너희가 알지 못하고 위하는 그것을 내가 너희에게 알게 하리라"(행 17:23)
> "우리가 그를 힘입어 살며 기동하며 존재하느니라 너희 시인 중 어떤 사람들의 말과 같이 우리가 그의 소생이라 하니 이와 같이 하나님의 소생이 되었은즉 하나님을 금이나 은이나 돌에다 사람의 기술과 고안으로 새긴 것들과 같이 여길 것이 아니니라"(행 17:28 - 29)

바울은 그의 청중들인 에피쿠로스파와 스토아학파 철학자들의 마음을 꿰뚫고 그들의 환경에 적절한 메시지를 제시하였다. 그의 메시지에서 바울은 철학의 세 가지 기본적인 질문에 답했다. 첫째는 '어디서'라고 하는 모든 사물의 기원에 대하여 해답을 주었다. 둘째는 '무엇'이라고 하는 모든 사물의 본성에 대하여 해답을 주었다. 셋째는 '어디로'라고 하는 모든 사물의 종말에 대하여 해답을 주었다(행 17:24 - 43).264) 이 세 가지 질문은 이 철학자들로서는 도저히 대답할 수 없는 것들이었다. 그러나 바울은 말씀으로 모든 것을 창조하신 인격적이고 지고하시고 초월적(transcendent)이신 하나님을 소개함으로써 철학자들이 그동안 헛되게 찾아왔던 기원의 문제에 해답을 주었다. 바울은 현지 사람들과 다른 세계관으로 논쟁하지 않고, 현지 사람들의 지식 구조 안으로 들어가서 효과적으로

---

263) David J. Hesselgrave, *Planting Churches Cross -Culturally*, 208.

264) Charles W. Carter and Ralph Earle, *The Acts of the Apostles*, 259-263.

복음을 전파하였다.

이러한 여덟 가지 전문인 선교전략은 바울의 전략이기보다 선교의 영(Missionary Spirit)이신 성령의 전략이다. 이처럼 전문인 선교는 폐쇄된 미전도 종족 선교를 위한 성령의 필수적인 전략인 것이다.

제7장 세계 전문인 선교 운동사

초대교회의 선교 역사인 사도행전을 기록할 때, 누가는 예루살렘 교회의 탄생과 성장에 관해 먼저 기록하였다. 그리고 예루살렘과 유대와 그리고 사마리아와 땅 끝까지 이르러 성령과 사도들이 전개한 선교역사를 기록하였다.[265] 이렇듯 전문인 선교 역사를 다룸에 있어 전문인 선교운동(Missionary Movement of the Professional Missions)의 탄생과 발전 경위에 대해 전개하는 것은 올바른 순서일 것이다. 여기서 다루는 초대교회로부터 시작하여 현재까지의 세계 전문인 선교운동사를 다루었다. 또한 선교 역사에서 나타나고 있는 선교신학적인 통찰력과 역사적인 안목을 제공해 줄 것이다.

---

265) 박기호, 『한국교회 선교운동사』 (서울: 아시아선교연구소출판부, 1999), 35.

1. 초대교회의 전문인 선교

(Professional Missions in The Early Church)

초대교회 역사는 전문인 선교에 대한 많은 교훈을 제공한다. 초대교회 선교 역사를 연구하면, 기독교는 처음부터 선교 사역에 풍성한 전문인 선교사들의 참여(participation)로 성장하였다. 그것은 예루살렘을 중심으로 모였던 초대교회가 박해로 인해 뿔뿔이 흩어졌지만 그들은 가는 곳마다 복음을 전했다.

"그 흩어진 사람들이 두루 다니며 복음의 말씀을 전할새"(행 8:4)

초대교회 때 예루살렘에서 발생했던 핍박 때문에 흩어졌던 사람들은 평신도 전문인 선교사였다. 이후로 교회 역사의 전반에 걸쳐 하나님은 복음 전파를 위해 전적으로 지원을 받는 전임 사역자뿐만 아니라 전문인 선교사들도 사용하셨다.[266] 그러나 20세기에 탁월한 선교신학자 데이비드 보쉬(David J. Bosch)는 초대교회에 대한 일방적 동경론에 대해 부정적인 입장을 취하는 것에 대하여 말하기를, "초대교회는 이상적인 공동체가 아니었으며 출발부터가 불완전한 존재였다."라고 하였다.[267] 그것은 세계 안에서 존재하지만 세계

---

266) J. Christy Wilson, *Today's Tentmakers: self−support an alternative model for worldwide witness*, 26.

267) 한국전문인선교협의회, 『선교의 패러다임이 바뀐다』, 42. 보쉬는 트랜스케이(Transkei)에서 전문인 선교사로서 성장하기 시작했으며, 남아프리카의 역사적, 문화적, 그리고 종교적인 상황에 의해 영향을 받았다. 아울러 전문적인 신약학자로서의 훈련도 받았다. 다양한 신학적인 전통들로부터 통찰력 이끌어내고 그것들을 온유한 영 안에서 종합 발전시키는 그의 능력은 현대 선교신학자들에게 큰 영향력을 주는 선교신학을 만들었다.

에 속하지 아니한 그 무엇이 초대교회의 패러다임이었다. 그래서 그들이 바라보는 세상, 그들이 세상에서 행한 선교적 패러다임(missiological paradigms)은 불완전할 수밖에 없었다. 예를 들면, 그 당시에는 예수님이 금방 오실 것으로 생각하였다. 그래서 데살로니가에 사는 어느 지역의 사람들은 예수님이 오신다면 "우리가 열심히 일하는 것보다는 열심히 전도해야 한다."며 일하지 않고 열심히 전도하였다. 데살로니가후서 3:10에 의하면, 바울은 "우리가 너희와 함께 있을 때에도 너희에게 명하기를 누구든지 일하기 싫어하거든 먹지도 말게 하라 하였더니."라고 말하였다. 교회는 선교라고 하는 구원 역사와 땀 흘려 일하는 전문직의 일반 역사 사이에서 활동하는 것이다. 그런데 초대교회는 구원역사에만 치우쳤던 것이다.[268]

그런 반면에 미국 칼빈신학교(Calvin Theological Seminary) 명예교수인 로저 그린웨이(Roger S. Greenway)는 초대교회에 대하여 말하기를, "그리스도인이 된다는 것은 바로 그리스도의 구속사적인 선교 사역에 참여하는 것을 의미한다."라고 하였다. 초대교회의 믿지 않는 세상 앞에서 믿음을 증거하는 것이 제자로서의 삶으로 여겼다. 이러한 초대교회의 모습이 바로 폭발적인 부흥의 원동력이 되었던 것이다.[269]

세계적인 복음전도자 마이클 그린(Michael Green)은 초대교회의 획기적인 사역에 대하여 말하기를, "교회의 평범한 사람들은 전도를 자기의 직업으로 여겼다."라고 하였다.[270] 초대교회의 성도들은

---

268) 한국전문인선교협의회, 『선교의 패러다임이 바뀐다』, 42.

269) 김성욱, "21세기 한국교회 선교와 전문인 선교,", 128.

270) 김성욱, "21세기 한국교회 선교와 전문인 선교,", 128.

복음 전파가 세상에서 살아감에 있어 최대의 의미와 책임으로 받아들였다.

대표적인 개혁주의 선교신학자인 요한 바빙크(Johan H. Bavinck)는 사도행전에서 선교 사역의 특징에 대하여 말하기를, "자주 언급된 평신도 설교자들"을 예로 들었다. 바빙크의 이러한 평신도들을 '비공식적 설교자'로 불렀으며, 그 예로 이 모든 남녀들은 비공식적인 선교사들로서 초대교회의 선교 사역에 막중한 역할을 했는데 바로 그들은 '신자'라는 직책 외에는 다른 어떤 위치도 없는 평범한 남녀 신자들이었다.271)

미국 예일대학교(Yale University)에서 선교와 동양 역사 교수를 지낸 케네스 라토렛(Kenneth S. Latourette)은 초대교회의 기독교의 확장에 대하여 말하기를, "전문적인 사역자들보다 세속사회 속에서 생업을 가지고 일하던 남녀 평신도들이 그들의 생업현장에서 같이 일하던 불신자들에게 복음을 전함으로 말미암았다."라고 주장하였다.272) 그 당시 그들은 여행자와 상인, 그리고 무역인과 노예 등이었다.

영국 맨체스터대학교(Manchester University)의 주경신학 교수였던 프레드릭 브루스(Frederick F. Bruce)도 2세기 말 초대 영국 선교 사역에서 평신도의 활동들에 대하여 말하기를, "영국에 기독교가 전

---

271) Johan H. Bavinck, *An Introduction to the Science of Missions* (Philadelphia: The Presbyterian and reformed Publishing Co, 1960), 39−40.

272) Kenneth S. Latourette, *A History of the Expansion of Christianity* (New York: Harper and Brothers, 1939), 116. 라토렛 박사는 예일대학교 선교부 파송으로 중국 선교사를 지내고, 리드대학, 그랜빌침례교대학, 예일대학교에서 선교와 동양역사 교수를 역임하였다. 그는 『기독교 확장사』에서 구속사를 역사의 주축으로 이해하는 독특한 선교사관을 바탕으로 제도권 교회보다 우선적으로 소수 선각자운동에 의해 선교 운동이 확산되고, 후에 제도권 교회의 선교에의 각성으로 변혁의 촉매제가 된다고 하였다. 그는 1909년에 예일대학교에서 *"The History of Early Relations Between The United States and China, 1784−1844"*로 철학박사 학위를 받았다.

파된 것은 평범한 사람들 곧 고올(Gaul) 지방에서 온 상인들이었다."라고 언급하였다.[273] 그들은 날마다 사업장을 통해서 선교의 역사가 이루어 갔던 것이다.

이런 관점에서 보면, 초대교회의 평신도를 통한 전문인 사역은 그야말로 오늘의 전문인 사역의 본보기가 된다. 초대교회 전문인 선교사들은 예수님의 지상 대위임(the Great Commission)인 선교를 위한 삶의 전 영역을 드렸고, 담대히 선교를 시행함으로 초대교회의 부흥과 성장의 원동력이 되었다. 그들의 수준 높은 인격과 삶은 그 사회 속에서뿐만 아니라 세계 선교에 진정으로 빛이 될 것이다. 고린도전서 12:1 - 30에 의하면, 초대교회의 많은 사도들(apostles)과 선지자들(prophets), 그리고 전도자들(messengers)과 교사들(teachers), 다른 사역자들은 모두들 전문인 선교사들이었다. 수많은 선교사들의 증언과 성경에 따르면, 교회가 파송한 선교사들이 들어갈 수 없는 국가에 전문인 선교사는 차선책(lesser goods)이 아니라 최선책을 실감하게 된다.

2. 콘스탄틴 대제시대(Constantine I the Great age)의 전문인 선교

콘스탄틴 황제 313년 때부터 기독교는 로마의 공식 종교로서 대두되었다. 새로운 전환기를 맞아 사람들은 선교의 새로운 방식을 갖게 되었다. 그 새로운 방식은 이제는 선교를 열심히 하지 않아도

---

273) Frederick F. Bruce, *Epistle to the Hebrews: New International Commentary on the New Testament* (Grand Rapids: Eerdmans Publishing Company, 1964), 354.

이방인들이 예수를 믿게 될 것이라는 것이다. 그래서 그들은 선교적 관점(missional perspective)보다는 일반 역사에 좀 더 관심을 갖게 되었다. 심지어 하나님께서 말씀하신 천년왕국이 바로 이 로마제국이 아닌가라고 말하는 사람도 있었다.[274] 그 당시 기독교적 정치를 바라보는 그들의 역사관이 구원 역사까지도 잃어버릴 정도로 치우치게 된 것이다. 그래서 순례자적인 성격을 상실했으며, 이 땅의 순례자로서 복음을 전했던 시대가 초대교회였다. 이제 로마 제국 전체가 예수 그리스도를 고백하니 선교할 필요가 없게 된 것이다.[275] 이때 교회는 현실에 안주하게 되었고, 다시금 치우친 선교방식에 인식의 틀을 갖게 된 것이다.

3. 동방교회(The Church of The East)의 전문인 선교

B.C. 339년부터 448년까지 페르시아에서 조로아스터교는 기독교인들을 박해하였다. 그때 수십만 명의 기독교인들이 순교(martyria)했으며, 많은 기독교인들이 추방을 당했다. 초대교회 기독교인들처럼 그들은 도처에 흩어져 복음을 전파했지만 대부분 자신의 생계를 위해 일을 해야만 했던 평신도들이었다.[276] 그들이 대피했던 국가의 왕가나 귀족들 가운데는 개인 비서와 의사, 그리고 하인뿐만 아니라 자신의 손으로 직접 노동을 해서 생계를 유지했던 모든 사람

---

274) 한국전문인선교협의회, 『선교의 패러다임이 바뀐다』, 42−43.

275) 한국전문인선교협의회, 『선교의 패러다임이 바뀐다』, 43.

276) John Stewart, *The Nestorian Missionary Enterprise: The Story of a Church on Fire* (Edinburgh: Clark, 1923), 34.

들은 십자가의 선교사였다.277) 그들이 소유했던 능력의 비밀은 다름 아닌 하나님의 말씀을 아는 지식에 있었다. 그들은 위대한 신앙의 소유자였으며, 성경의 많은 부분을 암송할 정도로 성경에 능통하였다.278) 당시 그들은 신약성경을 전체적으로 암송을 많이 했던 기독교인들이었다.279) 또한 그들은 자신의 직업을 갖고 자비량으로 선교했던 것으로 보아 오늘날로 말하면 전문인 선교사라고 볼 수 있을 것이다.

존 스튜어트(John Stewart)는 초대교회 성도들의 사역과 직업에 대하여 말하기를, "세상에 존재했던 그 어떤 교회보다도 더 많은 선교사를 지닌 선교 지향적인 교회를 세운 기독교인들이었다."라고 설명하였다.280) 스튜어트는 이 엄청난 선교 활동을 통해 11세기 때 아시아 지역에 기독교인이라고 지칭하는 그들이 당시 유럽 전체 숫자보다 더 많았다는 증거의 견해를 뒷받침하였다. 결국 그들의 열정적인 복음 전도는 중앙아시아(Central Asia)를 비롯해서 인도(India), 중국(China), 한국(Korea), 일본(Japan), 심지어 동남아시아(Southeast Asia)까지 전파되었다.281) 1225년 칭기즈칸에게 멸망한 탕구트 왕국(Tangute Kingdom)의 수도인 잉글레시아(Inglesia)에서 온 터키 상인들 가운데 그리스도인들이 있었다고 한다.282)

---

277) John Stewart, *The Nestorian Missionary Enterprise: The Story of a Church on Fire*, 18.

278) John Stewart, *The Nestorian Missionary Enterprise: The Story of a Church on Fire*, 47.

279) J. Christy Wilson, *Today's Tentmakers: self-support an alternative model for worldwide witness*, 26-27.

280) John Stewart, *The Nestorian Missionary Enterprise: The Story of a Church on Fire*, 198.

281) J. Christy Wilson, *Today's Tentmakers: self-support an alternative model for worldwide witness*, 27.

282) Tetsunano Yammori & Kennerth A. Eldred, 『킹덤 비즈니스』, 최형근 역 (서울: 죠이선교회 출판부, 2008), 271.

특히 아직도 복음에 대해 문이 닫혀져 있는 땅 아프가니스탄과 티베트는 이슬람교가 발생하기 오래전부터 벌써 기독교 활동의 중심지였다.[283] 그들은 가는 곳마다 기독교 공동체에서 어린이들을 훈련시키기 위한 학교들을 세웠다. 심지어 그들이 세웠던 수도원들에서 성경을 가르쳤던 것은 실제적으로 선교사를 양성하기 위한 선교사성경연구원(Missionary Bible Institutes)이었다고 볼 수 있다.[284]

그 당시 아시아에 펼쳐졌던 위대한 선교운동에 대해 많은 것을 들을 수 있다. 한 가지 분명한 것은 동방교회와 서방교회의 교리적 차이점으로 유럽의 기독교인들이 아시아의 네스토리우스파 사람들과 다른 기독교인들을 이단으로 몰았다는 것이다. 그러나 이 기록들은 아깝게도 삭제되었다고 한다.[285] 『기독교 선교사』(A History of Christian Missions)라는 책을 쓴 스티븐 닐(Stephen Neill)은 오늘날 교회사에 대하여 말하기를, "대부분은 서구적인 관점에서 배타적(exclusive)으로 기록되었다. B.C. 451년 칼케돈(Chalcedon) 회의 이후 동방교회는 자취를 감추었다."라고 주장하였다.[286] 많은 기독교 학자들은 네스토리우스파의 교회가 생각보다 이단이 아니었으며, 서방교회와 단절되어 교회사 기록에서 자취를 감추게 되기까지는 종교 정책이 한몫을 차지하였다는 사실이다.[287] 뿐만 아니라 그

---

283) John Stewart, *The Nestorian Missionary Enterprise: The Story of a Church on Fire*, 29.

284) John Stewart, *The Nestorian Missionary Enterprise: The Story of a Church on Fire*, 37-38.

285) J. Christy Wilson, *Today's Tentmakers: self-support an alternative model for worldwide witness*, 27.

286) 니일은 1899년 에딘버러에서 출생하여 딘 클로즈학교와 캠브리지대학교에서 교육을 받았으며, 1924-1928년에는 캠브리지대학교의 트리니티대학의 연구원을 역임했다. 영국 성공회의 선교사로서 20년간 인도에서 활약했으며 1939-1944년에는 남인도 Tinnevelly교구의 감독으로 봉직하기도 했다. 1944년 건강 때문에 유럽으로 돌아온 이후 많은 저서들을 내놓았을 뿐만 아니라 여러 대학에서 기독교 선교학을 정립하는 데 지도적인 역할을 담당했다.

당시 아시아 기독교가 완전히 말살된 것은 성경이 대개 고대의 언어로 보존되어 왔기 때문에 일반 사람들은 이해하지 못했다는 사실이다. 그래서 교회들은 의식적(ceremonial)이고 명목적인 믿음에만 머물게 되었다. 그 후 이슬람교와 불교가 발흥하여 수세기에 걸쳐 많은 그리스도인들이 개종(proselytism)하였고, 그들의 신앙 자취는 사라져 버리게 된 것이다.[288]

4. 로마 가톨릭(Roman Catholic)의 전문인 선교

1) 마르코 폴로(Marco Polo, 1254~1323)

『동방견문록』을 기록한 마르코 폴로는 장사꾼이면서 탐험가였다. 13세기 후반에 마르코 폴로가 중국을 갔을 때, 마르코 폴로의 자서전과 많은 자료를 검토한 결과 현대 사가들은 마르코 폴로의 탐험의 목적 중 하나가 기독교 전파도 여행의 목적 중 하나였으며, 그는 열심 있는 크리스천이었다.[289] 마르코 폴로는 중국을 여행하면서 말하기를, "바그다드에서 베이징에 이르는 비단길에 네스토리우스파 예배당이 줄을 이었다."라고 하였다.[290] 선교역사를 보면, 하나님께서 비단길을 따라 복음을 전파하기 위하여 직업과 무역, 그리고 견고한 그리스도인이었던 전문인 선교사를 사용하셨다는 사

---

287) J. Christy Wilson, *Today's Tentmakers: self-support an alternative model for worldwide witness*, 27.
288) J. Christy Wilson, *Today's Tentmakers: self-support an alternative model for worldwide witness*, 27.
289) 한국전문인선교협의회, 『선교의 패러다임이 바뀐다』, 47.
290) Tetsunano Yammori & Kennerth A. Eldred, 『킹덤 비지니스』, 272.

실은 분명하다. 그 비단길은 '바대인과 메대인과 엘림인'이 예루살렘에 있었던 오순절에 만들어져 12세기와 13세기까지 이어진 것이다(행 2:9).[291]

2) 크리스토퍼 콜럼버스(Christopher Columbus, 1451~1506)

사실 크리스토퍼 콜럼버스라고 하면 신대륙을 발견한 사람 정도로 익히 알고 있다. 그러나 최근 연구에 의하면, 크리스토퍼 콜럼버스도 인도인을 기독교로 개종시키기 위해 더 나은 항로를 발견할 염원에서 항해에 나서게 된 것으로 밝혀졌다.[292] 어거스트 클링(August J. Kling)도 크리스토퍼 콜럼버스에 대하여 말하기를, "그는 모든 시대 중에서 가장 주목받을 만한 기독교 평신도였다. 그의 아메리카 항해는 전적으로 성경에서 얻은 비전을 실현한 것이다. 콜럼버스가 저술한 『예언서』(The Book of Prophecies)는 지구와 먼 땅들과 바다들과 인구의 이동과 미지의 부족들에 대한 성경의 가르침들과 장차 올 세상에 복음이 전파될 것에 대한 성령의 예언들과 먼 지역들 사이에 왕래에 대한 성경의 예언들과 세상이 끝날 날과 예수 그리스도를 왕 중의 왕, 만주의 주로 모신 하나님 나라가 지상에 이룩할 것에 대한 성령의 예언들을 주의 깊게 편집해 놓은 것이다. 그는 그리스도께서 재림하여 그의 우주적인 나라를 세울 일이 먼저 먼 곳에 여러 섬들에 흩어져 사는 모든 민족과 족속들에게 전파되지 않고서는 이루어질 수가 없음을 믿었다."라고 하였다.[293]

---

291) Tetsunano Yammori & Kennerth A. Eldred, 『킹덤 비즈니스』, 272.

292) J. Christy Wilson, *Today's Tentmakers: self-support an alternative model for worldwide witness*, 27-28.

이것이 그의 탐험의 동기였던 것이다.

이처럼 오늘도 하나님 나라의 복음이 각 나라와 족속, 그리고 백성과 방언의 허다한 사람들에게 전파되기 위해서 누군가 가야 한다. 그래서 기독교인들은 적극적이어야 하고 모험가가 되어야 한다. 이것이 마르코 폴로와 콜럼버스를 통해 바라볼 수 있는 전문인 선교라는 것이다.

3) 프란시스 사비어(Francis Xavier, 1456~1552)

이제까지 가장 위대한 선교사들 가운데 하나인 프란시스 사비어는 전문인의 직업을 가진 선교사였다. 그는 프랑스의 학생들을 찾아가 야망을 버리고 동방에 나가서 복음을 전하라고 도전하였다. 그는 포르투갈 왕을 설득해서 그 당시 인도를 지배하고 있었던 포르투갈 영주들에게 지역 인도인들이 가톨릭교회에 들어오게 할 수 있는 모든 조치를 취하라는 명령을 내렸다. 그가 이러한 조치를 내렸던 것은 그만큼 세상 사람들에게 개종 사역에 커다란 관심을 갖고 있었던 것이다.[294] 그리고 일본에 간 예수회(the Society of Jesus) 선교사들은 비단 장사를 해서 그들의 선교 자금을 조달하였다. 또한 스페인 식민지에 갔었던 로마 가톨릭의 선교단체들은 그들의 생활을 위해 농업과 목축업에 종사하기도 하였다.[295]

---

293) August J. Kling, "Columbus-A Layman 'Christ-bearer' to Uncharted Isles", *The Presbyterian Layman*, October 1971, 4.

294) J. Christy Wilson, *Today's Tentmakers: self-support an alternative model for worldwide witness*, 28.

295) William J. Danker, *Profit for The Lord* (Grand Rapids: Eerdmans, 1971), 5. J. Christy Wilson, *Today's Tentmakers: self-support an alternative model for worldwide witness*, 29.

4) 예수회 마태오 리치의 선교 팀

중국선교에 귀하게 기여한 사람은 마태오 리치(Matteo Ricci, 1552~
1610)로 그의 선교 팀은 수학자, 천문학자, 그리고 지도 제작자, 여러
가지 과학의 전문인으로서 놀랄 만한 영향을 미쳤다. 그들의 삶에서
전문인 선교의 유형을 구체적으로 볼 수 있다. 그들은 복음만 들고
간 것이 아니라 그들이 개발한 천문학 기술과 수리학(numeriology) 등
의 기술들을 같이 전해 주고 싶어 하였다. 이 선교 팀은 복음뿐만
아니라 전문적인 면에서 상당한 식견을 가지고 있었다. 그들은 서
양 학문을 중국에 소개했으며, 지도층 인사들과 교류함으로써 복음
을 전할 수 있는 기회를 갖게 되었다. 그래서 그들의 첫 번째 선교
여행은 상당히 전략적이었고 성공적이었다. 그로 인해서 큰 기독교
공동체가 중국에서 형성되었다. 물론 토착화(indigenization) 과정에
서 많은 실수와 쓰라림도 맛보았지만 전문인 선교를 총체적으로
(holistically) 선교전략에 사용했다는 것은 그들의 사역을 높이 평가
할 만하다.296)

예수회(Society of Jesus)의 선교의 목적은 크리스천들을 만드는
일뿐만 아니라 특히 성지에 있는 사라센(Saracen) 사람들을 개종시
키는 일이었다.297) 이들을 보면 중세 이후로 인도, 중국, 일본, 필
리핀제도, 아프리카, 남아메리카, 멕시코, 미국 및 캐나다 등은 물

---

296) 한국전문인선교협의회, 『선교의 패러다임이 바뀐다』, 48.

297) 일찍이 로마 세계에서는 A.D. 첫 3세기 동안 후기 고전주의 작가들에 의해 사라센(그
리스어로는 Sarakenoi)이 언급되고 있었는데 그때는 시나이 반도에 살고 있던 아랍족
에게 이 용어가 쓰였다. 그 다음 세기에 그리스도교도들은 이 용어를 아랍족 전체에
까지 확대해서 사용했으며, 칼리프국이 세워진 이후 비잔틴 사람들은 칼리프의 모든
이슬람 백성을 사라센이라고 불렀다. 비잔틴 사람들과 십자군을 통해 그 이름이 서유
럽에 퍼졌고 오랫동안 사용되었으며 지금도 계속 쓰이고 있다.

론 현재 전 세계 어느 지역에도 미치지 않는 곳이 없을 정도로 활동적이다.[298] 이 수도회는 1540년을 기점으로 선교활동은 교육과 선교 방면에서 크게 성공을 거두었으며, 상당한 인문주의적 교육철학을 바탕으로 커리큘럼을 사용한 뛰어난 학교들을 세웠다. 예수회는 설교와 교육 등으로 가톨릭 신앙을 다시 불붙였고, 이들의 독특한 교육은 특히 상류층 사람들과 정계의 유력한 사람들에게 엄청난 영향을 주었다. 기독교인들조차도 그들의 자녀를 예수회 소속의 학교에 보낼 정도로 높은 교육수준을 유지하고 있었다.[299] 예수회의 선교는 하나님의 구원에 전 교회가 참여하는 형식이라면 교육은 그 선교를 가능하게 했던 신앙구조의 대화와 참 자유를 경험한 이들의 증언을 돕는 전 교회의 의도적 시도였다고 볼 수 있다. 예수회는 인본주의적 종교교육에 이상을 지니고 수백 개에 달하는 학교를 경영하였다.[300]

특히 예수회 설립자 이냐시오 로욜라(Ignatius Loyola)는 청년 교육 사업을 예수회의 기본 선교 사업의 하나로 간주하였다. 그는 1548년에 처음으로 메시나에서 대학을 세웠으며, 그 후 50년 이전에 예수회는 100여 개에 달하는 대학을 설립하였다. 예수회의 교육기관은 유럽뿐만 아니라 라틴 아메리카와 극동 아시아 지역에도 숫자적으로 증가하였다. 18세기 중엽에 이르러 예수회는 621개의 대학과 176개의 신학교를 운영하기에 이르렀다.[301] 현재 교육 사업에 역점을 두어 1547년 처음으로 예수회 대학을 개설한 이래, 세계

---

298) 배본철, 『기독교회사』 (서울: 문서선교 성지원, 1995), 457.
299) 배본철, 『기독교회사』, 458.
300) 배본철, 『기독교회사』, 458.
301) 배본철, 『기독교회사』, 458.

100여 개 국가에 진출하여 226개의 단과대학과 종합대학을 설립하
였다. 또한 4,000여 개의 중학교와 고등학교 등 기타 교육기관들을
세워 운영하고 있다.302)

이러한 로마 가톨릭의 전문인 선교에 주목해야 하는 것은 이들
이 전통적인 힘에 의한 선교 전략이 아니라는 것이다. 선교사들이
타문화권의 문화를 수용하고 그 원주민들에 대한 온전한 교육을
실시함을 통해 점차적으로 그들을 개종시키는 데 있다. 이러한 관
점은 예수회가 가지고 있는 열정과 실천으로 그들 나름대로의 전
문인 선교라고 볼 수 있을 것이다.

5. 종교개혁 시대(Reformation Age)의 전문인 선교

이 시기는 로마 전체가 가톨릭으로 통일되었다. 그런데 이 가톨
릭의 세계가 너무나 자기중심적(egocentric)으로 흐르다 보니까 타락
을 하게 되었다. 그래서 마틴 루터(Martin Luther, 1483~1546)가
종교개혁을 일으켰다. 이때부터 종교 개혁자들의 새로운 선교가 열
리는 시기였다. 그러나 종교 개혁자들의 선교는 더 개혁적이고 더
복음적이고 더 선교적이지는 않았다. 도리어 반동 종교개혁을 일으
켰던 사람들이 좀 더 선교적이었다. 이것이 역사가 우리에게 보여
주는 아이러니가 아닐 수 없다. 마틴 루터와 존 칼빈(John Calvin,

---

302) 이 수도회가 한국에 들어온 것은 1954년이며 1960년에 서강대학교, 1962년에는 광주
가톨릭대학교, 1974년 수원에 '말씀의 집' 등을 설립하여 운영하고 있다. 이 밖에도
'성 이그나티오스 야간학교'(고등학교 과정)라는 교육기관을 설립하여 불우한 청소년
들의 인격적이며 지적인 교육에 힘쓰고 있다.

1509~1564) 등 수많은 종교 개혁자들의 사고의 틀은 세계 선교가 아니라 유럽 교회갱신 운동이었던 것이다.[303] 그래서 당시는 선행을 통해서 구원을 받을 수 있었고, 교회를 통해서만 구원을 받을 수 있다는 관점의 논리가 성경으로 도전하였다. 그들의 주된 관심은 외향적인 것이 아니라 내향적인 것이었다. 이것은 선교적 관심보다도 교회의 혁신에 있음을 본다.

그러나 이때에 등불 같은 재세례파(anabaptist) 사람들은 로마 교황청과 마틴 루터, 그리고 칼빈의 종교개혁 사이에서 일종의 사생아와 같은 사람들이었다. 그러나 재세례파 사람들은 선교에 아주 열심이었다.[304] 물론 그들은 교리적으로 치우치는 경향은 있었지만 그들의 선교적 관점과 열심은 긍정적인 역사적 평가를 내려야 할 것이다.

6. 동인도 회사의 사목들(Chaplains of The East India Company)에 나타난 전문인 선교

동인도 회사(The East India Company)가 건립되어 1607년부터 1612년까지 무굴제국의 초대 대사로 파견된 토마스 로우 경(Sir. Thomas Rowe)은 헌신적인 그리스도인으로 현지 피고용인의 전도를 위해 목사를 동반하였다. 이후 동인도 회사는 현지 피고용인들을 위해 사역하고자 하는 사목(社牧, Chaplain)들을 지속적으로 임

---

303) 한국전문인선교협의회, 『선교의 패러다임이 바뀐다』, 43-44.
304) 한국전문인선교협의회, 『선교의 패러다임이 바뀐다』, 44.

용하였다. 그들은 기독교 복음을 현지인들에게 전하기 위해서 현지 언어를 습득해야 된다는 사실을 사역의 규정에 제정하였다. 이런 선교사들의 임용을 무시했을 뿐만 아니라 선교 사역에 실제적으로 반대하는 일이 자주 일어났다.305)

몇 명의 목사들은 동인도 회사에서 사역하기 위해 인도로 떠났지만 그들 중에 경건한 사목들 가운데 유명한 사역자가 바로 헨리 마틴(Henry Martyn, 1781~1812) 목사이다.306) 그는 먼저 인도 선교사로 갈 것을 고려했으나 두 가지 이유로 동인도 회사 소속 사목으로 가기로 결정하였다. 첫째, 그가 필요한 재정 후원을 확보하지 못했기 때문에 동인도 회사에서 사역함으로써 정기적인 봉급을 받을 수 있었다는 점이다. 둘째, 그 당시 동인도 회사는 선교사가 독자적으로 동인도 회사 영토 내에서 사역하는 것을 허락하지 않았다.307) 그는 동인도 회사의 고용인으로서 영국인들을 협조하면서 그 지역 언어를 배울 수 있었을 뿐만 아니라 그 지역 주민들을 위한 선교 사역도 할 수 있었다. 그는 신약성경을 힌두스탄어(hindustani)로 번역하였고, 아랍어 신약성경 개정판도 발간하였다. 1811년 그는 이란 남부 지역 쉬라즈(Shiraz)에 가서 8개월간에 걸쳐 페르시아의 신약성경 번역을 마무리하였고, 그 후 현지 달필가들(calligraphers)로 하여금 신약성경을 다시 쓰도록 하여 당시 왕(Shah)에게 증정하기

---

305) J. Christy Wilson, *Today's Tentmakers: self-support an alternative model for worldwide witness*, 28-29.

306) 인도로 가기 전에 유명한 기독교 사회 개혁주의자인 윌리암 윌버포스(William Wilberfore, 1759~1833)를 만날 수 있는 기회를 맞았다. 또한 노예 상인이었다가 개종 후에 목사가 되어 "나 같은 죄인 살리신"(Amazing Grace)을 작곡한 존 뉴턴(John Newton, 1725~1807)도 만나 충고를 들을 수 있었다.

307) J. Christy Wilson, *Today's Tentmakers: self-support an alternative model for worldwide witness*, 29.

도 하였다. 질병과 극도의 피로로 탈진된 상태인 그는 1812년 10월 6일 31세의 나이로 토카트(Tokat)에서 하나님의 부르심을 받았다.308) 이러한 그의 열정적인 선교 헌신과 뛰어난 학문은 보기 드문 전문인 선교사라고 할 수 있을 것이다.

예를 들면, 한국 양화진에 최초로 묻힌 존 헤론(John W. Heron, 1856~1890, 惠論)은 한국에 파송된 헌신적인 전문인 선교사로 미국 동부 테네시 주 메리빌대학(Maryville College)과 뉴욕종합대학교 의과대학을 개교 이래 최우수 성적으로 졸업한 총망받는 청년이었다.309) 그의 나이 27세에 의과대학을 졸업하기 직전 학교로부터 교수가 되어 줄 것을 거절하였고, 1884년 4월 미국에서 최초의 한국인 선교사로 정식 임명받았다.310) 헤론은 선교사 사명에 대하여 말하기를, "의약품과 의료기를 준비할 수만 있다면 지금이라도 당장 떠나겠습니다. 조선에 제일 먼저 도착하는 선교사가 되고 싶습니다."라고 고백하였다. 그는 일본에서 이수정으로부터 현지 언어를 배웠다. 물론 그보다 늦게 파송 받은 언더우드와 아펜젤러가 조선으로 입국한 후에 조선 땅을 밟는다. 그는 알렌의 뒤를 이어 2대 제중원 원장을 맡아서 전염병을 치료하였고,311) 예방하는 데 온 힘

---

308) J. Christy Wilson, *Today's Tentmakers: self—support an alternative model for worldwide witness*, 29.

309) 헤론은 한국에 와서 혜론(惠論)이라는 이름을 썼다.

310) 전택부, 『양화진 선교사 열전』(서울: 홍성사, 1986), 39-40.

311) 제중원은 전신이 1885년 2월 25일에 세워진 광혜원(廣惠院)이다. 광혜원은 알렌이 설립한 우리나라 최초의 서양식 병원으로 뒤에 헤론에 의해 제중원으로 이름이 바뀌었다. 이것이 지금 연세대학교 세브란스병원의 전신이다. 이 병원으로 인해 우리나라에 복음 선교의 문이 열리게 되었다. 광혜원은 그 당시 국립병원이었으며 그 운영비도 국고에서 지출되었을 정도로 전문인 선교사들은 국왕의 총애를 받았다. 하지만 현재 서울대학교병원은 "갑신정변(1884년) 당시에 부상당한 민영익을 선교의사 알렌이 성공적으로 치료한 사건을 계기로 이듬해 4월 14일(양력) 우리나라 최초의 근대식 병원인 광혜원이 통리교섭통상사무아문(統理交涉通商事務衙門) 관할 기관으로 설치되었

을 쏟았다.312) 그는 자신의 생명을 아끼지 않고 전염병을 치료하다가 본인이 점염되어 병상에 눕게 되었다.313) 그래서 1890년 7월 26일에 헤론은 하나님의 부름을 받아 양화진 묘지에 처음으로 묻힌 외국인 선교사였으며, 한국 선교를 위한 전문인 선교사였다.

한국기독교역사연구소(韓國基督教歷史研究所) 소장인 이만열은 그의 저서 『내한 선교사 총람』이라는 책에 의하면, 1884년 한국에 기독교가 전래된 이래 한국에서 복음 사역과 선교활동을 펼친 외국인 선교사는 총 2,946명으로 집계되었다.314) 1945년 이전에 내한한 선교사는 1,529명이며, 국적별로는 미국이 전체의 69.3%인 1,059명이었으며, 그다음은 영국으로 199명이며, 캐나다가 98명, 호주가

다. 광혜원은 곧바로 제중원으로 개칭되어 의료 활동과 의학교육을 담당하였다. 그러나 선교를 근본 목적으로 하는 선교의사들과 서양의술만을 활용하려는 조선정부의 관계는 순조롭지 못하였다. 마침내 1894년 정부는 제중원을 미국 북장로회 선교부에 위탁 경영시켰다."라고 주장하였다. 서울대학교병원, "연혁", http://www.snuh.org.

312) 헤론은 광혜원이라는 이름을 제중원으로 바꾸고 정릉 외국인 거주지에서 구리개(仇里介, 지금의 을지로 1가와 2가 사이에 있었던 나지막한 고개 이름)로 이사를 갔다. 왜냐하면 왕실의 총애만 받으며 특권층에만 의료 혜택을 베풀 것이 아니라 가난한 자와 병든 자들에게도 베풀고자 하는 생각이 간절했기 때문이다. 그 당시 백성들의 건강 상태는 매우 비참했다. 조선 사람들의 절반은 천연두로 죽었고, 매독은 아주 흔한 병이며, 회충 환자가 1년간 760건이나 되었다. 돌싸움과 활쏘기를 하다가 다친 환자도 꽤 많았으며, 피부병과 무좀은 백성들 거의 전부가 걸려 있었다. 학질은 만병의 근원이 되어 있었으며, 각기나 디스토마 환자도 많았다. 환자들에게 약을 주면 잘 먹긴 하는데 술을 많이 마시고 음식 조심을 하지 않아서 아무리 수술을 잘해도 효과가 나지 않았다. 그 당시 환자의 통계를 보면, 장티푸스 환자가 1,147명, 소화불량과 기타 환자가 3,032명, 유행성 감기가 114명, 호흡기 환자가 476명, 정신병 환자가 3,032명, 성병환자가 1,902명, 눈병환자가 105명, 피부병 환자가 845명, 부인병 환자가 67명이었다. 이 보고서는 1885년 4월 10일부터 그해 말까지 통계이다. 이 통계로 당시 조선의 질병 상태를 충분히 엿볼 수 있다. 천연두는 어찌나 심했던지 왕실에까지 침입하여 궁궐 안에서도 무당 점치는 일을 업으로 삼는 소경 판수가 자주 출입했으며, 명성황후의 소생 하나는 죽고 엄비의 소생 하나는 곰보가 된 것도 잘 알려진 사실이다. 그래서 초대 선교사들은 제일 먼저 전염병 방지에 애를 먹었을 것이다. 전택부, 『양화진 선교사 열전』, 44-45.

313) 이종훈, "양화진 묘비에 얽힌 메시지와 한국선교사 양화진," 『한국선교 KMQ』 통권 26호 (2008, 4월), 18.

314) 미주크리스천신문 1994년 7월 25일자.

85명, 기타 88명으로 집계되었다. 교단별로는 장로교가 전체의 45.4%
인 694명으로 압도적이었다. 그리고 감리교 28.8%인 432명, 구세
군 8.3%인 127명이었으며, 성공회, 안식교, 성결교 및 기타 교단이
나머지를 차지하였다.[315]

해론 외에도 다음과 같은 한국 선교를 위한 전문인 선교사들이
있었다. 한국 기독교 선교의 선구자 역할을 했던 호러스 언더우드
(Horace G. Underwood, 1859~1916)는 한국 이름은 원두우(元杜尤)
이다. 그는 1881년 뉴욕대학교(New York University)를 거쳐, 1884
년 뉴브런즈윅신학교(New Brunswick Theological Seminary)를 졸업
하였다. 또한 1890년 뉴욕대학교에서 명예신학박사와 1912년 명예
법학박사학위를 받았으며, 1884년 7월 미국 북 장로교 선교부의
임명에 따라 이듬해 감리교 목사인 헨리 아펜젤러와 함께 한국에
입국하였다.

언더우드의 전문인 선교에 대한 활동은 다음과 같다.
1. 1985년 4월 5일 언더우드 선교사 입국하였다.
2. 1885년 4월 10일에 제중원 의학교에서 물리와 화학을 강의하였다.
3. 1885년 10월에 신약성경 마가복음 번역에 착수하였다.
4. 1886년 5월에 한국 최초의 고아학교(고아원)를 설립하였다.[316]
5. 1887년 2월에 아펜젤러, 스크랜톤, 헤론과 한국 성경번역위원
   회를 조직하였다.
6. 1887년 9월 14일에 정동교회(현 새문안교회)를 설립하였다.

---

315) 미주크리스천신문 1994년 7월 25일자.
316) 고아학교가 경신학교의 전신이다.

7. 1889년 한국예수교성교서회를 창설하여 문서를 통한 선교실무를 관장했으며,『한국어문법』을 편찬하고 간행하였다.

8. 1897년 '그리스도 신문' 창간하였다.

9. 1900년 기독교청년회 조직하였다.

10. 1915년 3월 5일에 경신학교에 대학부를 설치하여 연희전문학교 설립하였다.

그 밖에 세브란스 의학교, 피어선 성경학원, 평양 장로교신학교 등의 설립에 주도적인 역할을 했으며, 성경번역사업에도 커다란 기여를 하여 한국 최초로 찬송가를 간행하였다. 주요 저서로는『한영사전』,『영한사전』(1890),『한국의 소명』(The Call of Korea, 1908) 등이 있다. 따라서 언더우드가 전문인 선교에 열중했던 것은 초파적일 뿐만 아니라 에큐메니칼의 특성을 지닌 사역들이었다. 언더우드 선교사는 하나님께서 최초의 목사 선교사로서 교육가, 그리고 성경 번역가로서의 전문인 선교사였다.

아울러 언더우드가(家)는 4대에 걸쳐 한국에 전문인 선교사로 다양한 분야에서 다양한 전문인 선교 방식으로 한국 근현대사와 한국사회의 발전에 기여한 가문이다. 1885년 전문인 선교사의 자격으로 이 땅에 처음 발을 디뎠던 언더우드 1세는 교파 간의 차이를 초월한 선교 활동을 펼쳤다. 특히 한국의 대표적인 사학인 연희전문학교를 세워 본격적인 근대 고등교육이 이루어질 수 있는 발판을 마련하였다. 아버지의 대를 이어 전문인 선교사로 활동했던 언더우드 2세는 연희전문학교의 교장으로서 이상적인 교육 실현에 이바지했으며, 일제식민지시대 수원 제암리교회와 수촌리에서 일제가 저지른 만행을 세계에 알리는 등 한국의 주권 회복을 위해서 다방면으로 노력하였다. 언더우드가와 한국의 인연은 여기서 그치지 않는다. 언더우드 3세인 원일한은 아버지 원한경과 더불어 한국전쟁에 자진해서 참전하기도 하였다. 그는 당시 UN 전문인 통역사로 활동하여 동생들과 함께 휴전 회담이 성사되는 데 크게 기여를 하였다. 언더우드 가문의 이러한 절대적인 한국에 대한 사랑은 4세 원한광의 형제들로까지 이어져 오늘도 전문인 선교사로 사역하고 있다.

한국 근대 교육의 개척자였던 헨리 아펜젤러(Henry G. Appenzeller, 1858~1902)는 1882년 펜실베이니아 주 프랭클린 앤드 마샬대학 (Franklin and Marshall College)을 거쳐 그해 뉴저지 주 드류대학교 (Drew University)를 졸업하였다. 그는 미전도 종족인 조선 민족에게 선교사가 필요하다는 정보를 접하고 자기의 삶을 하나님께 드리기로 하였다. 그래서 1884년 미국 감리회 해외선교부의 한국 선교 결정에 따라 1885년 4월 5일 부활절 아침, 한국에 입국하여 한국 선교회 및 배재학당을 설립하였다. 또한 1887년 한국 선교부 감리사로 있으면서 학교와 병원 등에 복음전도의 여러 사업을 맡았다. 같은 해, 10월 29일 서울에 지금의 정동제일교회인 벧엘 예배당을 설립했으며, 1888년에는 언더우드와 존스 등과 함께 지방을 순회하면서 전도활동을 펼치기도 하였다.

그 밖에 1890년 한국성교서회(韓國聖敎書會)를 창설하여 1892년 회장직을 맡는 등 성경번역사업에 큰 기여를 하였다. 1895년에 월간지 '한국휘보'(The Korean Repository)의 편집 일을 맡았으며, 1897년에는 한국말로 된 최초의 종교 신문인 '죠션 크리스토인회'를 창간하여 선교사업(mission enterprise) 외에 민족계몽운동에도 조력하였다. 1902년경 목포에서 열리는 성경번역자회의에 참석하러 가던 중 군산 앞바다에서 그가 탄 배와 일본 상선이 충돌하여 익사하였다. 그의 큰아들은 배재학교 교장을 역임했으며, 큰딸은 이화전문학교 교장을 역임하기도 하였다. 따라서 아펜젤러 선교사는 목사와 최초의 교육가, 그리고 성경번역가, 편집인, 여행가로 활동한 전문인 선교사였다.

한국사 연구의 공로자였던 호머 헐버트(Homer B. Hulbert, 1863~1949)는 버몬트 주 뉴헤이번에서 출생하였다. 1884년 다트머스대학(Dartmouth College)을 졸업, 그해 유니온신학교(Union Theological Seminary)에 들어갔다가 1886년(조선 고종 23) 소학교 교사로 초청을 받고 D. A. 벙커 등과 함께 내한(來韓), 육영공원(育英公院)에서 외국어를 가르쳤다. 1905년 을사조약 후 한국의 자주독립을 주장하여 고종의 밀서를 휴대하고 미국에 돌아가 국무장관과 대통령을 면담하려 했으나 실패하였다. 1906년 다시 내한 '한국평론'(The Korea Review)을 통해 일본의 야심과 야만적 탄압행위를 폭로하는 한편, 이듬해 고종에게 네덜란드에서 열리는 제2차 만국평화회의에 밀사를 보내도록 건의하였다. 그는 한국 대표보다 먼저 헤이그에 도착 '회의시보'(Courier de la Conferénce)에 한국 대표단의 호소문을 싣게 하는 등 한국의 국권 회복운동에 적극 협력하였다. 1908년 미국 매사추세츠 주 스프링필드에 정착하면서 한국에 관한 글을 썼고, 3·1운동을 지지하는 글을 서재필(徐載弼)이 주관하는 잡지에 발표하였다. 대한민국 수립 후 1949년 국빈으로 초대를 받고 내한하였으나 병사하여 양화진(楊花津) 외국인 묘지에 묻혔다. 저서에 『한국사(2권)』(The History of Korea),

『대동기년』(大東紀年 5권), 『한국견문기』(The Passing of Korea) 등이 있다. 따라서 헐버트 선교사는 목사와 교육가, 그리고 언어학자, 한국의 문화와 역사학자, 저명한 언론가로서의 전문인 선교사로 활동하였다.

한국 독립신문 창설자 어네스트 베델(Ernest T. Bethell, 1872~1909)은 영국의 브리스틀에서 3남 2녀의 장남으로 태어났으며, 어린 시절에 완구점을 경영하는 아버지를 따라 런던으로 이주하였다. 집안이 가난하여 간신히 고등학교를 졸업하였으며, 15세 때 일본에 건너와서 완구점을 경영하였다. 10여 년 동안 고생 끝에 약간의 자본을 마련하여 모직업에 투자하였으나 실패하였다. 1904년 러일전쟁이 일어나자 '데일리 메일'(Daily Mail)의 특파원으로 내한(來韓)하여 그해 7월 양기탁(梁起鐸)과 함께 '대한매일신보'를 창간하였다. 그가 발행인으로 내세워진 것은 당시 일본인 검열관의 사전 검열을 피하기 위해서였다. 이 신문은 을사조약의 무효를 주장하고, 고종의 친서를 '대한매일신보'와 '런던 트리뷴'지에 게재하는 등 나라 안팎에 일본의 침략행위를 폭로하는 항일언론 활동을 벌이며 배일사상을 고취하였다. 이것 때문에 일본은 그를 추방하는 데 온 힘을 기울였다. 일본 외무성은 주일 영국공사에게 그의 추방에 협력을 요청하는 한편, 통감부는 반일적인 신문 기사를 구실로 1907년 10월 9일 주한 영국총영사에게 그의 처벌을 요구하는 소송장을 냈지만 추방에는 실패하였다. 이에 통감부는 1908년 5월 27일 '대한매일신보'의 기사와 논설이 일본인 배척을 선동한 이유로 영국 상해고등법원에 다시 제소하였다. 6월 15일부터 3일간 열린 주한총영사관에서의 공판에서 3주간 금고에 만기 후 선행보증으로 피고인

1,000달러, 보증인 1,000달러를 즉시 납부하라는 유죄판결을 받았고, 상해에 호송되어 3주간 금고생활을 하기도 하였다.

1908년 7월 12일 서울로 돌아온 뒤 '대한매일신보'를 비서 A. W. 만함(A. W. Marnham)에게 넘기고 항일언론 활동을 계속하다가 1909년 5월 1일 심장병으로 병사하여 서울 양화진 외국인 묘지에 묻혔다. 1995년 영국대사관은 한국 프레스 센터와 공동으로 그가 한국의 독립과 언론 자유를 위해 싸운 공적을 기리기 위하여 '베셀 언론인장학금'을 제정하였으며, 그 공로가 인정되어 1968년 대한민국 건국훈장 대통령장이 추서되었다. 따라서 베델 선교사는 언론을 통해 억눌린 한국인을 대변한 언론가로서의 전문인 선교사로 활동하였다.

한국 최초로 애국가 만들고 옥중 전도 시작한 댈지엘 벙커(Dalziel A. Bunke, 1853~1932)는 미국 감리교 선교사로 헐버트와 함께 육영공원(왕실소학교)의 교사로 초청되어 배재학당에서 수년간 교편을 잡았다. 따라서 벙커 선교사는 교육가로서의 전문인 선교사로 활동하였다.

한국 고아의 아버지 소다 가이찌(Soda Gaichi, 1867~1962)는 일본인 사회사업가로 1913년에 내한하여 가마구라 유아원을 세워 30여 년 동안 고아들을 돌보았다. 제2차 대전 후 일본에 돌아가서 일본이 한국 국민에게 고통을 준 것에 대해 사죄(forgiveness)해야 함을 역설하였다. 따라서 가이찌 선교사는 일본인 경성감리교회 전도사와 사회사업가로서의 전문인 선교사로 활동하였다.

이와 같이 과거에도 하나님은 이러한 전문인 선교사들을 부르셨지만 21세기에도 하나님은 여러 유형(patterns)의 전문인 선교사를 부르고 계신다. 한국 초기 선교사들은 그 당시 미전도 종족이었던 조선에서 전문인 선교사로 쓰임을 받았다. 하나님은 그들의 전문성을 사용하여 조선의 선교를 위해 그 필요를 공급하였으며, 조선인들이 필요로 했던 기술과 의료와 교육을 전수하였다. 갑신정변의 혁명정강의 목표는 개화파에 의해 이루어진 것이 아니라 하나님이 쓰시는 벽안의 전문인 선교사들에 의하여 완성되었다. 21세기는 새로운 기술의 시대이다. 모든 기술은 서로 융합되고 서로를 돕는 가운데 발전하고 있다. 세상에서 많은 그리스인들은 전문인의 새로운 기술을 배우고 있다. 새로운 지식과 기술로 무장한 전문인들이 자라나고 있다. 그들은 전문인 선교사가 될 소양을 가지고 있다.

필자가 2006년 중국단기선교학교를 지도하는 가운데 양화진을 방문한 적이 있었다. 특히 단기선교를 준비하는 한국 교회는 국내 성지인 양화진에 수많은 성도들이 이곳을 방문하도록 하여 그들의 삶의 발자취를 되새길 필요가 있다. 100년 전에 결핵환자들로 들끓었던 한국의 모습을 상상해 보면, 그 당시 조선의 집들은 닭장과 같았다고 표현할 정도로 열악한 환경이었음에도 그에 굴하지 않고 한국 땅에서 생애를 마친 전문인 선교사들을 통해 쉬지 않고 달려왔던 사역의 길을 다시 점검할 수 있는 좋은 기회가 된다. 예를 들면 양화진 묘비 가운데 특히 헐버트 전문인 선교사의 비문에 "나는 웨스터민스터 사원보다 한국 땅에 묻히기를 원하노라(I would rather be buried in Korea than in westminster Abbey)."라는 글을 보게 되면 하나님을 향한 뜨거운 열정을 다시 한 번 경험하게 될 것이다.

양화진 외국인 묘지공원에는 선교사 묘지 외에도 한국과 한국인의 발전과 안전에 많은 도움을 준 다양한 직업인 묘지가 있다. 그들은 대부분 기독교인으로서 외교관, 법률가, 언론인, 음악가, 기술자, 직업군인, 사회사업가 등으로 한국에서 다양한 활동을 하였다. 또한 우리나라 근대화와 안전에 도움을 주었다. 양화진 묘지에는 선교사 167기와 직업인 117기의 무덤이 있다.[317] 이들을 한국의 근대화에 여러 분야에서 다양한 형태로 공헌하였다.

〈도표 2〉 양화진 외국직업인 국제 현황

국가별	합 계	제1묘역	제2묘역	제3묘역	비율(%)
미국	73	9	16	48	62.3
러시아	13	1	12		11.1
영국	12	7	1	4	10.3
프랑스	4	4			3.4
필리핀	4		1	3	3.4
독일	2	1	1		1.7
캐나다	2	1		1	1.7
한국	3		2	1	2.5
이태리	1	1			0.9
폴란드	1		1	1	0.9
뉴질랜드	1				0.9
미상	1	1			0.9
합계	117	25	34	58	100%

이들을 상세하게 국적별로 구분하여 살펴보면, 미국인이 전체 직업인의 62.3%에 해당하는 73기로 가장 많았다. 다음은 러시아 정교인 등 13기(11.1%)와 영국인 12기(10.3%) 순이다. 그 외에 프랑스, 필리핀 각 4기를 비롯하여 독일, 캐나다, 이태리, 폴란드, 뉴질랜드 등 여러 나라 국적의 외국인 직업인들이었다. 이들의 직업들을 보면

---

317) 신호철, 『이 땅의 떨어진 밀알들 양화진 선교사』 (서울: 양화진선교회, 2003), 32.

고종 임금의 법률 외교고문으로 활동했던 그레이트 하우스(C. R. Great house), 군사 고문으로 활동한 르장드르(Charles W. Legendre), 우리나라 우편 통신제도 창설공로자 뮤렌스뎃(Henry J. Muhlensteth) 등의 미국인이 포함되어 있다.318) 영국인 중에는 구한말 언론인으로 활동하면서 '을사보호조약'의 부당성을 지적하고 우리나라 독립운동 공훈가로 존경받는 베델(Ernest T. Bethell), 외교관으로 활동하면서 그 부인은 순종 임금에게 영어를 가르쳐준 졸리(Clara Agnes Lillie Joly), 석유회사 한국대표로 산업화에 기여한 골만(Arthur B. Gorman), 고종임금 제50회 탄신 기념일에 우리나라 최초로 오케스트라를 조직하고 지휘하여 서양음악 발전의 기틀을 마련한 에케르토(Franz Eckert)도 안장되어 있다. 또한 6·25전쟁이 발발하면서 군인과 군속으로 활동하다가 양화진에 묻힌 외국인 등 상당수가 안장되어 있다.319)

이러한 관점에서 양화진은 선교에 대한 인식을 새롭게 하는 한국 교회의 전문인 선교의 진원지였으며, 세계 곳곳에 전문인 선교사가 세워지도록 노력하게 만드는 기틀이 된다.

7. 모라비안(Moravian) 선교 운동에 대한 전문인 선교

역사적으로 부흥운동은 대개 선교 각성이라는 열매를 통해 맺어졌다. 이 경우가 모라비안의 전문인 선교사들로, 그들은 이교도들

---

318) 신호철, 『이 땅의 떨어진 밀알들 양화진 선교사』, 33.
319) 신호철, 『이 땅의 떨어진 밀알들 양화진 선교사』, 33.

을 향한 전도가 교회의 의무라는 생각을 실천(praxis)에 옮긴 최초의 기독교인들이었다.[320] 아마도 지금까지 이렇게 교회에 대한 사도들의 모범을 잘 보여준 예가 없었을 것이다.[321] 그래서 1900년 뉴욕에서 열린 초교파선교대회(Ecumenical Missionary Conference New York)에서 존 모트(John R. Mott)는 모라비안에 대하여 말하기를, "그들은 해외 선교 사역 가운데 선교 현장에서 가장 놀라운 성취(fulfillment)를 이루었던 예로 그들이 지닌 능력에 비례해서 다른 어떤 기독교 단체들보다 더 많은 일을 하였다."라고 찬사를 보냈다.[322]

특히 모라비안의 선교 출발점은 독일 베르델도르프의 주민 600명이 살던 작은 마을 헤른후트(Herenhut)였다. 그곳은 경건하고 선교에 대한 뜨거운 열정을 품고 있었던 진젠도르프 백작(Count Zinzendort, 1700~1760)의 사유지였다. 그는 처음에 모라비안 난민들을 자신의 사유지에 받아들일 생각이 전혀 없었다.[323] 그러나 1727년 하나님은 독일에 위치한 헤른후트에서 진젠도르프의 지도하에 모였던 모라비안들은 신앙 난민들의 기도에 대한 응답으로 성령을 부어 주셨다.[324]

---

320) 모라비안은 체코슬로바키아의 지방 이름이다. 모라비안 교도는 정치와 종교의 자유를 위해 투쟁하였는데 존 후스와 예롬이 계승하였다. 연옥설과 가톨릭의 성인 숭배를 거부하고, 루터파의 아우구스부르크 신앙고백을 채용했다. 이 교회가 미국에 세워진 것은 신도들이 독일에서 온 후인데 감리교의 창시자 존 웨슬리가 이들과 한 배를 타고 가다가 그들에게 감화를 받았다. 그들은 복음주의적으로 성경을 해석하고 유아세례도 인정한다. 성찬은 두 달에 한 번 정도 하고, 제도는 감독 정치를 한다. 미국에 많은 교인이 있다. 모라비안 교도의 7대 원리는 선교 비전, 팀 사역, 네비우스 원칙, 하나님의 선교(Mission Dei), 전문인 사역, 상황화(토착화), 기업의 수익성이다.

321) William J. Danker, 『역사 속에서 본 비즈니스와 선교』, 신대현 역 (서울: 도서출판 창조, 1999), 22.

322) American Tract Society, *Ecumenical Missionary Conference* (New York: American Tract Society, 1990), 97.

323) William J. Danker, 『역사 속에서 본 비즈니스와 선교』, 23.

324) J. Christy Wilson, *Today's Tentmakers: self-support an alternative model for worldwide witness*, 30.

진젠도르프는 처의 사촌인 덴마크 왕 크리스천 6세(Christian Ⅵ)의 대관식에 참석했을 때 만난 서인도 제도 출신의 한 흑인 노예로부터 그 성 도마(St. Thomas) 섬의 원주민들이 처해 있는 영적이며 육체적인 비참 상에 대하여 들었다. 그는 이 소식을 듣고 모라비안 형제들에게 전했고, 즉시 두 사람의 기술공이 전문인 선교사로 그곳에 가겠다고 지원하였다. 그들이 토기장이였던 레온하르트 도버(Leonhard Dober)와 목수였던 데이빗 니취마운(David Nitschmaun)으로 1732년 서인도 제도에 도착하여 무역을 통해 전문인 선교를 시작하였다.[325]

모라비안 성도들의 전문인 선교 사역의 특징은 선교사들을 파송하여 재정을 지원해야 한다며 세계 선교를 성공적으로 이룰 수 없다고 판단하여 가장 효과적인 선교 방법으로 파송 받는 선교사가 자신의 전문인 직업으로 생계 문제를 해결해 가면서 동시에 선교 사업을 주요 사업으로 이끌어 가야 한다는 것이다.[326] 1732년에서 1760년 사이에 무려 226명의 모라비안 선교사들이 10여 개국으로 파송되었다. 단 20년 만에 모리비안 선교사들은 개신교와 영국 국교에서 200년간 진행해 온 선교운동을 앞지르고 말았다. 그 외에도 다른 모라비안 선교사들은 세인트 크로이 섬, 수리남, 남아프리카, 북미, 자메이카, 엔티가 섬 등으로 파송되었다.[327]

특히 그들은 에스키모인들과 교역을 하면서 얻는 수익만으로 사역했으며, 상품을 실어 나르는 선박까지도 보유하고 있었다. 그리

---

325) John Thiessen, *A Survey of World Missions* (Dowers Grove: Inter Varsity Press, 1956), 21. J. Christy Wilson, *Today's Tentmakers: self−support an alternative model for worldwide witness*, 30. 그들은 "직공의 도구를 어깨에 메고 세계의 선교지로 어린 양을 따라가자."라는 표어로 모라비안 교인들은 중요한 영적 운동을 일으켰다.

326) Ruth Tucker, *From Jerusalem to Irian Jaya* (Grand Rapids: Zondervan, 1983), 69.

327) Ken Eldred, 『비즈니스 미션』, 147.

고 그들은 최소한의 이익을 남겨 그 돈을 가지고 완전히 선교 사업에 사용하였다. 그래서 가난하고 병들고 나이 많은 에스키모인들의 복지사업까지도 수행해 나갔다. 또한 추위가 심한 겨울 동안 사냥, 그리고 낚시 철이 아닌 계절에 경제적으로 고통받고 있는 에스키모인들에게 상품 저장 창고에서 구호물자를 꺼내어 지원하기도 했다.328) 이러한 전문인 선교의 정신은 에스키모인들에게 복음을 전하는 데 효과적인 전략이었다.

1754년에 라틴 아메리카의 수리남(Surinam, Dutch Guina)에 두 명의 모라비안 선교사들이 파송되어 재봉사로서의 전문인 사역을 시작했다. 이후에 다른 모라비안 선교사들이 합류하여 상업, 제과업, 시계 제조업 등으로 확장되었다. 이러한 전문직 사업을 통해 직업이 없는 현지인들을 고용(employment)하며 예수 그리스도를 아는 구원의 지식에 이르게 하였다.329) 모라비안 성도들은 선교 임무의 크기에 비해 지원되는 헌금만으로는 부족하기 때문에 직업 선교를 취해야 될 필요성을 주장하였다.330) 모라비안 성도들은 모두가 다 선교사이며, 일상 직업 생활 속에서도 복음 증거를 해야 된다고 강조하였다. 그들은 직장에서도 신앙적인 삶을 살았던 것으로 보인다.

예를 들면, 수리남의 크리스토프 켈스텐 회사(Christoph Kersten & Co)는 북미보다 먼저 퇴직 연금, 근로자를 위한 의료 보험 제도의 시행, 직업 훈련 과정의 개설 등 근로자들을 도왔을 뿐만 아니라 매일 작업은 예배로부터 시작했다. 현재 설립한 지 약 250년 후

---

328) J. Christy Wilson, *Today's Tentmakers: self-support an alternative model for worldwide witness*, 30.
329) William J. Danker, *Profit for The Lord*, 60.
330) William J. Danker, *Profit for The Lord*, 55.

천여 명의 직원을 두고 다양한 제품을 생산하며, 무역과 서비스업을 주도하는 대기업으로 발전하였다. 이제 모라비안 선교사들이 회사를 경영하는 것이 아니라 수리남의 현지인들이 회사를 경영하였다. 그러나 여전히 켈스텐 회사는 모라비안 형제단의 선교재단에 속해 있으며, 계속해서 전문인 선교의 꿈을 이루어 가고 있었다. 오늘날 이 회사의 선교전략은 다음과 같이 살펴볼 수 있다. 첫째, 회사의 기본 운영과 활동을 유지하고 확장하였다. 둘째, 품질 높은 제품과 서비스를 제공하며, 그에 따른 서비스 정책을 세웠다. 셋째, 투자가들에게 적절한 이윤(profit)이 돌아가도록 하였다. 넷째, 모든 직원들에게 동등한 자기 개발의 기회를 제공하였다. 다섯째, 수리남의 국가 경제에 중요한 위치를 확보하고 유지하였다. 마지막으로 여섯째, 모리비안 교회의 세계 선교를 지원하였다.331)

1926년에 수리남의 모라비안 교회에는 일곱 개의 교회에 1만 3천 명의 성도가 생겨났다.332) 그리고 오늘날 수리남 사람들 경우에 45%가 기독교인이며 그중에 4/3은 모아비안 성도들이다. 남미의 작은 나라 수리남은 현재까지도 경제가 잘 발전된 국가 중 하나이다. 모라비안 선교에 대하여 더 자세히 연구하면, 설교자와 교사가 아닌 사업과 수공업, 그리고 상업을 통한 매우 유용한 도구로 전문인 선교사를 세계 선교 사역의 최전선에서 전략적으로 사용했다는 것을 깨닫게 될 것이다.

---

331) Ken Eldred, 『비즈니스 미션』, 148.

332) J. Christy Wilson, *Today's Tentmakers: self-support an alternative model for worldwide witness*, 31.

8. 바젤 선교회(Evangelical Missionary Society of Basler)의 전문인 선교

바젤은 1225년에 썬의 주교 헨리에 의해 보덴제이와 바다 사이에 라인 강(Rhine River)을 잇는 견고한 다리를 최초로 건축하게 되었다.[333] 그래서 바젤은 여러 도시와 이탈리아, 중부 유럽, 라인 지방, 네덜란드 항구를 연결하는 도시가 되었다. 또한 그 당시 철학자와 지성인들은 바젤이 매력적인 도시였다. 1460년에 스위스 첫 대학이 바젤에 세워져 에라스무스와 같은 자유사상가, 지성인, 예술가, 구도자, 인문주의자, 교사를 매혹하는 것은 흔한 일이었다. 진리와 기존 교회의 부흥을 사모했던 바젤의 인문주의자들은 교부들의 저작과 성경을 탐구하기도 하였다.[334] 1516년에 구텐베르크에게 직접 인쇄기술을 배운 인쇄술의 대가인 요하네스 프로브(Johannes Frobe)의 개인적인 권유로 에라스무스는 헬라어 원문으로 된 신약성경을 번역(translation)하기에 이르렀다. 이런 관점에서 바젤은 유럽 인쇄 출판의 중심지였던 것이다. 1517년 마틴 루터가 비텐베르크(Wittenberg)에 그 유명한 95개 조항(Ninety-five Theses)을 제시했을 때 바젤 사람들은 열정적으로 그 조항을 받아들였다.[335] 인쇄

---

333) William J. Danker, 『역사 속에서 본 비즈니스와 선교』, 103.

334) Tetsunano Yammori & Kennerth A. Eldred, 『킹덤 비즈니스』, 279.

335) 95개 조항에는 그가 교회의 성례전과 성직 제도를 존중한다는 뜻이 담겨져 있었다. 그는 교황의 권위가 면죄부 판매자들의 저질적인 태도와 행동에 의해 침해되고 있다는 점을 적은 편지와 함께 95개 조항 복사본을 알버트 대주교에게 보냈다. 그 중요한 요지는 면죄부의 가치와 중요성은 어디까지나 형벌에 대한 교회의 사면을 상징하는 데 있다는 것(36-42조), 그러한 형벌은 살아 있는 사람들에게만 적용해야 한다는 것(8조, 10, 22조, 83조), 교회에는 공적의 보고와 같은 것은 있을 수 없으며, 하나님의 거룩한 복음과 영광과 은총만이 있어야 한다는 것(58조, 60조, 62조, 65-66조), 만약

공들은 즉시 작업에 들어갔으며, 바젤과 스위스뿐만 아니라 남부 독일, 프랑스, 영국, 스페인으로 종교개혁은 확산되어 갔다.[336]

드디어 1529년 바젤은 기독교 도시로 형성되었다. 특히 30년 전쟁 기간 동안(1618~1684) 프랑스에 있었던 많은 위그노파(Huguenots) 기독교 성도들이 스위스로 망명하였다. 그들 가운데 1859년 바젤선교회 무역회사의 초대 총재가 된 아돌프 크라이스트(Adolf Christ)의 선조와 보이지 않는 종교개혁에 지지자가 된 이후 믿음이 생겼던 프랑스 콜마르의 마티아스 프라이스베르크(Matthias Preiswerk)의 가족도 있었다.[337] 바젤선교회 무역회사는 1859년에 20만 스위스 프랑을 자본으로 100주를 가진 주식회사로 출발하였다.[338] 이 선교회의 취지문을 보면, "상업 활동이야말로 기독교 전파의 길을 여는 중요한 매개체이다. 효율적인 노동을 통해 사람들이 복음에 가까이 다가올 수 있게 할 뿐만 아니라 특히 근로 현장에서 새로운 가치관과 윤리의식을 일깨워 준다."라고 설명하였다.[339]

교황이 그러한 막중한 힘을 가진 사람이라면 면죄부를 거저 대가 없이 허락해야 마땅하며(86조), 성 베드로 성당을 짓기 위하여 자신의 엄청난 부 대신 가난한 사람들의 돈을 착지하는 것은 매우 잘못된 점이라는 것이다. 루터의 주장에 따르면 회개와 고해성사는 엄연히 구분되어야 하며, 전자는 죄인의 참회하는 태도가 있어야 한다. 반면에 후자는 형식적인 성례적 행위만 있으면 되기 때문이라는 것(2조), 진실한 죄인이라면 면죄부에 의해 형벌을 피할 것이 아니라 오히려 겸손과 신앙으로 그것을 받아야 한다는 것(40조), 그러므로 면죄부판매는 사람들의 죄 인식을 잘못된 곳으로 오도하기 쉬울 뿐만 아니라 고해성사의 가치를 하락하게 만드는 결과가 된다는 것(32조) 등이다.

336) Tetsunano Yammori & Kennerth A. Eldred, 『킹덤 비즈니스』, 279.

337) Tetsunano Yammori & Kennerth A. Eldred, 『킹덤 비즈니스』, 280. 바젤선교회의 5대 원리는 창의적 접근방식, 만인제사장주의, 제자훈련, 성육신 동일시의 원리, 양육후 속관리이다.

338) 회사의 주주들은 경제계의 매우 유력한 인사들로서 바젤선교회의 취지를 옹호하는 사람들이었다.

339) Ken Eldred, 『비즈니스 미션』, 154.

이후에 바젤은 종교의 자유를 찾아 독일에서 온 모라비안 성도 300명과 성직자 150명을 받아들였다. 18세기 초 바젤은 경건주의(pietism) 신앙운동의 중심지가 되었다.340) 이들 망명자의 경우에 전문 지식인들이 많았는데, 이탈리아에서 온 사람들은 직조와 방적, 그리고 염색기술이 있었다. 프랑스의 경우는 무역과 직물 산업에 대한 새로운 기술을 가져왔다.341) 1780년 바젤은 아우그스부르크의 목사였던 요한 아우구스트 울스퍼거(Johann August Urlsperger)의 영향력 하에서 한 단체가 생겨났다. 이 단체가 처음에는 '독일기독교협회'(German Christian Society)로 불렀고, 이후에는 '독일기독인 믿음 – 촉진협회'로 발전되었다.342) 이 단체의 설립 목적은 전 세계에 복음을 전하기 위한 것으로 1799년까지 이 운동은 네덜란드와 덴마크처럼 극북 지역을 포함하여 30여 곳이 넘는 선교 현지를 확보했다. 그리고 귀족, 장관, 장군, 대의원, 교수, 의사, 상인, 무역업자, 농부, 목사 등 여러 사회계층에 있는 그리스도인 사이에 서서히 관계를 형성해 나갔다.343)

이 단체는 바젤선교회로 발전하여 교회 전체가 선교에 어떻게 헌신할 수 있는지를 보여주는 사례가 되었다. 또한 모라비안의 접근과는 다른 방법으로 선교와 사회 조직이 함께 만난 전형적인 사례를 보여주었다.344) 아마도 바젤선교회처럼 광범위하고 발달된 경제 활동을 보여준 단체는 그리 많지 않을 것이다. 바젤선교회의 본

---

340) William J. Danker, 『역사 속에서 본 비즈니스와 선교』, 102.

341) Tetsunano Yammori & Kennerth A. Eldred, 『킹덤 비즈니스』, 280.

342) William J. Danker, 『역사 속에서 본 비즈니스와 선교』, 102.

343) Tetsunano Yammori & Kennerth A. Eldred, 『킹덤 비즈니스』, 280.

344) William J. Danker, 『역사 속에서 본 비즈니스와 선교』, 102.

래 목적은 선교사들을 자체적으로 파송하는 것이 아니라 베를린의 요하네스 예니케(Johnannes Janike)가 운영하고 있던 것과 유사한 선교사 훈련학교를 세우는 것이었다. 예니케가 배출한 졸업생들을 런던선교회와 교회 선교회에 들어갔다. 런던선교회는 예니케를 독일 사역의 책임자로 임명했다. 그러나 베를린의 예니케의 학교 사역은 나폴레옹 전쟁으로 말미암아 타격을 받았기 때문에 스위스의 중립적인 상황이 오히려 좋은 조건으로 여겨졌다.[345] 이렇게 해서 바젤은 독일과 강한 유대를 맺게 되었고, 이는 20세기에 결정적인 결과들(results)을 가져오는 계시가 되었다.

1820년에 코카스서 선교회와 연합한 바젤 선교위원회는 6명에서 13명으로 늘어났으며, 위원들은 주로 바젤 출신들이었다. 그들을 대부분 시민, 상인 혹은 실업가들이었다. 몇몇은 그 당시 시위원회 위원이기도 하였다.[346] 1821년 바젤선교회는 선교사들을 훈련시키는 수준을 넘어서서 실제로 그들 중에 몇 명을 자체 후원으로 전문인 선교사를 파송하였다. 첫 번째는 러시아 남부의 코카서스 너머였으며, 바젤 선교사들은 특별히 티플리스 지역의 새 정착지에 있는 500명의 독일 가족들을 돌보았다. 그 외에 슈사에 있는 카라바 지역에도 미국 기독교인들을 위한 특별한 선교 정착지가 세워졌다. 이러한 목적은 고대 동방교회의 기독교인들을 훈련시켜서 이슬람 지역에 파송하는 것이었다. 그들이 사용한 선교적 수단들을 보면 학교, 교사훈련, 젊은 아르메니아 성직자들과 함께하는 모임들, 그들이 소유하고 있던 인쇄소에서 생산하는 책자들이었다.[347]

---

345) William J. Danker, 『역사 속에서 본 비즈니스와 선교』, 103.
346) Tetsunano Yammori & Kennerth A. Eldred, 『킹덤 비즈니스』, 281.

1833년까지 전 세계적으로 하나님을 위해 사역을 감당한 바젤선교회 소속 선교사는 73명이었다.[348] 1833년 영국 동인도 회사의 강령(platform)이 개정됨에 따라 바젤선교회에서 훈련받은 비영국계 선교사들이 인도에 들어갈 수 있는 문이 열렸다. 초기부터 바젤선교회는 선교사들에게 신학교육과 함께 직업교육을 실시하였다.[349] 따라서 바젤선교회에서 파송된 선교사들은 대부분 직업인들로 오늘날의 전문인 선교사라고 볼 수 있을 것이다.

1834년 최초의 인도 선교사들은 망갈로에 도착한 즉시 직업 전선에 뛰어들었다.[350] 특히 타밀 지방에서는 각 카스트들이 별도로 떨어진 공동체(community)에서 살았다. 그래서 회심의 역사도 공동체별로 마을 전체에 일어나는 경우가 종종 있었다. 이와 같은 사회 구조(social structure)와 경제적 구조 때문에 타밀 지방 같은 경우는 회심자들을 위한 보호 공동체가 필요하지 않았다. 그러나 선교사들의 보호를 받기 위해서 회심자들과 그 가정들이 찾아왔다. 그래서 바젤 공동체는 회심자들에게 주거를 마련해 주었고, 일상의 필요를 채워 줄 수 있는 일자리를 제공했으며, 새로운 삶의 양식을 가르치기도 하였다.[351] 그 당시 인도에서 회심하는 사람들은 순간 카스트에서 추방되어 가족과 친구, 그리고 재산, 생계조차 끊어졌다. 그래서 전문인 선교사들은 이 회심자들에게 경제적이고 생활적 대안을 제시해 주었다. 바젤선교회의 전문인 선교사들은 세례 받은 기독교

---

347) William J. Danker, 『역사 속에서 본 비즈니스와 선교』, 104.

348) 바젤선교회 소속 선교사는 주로 남부 독일과 스위스 출신이었다.

349) Ken Eldred, 『비즈니스 미션』, 153.

350) Ken Eldred, 『비즈니스 미션』, 154.

351) William J. Danker, 『역사 속에서 본 비즈니스와 선교』, 105.

인들과 새신자들이 선교 현지에 경작하면서 마을 공동체를 이루었다.352) 어떤 토지의 경우에는 정부로부터 바로 혹은 영속적으로 임대되었고, 어떤 경우에는 영국 사람들의 헌납도 있었다. 또한 어떤 토지들은 선교회가 작은 대가를 지불하고 구입하기도 하였다.

1840년에는 망갈로 부근에 토지를 기부 받았지만 선교사들의 사탕수수와 커피 농사는 그리 성공적이지 못했다. 그들은 농사짓는 것을 단념하고, 바젤선교회 선교사들은 현지인들(natives)에게 일자리를 만들기 위해 상업을 시작하였다.353) 이러한 사역의 시작으로 1843년까지 선교활동은 현재 가나(Ghana)로 알려진 덴마크 황금해안까지 확장되었다.354) 1844년 인도의 바젤 선교사들은 직조 산업을 시작하여 현지인들을 고용했으며, 현지의 직조기가 서양의 기술력과 경쟁(competition)이 되지 않는 것을 깨닫고 외부에 도움을 요청하기도 하였다. 1851년 유럽의 직조공이었던 존 할러(John Haller)는 인도에 와서 21대의 유럽식 직조기와 염색실을 갖춘 공장을 지었다. 망갈로에 있는 바젤선교회에서 시작한 직조 산업은 성공을 거두어 현지인들을 수백 명이나 고용하게 되었다.355) 숙련된 기술력으로 만들어져 품질이 우수한 그 제품을 그들은 '선교 의류'라는 우수한 품질의 대명사로 알려졌다. 존 할러는 인도의 뜨거운 태양에서도 견딜 수 있는 옷감을 발명하기도 하였다. 그는 새로운 옷감 색에 '먼지'라는 뜻을 지닌 '카키'(Khaki)라는 이름을 붙였다.356) 이

---

352) William J. Danker, 『역사 속에서 본 비즈니스와 선교』, 105 – 106.

353) Ken Eldred, 『비즈니스 미션』, 154.

354) Tetsunano Yammori & Kennerth A. Eldred, 『킹덤 비즈니스』, 281.

355) Ken Eldred, 『비즈니스 미션』, 155.

356) Tetsunano Yammori & Kennerth A. Eldred, 『킹덤 비즈니스』, 284.

러한 영향력으로 망갈로의 경찰 간부들은 모든 경찰들을 위해 '선교 의류'로 제복을 만들도록 했으며, 이후 영국 병사들에게까지 질긴 카키 옷을 제복으로 입도록 하였다.357) 보잘것없는 바젤선교회에서 시작한 카키가 전 세계를 장악한 것이다.

1846년에 선교위원회는 두 명의 시계공인 뢰싱어와 뮐러를 망갈로에 보내어 독일의 뻐꾸기시계를 소개했으며, 기독교 청소년들을 견습생들로 훈련시켰다. 그러나 시계 분야에서 뛰어난 미국의 상품으로 인해 그다지 좋은 성과를 얻지 못했다. 그것은 그 당시 인도는 시간에 대한 매이지 않는 문화적 상황으로 시계는 중요한 물건이 될 수 없었기 때문이다.358) 이러한 선교의 실패는 오늘날 창의적 접근 지역에서 선교하는 전문인 선교사들에게 있어 문화적 차이점과 과거 실패한 선교적 방법론은 많은 교훈을 주고 있다.

1841년 조그마한 수동 인쇄소로 시작한 바젤선교출판사는 1864년부터 1873년에 이르기까지 10년 동안 322권의 책과 100만 부에 이르는 팸플릿을 출간하였다.359) 이 출판사의 뛰어난 노동력과 정직한 삶, 그리고 비기독교 서적의 출판한 하나님 나라를 전파하는 데 효과적인 전문인 선교였다.360) 특별히 인도 역사와 관련된 책들

---

357) Ken Eldred, 『비즈니스 미션』, 155. 발마타에 설립된 바젤선교회 직조공장을 방문한 칸다하르의 로버츠 경은 이 옷감이 지닌 실용성에 깊은 인상을 받아 영국 군대에 그 옷을 착용하라고 명령하였다.

358) William J. Danker, 『역사 속에서 본 비즈니스와 선교』, 108.

359) William J. Danker, 『역사 속에서 본 비즈니스와 선교』, 109.

360) 영국의 한 목사가 죽어가고 있던 여성도에게 당신은 어디에서 그리스도를 발견했는지를 물어보았다. 그러자 그녀는 목사에게 찢어진 종이를 보여주었는데 그 종이는 다름 아닌 영국의 유명한 스펄전 목사의 설교를 실은 미국 기독교 잡지에서 찢은 것이었다. 그녀는 오스트레일리아에서 영국으로 올 때에도 이 종이를 가지고 왔다. 결국 그녀는 이 스펄전 목사의 설교를 읽고 예수 그리스도를 따르는 길을 찾은 것이다. 이것은 곧 인쇄매체를 통해 복음을 전하는 전문인 선교사들에게 큰 용기를 불러일으

이 많이 출판되었다. 이러한 전문적인 출판 사역은 증가하는 음란 서적 출판물(publication)들을 억제하는 데 큰 몫을 감당하였다. 그 뿐만 아니라 12명의 견습생들은 규칙적인 훈련을 받았고, 기숙사에 기거하면서 신앙훈련을 받기도 하였다. 여기에서 30명의 노동자를 고용하여 훈련하였는데, 이후 출판사는 현지인들에게 양도되었다.

바젤선교회 무역회사는 1852년 11월 24일에 설립된 산업위원회에서 시작되었다. 요셉 요센한스는 감독관으로 인도를 여행하는 동안 숙련된 기술을 지닌 바젤 신학자들이 동족에게 배척받은 새로운 인도 기독교인들을 대상으로 이룬 경제개발이 전문적으로 적절하지 않다는 것을 깨달았다.361) 그들은 많은 경제적 후원과 기술 고문이 필요하였다. 1854년 2월 1일 요셉한스와 칼 사라신이 공식 서한에서 그들은 선교에 대하여 말하기를, "선교는 설교가 아닌 삶의 모범, 즉 기독교의 본보기를 통해 실제적인 삶의 상황 속에서 자신을 드러낸다. 선교는 경건이 유익하다는 사실을 명백하게 보여 줄 수 있는 무엇이든 한다."라고 설명하였다.362) 1853년에 전문인 선교사 상인인 독일 바이블링겐의 고트롭 플라이더러(Gottlob Pfleiderer)는 인도 망갈로로 파송되었다. 그곳에서 그는 선교회의 직조 공장을 관리하며, 전문적으로 필수 원료를 공급하고 완성품을 판매하는 일을 하였다. 그는 선교사에게 필요한 물품을 수출할 뿐만 아니라 선교사 공동체와 관련이 없는 사람들에게도 수입 식품과 종이를 판매

커 주는 사례라고 할 수 있다. 그리고 하나님께서는 이러한 하찮은 찢어진 종교 잡지들과 성경을 통해 구원의 역사를 이루신다는 사실도 알 수 있다.

361) Wilhelm Schlatter, *Geschichte der Basler Mission 1815－1915* (Basel: Verlag der Basler Missions－Buchhandlung, 1916), 7.

362) William J. Danker, *Profit for the Lord*, 102.

하였다.363) 한편 플라이더러의 가게들은 기독교 사업가의 정직성을 성공적으로 증명해 보였다. 그래서 인도의 비기독교인들은 그가 고정 가격으로 물건을 파는 것에 놀랐다고 한다. 그는 아이들도 성인과 마찬가지로 동일한 가격을 지불하고 물건을 살 수 있다고 하였다.364) 이런 영업의 방침은 인도에서는 놀랄 만한 일이었다. 이때 바젤선교회 무역회사는 정직한 삶을 보여주어 1869년에 모든 세금 스탬프의 판매를 맡게 되었다. 이 사건은 기독교 윤리에 대한 신뢰(trust)를 증명해 주었다.365)

1854년에 바젤선교회는 운송업자로서 독일 상인인 루드비히 로트만을 아프리카 황금해안으로 보냈는데, 그는 작은 가게를 내어 유럽 식품과 의약품, 그리고 가정용품, 직물, 타르, 연장을 수입해서 판매하였다. 신앙이 깊은 비단 제조업자이며, 시위원회 위원인 다니엘 부르크하르트 포카드(Daniel Burckhart Forcart)가 최초 벤처기업 자금으로 5,000스위스 프랑을 그에게 투자하였다. 이 벤처기업은 바젤선교회에서도 영화 1,000파운드를 받았다. 회사 운영을 잘하여 첫해에 로트만은 2,148.40스위스 프랑의 이윤을 얻었다.366)

바젤선교회 무역회사는 유럽 물품을 점점 더 많이 수입하여 1857년 중반까지 60,000스위스 프랑을 투자하였다. 그래서 도시 위원회 위원인 사라신이 1856년에 쓴 글을 통해 영적 깊이 있는 전문인의 직업에 대하여 말하기를, "우리가 하는 직업은 결코 일시적인

---

363) Tetsunano Yammori & Kennerth A. Eldred, 『킹덤 비즈니스』, 282.

364) William J. Danker, 『역사 속에서 본 비즈니스와 선교』, 114.

365) William J. Danker, 『역사 속에서 본 비즈니스와 선교』, 114.

366) Gustav Adolf Wanner, *Die Basler Handelsgesellschaft AG 1859−1959* (Basel: Basel HandGesellschaft, 1959), 29.

(temporal) 것이고 세속적이어서는 안 된다. 이 가게들은 이교도라는 드넓은 사막 가운데 영적 오아시스여야 하며 성장하는 주변 교회를 후원해야 한다.”라고 하였다.367) 오래지 않아 더 많은 선교 상점이 문을 열었으며, 1859년 1월에 이사회는 다른 선교 무역회사를 설립하는 것을 허락하였다. 그 회사의 울리히 젤위거 사장은 선교 무역회사 설립을 꿈꾸어 온 활달하고 명석한 스위스 은행가였다.368)

1862년까지 선교 기지가 전혀 없는 아도파에 새로운 무역 지부가 개설되어 어둠 속을 밝히는 빛의 역할을 감당하였다. 1863년에 선교위원회는 회사의 주요 목표에 대하여 말하기를, “회사는 이윤(profit)이 아니라 직업에 기독교 원리를 사용한 본보기를 보이는 것이다.”라고 진술하였다.369) 현재 가나로 그 당시 황금해안(Gold Coast)에서 무역으로 사역하는 바젤선교회는 그 선교사의 주요 활동들 가운데 하나라는 것은 그렇게 놀랄 일이 아니다. 1857년 그들은 그 지역에서 처음으로 카카오 열매를 소개했는데 실패하고 다시 심기도 했으며, 키우고 재배하는 데 30년의 시간이 소요되었다. 그런 가운데 1891년에 카카오를 배에 싣고 첫 돌파구로 유럽으로 가게 되었다.370) 1911년 가나(Ghana)는 40,000톤을 수출한 이후 수십 년 동안 전 세계에 카카오를 수출하였다.371) 그래서 20년 후 가나는 세계 최대

---

367) Gustav Adolf Wanner, *Die Basler Handelsgesellschaft AG 1859–1959*, 30.

368) William J. Danker, *Profit for the Lord*, 103. 그 당시 많은 주주들은 바젤에서 전형적인 기독교 산업 기업가문 출신들이었다. Gustav Adolf Wanner, *Die Basler Handelsgesellschaft AG 1859–1959*, 162.

369) Wilhelm Schlatter, *Geschichte der Basler Mission 1815–1915*, 390.

370) Gustav Adolf Wanner, *Die Basler Handelsgesellschaft AG 1859–1959*, 216.

371) Tetsunano Yammori & Kennerth A. Eldred, 『킹덤 비즈니』, 284. 현재 가나에 대한 간단한 자료는 다음과 같다. 종교는 개신교(63%), 이슬람교(16%), 토착종교(21%) 등이다. 가나는 카카오 수출에 크게 의존하는 모노컬처형(monoculture型) 경제구조로 되어

의 카카오 수출국이 된 것이다.

윌리엄 댕커(William J. Danker)는 이러한 선교 방식에 대하여 말하기를, "선교 무역회사가 농업에 기울인 노력은 하나님의 자유로운 자녀로서 독립적인 아프리카 농부를 키우고 성장시키는 데 큰 도움을 주었다."라고 하였다.[372] 그리고 인쇄, 기와 생산, 제본 등 이런 업종들을 통해 다른 선교 공장도 세워졌던 것이다. 1913년까지 이 공장에서 고용한 노동자만도 6,000명이 넘었으며, 부패가 한창 극성일 때도 바젤선교회 산업은 더 나은 방법을 보여주었다. 더 나아가 1867년 바젤산업위원회는 건강보험과 연금, 그리고 노동자 구제 계획에 대한 사회적 관심이 스위스에서 법제화되기 오래전부터 이러한 것들을 도입하여 실천하였다.[373]

1874년 세워진 기술학교는 인도인들을 위해 목공, 편자, 시계 제조 등의 기술들을 가르쳤다. 또한 바젤선교회 무역회사는 1856년 인도의 우기에 내리는 폭우를 막기 위해 타일 공장을 시작, 지붕 재료들을 생산하기도 하였다. 첫 공장이 성공적으로 거두게 되자 1877년 제2공장, 제3공장들이 문을 열었다. 그래서 1913년 타일 공장들은 2,000여 명의 직원들이 있었고, 하루에 5만 개의 타일을 생산하는 성공적인 기업이 되었다.[374] 그 당시 바젤선교회의 모든 무역회사에서 그해에 고용한 인도인은 총 3,636명이나 될 정도였다.

있다. 국내총생산에서 차지하는 산업별 비율은 농업, 광공업, 상업, 에너지, 건설, 운수, 통신, 기타 순이고, 모든 산업은 국유화되었다. 이전에는 수출이 카카오를 중심으로 이루어졌으나 1996년 이후로는 금의 비중이 높아졌고, 그 밖에 목재, 다이아몬드, 망간, 광석 등도 수출한다. 두산백과사전, "가나", http://www.encyber.com.

372) William J. Danker, *Profit for the Lord*, 97.

373) Tetsunano Yammori & Kennerth A. Eldred, 『킹덤 비즈니스』, 285.

374) Ken Eldred, 『비즈니스 미션』, 155.

바젤선교회의 무역회사는 복음을 전파하고 현지인의 삶을 향상시킨다는 원래의 취지와 목적에 충실하였다. 그만큼 공장과 무역회사에서 선교사들은 기독교 교육을 담당했던 것이다. 설립한 1859년부터 1913년까지 거의 천만 스위스 프랑의 수익금이 인도, 중국, 가나의 전문인 선교 사역에 투입되었다. 오늘날 외한 시세로 따져보면 약 800만 달러로 그 당시 최고의 액수였다고 한다.[375]

따라서 바젤선교회는 전문인 선교의 목적을 달성한 것이다. 저개발 국가에 들어가 경제를 발전시켰을 뿐만 아니라 현지인들에게 일자리를 제공했다. 현지 기독교인들을 통해 비기독교인들에게 기술 훈련을 실시하였다. 또한 사업체를 통해 질 좋은 상품을 제공하였으며, 활발한 상업 활동을 통해 얻는 수익금으로 선교 사역을 뒷받침하였다. 그래서 능력 있는 그리스도의 복음을 들어야 할 현지인들에게 언행일치로 복음을 전하는 모델이 될 수 있었다. 전문인 선교사를 통한 선교가 과거에도 성공을 거두었던 것처럼 오늘날에도 전문인 선교는 성공할 수 있는 것이다.

미국 리빙스톤 재단(Living Stones Foundation)의 최고 경영자이자 파라클레토스와 벤처스 고문위원회(Board of Advisors of Parakletos & Ventures)의 의장인 켄 엘드레드(Ken Eldred)는 전문인 선교의 역사를 통해 다음의 몇 가지 교훈을 정리하였다.[376]

첫째, 직업 선교 사역을 접목할 수 있는 방법과 기회들은 무궁무진하다.

둘째, 직업을 통한 선교는 효과적이며 교회를 부흥하게 한다. 세

---

375) Ken Eldred, 『비즈니스 미션』, 155.
376) Ken Eldred, 『비즈니스 미션』, 156-158.

계적으로 수많은 사람들이 전문인 선교를 통해 주님을 영접하였다.

셋째, 선교의 목적으로 추진하는 직업은 효과와 수익 면에서 만족할 만하다. 전문인 선교사들이 설립한 회사는 선교사들에게 생계 수단을 제공해 주었다. 때로는 필요한 재정을 채워 주기도 하였다.

넷째, 사업이 성공하다 보면 처음 사업을 시작할 때 정해 둔 우선순위(priorities)가 뒤바뀔 위험이 있다. 선교 현지로 나간 전문인 선교사들과 그들이 세운 회사들이 본래의 선교 사명을 저버렸던 사례가 있는데 이것은 얼마든지 예방할 수 있다.

다섯째, 전문기술, 사업기술과 함께 재정적인 필요도 있다. 바젤 선교회 무역회사가 남긴 선교적 교훈은 전문인 선교에 성공하려면 인력 자원과 함께 재정 투자가 이루어져야 한다는 사실이다. 둘 중에서 더 중요한 것은 인력자원이다.

여섯째, 사기업의 발전과 개인의 책임감을 강화하는 중요한 요소는 사유재산권이다. 하와이의 역사를 살펴보면, 사유재산권이 법적으로 보장될 때 비로소 성립되고 발전할 수 있다.

일곱째, 현지인들에게 소유권(ownership)을 이전하고 현지 교회가 영적으로 강력히 뒷받침하며 직업의 운영 책임을 다할 때 장기적인 성공이 가능하다. 현지 기업과 경영인들에게 직업 기술과 성경적 가치관을 가르쳐 주는 것이 훨씬 효율적이다.

여덟째, 전문인 선교를 하는 회사의 경영자들은 현지인들에게 복음을 전파하는 확성기이며 그 나라의 경제 활동을 개혁하는 주도자이다.

아홉째, 효과적이고 지속적인 개혁을 이루기 위해서는 영적 자본을 형성하고 올바르지 못한 현지 문화를 개선하는 데 사업 개발의 초점을 맞추어야 한다.

열째, 과거의 전문인 선교는 성경적 가치관을 전함으로써 경제성장을 이룩한다는 개념이 희박하였다. 그래서 선교국의 영적 자본을 형성하는 일에 큰 관심을 두지 않았다. 그러나 현지인들의 사고방식(mentality)과 문화를 성경적으로 바꾸려는 의식적인 노력이 전문인 선교의 목표(goal)가 되어야 한다. 전문인 선교가 성공하려면 먼저 문화가 개혁되어야 할 것이다.

전문인 선교사들은 개인의 구원이나 사업 증진보다는 변화의 매개체가 되어야 한다는 사실을 잊지 말아야 한다. 또한 그들은 경제적, 영적 변화의 매개체가 되어 선교 현지의 영적 자본 형성에 주력해야 한다. 전문인 선교역사를 살펴보면, 하나님은 전문인들을 사용하여 하나님의 말씀을 땅 끝까지 전파하게 하셨다. 역사적으로 위대한 선교사들 중에도 자신의 전문적 직업을 활용하여 선교한 사람들이 많이 있다. 그런 가운데 기업이 생겨났으며, 일자리가 창출되었고, 선교 사역에 재정적인 후원을 받았고, 복음이 언행일치로 전파되었다.[377] 전문인 선교는 과거의 선교전략이 아니라 오늘날 교회가 다시 한 번 재고해야 할 미래지향적인 세계 선교전략이다. 다행히 최근에 걸쳐 전문인 선교사를 자원하는 사람들이 늘어나고 있다는 것은 전문인 선교 전략적 차원인 영적 변화와 경제적 변화의 대안이라고 할 수 있을 것이다.

---

377) Ken Eldred, 『비즈니스 미션』, 158.

9. 윌리엄 캐리(William Carey)의 전문인 선교

허버트 케인(J. Herbert Kane)은 윌리엄 캐리에 대하여 말하기를, "만약 서양의 식민 활동이 바스쿠 다가마(Vasco da Gama)에 의해 시작되었다고 한다면 기독교 선교는 윌리엄 캐리에 의해 시작되었다."라고 하였다.[378] 기독교 선교의 아버지로 불리는 윌리엄 캐리(William Carey, 1761~1834)는 실제로 평신도 전문인 선교사 출신이었다. 그는 구두 수선공, 염색공장 지배인, 영국 침례교 목사, 교수와 학자, 성경 번역가, 출판가, 식물학자, 원예가로 인도에서 일평생 전문인 선교사로 살았다.[379] 그는 한 설교 모임에서 '이방인 선교는 우리의 의무'라고 설교를 하다가 사람들의 동의를 얻지 못하고 결국 평신도 설교자 직을 버리고 인도 땅으로 떠나게 되었다.[380] 캐리는 자신의 전문적인 직업에 대하여 말하기를, "나의 직업은 그리스도를 증거 하는 것이다. 내가 구두를 만드는 것은 단순히 내 비용을 마련하기 위해서이다(My business is to witness for Christ. I make shoes just to pay my expenses)."라고 하였다.[381] 그는 영국을 떠나기 전에 지원해 주기로 약속한 그리스도인에게 파송되는 자신을 표현하기를 밧줄을 타고 갱에 내려가는 사람과 같다는 비유를 들면서 계속해서 그 밧줄을 잡고 있어 달라고 요청을 하

---

378) J. Herbert Kane, *A Concise History of the Christian World Mission*, 83.

379) 1821년 인도에서 농경 원예학회를 설립한 캐리는 "해외선교를 하는 데 있어서 가능한 대로 선교사들은 생활비 전체나 일부분을 스스로 충당하기 위해서 일해야 하는 것이 우리의 방침이다."라고 말했다. Don Hamilton, 『자비량 선교사들은 이렇게 말한다』, 24.

380) 한국전문인선교협의회, 『선교의 패러다임이 바뀐다』, 44.

381) John T. Seamands, *The Supreme Take of the Church* (Grand Rapids: Eerdmans, 1964), 73.

였다. 그러나 그가 인도 캘커타에 도착했을 때 이미 국내의 후원자들은 그를 재정적으로 후원하는 일을 잊어버렸다. 그는 인도 식물 재배 농장의 감독자로 일하면서 그 지역 주민들의 협조로 벵갈어를 습득하였고, 가능한 좋은 번역판을 내기 위해 그 후 일곱 번 수정 작업을 거쳐 5년도 채 되지 않아 신약성경을 벵갈어로 번역하였다.[382]

1799년 교사인 죠수아 마쉬맨(Joshua Marshman)과 인쇄업자인 윌리엄 워드(William Ward)가 그의 사역에 합류하였다. 마쉬맨은 뛰어난 언어학자요 번역가로 캐리 버금가는 사람이었다. 어떻게 보면 캐리에게 마쉬맨이 없었다면 모든 번역 사업을 결코 완성할 수 없었을 것이다. 또한 워드는 인도의 여러 언어와 방언들로 성경과 전도지, 그리고 소책자들을 인쇄하기 위한 문자판을 고안해 내기도 하였다. 그는 성격이 온유(meekness)하고 사교적이어서 항상 선교부 내에서 화평(peace)을 도모하는 사람이었다. 그리고 그들의 조직에서 목사로 선출되기도 했으며, 공장 건물과 글자 주물 공장의 일까지 감독하였다.[383] 이렇게 이 세 사람은 역사상 가장 유명한 세람포르(Serampore)에 전문인 선교 팀의 삼총사가 되었다. 세람포르에서의 공동체적 팀 사역은 캐리의 생애에 있어서 가장 성공적인 전문인 선교의 열매였다고 평가할 수 있다.[384]

이러한 전문인 선교 팀 사역은 한국 교회의 경우에도 공자와 맹자의 출생지요 중국 문명의 발상지였던 산동에서 1913년 선교를 시작할 때, 세 사람의 평신도 전문인 선교사를 파송하였다.[385] 그들

---

382) J. Christy Wilson, *Today's Tentmakers: self-support an alternative model for worldwide witness*, 31.

383) 최정만, 『다시 써야 할 세계선교역사(Ⅰ)』 (서울: 쿰란출판사, 2007), 175.

384) F. Deaville Waker, *William Carey: Father of Modern Missions* (Chicago: Moody Press, 1980), 168-179.

은 전문인 선교사의 중요성을 인식했을 뿐만 아니라 의료 부분을 지원하는 자비량 선교사로 파송되어 팀 사역을 실시했던 것이다.

총신대학교 선교학 교수인 김성태는 한국 전문인 선교 역사에 대하여 말하기를, "세브란스 의학전문학교 출신인 김윤식, 주현직, 안중호가 산동의 내양 선교에 합류하여 전문인 선교의 역사에 큰 도움을 주었다."라고 평가하였다.[386]

한국 최초의 신학교인 평양신학교에서 36년간 실천신학 교수로서 전문인 선교사로 있었던 곽안련(Charles A. Clark, 1878~1961)은 김윤식, 주현직, 안중호의 중국 선교에 대하여 말하기를, "산동의 한국선교는 의료선교 사역도 하였는데 그 사역은 서양 선교회가 약품지급 목적(dispensary purpose)으로 그들에게 건물 한 동을 빌려준 것 외에는 처음부터 전적으로 자립하였다. 1916년 세브란스를 졸업한 김윤식 선교사가 건너와 래양 시에서 자리를 잡았다. 기록마다 그의 사역에 대한 언급이 되어 있다. 한 번은 래양에 사는 너그러운 중국 사람이 그의 병원 현관에 걸어주기 위해 큰 그림을 그려서 주민들 가운데 많은 사람들로 구성된 퍼레이드를 벌였으며 공식적으로 와서 선물하였다. 1923년 의사 주현직은 선천으로부터 와서 즉묵에 거하였다. 1931년 의사 안중호가 한국 경상도에서 와서 역시 즉묵에 거하였고 우리의 사역에 동참하였다. 분명히 자립하는 의료 선교 사역이 중국에서 가능케 되었다."라고 평가하였다.[387] 그 이후 만주 지역에 동포들이 대거 유입될 때 한국 교회는

---

385) 박기호, 『한국교회선교운동사』, 63.

386) 김성태, 『세계 선교 전략사』 (서울: 생명의말씀사, 1994), 38.

387) Charles A. Clark, "The Missionary Work of the Korean Presbyterian Church," *The Korea Mission Field*. ed. by Ellasue Wagner, Vol. XXX, No. 8, August, 1934, 171–172.

비록 동족 선교이지만 성경 교사 팀과 전도 부인, 그리고 농업 기술자들을 평신도 전문인 선교사로 파송하였다.[388]

따라서 전문인 선교사인 캐리와 마쉬맨과 워드의 업적은 선교 30년 동안 신구약성경을 6개 언어로 번역하였다. 이 중 캐리는 벵갈어와 산스크리티어, 그리고 마라티어로 성경을 번역하였다. 그는 선교 팀과 함께 46개의 다양한 언어와 방언으로 번역하였다.[389] 특히 마쉬맨은 15년 동안에 걸쳐 중국어를 익혀 신약성경을 번역하였다. 그들은 성경번역이라는 경이로운 전문인 선교사의 역할을 감당했던 것이다. 또한 자국인 지도자들과 교회개척자들을 훈련하기 위해 세람포르대학교도 세웠다.

미국 칼빈신학교 선교학 교수였던 루스 터커(Ruth Tucker)는 캐리에 대하여 말하기를, "그는 인도와 선교에 길이 남을 발자취를 남겼으며, 인도에 남긴 그의 영향력은 엄청난 언어학적 성취 그 이상이었다. 그는 또한 과부 불태우기와 유아 살해에 맞서 오랜 세월 동안 투쟁하면서 인도의 해로운 풍습을 타파하는 데도 큰 공을 세웠다. 그러나 그 외에는 인도문화를 보존하려고 애썼다."라고 평가하였다.[390]

1961년 5월 26일 한국선교의 개척자로 세상을 떠난 곽안련 선교사는 가장 탁월한 지성인으로 평가받기에 손색이 없는 맥칼레스터대학과 맥코믹신학교를 졸업했다. 조선에 입국한 것은 1902년으로 명문 시카고대학에서 석사 학위와 철학박사 학위를 받았다. 그는 한국에 있는 동안 42권의 저술을 남겼으며, 네비우스 선교정책을 세계에 소개하였고, 평양신학교에서 35년 동안 실천신학을 가르쳤다. 함태용 부통령을 비롯한 8명의 양자를 교육시켰고, 성경중심의 한국교회를 세우는 데 결정적인 역할을 했다. 네비우스 선교의 조직적인 정립, 주일학교 공과의 체계화, '신학지남'의 광범한 보급, 1935년의 '표준성경주석'이 모두 그의 헌신적인 노력이 있었기 때문에 가능했다. 그가 재학하고 있던 신학교 졸업반 44명 중에서 18명이 해외 선교를 지원했으며, 모두가 은둔의 나라 조선을 지망했다. 그중에 곽안련과 컨즈만이 18 대 1이라는 엄청난 경쟁률을 뚫고 조선에 선교사로 올 수 있었다.

388) 김성태, 『세계 선교 전략사』, 38.
389) Meg Crossman, 『미션 익스포저』, 정옥배 역 (서울: 도서출판 예수전도단, 2007), 98.

캐리는 전문인 선교사로 세계 복음화(World Evangelization)에 대한 하나님의 부르심에 그의 직업을 통해 순종하면서 현지교회의 토착화 정책을 추진해 나갔다. 캐리의 삼자(三自) 선교원칙은 인도교회에서 내세웠는데 다음과 같이 정리해 보았다. 첫째, 교회는 자치(自治, Self - Governing)적이어야 한다. 둘째, 교회는 자급(自給, Self - Supporting)적이어야 한다. 셋째, 교회는 자전(自傳, Self - Propagating)이어야 한다.[391] 오늘날 선교에 있어서 이러한 삼자 원칙(Three - Selt formula)은 하나의 원칙이 추가로 요구되고 있다. 그것은 바로 선교에 있어서 기독교 신학의 자기신학화이다. 물론 토착화 정책의 최종적인 단계인 자기 신학화에 신학을 전공한 목회자 선교사와 현지인 신학자들이 주도적으로 참여해야 할 것이다.

오늘날 미전도 종족을 복음화하기 위해 공산권, 이슬람권, 힌두권, 불교권 등 부정적인 나라와 민족들의 복음화를 위해서 전문인 선교의 문은 폭넓게 열려져 있다. 최근 한국 교회 전문인 선교에 대한 긍정적인 사례들을 크게 격려해야 한다. 그러나 유의할 점은 전문인 선교사가 교회 사역 혹은 지도자 양육 사역 팀들과 협력하지 않고, 단독 사역을 전개해 나갈 때 자칫 잘못하면 선교의 근본 취지를 망각해 버리고, 사회봉사활동의 차원으로 자기만족으로 끝나 버리는 경우가 있다는 것이다.

---

390) Ruth Tucker, *From Jerusalem to Irian Jaya*, 120. 어린 시절, 작은 교회에 다니며 신앙의 기반의 형성한 저자는 작은 교회의 사모가 되었다. 이 시절에 남편을 도와 여러 사역을 도맡아 하며 대형 교회에서는 얻을 수 없는 신앙 유산을 발견했다. 미시간 주 그랜드래피즈에 있는 칼빈신학대학원 선교학 부교수로 있었고, 저술가로서 17권의 책을 썼다. 대표작으로 『선교사 열전』(크리스챤다이제스트 역간), 『유명 목회자 부인들의 사생활』(요단출판사 역간), 『신앙을 버리다』(Walking Away from Faith) 등이 있다.

391) 강승삼, 『21세기 선교 길라잡이』, 139.

10. 학생신앙운동(Student Volunteer Movement)

19세기 말경, 세계 선교를 위한 학생신앙운동은 대표적인 평신도 선교운동(the Laymen's Missionary Movement)이었다. 드와이트 무디(Dwight L. Moody)는 이 운동의 설립에 막대한 영향력을 행사한 지도자였다. 1866년 여름 매사추세츠 주에 있는 헤르몬 산(Mt. Hermon) 연합집회에서 무디는 설교를 통해 학생들에게 큰 감동을 주었다. 그리고 수많은 학생들이 선교헌신을 하고 해외 선교사로 지원하였다. 그들 중에 학생신앙운동의 지도자가 된 존 모트(Jonn R. Mott)가 있었는데 그는 평신도 선교사로 이 운동을 이끌면서 조직적으로 부흥케 만들었을 뿐만 아니라 이것은 YMCA운동으로 나타났다.[392] 이 운동의 표어를 보면, '이 세대 안에 전 세계의 복음화'(The Evangelization of the World in the Generation)로 정하고, 제1차 세계대전 전까지 20,000명이 넘는 학생들이 선교사로 전 세계에 나갔다.

요한네스 버카일(Johannes Verkuy)은 이 운동의 영향력에 대하여 말하기를, "오순절 이후 기독교의 최대 선교운동이다."라고 평가하였다.[393]

11. 현대의 전문인 선교 사역

크리스티 윌슨(J. Christy Wilson)은 1948년 런던 올림픽에서 아프가니스탄 역도 선수들의 작은 그룹과의 우연한 만남을 통해 젊

---

392) 모트는 감리교 평신도로서 연합 운동, YMCA운동, 선교운동 등을 주도했으며, 노벨평화상을 받았다.

393) 김성욱, 『전문인 선교 역사 강의안』(서울: 총신대학교 선교대학원, 2000), 34.

을 때 선교를 떠났다. 그는 예수 그리스도의 사랑과 인격을 반영하는 사람으로 여러 모임에 참석하였고, 다른 사역자들과 협력(cooperation)하고 격려받기를 원했다. 당시 그는 외교관이자 선교단체의 지도자로 다른 사람들을 또한 격려하기도 하였다. 아마도 그의 가장 큰 공적이라면 해외에서 일하고 있던 미국의 많은 전문적인 직업을 가진 그리스도인들의 사용되지 않은 훌륭한 자원을 활용했던 것이다. 이것이 지금까지 자신의 세속적인 직업을 선교의 기회(opportunities for mission)와 연결시키지 못한 사람들에게 선교의 기회를 제공한 것이다.394)

돈 해밀턴(Don Hamilton)은 성공적인 전문인 선교사의 자질, 헌신, 동기, 기타 등을 조사(research)하는 TMQ라는 조사 기관을 설립하여 전문인 선교에 대한 연구를 계속해 왔으며, 캘리포니아 파사디나에 있는 랄프 윈터(Ralph D. Winter)의 미국 세계선교센터(Center for World Missions)는 전통적인 선교사의 영역뿐만 아니라 전문인 선교 센터의 역할에도 도움을 주었다.395)

12. 제3차 탐바라 IMC 대회

1938년 인도의 마드라스(Madras) 근처의 탐바라(Tambara)에서 모인 IMC(International Missionary Council)대회의 주제는 '교회의 세계선교'(The World Mission of the Church)였다. 복음 전도의 책임이 교회에 주어졌지만 교회나 성도가 이 사역의 중심이 되어야 한다

---

394) 전동주, "현대 전문인 선교의 역사," 『선교타임즈』 (2006, 9월), 85.
395) 전동주, "현대 전문인 선교의 역사,", 85.

고 밝혔다. 그것이 온 세상을 위한 전 교회의 사명임을 강조했다. 선교는 교회생활의 일부가 아니라 오히려 교회의 존재 목적으로 하나님이 부여하신 사명을 수행하는 데 있다. 또한 선교의 책임은 모든 기독교인들에게 주어진 것이다.[396) 교회의 사명은 복음전도에만 국한되지 않는다. 선교는 복음 전파사업, 신학교육까지 포함하는 교육사업, 의료사업, 이런 것이 수행될 수 있는 사회적이고 경제적 환경 조성 등이 포함되어야 한다.[397) 따라서 마드라스 대회는 복음을 총체적으로 이해하는 복음전도와 사회참여가 오늘날 전문인 선교와 밀접한 관계를 갖고 있다.[398)

13. 제1차 암스테르담 WCC 총회

1948년은 국제적인 교회 협력기구로 활동하던 '생활과 봉사'와 '신앙과 직제'가 합하여 세계선교협의회(World Council of Churches)로 출범했다. IMC는 여기에 흡수되지 않았지만 서로 밀접한 관계를 가지고 협력할 수밖에 없었다. 이 암스테르담(Amsterdam) 총회 보고서는 4권으로 되어 있으며, 그중 선교문제를 다룬 것은 제2권

---

396) 안재은, 『현대선교신학』 (서울: 총신대학교 선교대학원, 1995), 28.

397) 안재은, 『현대선교신학』, 28.

398) 특히 마드라스 대회에서는 기독교와 타종교 관계의 문제가 대두된다. 발제자인 핸드릭 크레머(Hendrik Kraemer)는 모든 자연신학을 거부하고 기독교 계시만이 유일한 것이므로 복음과 세상의 다른 종교와의 어떤 관계도 없다고 하였다. 그러나 대회에 참가한 많은 신생교회 대표들은 이를 수정할 것을 요청하였다. 결과적으로 마드라스 대회는 예루살렘 제2차 IMC대회(1928년)가 채택한 것과 비슷한 입장 곧 다른 종교에도 깊은 종교적 경험과 위대한 도덕적 성취라는 가치고 있으며, 하나님은 언제 어디서라도 자신을 사람들에게 드러내 보여 왔다는 입장을 채택하였다.

으로 '하나님의 경륜에 대한 교회의 증언'이다.[399] 이 보고서에 따르면, 네덜란드 신학자 핸드릭 크래머(Hendrik Kraemer)의 '세계적 과업'이라는 글로 시작되는데, 그는 그 과업이 바로 복음전도라고 밝힌다. 여기서 복음전도를 위한 평신도들의 역할을 강조한다. 따라서 평신도 전문인 선교사가 증거생활을 할 수 있는 가장 분명한 장은 가정이며 그들이 일하는 현장일 것이다.

14. 제2차 로잔대회

전문인 선교를 만들어 냄에 있어서 가장 필요로 한 것은 다양한 아이디어를 하나의 초점을 향해 모아가는 것이다. 1989년 7월 필리핀 마닐라에서 열렸던 제2차 로잔대회(Lausanne II in Manila)는 전문인 선교 사역의 탄생에 있어서 촉매제 역할을 하였다. 그 가운데 전문인 선교사를 그들 스스로 하나님의 부름에 부응하여 그들 자신의 삶과 일 가운데서 그리스도를 초문화적으로 전하는 사람으로 규정하였다. 이 대회에서 발표된 전문인 선교에 대해 교회가 취해야 할 7가지 건의안들을 제시하였다.[400]

1) 하나님의 나라 확장을 위해 교회가 평신도들의 초문화권 국가로의 선교여행을 격려한다.

2) 교회는 세계복음화에 있어서 평신도들을 동원하고 그들을 적절한 위치에 배치시킬 역할이 있음을 인식한다.

---

399) 안재은, 『현대선교신학』, 29.
400) 전동주, "현대 전문인 선교의 역사,", 85-86.

3) 그리스도의 복음이 전파되지 않은 지역에서 복음을 전파할 사
   람들을 동원한다.
4) 전문인 선교사를 위한 훈련 프로그램을 개발한다(성경공부, 인
   간관계, 시간관리 등).
5) 인력 배치나 오리엔테이션을 도울 가정교회와의 연계를 촉진한다.
6) 전문사역자나, 기도, 원활한 의사소통을 통하여 전문인 사역자
   를 양육한다.
7) 문화적 충격(cultural shock)의 완화를 촉진한다.[401]

이런 관점에서 볼 때 전문인 선교사의 참여 없이는 온 세계의
복음화가 불가능하다고 로잔 2차 대회에서 결론지었다. 21세기 선
교동향(trends)과 선교방법(missionary methods) 중 전문인 선교야말
로 한국 교회가 지향해야 할 선교전략일 것이다.

15. 제1회 세계 전문인 선교대회

태국의 치앙마이(ChiangMai)에서 열렸던 제1회 세계전문인선교대
회는 전문인 선교 사역의 전망을 확신하였다. 롭 킬패트릭(Rob Kilpa-

---

[401] 문화적 충격이란 익숙한 문화에서 익숙하지 않는 문화로 들어갈 때 경험되는 정서적
인 혼동, 육체적인 질병, 불안, 자신을 보호할 수 없는 것에 대한 두려움 등 이와 같
은 현상을 말한다. 문화적 충격은 새로운 환경에서 자신이 어떻게 적절히 행동해야
할지를 모르기 때문에 나타난다. 따라서 이러한 충격은 사명감을 가지고 헌신된 전문
인 선교사들에게도 예외일 수 없다. 김승호, 『복음주의선교신학에 대한 이해』(서울:
예영B&P, 2008), 21. 인류학자인 윌리엄 스몰리(William Smalley)는 문화적 충격이란
"새로운 문화적 환경에 적응하려는 시도의 결과로 생겨나는 정서적인 혼란이다."라고
정의한다. Danis Lane, 『선교사와 선교단체』, 도문갑 역 (서울: 도서출판 두란노, 1993),
72-73.

trick)은 이런 활동들을 발전시키기 위해 도움을 제공하였고, 호주의 필립 린다(Philip Linda)와 그의 동료들에 의해 주도된 1997년 2월 의 멜버른(Melbourne)회의를 계획하기 위해 AZTEM과 협력하였다.[402]

16. 제4회 세계 전문인 선교대회

세계 선교에 있어서 전문인 선교 운동의 기초를 세운 미국의 크 리스티 윌슨(J. Christy Wilson), 돈 해밀톤(Don Hamilton), 댄 해리 슨(Dan Harrison), 테드 야마모리(Ted Yamamori) 등과 영국의 존 콕스(John Cox), 노르웨이의 베리트 크로스터(Verite Crosstor)와 같 은 사람들이 열매 맺는 전문인 선교사 운동을 위해 많은 시간과 노 력을 기울였다.[403]

2002년 제주도 서귀포 칼 호텔(KAL Hotel)에서 열린 이 대회는 전 어바나대회 대표인 해리슨, CBMC 기독실업인 세계회장인 팀 필포트, 뉴질랜드의 데릭 크리스챤슨, 노르웨이의 이슬람 학자 존 옵살 등의 학자들과 한국에서는 전 과기처장관 정근모 장로, 지구 촌교회 이동원 목사, 할렐루야교회 김상복 목사, 그리고 여러 전문 가들의 회의를 통해 새로운 세기를 향한 전문인 선교의 비전을 제 시했다.[404] 이 회의에서 크리스티 윌슨의 후계자요 세계전문인선교

---

402) 전동주, "현대 전문인 선교의 역사,", 86.

403) 전동주, "현대 전문인 선교의 역사,", 86.

404) 이 대회는 발제강연 20여 개의 선택식 세미나, 그룹 워크숍, 성경공부 등의 프로그램 으로 진행됐다. 남은 발제 중 관심을 모은 것은 마지막 날 있었던 팀 필포트의 '자비 량 선교의 미래'로 그는 전문인 선교와 기업경영을 병행해야 한다는 주장을 펼치며 기업 선교의 모델을 소개할 것으로 알려졌다.

협의회(TIE)의 새로운 회장이 된 데니 마틴(Danny Martin)은 전문인 선교 사역의 계획된 발전에 착수하였고, 그것은 현대시대의 선교전략을 염두에 두고 이루어진 것이다.

17. 제3차 로잔 세계대회

태국 파타야(Pattaya)에서 2004년 제3차 로잔 세계대회가 개최되었다.[405] 이 대회에서 전문인 선교가 세계 선교에 영향을 미칠 새로운 패러다임을 인식하는 계기를 가져다주었다. 로잔대회의 새로운 국제 이사(International Director)로 선출된 테드 야마모리는 세계전문인선교협의회(Tentmaker's International Exchange)의 이사 및 자문의원으로 활동하던 사람이었으며, 실행 의장(Executive Chair)으로 선출된 더그 버드셀(Doug Birdsall)은 현대 전문인 선교의 선구자로 알려졌고, 크리스티 윌슨 기념관 소장으로 일하던 교수였다.[406] 로잔대회의 핵심 지도자들이 바로 전문인 선교에 깊이 관련되어 왔던 지도자임을 감안할 때 세계 선교의 흐름은 이제 전문인 선교의 시대로 가고 있음을 볼 수 있다.

---

405) 제3차 로잔 세계대회는 2004년 9월 29일부터 10월 6일까지 열렸다.
406) 전동주, "현대 전문인 선교의 역사,", 86-87.

18. 한국에서의 전문인 선교

1993년 6월 15일에서 17일까지 미션 인터내셔널(MI)과 한국전문인선교훈련원(GPTI)이 연합하여 연희동 성봉 회관에서 세계전문인선교협의회(TIE)의 존 콕스(John Cox) 회장과 데니 마틴(Danny Martin)을 초청하여 전문인 선교 세미나를 개최했다. 이 계기로 한국의 전문인 선교는 새로운 장을 열게 된 것이다. 그 이전까지 Hope 선교회나 동양선교회(OMF), 인터콥 등 몇몇 단체가 전문인 선교사들을 파송하고 있었으나 한국 교회나 선교단체들에게는 아직 익숙한 용어가 아니었다.[407]

이 세미나 후 한국전문인선교협의회(KAT)가 결정되어 초기의 14단체가 협력하여 전문인 선교운동을 전개하였으며, 지난 13년 동안 많은 대회 및 컨퍼런스 등을 통해 한국 내의 많은 교회들이 이 운동을 이해하고 동참하게 되었다.[408] 특별히 여러 전문인 사역을 하는 선교단체들이 성장을 하고 알려지지 않은 많은 선교단체들과 지역교회들이 동참하여 이 운동을 알리는 데 큰 역할을 하였다.[409] 2006년 6월에 있었던 세계선교대회/NCOWE IV의 자비량, 전문인 선교전략회의와 대회 등을 통해 10만 선교사 그리고 100만 자비량 사역자의 비전을 제시하는 등 지난 15년 동안 한국의 전문인 선교는 큰 발전을 이루었다.[410]

---

407) 전동주, "현대 전문인 선교의 역사,", 87.

408) 한국전문인선교협의회는 세계 선교현장에서 전문인 선교를 보다 넓고 깊게 활성화, 체계화시키기 위하여 각 영역의 전문인 선교에 관계된 단체들이 자발적이고 적극적으로 참여하여 활동하는 초교파적, 초선교단체적, 복음적인 지역교회, 교단, 선교단체의 협의체를 말한다.

409) 전동주, "현대 전문인 선교의 역사,", 87.

19. 미래 전문인 선교와 향후 환경

선교전문가들은 향후 선교 상황에 대해 이와 같이 추측하고 있다. 1974년 제1차 로잔대회가 스위스에서 열렸던 당시 약 33개국이 기독교 선교와 선교사를 거부했다. 또한 제2차 로잔대회(Lausanne 2 in Manila)가 열렸던 1989년에는 그 수가 약 86개국으로 증가되었고, 2004년에는 무려 그 수가 약 140개 나라로 급증하였다. 전 세계가 복음주의 선교에 대해 문을 닫고 있는 상황에서 새로운 선교전략이 절실히 요구되고 있다. 이에 21세기 핵심 선교전략으로 떠오르고 있는 것이 바로 전문인 선교이다. 목회자 선교사 신분으로 입국할 수 없는 140여 개국에 모두 전문인 비즈니스 관계로 진출할 경우 'No'할 나라는 거의 없다. 이러한 선교적인 상황에서 전문인 선교사는 전 세계 어느 나라도 자유롭게 다닐 수 있으며, 비즈니스를 하면서 선교할 수 있는 자유자이다.

2007년 4월부터 3개월간 최소 약 1백여 명의 외국인 선교사들이 불법적으로 종교 활동을 했다는 이유로 중국 정부에 의해 강제 출국되었다. 이와 같은 압력을 받았다고 중국구호협회(CCA)가 전했다. 추방된 외국인 선교사들의 국가는 미국, 한국, 싱가포르, 캐나다, 호주, 이스라엘 등이며, 대부분이 수년 이상 사역해 온 지도자급 사역자들로 알려졌다. 중국구호협회는 중국 신장 지역에서만 현재 60여 명의 선교사가 추방되었고, 베이징에서는 지난 5월 선교사 부부 15쌍이, 미국 인디애나 주에서 파송된 미국인 목회자가 강제

---

410) 전동주, "현대 전문인 선교의 역사,", 87.

출국되었다고 전했다. 또한 "이러한 사태는 1954년 중국이 강력한 공산주의 국가 시절에 행했던 선교사 추방 사건 이후 최대"라고 밝히고, 중국 정부가 현지 외국인 선교사들의 지위를 인정하지 않으며, 수많은 선교사가 신분을 숨긴 채 교육이나 사업 등의 전문인 선교사로 활동할 수밖에 없다고 전했다.[411]

선교학자들은 21세기가 비전과 가치, 그리고 변화를 주도하는 지도자를 필요로 한다고 말한다. 선교는 관계 중심적이며, 직업 현장(market place)에 집중하고, 인생의 변화를 주도하는 기술(life transition skills)이 중요한 선교의 도구가 되며, 다양한 사역의 형태와 평신도 주도의 사역이 이루어질 것이라고 말한다.[412]

21세기의 선교지도자들은 소수의 선교사만으로 온 세계를 복음화시킬 수 없다는 사실을 잘 알고 있었다. 전문인 선교사와 비즈니스 선교, 그리고 교포인력의 선교 동원화를 하지 않고 세계복음화는 이루어질 수 없다는 사실을 인식하고 있다. 초대교회의 모습처럼 모든 그리스인들이 전도와 선교의 비전(the vision of missions)을 가지고 함께 나아갈 때 이러한 꿈은 이루어질 것이다. 큰 기대감과 더불어 하나님께서 그분의 때에 전문인 선교를 통해 온 세계를 복음화시키리라 믿어야 한다. 하나님의 뜻과 목적을 찾고자 노력하는 모두에게 필요한 것이다.[413] 한국 교회 세계 선교는 1990년대 전문인 선교 운동의 전략적인 선교운동에 힘입어 급성장하였다. 이 운동은 복음을 거부하는 창의적 접근 지역에 대한 선교 접근전략으

---

411) GTM, "중보기도", http://qt.swim.org/user_dir/gt/user_print_web.php?edit_all=2007-09-29.

412) 전동주, "현대 전문인 선교의 역사,", 87.

413) 전동주, "현대 전문인 선교의 역사,", 87.

로써 전문인 선교전략의 기초를 바꾸어 놓았고, 총체적인 전문인 선교를 통한 신속한 세계 복음화의 가능성(world evangelization in sight)을 제시하였다고 본다.

제 3 부

전문인 선교의 신학적 방법론

제8장 전문인 선교와 성령론

전문인 선교는 성령 충만한 사람들에 의해 행해지는 하나님 나라의 과업이다. 특히 신약성경에서 전문인 선교사인 바울에 대한 이야기가 나타나 있는 대표적인 책은 사도행전일 것이다. 사도행전을 기록한 저자 누가는 전문인 선교를 누가복음에서 먼저 출발하고 있다. 누가복음과 사도행전은 시간상의 차이는 있지만 한 저자에 의해 기록되었다. 그러므로 누가복음과 사도행전의 전문인 선교를 파악하기 위해서는 두 권의 책을 한 권으로 총체적인 관점에서 읽어야 한다. 먼저 누가복음은 예수님의 사역에서 모든 병과 약한 것을 다 고쳐 주시는 전문인 선교사의 대표적인 모델로 소개한다(눅 6:17 - 19).

> "예수께서 그들과 함께 내려오사 평지에 서시니 그 제자의 많은 무리와 예수의 말씀도 듣고 병 고침을 받으려고 유대 사방과 예루살렘과 두로와 시돈의 해안으로부터 온 많은 백성도 있더라 더러운 귀신에게 고난 받는 자들도 고침을 받은지라 온 무리가 예수를 만지려고 힘쓰니 이는 능력이 예수께로부터 나와서 모든 사람을 낫게 함이러라"(눅 6:17 - 19)[414]

---

414) 마 4:23 - 25 참조.

예수님은 필요한 모든 사람에게 필요를 채워 주는 완전한 전문
인 선교사이셨다(눅 4:18-19).

> "주의 성령이 내게 임하셨으니 이는 가난한 자에게 복음을 전하게
> 하시려고 내게 기름을 부으시고 나를 보내사 포로 된 자에게 자유를,
> 눈먼 자에게 다시 보게 함을 전파하며 눌린 자를 자유롭게 하고 주
> 의 은혜의 해를 전파하게 하려 하심이라 하였더라"(눅 4:18-19)

이러한 예수님의 전문인 선교는 사람들의 구체적인 현실에 문제
를 간과하지 않고 이것을 해결하는 성령의 능력을 통해 효과적인
사역을 하셨다.[415] 이러한 예수님의 전문인 선교는 이제 사도행전
에서 제자들을 통해 진행하셨다. 제자들은 효과적인 전문인 선교
사역을 위해 그 능력 가운데 시험을 받았다. 신약성경에서 이러한
전문인 선교가 가능했던 것은 그 중요한 요소로서 성령을 언급한
다.[416] 그래서 예수님은 성령의 능력을 받아 전문인 사역을 시작하
셨다. 또한 그 능력으로 계속 일하셨고, 성령은 십자가 사건과 부
활의 사건을 가능하게 하였으며, 초대교회의 능력의 전문인 선교는
직접적인 성령 때문이었다(행 1:8).

> "오직 성령이 너희에게 임하시면 너희가 권능을 받고 예루살렘과 온 유

---

415) 예수님께서 성령의 충만함을 입었다는 언급은 세례 받으실 때 성령이 임한 것을 시사
하는 동시에 성령으로 기름부음을 받은 사건임을 지시한다. 성령의 기름부음은 하나
님이 함께하시는 동시에 성령의 능력으로 무장하는 메시아의 임명식에 해당한다. 김
희성, 『부활신앙으로 본 신약의 성령론』 (서울: 대한기독교서회, 2000), 207.

416) 성령이란 단어는 누가복음 1장-2장에 8번, 3장-4장에 6번, 사도행전 1장-2장에 8
번, 사도행전 10장-11장에 9번 나온다. 이 단어의 사용은 각각 예수 존재의 시작, 그의
사역의 시작, 교회의 시작 그리고 이방인 선교의 시작 등 구속사의 가장 중요한 단계의
시작을 묘사할 때 등장한다. 김희성, 『부활신앙으로 본 신약의 성령론』, 192-193.

대와 사마리아와 땅 끝까지 이르러 내 증인이 되리라 하시니라"(행 1:8)

독일의 하이델베르크대학교(Heidelberg University)에서 선교학(mi-ssiology)과 종교학(science of religion), 그리고 에큐메니칼 신학(ecume-nical theology)을 가르쳤던 테오 순더마이어(Theo Sundermerier)는 사도행전에 대하여 말하기를, "온 유대와 사마리아, 그리고 전 세계에 복음으로 성장되어 가는 선교의 역사를 잘 보여주는 선교 기록서와 선교의 지침서이다."라고 보았다.[417]

존 스토트(John R. W. Stott)도 사도행전에 대하여 말하기를, "제일 먼저는 예루살렘 안팎의 유대인들에게, 다음에는 유대인들과 이방인들 사이에 사마리아인들에게, 마지막으로 이방인들에게 복음이 전파된다. 그러므로 사도행전의 성령은 선교의 성령이시다."라고 주장하였다.[418]

이러한 관점에서 사도행전은 전 세계의 모든 사람들에게 성령을 통하여 어떻게 전문인 선교를 하며 살아야 할 이유를 말한다.

---

417) 한국선교신학회, 『선교학 개론』 (서울: 대한기독교서회, 2001), 59. 순더마이어는 독일어권은 물론 세계 선교신학계에 널리 알려진 독일출신 신학자이다. 세계의 신학자였던 파울 틸리히 다음으로 미술과 신학의 대화를 추구한 보기 드문 신학자라고 할 수 있다. 아프리카에서 선교사로 사역하다가 1975년부터 독일 보쿰대학교에서 종교사 신학교수로 부름을 받고 귀국, 1983년 이래 2000년 은퇴할 때까지 하이델베르크대학교에서 선교학과 종교학, 에큐메니칼 신학 교수로 일했다. 그는 선교학자로서 매우 탄탄한 성경 신학적, 종교학적, 철학적 기반을 가지고 있다는 점에서, 그리고 근본적으로 에큐메니칼 시각을 견지하고 있다는 점에서, 특히 제3세계 혹은 비유럽 신학운동과의 대화를 위해서 주목받는 선교학자이다. 은퇴 후에도 매우 활발한 저작활동을 하고 있는 그는 특히 미술 속에 나타난 그리스도론과 관련된 나라별 연구 시리즈를 기획, 출간하고 있다.

418) John R. W. Stott, 『온전한 그리스도인이 되려면』, 한국기독학생회출판부 편집부 역 (서울: 한국기독학생회출판부, 1986), 95.

사도행전의 전반에 걸쳐 흐르는 많은 전문인 선교의 주제들이 전체의 내용을 조화롭게 짜 맞추어 심포니와 같은 하모니를 이루고 있다. 따라서 사도행전을 중심으로 한 전문인 선교와 성령론(Pneumatology)에 대해 살펴보고자 한다.

1. 전문인 선교의 영이신 성령

1) 사도행전은 전문인 선교를 위한 선교행전이다.

많은 신학자들은 사도행전을 가리켜 '성령행전'(the Acts of the Holy Spirit)이라고 부르지만 전문인 선교를 위한 선교행전이라고 할 수 있다. 그만큼 전문인 선교는 성령의 사역(the Work of the Holy Spirit)임에 분명하기 때문이다. 사도행전은 전문인 선교사들에 대한 성령 세례와 파송을 다루고 있는 책이다. 사도행전은 현대교회를 향해 영혼 없는 몸이 죽은 것같이 성령 없는 선교는 죽은 것과 같음을 교훈적으로 보여주고 있다. 이렇게 전문인 선교를 위해 사람들을 움직이게 하시는 이가 바로 성령이시기 때문이다(행1:8; 4:32; 6:7; 8:29 – 30; 9:31; 10:19 – 20; 11; 12; 13:2 – 4; 16:6 – 7).

사도행전에 나타난 성령은 오순절 사건과 초대교회시대로부터 계속적으로 무대의 중심이 되어 왔다.[419] 특히 오순절 사건을 올바르게 이해한다면, 본질적으로 전문인 선교적 사건이었다.[420] 그것

---

419) Millard Erickson, *Christian Theology* (Grand Rapids: Baker, 1985), 846. 사도행전 2장에 나타나는 오순절의 성령의 임재는 교회가 선교적 공동체로 전환할 수 있도록 만들었다. 성령이 사도들에게 임했을 때 모든 민족들에게 선교하기 시작했다.

420) John R. W. Stott, 『온전한 그리스도인이 되려면』, 94 – 95.

은 이 사건으로부터 성령의 힘과 권능은 조용하면서도 강하게 사람의 내적인 삶에 변화를 일으켰고, 사람들을 움직이는 역할을 했기 때문이다.

이것은 세 명의 현대 선교사들에게 분명히 나타났다. 롤런드 알렌(Roland Allen)은 영국 선교사로서 중국에서 선교 사역을 시작하였다. 그러나 곧 선교의 고전이 된『자발적인 교회성장』(The Spontaneous Expansion of the Church)을 써서 선교에 있어서 부권주의와 통제(Control)를 부수고 새롭게 개발된 교회에서 성령이 자유롭게 운행할 수 있는 모든 기회와 방법을 이야기한다.[421] 피터 와그너(C. Peter Wagner)는 사회학자와 교회성장 전문가로 시작했지만 일관적으로 선교 사역의 수단으로서 치유와 기도로 이동해 갔다. 찰스 크래프트(Charles H. Kraft)는 인류학자와 커뮤니케이션 전문가로 시작했지만 선교적인 자유를 추구하려는 노력을 계속해서 내적 치유(inner healing)와 축사사역(deliverance ministry)으로 나아갔다.[422]

따라서 성령은 이러한 학자들에게 제한되고 고정될 수 없지만 성령이 그들의 삶을 바꾸어 놓았다. 성령의 영향력은 하나님의 전문적인 선교 활동을 통해서 주어진 새로운 이해와 변화를 통해서 볼 때 명백해진다. 성령의 힘은 사람을 나누고 분리시킨 것이 아니라 조화를 가져다주었다. 또한 치유하며, 연결하고, 묶어 주며, 사람 사이에 존재하는 모든 벽돌들을 무너뜨렸다.

---

421) Charles H. Kraft,『말씀과 문화에 적합한 기독교』, 392.
422) Charles H. Kraft,『말씀과 문화에 적합한 기독교』, 392.

2) 성령은 전문인 선교의 영이시다.

성령에 대해서는 창세기 1:2에 의하면, "땅이 혼돈하고 공허하며 흑암이 깊음 위에 있고 하나님의 영은 수면 위에 운행하시니라."라고 이미 기록되어 있다.

이처럼 태초부터 이 세상이 끝나는 날까지 예수 그리스도의 구원 사역에 참여하는 분이 바로 성령이시다.[423] 뿐만 아니라 성령은 사도행전에서 실제적인 전문인 선교 사역의 주체(subject)로서 활동하신다.

실제로 사도행전에서 성령은 매우 중요한 전문인 선교의 주도자이시다. 선교의 원동력인 성령은 기독교인들의 전문인 선교 사역을 지휘하셨다(행 13:2; 13:4; 9:29; 16:7). 또한 성령은 예수 그리스도의 지상위임을 순종할 수 있도록 사람들을 감화시킨다(행 5:32; 9:31). 성령은 핍박 중에도 성도를 격려하여 담대히 말씀을 전할 수 있게 하신다(행 4:31; 6:10; 7:55; 13:52).

캐나다 리전트대학(Regent College)에서 신약학을 가르치는 고든 피(Gordon D. Fee)는 성령에 관한 바울의 가르침에 대하여 말하기를, "성령의 사역에 대해 바울이 명백하게 말하거나 암시한 것들은 성령이 교회와 신자들의 삶에 권능을 주는, 실제로 체험할 수 있는 존재임을 전제한다."라고 결론을 내린다.[424] 사도행전은 오늘날 많

---

423) Robert E. Coleman, 『위대한 지상명령』, 하정완 역 (서울: 도서출판 두란노, 1994), 83-86.

424) Gordon D. Fee, *God's Empowering Presence: the Holy Spirit in the Letters of Paul* (Massachusetts: Hendrickson, 1994), 897. 피는 탁월한 주석가이자 바울 신학자이다. 1966년 남캘리포니아대학교(University of Southern California)에서 신약 본문비평에 관한 연구로 박사학위(Ph.D.)를 취득했다. 그 후에 고든콘웰신학대학원 교수를 지냈으며, 현재는 캐나다 뱅쿠버에 소재한 리젠트대학(Regent College)에서 신약학을 가르치고 있다. 대표적인 저서로는 『고린도전서 주석』(1987), 『빌립보서 주석』(1995), 『God's Empowering

은 교회가 흔히 생각하듯 예수님의 마지막 명령에 순종하라는 권고가 많이 나오지 않는다. 그것보다 누가의 이야기는 선교를 성령이 주시는 기쁨과 에너지의 충만함으로 묘사한다.[425] 예수님의 제자들이 실제로 성령의 거룩한 임재(presence)로 성령 충만하면, 예수님이 예언하신 일들이 실제로 일어났다.

사도행전의 저자인 누가는 그의 복음서에서 예수님의 삶에 성령이 역사하시는 것을 보여주었다. 그리고 사도행전에서는 예수님의 삶에 나타났던 그 역사가 예수님의 교회 안에서 계속되는 것을 보여준다. 사도행전에서는 성령에 대한 언급이 56회 나온다. 그 언급은 특히 오순절 이야기와 사도행전 6장과 7장에 나오는 스데반 이야기, 그리고 사도행전 8장에 나오는 사마리아에서의 빌립 이야기이다. 또한 사도행전 10장과 11장에 등장하는 고넬료(Cornelius) 이야기에 집중적으로 나온다.[426]

사도행전에서는 그리스도인의 삶의 많은 측면이 성령과 연관되어 나온다. 삶을 변화시키고(changing) 선교의 능력을 부여하는 분은 성령이시다. 누가는 성령 충만에 대해 자주 언급하지만 '부어진다', '내려온다', '임한다'와 같은 용어들도 사용한다. 사도행전에서는 성령을 방언보다는 예언(divination)과 더 많이 연관 짓는다. 사도행전에 기록된 치유와 축사에 대해 주의 깊게 연구해 보면, 그런

Presence: The Holy Spirit in the Letters of Paul』(1994) 등이 있다. 그의 저작 가운데 우리
말로 번역된 것으로는 고든콘웰신학대학원 구약학 교수인 더글라스 스튜어트(Douglas
Stuart)와 공저한 『성경을 어떻게 읽을 것인가?』(성서 유니온)와 『성경해석 방법론』(기
독교문서선교회)에 수록된 『신약성경 주석』(New Testament Exegesis, 1993)이 있다.

425) Howard Peskett & Vinoth Ramachandra, 『선교』, 한화룡 역 (서울: 한국기독학생회출
판부, 2006), 295.

426) Howard Peskett & Vinoth Ramachandra, 『선교』, 295-296.

일을 행할 때 기도를 하기도 하고, 하지 않기도 한다. 또한 안수를 하기도 하고 하지 않기도 하고, 예수님의 이름을 부르기도 하고 부르지 않기도 한다는 것을 알 수 있다.[427]

고든 피(Gordon D. Fee)는 교회가 이러한 성령의 임재와 인도에 대한 의식을 자주 잃어버렸다는 점을 주목하고 있다. 성령은 학계에서 주변부로 밀려나고 교회 안에 갇혀 버렸다. 그래서 피는 교회에 대한 성령의 관점에 대하여 말하기를, "그리스도인의 삶에 대한 바울의 관점, 곧 역동적으로 체험할 수 있고 종말을 지향하지만 교회의 삶에 완전히 통합된, 본질적으로 성령의 삶이라는 관점을 회복해야 한다."라고 호소하였다.[428]

2. 전문인 선교를 주도하시는 성령

사도행전에 나타난 전문인 선교는 선교 대위임에 대한 순종으로 이루어진 것이라기보다 성령의 주도하에 이루어진 것이다. 개혁주의 선교학자로 개혁일지(Reformed Journal)의 편저자 겸 설립자이기도 한 해리 보어(Harry R. Boer)는 그의 책 『오순절과 선교』(Pentecost and Mission)에서 선교의 동기에 대하여 말하기를, "선교 대위임의 명령에 근거하기보다 성령에 근거해야 한다."라고 주장하였다.[429]

---

427) Howard Peskett & Vinoth Ramachandra, 『선교』, 296.

428) Gordon D. Fee, *God's Empowering Presence: the Holy Spirit in the Letters of Paul*, 899－903.

429) Harry Boer, *Pentecost and Mission* (Grand Rapids: Eerdmans, 1961), 128－129.

1) 예루살렘에서 전문인 선교를 주도하신 성령(행 1장 – 7장)

사도행전 1장에서 7장까지는 성령의 사역으로 시작되어 성령의 개입(inbreaking)하심으로 마무리된다. 사도행전 1:8에서 '성령의 임하심'이 복음 전파의 시작이요 원천적 힘임을 말한다. 성령이 없이 사도행전의 땅 끝 복음 전파는 생각할 수 없는 것이다.[430] 본격적인 예루살렘 선교는 베드로의 오순절 설교로 시작하며, 땅 끝 전도에 초석이 되는 역사적 사건이었다. 그의 설교는 성령으로 시작하여 성령으로 끝을 맺고 있다(행 2:17; 2:38)[431]

"하나님이 말씀하시기를 말세에 내가 내 영을 모든 육체에 부어 주리니 너희의 자녀들은 예언할 것이요 너희의 젊은이들은 환상을 보고 너희의 늙은이들은 꿈을 꾸리라"(행 2:17)
"베드로가 이르되 너희가 회개하여 각각 예수 그리스도의 이름으로 세례를 받고 죄 사함을 받으라 그리하면 성령의 선물을 받으리니" (행 2:38)

이러한 성령의 주도적인 전문인 선교는 역사의 주체가 성령인 것을 강조한다. 뿐만 아니라 성령은 전문인 선교에 참여자(participant)였으며, 전문인 선교의 직접적인 집행자로 보내는 자이시다.

2) 사마리아와 유대에서 전문인 선교를 주도하신 성령(행 8장 – 10장)

사도행전은 계속되는 사마리아와 유대에서의 전문인 선교를 기록하는데, 성령께서 이 과정에도 주도하심을 보여준다. 빌립은 아

---

430) 목회와신학 편집부, 『사도행전을 어떻게 설교할 것인가』, 39 – 40.
431) John. B. Polhill, *Acts* (New York: Nashville, 1992), 84.

소도(Azotus)에 이르렀을 때, 예루살렘에서 서쪽으로 똑바로 가면 만나게 되는 해안가에 위치한 도시였다. 이때에도 명시적이지 않지만 성령이 주도하신 것이 분명하다(행 8:40).

> "빌립은 아소도에 나타나 여러 성을 지나다니며 복음을 전하고 가이사랴에 이르니라"(행 8:40)

성령은 이렇듯 전문인 선교 역사에 새로운 획을 긋는 사건 하나하나를 면밀히 주도하셨다. 그것은 환상을 통하여, 또 베드로가 말씀을 전할 때 이방인이 고넬료 가정에 임했다(행 10:44 – 46).[432]

> "베드로가 이 말을 할 때에 성령이 말씀 듣는 모든 사람에게 내려오시니 베드로와 함께 온 할례 받은 신자들이 이방인들에게도 성령 부어 주심으로 말미암아 놀라니 이는 방언을 말하며 하나님 높임을 들음이러라"(행 10:44 – 46)

3) 땅 끝에서 전문인 선교를 주도하신 성령(행 13:2 – 4)

예루살렘의 전문인 선교가 약속된 성령의 오심으로 주도된 것처럼 땅 끝을 향한 전문인 선교의 시작인 사도행전 13장의 서두에도 성령의 주도적인 전문인 선교를 강조한다. 예루살렘에서 일어난 핍박으로 흩어진 자들이 교회를 개척한 안디옥 교회를 금식케 하고 바나바와 바울을 세운 것도 성령이며(행 13:2), 이들을 안수하여 보낸 궁극적 주체도 교회의 리더들이 아니라 선교의 영이신 성령임을 강조한다(행 13:4).[433] 따라서 전도자 개인에게 힘을 주시는 사

---

432) 목회와신학 편집부,『사도행전을 어떻게 설교할 것인가』, 43.

역보다 성령이 전문인 선교 사역에 전체를 주도하시는 주체임을 부각시킨다(행 13:9).

4) 유럽에서 전문인 선교를 주도하신 성령(행 16:6 - 19:20)

사도행전 16장에 의하면, 성령은 전문인 선교사인 바울로 하여금 소아시아에서 더 이상 선교하지 못하게 하신다(행 16:6). 이제 유럽에서의 전문인 선교는 그 진로를 바꾸는 것을 주도하신 성령에 대해 강조하고 있다(행 16:9). 유일하게 바울이 먼저 이방인에게 간 곳은 아덴(Athens)이었다(행 17:16). 또한 고린도 사역 후 에베소로 간 바울과 선교 팀 일행은 그곳에서 3년을 머문다. 전체 선교여행 중에 한 지역에서 이렇게 머무른 것은 최장 기간이었다. 이러한 전문인 선교 사역 가운데 성령의 사역이 언급된다(행 19:1 - 7).

그 당시 에베소 제자들은 성령을 받아서 성령의 르네상스가 오도록 해야 한다는 점을 강조하였다.[434] 에베소는 바울 선교의 마지막 사역지이였고, 이곳에서도 고린도 후기 선교와 마찬가지로 바울은 유대인과 이방인에게 구별 없이 복음을 전했다(행 19:8 - 10).

5) 예루살렘으로 경유하여 로마로 가는 것을 주도하신 성령
   (행 20장 - 27장)

바울이 에베소를 떠나 예루살렘으로 향할 때 다시 성령이 등장한다. 명시적으로 성령이 등장한 곳은 두 곳인데 모두 바울의 고난

---

433) John. B. Polhill, *Acts*, 95.
434) 김희성, 『부활신앙으로 본 신약의 성령론』, 236.

을 예언한다(행 20:22 – 23; 21:11). 따라서 고난을 예언하는 성령은 땅 끝까지 복음을 인도해 가는 과정에 운명적으로 놓인 고난을 예언하는 것으로 예루살렘을 향함이 성령의 주도 아래 있음을 보여준다.435) 땅 끝에서 전문인 선교가 하나님의 계획안에 있음이 성령의 특별한 사역을 통해 섬세하게 나타나고 있다.

우리는 사도행전 전체를 통해서 누가는 전문인 선교의 추진력이 성령으로부터 왔다는 것을 명백하게 밝히고 있다.436) 사도행전은 성령의 지배적이고, 압도적이며, 모든 것을 통제하는 주체를 갖고 있다. 그것은 성령의 능력으로 행해지는 선교적 증거를 통해서 믿음이 확장된 것이다. 성령은 끊임없이 교회들이 증거를 하도록 몰아가며 계속해서 그 증거를 통해 교회들이 생겨나기를 원하신다.

이러한 사도행전의 전문인 선교를 살펴볼 때, 성령은 전문인 선교의 영이시다. 성령은 복음을 전파하는 데 폭발적인 힘이며, 중심에서 뻗어 나가는 전문인 선교의 힘(the power of professional missions)이다. 우리는 성령을 통해 지역 사회와 이웃 안에서, 그리고 세계를 향해 교회는 증거하고 섬기기 위하여 세상으로 보내진 하나님의 백성이다. 우리는 이제 선교명령(missionary mandate)에 대해 순종해야 할 하나님의 명령이라고 설교하는 것을 중단해야 한다. 그것을 교회 본질로 표현하고, 교회 생활을 지배하는(dominating) 하나의 법칙으로 제시해야 한다. 따라서 우리의 전문인 선교가 성령의 역사로 이루어져야 한다는 실제적인 사건은 아무리 강조한다

---

435) 목회와신학 편집부, 『사도행전을 어떻게 설교할 것인』, 46.

436) John R. W. Stott, 『현대를 사는 그리스도인』, 한화룡 · 정옥배 역 (서울: 한국기독학생회출판부, 1993), 421.

해도 지나치지 않을 것이다. 성령이 없이는 전문인 선교는 불가능하다. 오직 성령이 오셨을 때에만 전문인 선교는 가능하게 될 것이다. 이것이 바로 성경이 우리에게 말하고자 하는 핵심이다. 하나님은 전 세계 모든 곳에서 하나님의 백성들을 일으키셔서 성령의 충만을 받게 하기를 소원하신다. 하나님은 그들을 통해 창의적 접근 지역을 위해서 기도하기를 소원하신다. 담대한 하나님의 증인들이 되기를 소원하신다. 그들의 인생을 잃어버린 자들을 위해서 나누어 주고 예수 그리스도의 영광이 드러나기를 소원하신다.

제9장 전문인 선교와 선교적 교회론

세계복음주의협의회(World Evangelical Fellowship)의 선교위원회 (Mission Commission) 주최로 1999년 10월 10일에서 15일까지 브라질 이구아스 시에서 이구아수선교협의회가 있었다. 이 선교협의회에는 53개국에서 온 160명의 선교 실천가와 선교학자, 그리고 교회 지도자들이 모였다.[437] 특히 이구아수 선언(The Iguassu Affirmation) 을 보면, 헌신(commitments)에 대한 교회와 선교에 대하여 말하기를, "선교하는 교회는 세상을 향한 하나님의 계획의 핵심이다. 우리는 교회론(Ecclesiology)을 더욱 강화하고, 세계의 교회가 모든 그리스도인들이 선교에 참여하는 진정으로 선교적인 공동체를 이루도록 권고할 것이다. 정치권력, 종교적 근본주의(religious foundamentalism), 세

---

437) World Evangelical Alliance Missions Commission, "Iguassu Affirmation", http://www. worldevangelicals.org. 이구아수선교협의회는 다음과 같은 목적으로 모였다. 첫째, 새로운 세기를 앞두고 세계 선교가 직면한 도전과 기회에 대해 함께 숙고한다(Reflect together on the challenges and opportunities facing world missions at the dawn of the new millennium). 둘째, 특별히 1974년 로잔 회의 이후 20세기 복음주의 선교학과 선교적 실천의 여러 흐름들을 재검토한다(Review the different streams of twentieth-century evangelical missiology and practice, especially since the 1974 Lausanne Congress). 셋째, 하나님의 백성들의 문화적 다양성을 반영하는 진정한 성경적 선교학을 개발하고 발전시키는 것을 계속한다(Continue developing and applying a relevant biblical missiology which reflects the cultural diversity of God's people).

속주의(secularism)의 저항과 반대에 직면해서 우리는 교회들이 보다 깊은 차원에서 연합하고 선교에 참여하도록 격려하고 도전할 것을 다짐한다(The Church in mission is central to God's plan for the world. We commit ourselves to strengthen our ecclesiology in mission, and to encourage the global church to become a truly missionary community in which all Christians are involved in mission. In the face of increasing resistance and opposition from political powers, religious fundamentalism and secularism, we commit ourselves to encourage and challenge the churches to respond with a deeper level of unity and participation in mission)."라고 설명하였다.[438) 이러한 관점은 막연히 선교하는 교회가 선교적 교회라는 생각을 뛰어넘어 좀 더 본질적으로 선교적 교회(Missional Church)가 의미하는 것이 무엇인지 알게 한다.

1. 선교적 교회란 무엇인가?

기독교 역사를 보면, 각 시대마다 주목받았던 신학적 이슈들이 있었다. 첫째, 초대교회를 보면 '유대인이 아닌 이방인들도 하나님의 백성이 될 수 있는가?'라는 것이 매우 중요한 이슈여서 예루살렘 공의회는 이를 다루기 위해 모였다(행 15장). 둘째, 2세기에는 '어떤 책들이 하나님의 말씀으로서 권위를 가진 정경에 포함될 것

---

438) World Evangelical Alliance Missions Commission, "Iguassu Affirmation", http://www. worldevangelicals.org.

인가?'가 교회의 이슈였다. 셋째, 로마 제국이 기독교를 인정한 이후 공의회들은 삼위일체론(Trinitarianism, 니케아 A.D. 325년)과 기독론 (Christology, 칼세돈 A.D. 451)이 중심적인 신학적 이슈들이었다. 넷째, 16세기 종교개혁시대에는 구원론(Soteriology)이 논쟁의 핵심 적 이슈였다. 다섯째, 19세기에는 종말론(Eschatology)이 이슈였다. 여섯째, 20세기에 들어서는 성령론(Pneumatology)이나 성경 무오설 (Infallibility of the Scripture)이 논쟁의 이슈들이었다. 그런데 마지막 으로 일곱째, 최근 들어 북미주를 중심으로 선교적 교회(Missional Church)에 많은 관심들이 높아지고 있다. 따라서 21세기 한국 교회 는 선교적 과제에 있어서 어떻게 하면 스스로 선교적 교회가 되는 가 하는 것이다.

미국 복음주의의 기관지인 크리스챠니티 투데이(Christianity Today) 에 실린 2008년 3월호 내용에 의하면, 선교적 교회라는 용어가 책 이름으로 1998년에 출간된 것은 『선교적 교회』(Missional Church: A Vision for the Sending of the Church in North America)가 처음 이라고 한다. 그러나 이후로부터 불과 약 10년이 지난 지금 구글 검색(Google Search)에 선교적 교회와 관련된 항목이 이미 50만 건 이상이 올라와 있다. 그만큼 선교적 교회에 대한 기독교계의 관심 이 높아진 것이다. 특히 선교적 교회라는 개념은 우리의 관심을 끌 기에 충분하다. 그것은 단순히 교회성장 방법이나 선교와 관련된 어떤 현상적 문제를 해결하기 위한 접근을 추구하는 것이 아니라 신학적으로 선교와 교회를 심도 있게 다루며 연결시키고 있다는 것이다.

서울신학대학교 선교학 교수인 최형근은 선교적 교회에 대하여 말하기를, "단순히 교회의 대표를 세상에 파송하고 후원하는 차원에 머무는 게 아니라 교회의 존재 목적과 그리스도인의 삶의 방식에 더욱 관심을 가지고 선교에 참여하는 것이다."라고 지적하였다.[439] 교회는 만민을 예수 그리스도 안에서 구원하여 회복시키기 위한 하나님의 선교에 참여하기 위해 이 세상 부름을 받고 이 세상 속으로 보냄을 받은 하나님 백성의 공동체를 말한다. 이렇듯 교회론과 선교론을 굳게 결속시키고 있는 선교적 교회론은 교회의 본질이 바로 선교라는 것을 강조하는 것이다.

선교적 교회론은 인도 선교사와 영국 선교신학자였던 레슬리 뉴비긴(Lesslie Newbigin)의 선교신학에서 영향을 받아 북미 신학자들을 중심으로 '복음과 우리 문화 네트워크'(The Gospel and Our Culture Network)를 형성함으로써 시작된 것이다. 선교적 교회는 일련의 운동으로서 서구 사회와 기독교가 처한 위기의식에서 출발했다. 그것은 2000년 가까이 유지해 온 서구의 기독교 나라는 합리주의적이고, 개인주의적인 모더니즘과 진리를 상대화시키는 포스트모더니즘의 도전에 직면해 물질적이고 세속적인 경향을 넘어 이교도 형태로 변질되어 가고 있는 실정이다.[440] 이런 위기를 직감하고 있는 GOCN 운동은 새로운 교회론의 정립을 추구하고 있다. GOCN 운동에 참여하고 있는 신학자들과 목회자들은 서구, 특히 북미를 더 이상 선교를 주도하는 기독교의 중심이 아니라 복음에 의해서 변화되어야 할 선교현장으로 인식하고 있다. 물론 이 운동의 약점으로 지적되는 것은 타문화권 선교에 대한 관심이 미약한 데 있다.

---

439) 최형근, "선교적 교회란 무엇인가," 『목회와신학』 (2006, 5월), 180.
440) 최형근, "선교적 교회란 무엇인가", 181.

이런 의미에서 선교적 교회의 궁극적인 목적이 하나님께서 세상을 향한 구원의 계획에 동참하는 것을 잊지 말아야 한다.

'선교적'(missional)이라는 단어는 하나님의 부르심을 받은 사람들을 보내신 교회의 본질적 성격과 사명이라는 것을 강조한다. 즉 교회를 주로 하나님의 사명을 위한 도구로서 보는 관점이다.[441] 교회는 인간이 만든 기관이 아니라 영원하신 하나님께서 계획하셨고, 이 땅에 오신 예수님이 세우신 것이다. 마태복음 16:18에서 예수님은 처음 제자들에게 교회를 언급하셨다. 예수님은 제자들과 함께 지낸 지 일 년 반쯤 되자 제자들도 예수님을 유대인들이 간절히 기다려온 메시야라고 믿기까지 오랜 시간이 걸렸다. 마태복음 16:16에 의하면, 제자들의 대표자인 베드로가 예수님 앞에서 "시몬 베드로가 대답하여 이르되 주는 그리스도시요 살아 계신 하나님의 아들이시니이다."라고 고백하였다. 이 고백에 대해 마태복음 16:18에 의하면, 예수님은 "또 내가 네게 이르노니 너는 베드로라 내가 이 반석 위에 내 교회를 세우리니 음부의 권세가 이기지 못하리라."라고 대답하셨다. 예수님이 처음 교회를 언급하신 순간으로 제자들은 예수님이 비로소 누구신지 깨달았으며, 예수님도 자신이 이 땅에 오신 이유를 밝히신 것이다.

예수님께서는 이 땅에 교회를 세우리라는 말씀뿐만 아니라 교회를 어떻게 세울 것인가를 말씀하셨다. 예수님께서 자신이 미래에 하실 일을 계시하실 때, 제자들은 소동이 벌여졌다. 아마 제자들은 예수가 이 땅에 영원히 그들과 함께할 팀을 만들어 교회를 세우실 것이라고 짐작했을지도 모른다. 그러나 예수님이 교회를 세우리라

---

441) Eddie Gibbs, *Church Next*, 51.

선포하신 그날 이제 이 땅을 떠날 것이라고 말씀하신다. 즉 제자들 스스로 교회를 세워야 한다는 말이다. 예수님은 왜 자신이 떠나야 하는지 또 자신이 떠나는 것이 제자들에게 어떤 유익이 있는지를 요한복음 16:7에 의하면, "그러나 내가 너희에게 실상을 말하노니 내가 떠나가는 것이 너희에게 유익이라 내가 떠나가지 아니하면 보혜사가 너희에게로 오시지 아니할 것이요 가면 내가 그를 너희에게로 보내리니."라고 설명하셨다. 이러한 예수님의 말씀은 교회가 마땅히 선교해야 함에도 그 사실을 잘 모르고 있는 중요한 영적 원리를 제공하고 있다. 선교는 교회의 존재 이유이며, 교회의 삶의 근거이다. 교회가 선교를 소유하는 것이 아니라 선교가 교회를 소유한다.

레슬리 뉴비긴(Lesslie Newbigin)에 의하면, 교회는 예수 그리스도의 교회로 그것이 속한 사회와 문화 안에서 선교의 교회가 되라는 하나님의 선교적 명령을 가지고 있다.[442] 선교는 창조 세계를 회복

442) 뉴비긴은 1909년 영국 뉴캐슬에서 태어났다. 케임브리지대학교를 졸업하고, 스코틀랜드의 글래스고우에서 기독학생회(SCM) 총무로 섬겼으며, 케임브리지의 웨스트민스터 대학에서 신학을 공부했다. 1936년 스코틀랜드 국교회에서 목사 안수를 받고, 같은 해 헬렌 헨더슨과 결혼하여 스코틀랜드 교회의 선교사로 파송 받아 첫 11년을 인도 칸치푸람에서 사역한다. 1947년 회중교회, 성공회, 장로교회, 감리교회의 교인들로 구성된 남인도 교회(Church of South India)의 주교로 임명되어 12년 동안 마두라이의 주교로 일한다. 1959년 국제선교협의회(IMC)의 총무로 선출되고, 세계교회협의회와의 병합을 위한 최종 협상을 수행하는 책임을 맡는다. 1962년 세계 교회와 복음화 분과의 초대 대표가 되고, 세계교회협의회의 부총무로 선출된다. 1965년 다시 남인도 교회로부터 마드라스의 주교로 임명받아 10년을 더 사역한다. 1974년 인도에서의 35년간의 선교 사역을 마치고 고향으로 돌아온 그는 영국이 선교지보다 더 사역하기 어려운 이교도 사회임을 발견하고 충격을 받는다. 그의 책들과 강연은 이런 이교적인 영국 사회와의 격렬한 부딪힘 가운데서 쏟아져 나왔다. 1998년 세상을 떠날 때까지 영국 버밍엄에서 저술과 강연, 목회 사역으로 매우 왕성한 노년을 보냈다. "20세기 후반에 선교의 성경적·신학적 기초를 닦은 사람으로서 그에 필적할 만한 동시대 인물은 거의 없을 것"이라는 평을 받은 뉴비긴은 서구 사회를 선교사의 시각으로 바라보면서 선교적이며 분석적인 질문들을 제기했고, 세상을 떠난 지금까지도 수많은 신학자, 선교학자, 기독교 사상가에게 중요한 영향을 끼쳐 온 인물이다. 저서로는 『레슬

(restoration)하고, 치유하려는 하나님의 목적에 뿌리내린 하나님의 주도권 하에 있는 산물이다. 선교는 보냄(going)을 의미하는데 하나님이 인간의 역사에 개입(inbreaking)하신 목적을 설명하는 성경의 중심된 주제인 것이다.443)

풀러신학교 선교학 교수인 찰스 밴 엔겐(Chrales E. Van Engen)은 효과적인 선교 사역은 성경적인 교회관에 나타난다고 주장하였다. 밴 엥겐은 교회와 선교의 긴밀한 관계에 대하여 말하기를, "선교는 교회의 불꽃으로서 비유하면서 불이 타고 있을 때 그것이 존재하고 불이 꺼진 후에 우리는 불의 존재를 볼 수 없는 것처럼 교회는 선교할 때 교회는 존재한다. 그러나 교회가 선교하지 않으면 교회의 존재를 찾을 수 없다고 강조한다(The Church exists by mission as fire exists by burning)."라고 주장하였다. 또 밴 엥겐은 교회에 대한 바른 이해가 올바른 선교로 나아가게 만들고 아울러 선교에 대한 바른 자세는 오늘날 우리에게 바른 교회관을 가지게 만든다고 주장하였다(We cannot understand mission without viewing the nature of the Church and we cannot understand the Church without looking at its mission).444)

개혁주의 선교학자인 해리 보어(Harry R. Boer)는 교회의 선교적 속성에 대하여 말하기를, "교회는 본질적으로 선교적 교회이다(The church is missionary church)."라고 강조하였다.445)

리 뉴비긴의 요한복음 강해』,『헬라인에게는 미련한 것이요』,『포스트모던 시대의 진리』(이상 IVP 역간),『변화하는 세상 가운데 살아 숨 쉬는 소망』(서로사랑 역간), "The Other Side of 1984", "Proper Confidence" 등 다수가 있다.

443) Darrell L. Guder, *Missional Church* (Grand Rapids: Eerdman, 1998), 11－12. David J. Bosch, *Transforming Mission*, 390.

444) Chrales E. Van Engen, *God's Missionary People* (Grand Rapids: Baker, 1991), 30.

화란선교협의회 총무와 자유대학교 선교학 교수를 역임한 요하네스 블라우(Johannes Blauw)는 교회의 선교적 본질(the Missionary Nature of the Church)에 대해서 말하기를, "세상에 보냄을 받지 않는 교회는 교회가 아니다. 그리고 그리스도의 교회가 하는 선교가 아니면 선교가 아니다(There is no other church than the church sent into the world, and there is no other mission than that of the church of Christ)."라고 주장하였다.446)

존 스토트(John R. W. Stott)는 오늘날 교회의 선교적 속성에 대한 바른 이해에 대하여 말하기를, "교회는 반드시 선교적이면서 동시에 종말론적 관점으로 보지 않고는 이해할 수 없다(The church cannot be understood rightly except in a perspective which is at once missionary and eschatological)."라고 강조하였다.447)

폴 스티븐스(R. Paul Stevens)는 교회와 선교에 대하여 말하기를, "교회가 선교를 하나의 사역을 보유하고 있는 것이 아니라 교회 자체가 선교이다. 옛 언약과 새 언약 하에서 선교는 하나님의 백성 전체가 깊이 관여하도록 의도된 과업이지 다만 선택된 소수의 대표자나 지명된 선교사에게 국한된 것이 아니다. 그것은 평범한 그리스도인인 모두가 선교사인 것이다. 그리고 그 선교는 사회의 직장과 개인적인 삶의 영역, 교회 내의 공동체 생활에서 이루어진다."라고 보았다.448) 교회는 사도적인 선포로 선교의 사명을 수행하는

---

445) 김성욱, 『하나님의 백성과 선교』 (서울: 기독교문서선교회, 1998), 25.

446) Johannes Blauw, *the Missionary Nature of the Church*, 121.

447) John R. W. Stott, *One People* (Downers Grove: Inter Varsity Press, 1982), 17.

448) R. Paul Stevens, 『21세기를 위한 평신도 신학』, 홍병룡 역 (서울: 한국기독학생회출판부, 2001), 249. 칼 바르트(Karl Barth)는 선교의 주체를 그리스도인 개인인 및 그의 부르심을 중심으로 논의하기 시작하다가 나중에 교회에까지 나아간다.

가운데 존재한다.

이러한 선교학자들의 주장은 교회와 선교(church and mission)의 관계를 통해 교회의 선교적 사명을 선명하게 확신할 수 있다. 그러므로 우리는 성경적인 입장에서 교회를 세워 가는 것이 효과적인 선교의 열매를 거두는 방법일 것이다. 그리고 선교적 교회(missional church)의 아름다움에 대해서 성경 전체가 이것을 보여준다.

선교적 교회란 무엇인가? 그것은 생각과 행동, 그리고 삶의 방식이 선교 지향적인 교회를 말한다. 즉 마음에 선교를 품고 있는 교회라는 것이다.449) 따라서 선교적 교회는 단순히 파송하고 후원하는 차원에 머무는 것이 아니라 그 존재의 목적과 삶의 방식에 더욱 관심을 기울여야 한다. 교회와 모든 그리스도인들은 세상으로 파송된 선교사들인 셈이다. 그래서 세계 안에서 수행되는 하나님의 구속의 역사에 동참하고 복음의 나팔을 불어야 한다. 땅 끝까지 복음을 들고 가라는 적극적인 하나님의 부르심을 수행해야 한다.

이러한 하나님의 선교(Missio Dei)는 교회와 목회자, 그리고 모든 그리스도인들을 세상으로 파송된 선교사로 부르심을 받았다. 선교적 교회는 예수 그리스도의 복음을 들고 이 세상에 들어가 세상의 문화를 변혁(transformation)하는 변화의 대리자(Vice-regents)이며, 대항 문화적인 특성을 띠고 있다. 교회는 선교에 의하여 그 정체성을 분명히 할 수 있다.450) 따라서 교회는 전문인 선교를 위해 존재한다고 해도 무방할 것이다.

---

449) Michael. Pocock, Gailyn Van. Rheenen, Douglas. McConnell, 『변화하는 내일의 세계선교』, 박영환 외 3명 역 (인천: 도서출판 바울, 2008), 17.

450) 최형근, "2006 세계선교대회/NCOWE Ⅳ: 교회와 선교로 살펴본 미래 한국 선교이론," 『세계선교대회/NCOWE Ⅳ』 (2006, 6월), 91.

'복음과 우리 문화 네트워크'(The Gospel and Our Culture Network)에서는 다음과 같이 12가지 교회에 대한 경험적인 기준을 제시하였다.[451]

첫째, 복음을 선언하는 교회이다(It is a church that proclaims the gospel).

둘째, 모든 교인이 그리스도의 제자가 되기 위해 학습에 참여 공동체이다(It is a community where all members are involved in learning to become disciples of Jesus).

셋째, 성경을 기준으로 삼는다(The Bible is normative in the life of the church).

넷째, 주님의 삶과 죽음, 그리고 재림에 참여하기 때문에 세상과는 구별되어야 함을 이해한다(The church understands itself as different from the world because of its participation in the life, death and resurrection of its Lord).

다섯째, 하나님의 구체적인 선교적 사명이 전 공동체와 그 성도들을 위한 것임을 인식한다(The church seeks to discern God's specific missional vocation for the entire community and for all its members).

여섯째, 그리스도인들이 서로를 향해 그리스도인답게 행동한다(Christians behave Christianly toward one another).

일곱째, 화해를 실천하는 공동체이다(The church is a community that practices reconciliation).

여덟째, 공동체 내의 사람들은 서로를 사랑할 책임을 준다(People within the community hold themselves accountable to one another in love).

---

451) Eddie Gibbs, *Church Next*, 52.

아홉째, 선한 대접을 실천한다(The church pratices hospitality).

열째, 예배는 공동체가 하나님의 존재와 그가 약속하신 미래를 기쁨과 감사로 축하하는 공동체의 중심된 행위이다(Worship is the central act by which the community celebrates with joy and thanksgiving both God's promised future).

열한째, 생명력 있는 증인이 있는 공동체이다(The church is a community that has a vital public witness).

열두째, 하나님 나라의 불완전한 표현이라는 것을 인식하고 있다(There is a recognition that the church itself is an incomplete expression of the reign of God).

교회는 온전히 성취되기 힘들지만 추구해야 할 목적이 있다. 우리는 전 세계의 교회가 불완전하고 미완성이라는 것을 인식해야 한다. 그러나 교회가 되기 위한 노력은 교회가 그 사명의 선교 책임이 즉각적인 사역에만 한정된 것은 아니다.[452] 교회는 우리의 예루살렘에만 지역적으로 한정된 것이 아니라 반드시 유대와 사마리아, 그리고 땅 끝까지 나아가야 한다.

교회는 어떤 인간적인 유토피아를 향해 나가거나 개인구원(personal salvation), 완전한 교제, 정의, 진리, 기쁨, 사랑 또는 영적 일체화를 위해 나아가지 않는다. 교회는 더 귀한 우주를 다스리고 통치하는 왕 되신 하나님께로 향하여 나아간다.[453] 그래서 예수님께서 주신 사도행전 1:8의 도전을 품은 교회들은 하나님의 총체적 선교(holistic

---

452) Eddie Gibbs, *Church Next*, 52−52.

453) Charles E. Van Engen, 『모이는 교회, 흩어지는 교회』, 154.

mission)에 의식적으로 참여해야 한다. 성도들을 일깨워 하나님의 부르심(the call of God)을 듣게 하고, 모든 족속들에게 복음을 전하기 위해 모든 사람들과 협력해야 한다. 또한 공동체(예루살렘), 인근 지역(유다), 국내 도처(사마리아), 전 세계(땅 끝까지)에 이르는 사역에 동참하려는 의식적인 헌신이 필요하다.454)

2. 전문인 선교를 위한 선교적 교회의 전략

북미 국제선교부(International Mission Board) 총재로 섬겼던 제리 랜킨(Jerry Rankin)은 교회의 비전과 도전에 대해 '8가지 하나님 나라 확장을 위한 응답'은 성령의 인도와 권능 아래 사도행전 1:8의 교회처럼 발전하려는 지역교회들에게 실제적인 지침서를 다음과 같이 제시하였다.455)

첫째, 준비하라.

지역교회는 선교 담당 지도자를 키워야 한다. 우리는 지역사회와

---

454) Jerry Rankin, 『하나님 나라를 위해 전력하라』, 이현모 역 (서울: 요단출판사, 2006), 268.

455) Jerry Rankin, 『하나님 나라를 위해 전력하라』, 268-269. 랜킨은 5,000여 명의 선교사를 파송하고 매년 1억 달러 이상의 선교비를 지출하는 세계 최대의 선교사 파송단체인 미국 남 침례 교단 선교회(IMB, International Mission Board)의 총재로 1993년 취임한 그는 1970년 인도네시아 선교사로 파송되어 교회개척사역을 하였고 후에 남아시아 지역을 총괄하는 디렉터로 총 23년간 해외선교사 활동을 하였다. 특별히 미전도 종족에 대한 열정과 2천7백만 미남침례교단 성도들의 지역교회 선교활성화 운동에 앞장서 온 탁월한 선교동원가로 쓰임받고 있다. 현재 선교사와 교회들, 그리고 자원 봉사자들이 세상 모든 사람들에게 복음을 전해야 한다는 비전을 가지고 선교부를 이끌고 있다. 미시시피 주에서 태어나 미시시피대학과 사우스웨스턴침례신학대학원에서 수학하였다. 저서로는 『21세기 남침례교 순교자들』, 『믿음과 희생의 여정』, 『라티문의 선교 여정』 등이 있다.

나라, 그리고 전 세계의 복음을 전하기 위하여 선교 팀과 전략과 실행 계획들을 개발해야 한다. 모든 지역교회는 선교의 부르심을 받았다는 사실을 기억해야 한다.[456] 지역교회의 역할은 성도들에게 세계 선교 명령을 위한 성경적 기초(the biblical foundation for the worldwide mission mandate)와 세계 선교의 역사적 관점(historical exposure), 문화적 관점(cultural exposure), 전략적 관점(strategic exposure)에 대한 문제들을 가르쳐야 한다. 또한 전 세계의 필요를 인식한다면 행동하도록 도전해야 할 것이다.

둘째, 배우라.

지역교회는 공동체의 모든 지체가 선교 의식을 갖고 상호작용하게 해야 한다. 또한 성도들에게 사역훈련을 시키고 선교사 및 선교의 필요들과 연결시켜야 한다. 하루아침에 전문인이 될 수 없지만 훈련과 경험은 필수적인 것이다.[457] 믿음의 선배들의 전기를 읽는 것도 많은 도움이 된다. 하나님께서 당신을 부르신다고 생각되는 영역에 대해 더 공부하는 것도 무엇보다 중요하다. 우리는 모두 세상으로 하나님의 부르심을 받았다.

따라서 세상이 어떻게 돌아가고 있는지 이해하기 위해 몇 가지로 노력해야 한다. 첫째는 신문을 읽어야 한다. 둘째는 시사 잡지를 구독해야 한다. 셋째는 세계 뉴스에 민감해야 한다. 넷째는 그들의 음악을 들어야 한다. 다섯째는 인구구성, 정치, 지리, 교회와 문화 등에 대해 연구해 보아야 한다.[458] 대부분 좋은 도서관에는 이런 자료

---

456) Jerry Rankin, 『하나님 나라를 위해 전력하라』, 268－269.
457) Jerry Rankin, 『하나님 나라를 위해 전력하라』, 268－269.

들이 비치되어 있는데 위대한 선교사이자 선교 전략가인 패트릭 존스톤(Patrick Johnstone)의 저서 『세계기도정보』(Operation World)도 훌륭한 자료들이 수록되어 있다. 이 책은 각 나라와 족속들 가운데 하나님의 나라와 뜻이 그들 가운데 많은 하나님의 백성들이 생겨나도록 효과적으로 중보기도 할 수 있는 정보를 전 세계 교회에 엄청난 영향력을 끼치고 있다.

셋째, 중보기도하라.

하나님 나라의 관점과 세계적인 비전을 갖도록 하나님께 간구하고 전문인 선교사들과 미전도 종족들을 위해 중보기도(intercessory prayer)해야 한다.459) 중보기도는 전문인 선교사의 사역을 돕고 준비해야 할 필수불가결한 요소 중에 하나이다. 하나님은 중보기도를 통해 당신이 어떤 지역을 위해 기도할 것인지 알려 주실 수 있다. 또한 그곳에서 어떤 일을 하게 될지 확인시켜 줄 수도 있다. 하나님과의 규칙적인 대화는 그분의 음성에 친숙하게 만들어 주고, 그분의 방향 제시에 더욱 민감해질 수 있다.460) 우리가 하나님의 음성을 듣지 않으면 대부분 잘못된 곳을 향해 돌진하기 십상이다. 혹은 우리의 부적절한 기도 생활이 영원히 우유부단한 상태로 드러나기도 한다. 신실한 중보기도는 하나님을 기다리는 행동으로 하나님의 부르심에 대한 조용하고도 성장하는 확신을 가져다준다.

열방을 위해 중보기도를 하면 하나님 나라를 진척시킬 수 있다.

---

458) Stephen Gaukroger, 『신세대를 위한 선교 길라잡이』, 김종호 역 (서울: 한국기독학생회출판부, 1998), 84-85.

459) Jerry Rankin, 『하나님 나라를 위해 전력하라』, 268-269.

460) Stephen Gaukroger, 『신세대를 위한 선교 길라잡이』, 87.

심지어 선교 현장에서 일하는 전문인 선교사들도 다른 사역을 섬길 수 있다. 프랑스의 선교사 부부는 인도네시아에서 사역하는 선교 팀을 후원하고 있는데 그 이유는 자신이 사역하는 지역보다 더욱 전도의 열매가 풍성하게 맺히는 지역에 힘을 보태고 싶다고 고백했다. 또 어떤 선교사 부부는 고국에 기도 편지를 보내 선교에 대해 가르치고 더 많은 선교사를 동원하는 일에 앞장서고 있다.

참으로 중보기도는 역동적이며, 성령 안에서 예수 그리스도 이름으로 기도에 힘쓰면 역사가 일어난다. 전문인 선교는 초자연적인 모험이다. 오직 초자연적인 능력이 전문인 선교를 유지할 수 있게 만든다. 그래서 중보기도는 선택이 아니라 결정적인 것이다. 선교 역사를 보면, 신적인 개입과 은혜로운 선교의 열매들로 가득 차 있다. 이 선교의 모험(adventus) 속에 투자된 엄청난 기도와 그 응답의 역사는 이 세상에서 다 측량할 수 없을 것이다. 오늘의 교회가 파산되어 무기력하게 있든지 혹은 중보기도를 통해 교회는 이적과 능력으로 충만하게 세워진다. 중보기도는 신적인 능력으로 공급을 가져다주는 전문인 선교의 열쇠가 된다.

넷째, 헌금하라.

다른 교회들과 협력하여 선교를 위한 재정 후원을 증대시켜야 한다.[461] 파송교회가 선교사의 모든 비용을 다 부담하는 것이 그동안 한국 교회의 전통이 되어 왔다. 그러나 선교비의 부담이 늘어나고 선교사의 수가 증가하면서 한 교회가 선교비를 지원하는 것이 어렵게 되었다. 이러한 갈등이 많아지면서 점차 새로운 지원 형태

---

461) Jerry Rankin, 『하나님 나라를 위해 전력하라』, 268-269.

가 개발되었다. 흔히 사로 불리는 것은 한 교회에서 일정한 선교비를 여러 선교사에게 지원하는 방법이다. 이러한 경우 한 교회가 파송교회 혹은 모교회가 될 때 기준 선교비의 적어도 50% 이상을 지원하지만 70% 이상을 넘지 않도록 하는 것이 좋다. 그리고 나머지 부분은 협력교회들로부터 후원을 받는 것이 좋을 것이다.462) 그러면 파송교회가 어떤 문제가 발생할 경우 재정적인 후원을 받을 수 없는 상황이 발생하더라도 고국으로 들어와야 하는 상황은 모면할 수 있을 것이다.

보내는 자로 부르심을 받았다면 부자가 되거나 횡재할 때까지 기다리지 말라. 지금 바로 당신의 시간과 재정을 드리기 시작하라. 그리고 기꺼이 헌금하라. 선교 기금마련을 위해 새로운 기회가 있는지 살펴보라. 수입이 늘어나면 헌금도 늘려라. 당신이 제대로 참여하게 되면 다른 사람들도 참여시켜라. 하나님께 재정의 축복을 달라고 기도하라. 그러면 하나님이 그것을 주신 목적을 잊지 말라.

최근에 한 가정이 자녀의 돌잔치에 축하객들이 준 추기금의 전부를 주저 없이 NGO단체인 국제기아대책에 기부했던 것을 보고 큰 감동을 받은 적이 있다. 그 돌잔치에서 설교했던 목사는 온 가족과 축하객 앞에서 그 가정과 아이에게 축복 기도를 해 주었다. 작은 일부터 시작하되 거기에만 머물지 말아야 한다. 하나님이 주신 모든 은사는 활용할 때 계발된다. 땅속에 묻어둔 달란트는 늘 그대로 남아 있다(마 25:14 – 29). 작은 일이라도 일단 시도하면 많은 것을 배우게 된다. 하나님은 모든 그리스도인이 전 세계에 복음을 전하는 일에 참여하기를 원하신다.

---

462) 안승오, 『사도행전에서 배우는 선교 주제 28가지』 (서울: 대한기독교서회, 2008), 240.

하나님 나라에 슈퍼스타는 없다. 스포트라이트를 받는 사람은 그 배후에 있는 사람들로 곧 희생하고, 기도하고, 훈련하고, 사랑하고, 헌금하는 사람들 덕분에 그 자리에 있는 것이다. 찰스 스터드(Charles T. Studd)는 선교 현지로 떠나기 전에 상당한 금액의 유산들을 모두 내놓았다. 그중 일부는 윌리엄 부스(William Booth)가 구세군을 시작하는 발판이 되었다. 영국에서 고아원 사역을 했던 조지 뮬러(George Muller)는 중국에 있는 허드슨 테일러(Hudson Taylor)의 사역에 십일조를 보냈다. 따라서 자신의 목적보다 더 큰 목적 안에서 서로 협력자로 하나님은 함께 일하도록 하신다. 선교 현지에 나가는 사람들과 함께 교회는 '부르심을 받고 택하심을 받은 진실한 자들'의 생명의 공동체가 될 것이다(계 17:14).

다섯째, 가라.

더 많은 성도들이 교회의 벽을 넘어 복음을 전하는 장기 선교사와 단기선교사, 그리고 노방전도에 직접 참여하게 해야 한다.463) 노방전도는 그 시작이 예수님과 그의 제자들은 길거리, 언덕, 사람들이 많이 모이는 광장 등지에서 만나는 사람들에게 하나님 나라의 복음(the gospel of the kingdom of God)을 전해 주었다. 그리고 복음을 전하는 데 있어서 가장 쉽게 그리고 더 많은 사람들에게 복음을 전할 수 있는 개인전도(personal evangelism) 방법이다. 그 외에 전도할 장소를 살펴보면, 시장, 놀이터, 공원, 역전, 버스 터미널, 병원, 은행, 지하철, 백화점 등이 있을 것이다. 프론티어선교회 설립자인 그레그 리빙스톤(Greg Livinston)은 건강한 팀을 만들기 위

---

463) Jerry Rankin, 『하나님 나라를 위해 전력하라』, 268-269.

해서는 다양한 은사들이 필요하다고 믿는다.[464] 특히 전문성을 가진 조력자(facilitatior)도 대단히 중요하다. 그들은 팀이 선교 현지에 들어갈 수 있게 해 줄 만한 시장성 있는 기술이나 사업 플랜 등이 있다. 교수, 기술직, 해외 개발 관련자들은 오랫동안 고국을 떠날 수 없지만 자신의 전문 분야와 대외 신임도를 이용해서 선교팀과 함께 입국의 길을 열어 줄 수 있다. 또한 해마다 정기적인 선교 팀의 방문은 정부와의 관계를 이어주고 기술적인 문제에 대해 조언을 해 줄 수 있다.

여섯째, 말하라.

캐나다 리전트대학(Regent College)의 실천신학 교수이며, 평신도 신학의 대가인 폴 스티븐스(R. Paul Stevens)는 교회의 선교 사명에 대하여 말하기를, "세상에 생명을 주는 교회의 선교 사역은 신학자들과 사도들에게뿐만 아니라 기술자나 농부에게도 속해 있다."라고 주장하였다.[465] 지역교회는 더 많은 성도들을 문화적으로 적절한 복음전도에 의식적으로 참여시켜야 한다. 다음 세대를 위한 선교 의식을 갖도록 하는 것은 사활이 걸린 문제이다. 어린이들의 교육 프로그램과 활동은 세계 선교의 열정을 반영하는 중요한 대안이 된다. 눈에 띄는 시각 자료나 컴퓨터 동영상 자료를 이용한 단순한 개념들을 설명하면 어린이들에게 세계 선교의 세계를 경험할 수 있다. 아마도 전문인 선교사는 어린이들이 이해할 만한 편지를 쓰

---

464) Greg Livinston, *Planting Churches in Muslim Cities: Atean Approach* (Grand Rapids: Baker Book House, 1993), 101−108.

465) R. Paul Stevens, *Liberating the Laity: Equipping All the Saints for Ministry* (Downers Grove: Inter Varsity Press, 1985), 93.

거나 아니면 어른들을 대상으로 쓴 편지를 어린이 사역 담당자가
아이들의 수준에 맞게 고쳐 쓸 수도 있다. 또한 공과 공부 자료에
반드시 다른 나라 문화를 나타내는 그림을 넣는 것도 좋은 방법이
다. 국내에 찾아온 외국인 노동자들과 함께 연합으로 예배를 드리
는 것도 다른 문화와 기독교 신앙에 대한 어린이들의 이해를 넓혀
줄 것이다.

일곱째, 보내라.

지역교회는 전문인 선교 사역을 위해 부르시는 하나님의 음성을
듣고 응답할 수 있는 기회를 제공해야 한다.[466] 바울만큼 전문인
선교 사역과 선교 팀의 후원에 필요성을 잘 아는 사람은 없을 것이
다(롬 10:15). 전문인 선교를 위해서는 '전파하는 자', 즉 전문인 선
교사가 반드시 있어야 한다. 어떤 명복이든 어떤 도구를 가지고 가
든지 복음을 전파하는 자는 반드시 존재해야 한다. 하나님은 이러
한 방법을 지역교회를 통해서 전문인 선교를 이루신다.

여덟째, 배가시키라.

지역교회는 교회개척에 참여하고, 교회개척 배가(multiplication)운
동을 촉진시켜야 한다.[467] 대부분의 교회들은 선교 사명에 대해서

---

466) Jerry Rankin, 『하나님 나라를 위해 전력하라』, 268-269.

467) 한국전문인선교협의회(KAT)에서 조사한 보고서에 의하면, 이미 교회개척이 된 지역
이나 창의적 접근 지역 이외의 지역에도 상당수의 전문인 선교사들이 사역하고 있는
것으로 드러났다. 전문인 선교의 개념 중 가장 중요한 것은 바로 선교 형태의 궁극적
인 목적인 교회 개척에 있다. 그래서 전문인 선교사들은 자기의 하는 일이 교회개척
사역에 직접적 혹은 간접적으로 기여해야 한다. 직접적인 관점에서 직업은 미전도 지
역이나 창의적 접근 지역과 같이 교회가 설립되는 않는 곳에서 전도하고 양육하고
제자화하여 교회 공동체를 만드는 일을 직접 감당해야 함을 뜻한다. 그래서 전문인

성실하지만 선교사들을 후원(supporting missionaries)하는 것으로 책임을 다한다는 과거의 유산에 젖어 있는 것이 사실이다. 한국 교회들은 단지 물질적인 후원과 선교헌금만을 통해서 선교에 참여하고 있다. 물론 교회가 나름대로 교단과 선교단체를 지원하고 있지만 단순한 후원 교회 이상의 어떠한 참여도 생각하지 못한다. 그러나 많은 교회들이 선교사와 동역할 수 있고, 지역교회의 프로그램을 뛰어넘어서 전도 전략들에 실제 참여할 수 있는 기회를 발견해야 한다.468) 이와 같이 선교에 깨어난 교회들은 솔선하여 선교여행과 성도들의 자원봉사 프로젝트를 후원하고 있다. 교회는 땅 끝까지 이르러 지상 위임 명령을 완수하는 선교적 교회(허브교회)가 되어야 할 것이다.

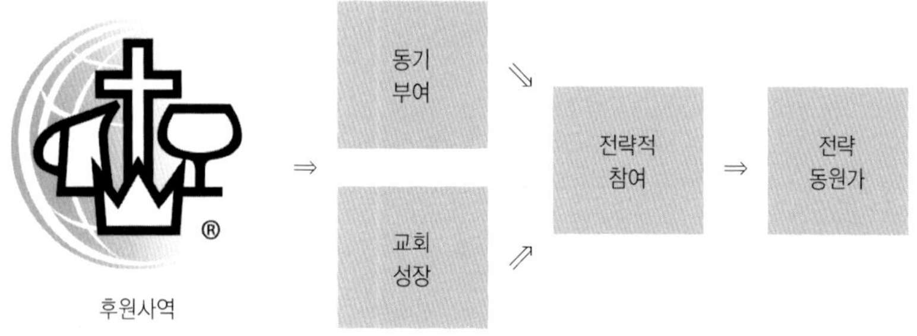

〈도표 3〉 선교적 교회(허브교회, Hub Churches)469)

선교사들은 교회개척에 관련된 사역적 전문성을 갖추어야 한다.

468) Jerry Rankin, 『하나님 나라를 위해 전력하라』, 269.

469) 교회는 선교사들을 위하여 선교 홍보 자료를 간행, 보급하기도 하고 다른 교회들을 모아서 선교 과업에 참여하도록 훈련시키고 활성화하는 책임을 담당하기도 한다. 랜킨 박사는 허브 교회(Hub Churches)를 "땅 끝까지 이르러 증인이 되는 교회들"이라고 주장한다. Jerry Rankin, 『하나님 나라를 위해 전력하라』, 271.

이와 같은 명확한 기준이 있는 것은 아니지만 중요한 것은 교회가 어떤 수준이든지 선교에 참여할 수 있다. 교회들의 관심(interest)이나 헌신이 어느 수준이든 교회의 참여도는 계속 더 증가할 것이다. 이러한 열정들은 다른 성도들에게 점염될 것이고, 선교적 교회의 참여는 잃어버린 영혼들을 향하여 세계에 복음을 전하는 주인의식으로 확대되는 요인이 될 것이다.

3. 전문인 선교에 있어서 선교적 교회의 역할

전문인 선교에 있어서 교회는 해석학적 공동체(hermeneutical community)가 되어 상황과 문화에 민감하게 대응하는 설교와 성경공부, 그리고 제자훈련을 감당해야 한다.[470] 그러면 선교적 교회(missional church)가 전문인 선교에 어떤 역할을 하는지 세 가지로 살펴보고자 한다.

1) 선교적 교회는 전문인 선교사를 배출하는 선교의 모판이다.

교회는 우선 인력적인 면에서 성도들이 사회적으로 다양한 직업을 가지고 있다. 교회는 직업의 전문성을 가진 전문인들의 모임인 장소이다. 그래서 교회는 전문인들의 모판(seedbed)과 같은 역할을 한다고 볼 수 있다. 오늘날 교회마다 남선교회와 여선교회, 그리고 각종 선교회 모임이 있는데 선교에 직결되어야 하는 모임들이다.

---

470) Charles H. Kraft, 『말씀과 문화에 적합한 기독교』, 13.

말만 선교회가 아니라 친교 모임으로 끝나는 경우가 많은데 실제적으로 그 이름에 합당한 선교 동원이 이루어져야 할 필요성이 있다.[471]

아울러 한국에는 직장 신우회 같은 모임들이 많이 있다.[472] 이런 모임은 사람들이 전문인 선교에 대해서 조금 더 훈련되고, 체계적으로 실제화 되며, 조직화된다면 엄청난 하나님의 역사가 일어날 것이다. 이러한 고급인력들이 선교의 모판인 교회에 넘치고 있는 것이 한국이다. 따라서 이제 이 인력들을 선교 현지인 논으로 옮겨 심어야 한다. 창의적 접근 지역은 영적인 논으로 심어야 자라서 추수를 하게 될 것이다. 선교의 모판인 한국 교회는 모판이 크다고 만족하면 안 된다.

성경을 보면, 이러한 사례를 살펴볼 수 있다. 그것은 다름 아닌 초대교회의 예루살렘 교회로 모판의 모들을 선교 현지로 옮겨 심지 않아서 야단맞은 교회이다. 사실 이 교회는 하나님께서 하루 3,000명씩 증가하는 부흥(revival)을 주셨다. 그래서 그곳에 사람이 넘쳐났고, 재정도 넘쳤으며, 은사도 충만하였다. 모판인 예루살렘

---

471) 한국전문인선교협의회, 『선교의 패러다임이 바뀐다』, 160-161.

472) 1960년대 한국의 산업이 급진적으로 성장하고 변화하면서 전인구의 1/3 이상이 직업을 가지고 일하는 직장인으로서 직장 안에서 신우회가 결성되고 확산되어 직장선교의 영역이 개척되기 시작했다. 1956년 벽산그룹이 단성사에서 종업원예배를 시작한 이래로 70년에 들면서 금융기관, 한국전력, 한국통신, 현대, 대우, 정부종합청사 등의 신우회가 발족되고 80년대 들어서는 직장 선교운동이 새 전기를 맞게 되었는데 개체 신우회가 모여 세계 최초로 한국기독교직장선교연합회가 창립되었다. 1980년 4월에 광화문 주변의 직장인들과 정부종합청사 공무원들이 종교교회에서 부활절 연합예배를 드리면서 연합회 결성이 본격화되었다. 81년 5월 '서울지역 직장선교협의회' 창립준비위원회가 결성되었다. 1982년 12월 11일에 제2회 총회에서 '기독교직장선교협의회'로 개칭되었고, 84년 12월 15일 제4회 정기총회에서 '전국 기독교직장선교연합회'로 확대 개편되었으며, 97년 4월 16일 '사단법인 한국기독교직장선교연합회'로 인가되었다. 2007년 현재 직장인은 약 1,700만 명으로서 기독인은 300만 명으로 추정되며 전국에 42개 지역 직장선교연합회와 40개 직능 직장선교연합회가 조직되어 있으며, 7,700여 개의 단위 직장선교회와 70만 명의 회원이 직장에서 선교활동을 활발하게 전개하고 있다. 한국기독교직장선교연합회, "직장선교회란", http://www.workmission.net.

교회에 모가 꽉 찼기 때문에 당연히 옮겨 심어야 했다. 그러나 더 나아가지 않고 은사와 재정, 그리고 인력 충만을 좋아하고 만족한 것이다. 하나님은 그것을 철퇴시키고 예루살렘 교회는 대환난을 맞이한 것이다.[473] 그래서 사이프로스로와 안디옥, 그리고 소아시아로 성도들이 퍼져 나갔던 것이다. 그래서 그 피난민들이 교회를 세웠는데 그것이 안디옥 교회였다. 이제 한국 교회는 예루살렘 교회의 지향적인 모습으로 살아왔다. 물론 영적인 부흥과 성장 역시 중요하지만 그것이 전부는 아닐 것이다. 따라서 선교의 모판인 한국 교회는 예루살렘교회에서 안디옥교회의 목적 지향적으로 가야 한다. 이러한 부흥의 불꽃 점화가 일어나지 않으면 영적 균형이 떨어진다. 한국 교회가 이것을 재 점화하는 작업이 바로 전문인 선교일 것이다.

캐나다 토론토에서 제일 큰 교회인 피플스 교회(Peoples Church)라는 교회가 있다. 이 교회의 성도 수는 몇 천 명 정도 되는데 선교사는 약 600명이나 된다. 이 교회에는 선교사가 10명 미만에 한 사람 꼴로 있는 셈이다.[474] 그러므로 한국 교회에도 최소한 100명이 모이는 교회(gathered church)가 최소한 한 명 정도의 전문인 선교사를 파송시키는 것도 좋은 사례가 될 것이다.

2) 선교적 교회는 전문인 선교사를 후원하는 재정의 모판이다.

선교를 돈으로 하는 것은 절대로 아니다. 그러나 돈은 선교 행위에 있어서는 안 될 꼭 필요한 것이다. 누가복음 10:4에 의하면, 예

---

473) 한국전문인선교협의회, 『선교의 패러다임이 바뀐다』, 161.
474) Peoples Church, "The Peoples Church Toronto", http://www.thepeopleschurch.ca/.

수님도 선교 여행을 할 때 "전대나 주머니나 신을 가지지 말며 길에서 아무에게도 문안하지 말며"라고 전대를 차지 말라고 말씀하신다. 누가복음 22:36에 의하면, 이후에 예수님은 다시 훈련시키고 난 다음에 "이르시되 이제는 전대 있는 자는 가질 것이요 주머니도 그리하고 검 없는 자는 겉옷을 팔아 살찌어다."라고 전대를 차라고 말씀하신다. 선교비 전대를 채워 줄 때가 왔다. 돈을 함부로 쓰는 것이 죄라면 돈을 써야 될 때 안 쓰는 것은 더 큰 죄이다.

2000년대 전체 한국교회 선교비가 1년에 4백억이 지출되었다. 그러나 이것은 다른 경비와 비교할 때 많은 돈이 아닐 것이다. 1년 주보비가 2천억, 꽃꽂이 비용에 역시 2천억이다. 그래서 합계 4천억이라고 한다면, 이것은 하지 않아도 교회가 망하지는 않을 것이다. 그러나 선교하지 않으면 교회는 망한다. 그러면 우선순위가 되는 것을 먼저 지출하면 이 문제는 해결될 수 있다.

3) 선교적 교회는 전문인 선교사를 훈련시키는 선교훈련소와 파송처이다.

영적 전쟁에 있어 많은 하나님의 병력이 필요한데, 교회는 그리스도의 군사인 것을 잊어서는 안 된다. 교회는 아담이 사단에게 빼앗긴 세상을 다스리는 권세를 다시 취하기 위해 영적 전쟁에 임해야 한다. 교회는 그리스도의 신부이며, 교회와 하나님의 관계는 영적 침실과 같은 분위기에서 더 무르익을 수 있다. 그러나 선교적 교회는 또한 군대의 역할도 해야 한다. 그래서 하나님과 교회의 관계는 침실이 아닌 하나님의 보좌 앞에서 구체화된다. 그곳에서 총사령관이신 하나님이 우리에게 영적 전쟁을 명령하신다.[475] 교회의 전문인 선교로의 방향 전환은 이 시대 영적 전쟁 상황에 있어서 가장 탁월한 전술 체계이다. 따라서 전문인 선교시대를 맞이하여, 교회는 전문화, 급변화, 첨단화, 다양화에 맞게 전술을 세워야 할 것이다. 교회는 전문인 선교를 위한 많은 자원들이 있기 때문에 그것을 사용하기 위해서 교회가 하나의 전략적인 선교 훈련소와 파송처가 되어야 한다. 그러나 단독으로 하는 것보다는 교회들과 연합하여 여러 전문 단체들과 협력해서 선을 이루면 더욱 좋을 것이다.[476]

교회는 성도들이 훈련받는 기간 없이 헌신했다고 곧바로 전문인 선교사로 나가게 하는 것은 지극히 위험하다. 전문인 선교를 지망하는 선교사는 그리스도인의 군사이기 때문에 교회와 선교 전문 기관에서 철저하게 훈련받아 선교 현지로 나가야 한다. 전문인 선교사는 성령의 음성을 직접 듣는 것이 모든 성도들이 해야 할 일도 아니다. 또한 모든 목회자가 짊어져야 하는 책임도 아니다. 그것은 전문인 선교사에게 주어진 가장 중요한 임무이다.

전문인 선교사를 지망하는 성도는 충분하게 인격을 점검하고 영성(spirituality)을 점검하는 것은 선교 현지로 나가기 전에 자신이 소속되어 있는 후원 교회나 선교단체에서 덕을 세워야 하는 것은 중요한 것이다. 교회에서 순종의 본을 보이고, 덕을 세우고, 영혼을 사랑할 줄 아는 마음에 대해 연습해야 한다. 교회는 하나님의 군대(God's army) 대원들인 모든 교회 성도들이 전문인 선교사의 후보생들임을 기억해야 할 것이다. 왜냐하면 교회는 하나님 나라의 첫 열매이며, 하나님 나라의 맛보기(foretaste)로서 하나님 나라가 장차

---

475) C. Peter Wagner, 『일터교회가 오고 있다』, 10.
476) 한국전문인선교협의회, 『선교의 패러다임이 바뀐다』, 163.

이루어질 것을 보여주는 표징(sign)이 되기 때문이다.

대부분 교회 성도들은 전문인 선교사가 되라는 하나님의 부르심을 받지 않을 것이다. 그러나 이것이 하나님 나라 과업에서 그들을 제외시키는 것은 아니다. 기도하라. 헌금하라. 선교여행에 참여하라. 이것은 모든 사람이 할 수 있는 것이다. 그중에 땅 끝까지 이르러 다른 형태로 더 많은 기여를 할 수 있는 사람이 전문인 선교사라는 사실을 인지하고 있어야 한다.

오늘날 교통수단과 통신의 속도, 그리고 편리함이 증대됨에 따라 더 많은 기업들이 세계화되고 있다. 무역도 지역 시장에 국한되지 않고, 부품들이 전 세계에서 생산되고 개발도상국들은 세계 경제에 새로운 주자들이 되고 있다. 더 나아가 다국적 기업들은 수천 명의 전문인들이 해외 업무를 담당하게 되는 통로가 되고 있다. 이 기회에 전문인 선교사들은 복음을 들고 전 세계로 나아가야 한다. 전적인 후원에 의존하던 기존의 선교 형태가 재정적인 부담을 가중시키고, 효과 면에서도 재고의 여지를 갖춘 상황에서 전문직에 일하는 그리스도인들은 무한한 잠재력을 갖춘 세계 선교의 원동력이다. 전통적인 선교사들에게 문을 굳게 닫고 있는 나라들이 전문 기술과 투자 유치를 위해서라면 전문인들을 얼마든지 환영할 것이다. 따라서 전문직 현장에서 전문인 선교사는 언행일치로 복음을 전할 수 있어야 한다. 또한 사업에서 얻는 이익으로 자립도 가능할 수 있다. 일자리를 제공하고 경제력과 삶의 질을 향상시킴으로 선교현지를 축복할 수 있을 것이다.

제 4 부

21세기 선교 전략인 전문인 선교

제10장 전문인 선교의 사역 영역들

한국세계선교협의회(KWAM)에 의하면, 한국 선교사의 사역 영역별 현황을 다음과 같이 보고한다. 한국 선교사의 사역은 교회개척과 제자훈련이 전체 사역 중에 약 50%를 차지하고 있다. 그리고 캠퍼스 사역이 11.%, 구제개발 사역이 6.9% 순으로 조사되었다. 특히 캠퍼스 사역은 학생선교단체 파송 선교사를 통해서 북미와 유럽 등지에서 많은 사역을 펼치고 있다.[477] 또한 성경번역, 순회, 녹취, 학원, 사업, 방송, 미디어, MK케어 등의 다양한 전문사역도 신학교육 사역과 비슷한 비중을 차지하고 있을 뿐만 아니라 앞으로 이러한 영역은 더욱더 활성화될 것으로 보인다. 교회개척과 제자훈련과 더불어 전문인 사역이 다양화되고 있는 것은 매우 바람직한 방향이다. 다음은 선교정보연구가 0.7%, 선교동원이 1.8%, 선교훈련이 2.0%로 이 분야들의 전문인 선교사들은 좀 더 상향조정되어야 할 것이다.[478]

현재 한국 교회의 세계 선교는 건강한 방향으로 발전하고 있지만 Target 2030[479] 운동을 활성화하기 위해서 선교연구개발(R&D)

---

477) 강승삼, "한국형 선교모델을 찾자,"『한국선교 KMQ』통권 22호 (2007, 4월), 5.

478) 강승삼, "한국형 선교모델을 찾자,", 5.

479) Target 2030은 2030년까지 선교사 10만 명 파송을 목표로 하는 프로젝트이다. 이것

과 선교동원, 그리고 선교훈련과 케어사역은 많은 확충이 이루어져
야 할 것이다.

<표 4> 한인선교사 사역영역별 현황(2007년 1월 기준)

순위별	사역비율	순위별	사역비율
교회개척	27.1%	의료사역	3.2%
제자훈련	21.8%	선교훈련	2.0%
캠퍼스 사역	11.9%	선교동원	1.8%
구제개발	6.9%	선교행정 케어	1.3%
신학교육	6.5%	선교출판	1.0%
전문사역	5.9%	상담치유 케어	0.8%
기타사역	5.4%	선교정보연구	0.7%
문화 스포츠	3.3%	외국인 근로자	0.4%

1. 전문인 선교사가 사역할 영역들

전 세계에서 전문인 선교사가 사역할 영역들을 정리해 보면, 정
치 분야, 경제 분야, 교육 분야, 가정 분야, 매스 미디어와 커뮤니
케이션, 스포츠와 웰빙 의료 분야, 예술연예분야, 과학과 기술 분
야, 종교 분야, 철학 분야, 인문 분야 등 다양하다.

은 이슬람교의 급속한 세계화 전략에 대처할 수 있는 한국 교회의 새로운 선교방향
이다. 제6차 한인세계선교대회(2008년 7월 28일에서 8월 1일까지)에서 'Target 2030
선교전략포럼'을 통해 강승삼 사무총장은 "오늘날 세계 선교의 이슈는 종교다원주의
사상의 팽배, 문명의 충돌, 즉 종교 간 갈등의 심화, 이슬람 세계화 전략, 테러리즘과
총체적 위기관리 등을 들 수 있다"며, "특히 날로 거세지는 이슬람의 포교활동에 대
항할 새로운 선교 방법, 방향을 모색할 시점"이라고 밝혔다. 기독일보, "한인세계선교
대회", http://kr.christianitydaily.com/kwmc2008/view.htm?id=193687.

1) 정치 분야

정치 분야는 법률, 행정, 외교 관련사역, 인권, 평등, 사회참여사
역 등이 있다.

2) 경제 분야

경제 분야는 금융업, 제조업, 자영업, 유통업, 컨설팅, 여행 및 관
광사업 등이 있다.

3) 종교 분야

종교 분야는 비교종교 연구, 제자양육, 상담, 치유, 무속연구, 신
학이론교육 등이 있다.

4) 교육 분야

교육 분야는 유아 교육, 초등 교육, 중·고등 교육, 대학 교육,
특수 교육, 장년 교육, 교육이론, 인문, 사회, 자연과학 분야 교육
등이 있다.

5) 가정 분야

가정 분야는 사회복지, 노인복지, 청소년 복지, 고아원, 미혼모 사
역, 특수 사역(장애인, 창녀, 거리의 아이들), 난민 사역, 교정사역,
청소년 사역, 가정치유사역, MK사역, 결손가정, 현지 가정 문제 사

역, 아기 돌보기, 주방 사역 등이 있다.

6) 대중 매체 분야

대중 매체 분야는 언론, 출판, 방송, 신문, 잡지 등의 문서사역, 복음 음반 제작 등이 있다. 특히 문서를 통한 선교는 시간과 공간을 초월해서 전도하는 무기이다. 개인전도자는 구도자들에게 간단하지만 복음이 작은 책자들을 구비하여 나누어 주는 것도 매우 좋은 방법이다.

7) 과학과 기술 분야

과학과 기술 분야는 교수요원 및 연구원, 건축, 토목(목수, 미장, 시공, 설계, 감리 등 포함), 전자, 컴퓨터(선교 사역에 적합한 소프트웨어 개발, 하드웨어 등), 항공, 식품영양, 농업, 축산, 보건, 미용, 수산 및 해양 등이 있다.

8) 의료 분야

의료 분야는 보건소, 의원, 병원 등이 있다. 그리스도의 사역은 전인적이었다. 그분은 아픈 자들을 치료하면서 항상 복음을 전했으므로, 의료 선교에서 우리가 설정해야 할 목표도 당연히 전인적이어야 한다. 보건소, 의원 혹은 모든 병원에서는 치료 및 복음 전파의 프로그램을 골고루 갖추어야 한다.[480] 현재 이슬람교 지역에 있

---

480) 전희근, 『선교와 의료』 (서울: 생명의말씀사, 1997), 195.

는 많은 병원들은 기독교인들이 설립한 것이다.

9) 예술 및 연예 분야

예술 및 연예 분야는 문학, 어문학, 미술(디자인, 회화, 공예, 애니메이션), 무역, 연극, 영화, 음악(찬양 사역, 실천 및 이론, 세속음악 리서치, CCM) 등이 있다.

10) 스포츠 분야

스포츠 분야는 각종 운동경기 선수 및 지도자, 건강관리, 레저 관련 등이 있다.

11) 동원사역 분야

동원사역 분야는 세미나, 교육, 홍보, 촉진 등이 있다. 특히 전문인 선교를 위한 동원 사역은 각 유사 네트워크 내의 정보를 공유하고 활성화하여 회원들끼리 실질적인 협력과 동원을 추진하는 것이다. 그래서 전문인 사역의 개별적인 맞춤형 선교 정보를 제공해야 한다.[481] 이러한 네트워크는 교단과 교회, 그리고 선교단체를 초월해야 할 것이다.

전문인 선교사는 위의 분야들에서 실천적 사역을 감당해야 한다. 그러나 제일 중요한 것은 그 분야에 대한 그들의 의식을 기독교적으로 계몽(enlightenment) 혹은 변화시켜 주는 사역을 병행해야 할

---

481) 한국전문인선교협의회, 『선교의 패러다임이 바뀐다』, 168.

것이다. 이것은 선교적으로 중요하지만 이러한 사역이 바로 진행될 때 비로소 전문인 선교사가 선교 현지 문화 창조의 진정한 동역자(partnership)가 될 수 있다.[482] 이것은 전문인 선교의 핵심으로 선교 현지에 필요한 수많은 전문인 사역들을 창출하거나 응용할 수 있다.

2. 전문인 선교에 대한 대륙별 사역 현황

1) 아시아 지역

아시아 지역은 농업개발 사역, 관개수로 사역, 보건개발 사역, 식수개발 사역, 유초중고등 교육 사역, 수자원 개발 사역, 우물개발 사역, 교회지도자개발 사역(단기제자훈련, 세미나, 부흥회 등), 장학재단 사역, 지도자훈련사역, 직업교육훈련 사역, 고아원 사역, 미혼모 사역, 각종긴급구호 및 지원 사역, 교회개척 및 지원 사역, 지역개발 사역, 의료 사역, 인력자원개발 사역, 봉재기술훈련 사역, 사회사업, 재정지원 사역, 신학교운영 사역, 태권도 사역, 탁아소 지원 사역, 원예농장 사역, 가축 기르기 사역(돼지, 양, 염소, 닭), 양잠 사역, 순회전도 사역, 이·미용 사역 등이 있다.

2) 아프리카 지역

아프리카 지역은 우물파기 사역, 식수공급 사역, 정수사업 사역, 자동차정비 사역, 건축토목 사역, 식량증대 사역, 종합식림 사역, 공

---

482) 한국전문인선교협의회, 『선교의 패러다임이 바뀐다』, 106.

동체 지도자훈련 사역, 긴급구호 사역, 농업개발 사역, 교육 사역[483],
조사 사역, 교회강화프로그램 사역(교회부흥을 위한 컨설팅), 학교건
축 사역, 소년소녀가장 지원, 의료 사역[484], 문맹퇴치 사역, 번역 사
역, 문서 사역, 긴급재활프로그램 사역, 이산가족 찾기 사역, 에이즈
방역프로그램 사역, 열대개발연구 사역, 직업훈련 사역 등이 있다.

3) 유럽 지역

유럽 지역은 지도자훈련 사역, 교회개척 사역, 단기캠프 사역, 현
지 NGO 협력 사역, 집시 사역(의료보건, 제자훈련, 문화의식개혁),
빈민 사역, 특수계층 사역, 직업훈련 사역 등이 있다.

4) 남미 지역

남미 지역은 어린이 개발 사역, 우물 개발 사역, 농업 개발 사역,
교회개척, 제자훈련, 찬양 사역, 지도자 개발 사역, 전도 능력대결
(power encounter) 사역, 인력공급 사역, 산림개발 사역, 개발사역 자
문 및 상담 사역, 단기전도 사역, 자활 프로그램 사역, 교회 리더십

---

483) 기독교 선교는 아프리카에서 서구식 교육을 세웠다. 그들의 교육 프로그램들은 문맹
    사역, 종교교육 과정, 주일학교와 신앙문답, 초등교육, 교사훈련과 2차 교육, 신학교
    육과 훈련 등을 포함한다. 기독교 선교는 식민지 정부가 그 국민들에게 응당한 교육
    의 기회를 제공하지 못하는 곳에서 개척적인 역할을 할 것이다. 교육 분야에서 기독
    교 선교가 공헌한 주된 내용은 문맹퇴치, 사회, 도적, 영적 양육, 종족들과 사회들의
    일반적 개발 등을 포함한다.

484) 기독교 선교는 오지 등 식민지 정부가 적절한 의료 서비스나 기관을 제공하지 못하는
    지역에서 의료 사역을 시작할 수 있다. 또한 진료소, 병원, 조산원 등의 세우고 나환
    자 사역을 시작할 수 있다. 오늘날 대부분의 아프리카 나라들에서의 정부의 의료사업
    은 교육 분야에서와 마찬가지로 어려움을 겪고 있다. 만약 전문인 선교사 21세기에
    아프리카 사람들의 필요를 충족하려면 그것은 이원론적 세계관과 지금까지의 선교유
    산의 장애를 극복해야 한다.

개발 사역, 직업훈련 사역, 연장 교육 프로그램 사역, 보건 사역, 무료급식 사역, 탁아소 사역 등이 있다.

각 대륙별 사역을 살펴보면, 각 지역마다 차이가 있음을 알 수 있다. 아시아 지역은 교육 분야와 대중 매체(mass – media) 분야, 그리고 과학과 기술적인 측면의 사역들이 그 필요성을 두고 있다. 아프리카 지역 등은 거의 모든 분야에서 사역 종류들이 필요하다. 유럽 지역은 남미처럼 로마 가톨릭 종교가 강세로 제복음화의 지역이라서 종교 문화 분야의 사역을 선호하는 경향이 있다. 남미 지역들은 대부분 로마 가톨릭 국가로서 종교 문화 분야의 사역들을 선호하고 있다.[485]

우리는 여기서 각 지역마다 필요로 하는 사역이 다양하며, 특색 있게 다양하다는 것을 알 수 있다. 이러한 분석의 결과를 보면, 모든 지역마다 어느 특정 사역이 일반적으로 교회개척에 가장 효과적으로 도움이 된다는 기존의 개념을 깨는 것이다. 그리고 각 지역을 충분히 리서치하고, 그 지역 특성에 맞는 다양한 전문인 선교에 대한 전략을 개발(development)해서 들어가는 것이 제일 중요한 일일 것이다.

---

485) 한국전문인선교협의회, 『선교의 패러다임이 바뀐다』, 232 – 233.

제11장 전문인 선교와 타문화권 교회개척

저명한 교회성장학자이자 현재 글로벌 하베스트 미니스트리의 총재 겸 와그너 리더십 신학교(Wagner Leadership Institute) 총장인 피터 와그너(C. Peter Wagner)는 그의 책 『위대한 추수꾼을 위한 교회개척』(Church Planting for a Greater Harvest)에서 교회개척의 목적에 대하여 말하기를, "첫째, 교회 지도자들로 하여금 교회 개척하는 일을 그들의 개인적인 사역과 교회 사역보다 우선순위에 놓을 수 있도록 동기(motivation)를 부여해 주기 위함이다. 둘째, 그들에게 다국적으로 많은 교회를 설립하는 데 필요한 여러 가지 수단과 방법들을 제시해 주기 위함이다. 셋째, 1950년 이후 교회개척에 대해서 그 어느 때보다 관심이 높은 시기에 살고 있기 때문이다."라고 주장하였다.486)

하나님은 계속해서 우리들에게 하나님 나라를 확장시키기 위한 전쟁으로 영적 전쟁이라는 사실을 시편 127:1에 의하면, "여호와께서 집을 세우지 아니하시면 세우는 자의 수고가 헛되며 여호와께서 성을 지키지 아니하시면 파수꾼의 깨어 있음이 헛되도다"라고

---

486) C. Peter Wagner, *Church Planting for a Greater Harvest*, 7.

말씀하신다. 우리는 위대한 추수꾼의 때에 살고 있는데 맡은 바 사명을 감당하기 위해서 성령의 새로운 능력을 의지할 때 교회개척에 대한 새로운 전략을 개발할 수 있을 것이다. 교회개척의 목적은 전문인 선교사들로 하여금 타문화권에서 왜 그리고 어떻게 교회들을 개척하여 그 교회들을 자치(Self – Governing), 자립(Self – Supporting), 자전(Self – Propagating)하는 토착교회(indigenous church)로 설립 발전시켜 재생산하는 건강한 교회가 되도록 만들 것인가 하는 것이다.

1. 바울의 타문화권 교회개척

1) 바울은 교회 개척자(Church Planter)이다.

바울의 선교를 통해 우리는 거의 독특한 형태인 순회설교가(itinerant preacher)였다는 선교적 인상을 받을 수 있다. 그러나 바울은 단지 모든 사람에게 복음을 전하도록 서둘렀던 선교사의 모습만 있는 것이 아니라 그의 선교전략은 보다 실천적인 측면을 포함하고 있다. 바울은 다양한 형태의 선교전략을 사용하고 있는 전문인 선교의 핵심 중에 하나인 교회개척에 대해 살펴볼 수 있다.

바울은 그의 회심을 통해서 확신하게 된 사실은 예수 그리스도께서 자신을 이방인의 사도로 택하셔서 십자가에서 죽으시고, 부활하신 주님을 이방인들(Pagans)에게 전파하고, 그로 인해 그들이 예수 그리스도 안에서 통일된 한 몸이 되게 하는 일을 자신에게 맡기셨다는 것이다(롬 11:13; 15:16, 갈 1:11 – 16, 엡 3:8).[487] 이것이 바로 바울의 선교신학의 초석이 된다.488) 바울 선교의 기본 자료는 사도행전과 서신서들로 바울의 선교와 전략적 의미를 담고 있다.489) 한편 바울의 서신서들은 선교활동을 통해 설립된 교회들에게 보내는 선교사의 편지들이다.490) 특히 바울의 사도직은 안디옥491)에서부터 이방인들을 향한 선교였다. 대부분 선교 중심 지역은 바울이 처음 접근을 시도한 회당으로 이것은 좋은 선교전략이 분명하다.492) 당시 그리스도인들은 회당을 통해 유대인들에게 전도하는 일을 하였다.493) 그들은 유대교로 개종한 이방인과 하나님을 경외하는 자(God fearer), 그리고 다른 여러 경건한 자들로 구성되어 있

---

487) Richard N. Longenecker, 『바울의 사역과 메시지』, 김진영 역 (서울: 크리스챤다이제스트, 1997), 33. 바울의 회심은 A.D. 32-35년 사이에 있었던 일로 본다.

488) Donald Senior & Carroll Stuhlmueller, *The Biblical Foundations for Mission*, 167.

489) Johannes Nissen, 『신약성경과 선교』, 161. 선교의 핵심 성경구절인 사도행전 1:8에서 네 가지 중요한 선교에 대한 주제가 포함되어 있다. 즉 선교의 중심 주제는 예수 그리스도이시며, 선교의 중심 기관은 교회이며, 선교의 대상영역은 온 세상이며, 선교를 지속되게 하는 힘은 성령이심을 말한다. J. Herbert Kane, *Christian Missions in Biblical Perspective* (Grand Rapids: Baker, 1976), 51. 사도행전을 보면, 선교는 성령의 주도로 이루어졌다. 성령께서 베드로를 고넬료에게 보내셨고, 빌립을 사마리아에, 바울과 바나바를 구브로와 그 지경 너머로, 그리고 수많은 증인들을 한 곳에서 다른 곳으로 보내셨다. 이러한 증인들 대부분은 오늘날 자비량 사역자나 직업인 사역자들의 모델이 되었다. 우리는 사도행전에서 사람들이 서로 다른 팀을 이루어 함께 선교 사역에 참여하는 현상들을 발견하게 된다. 오늘날 많은 사람들이 이러한 선교사 팀들을 선교단체의 전신으로 보고 있다. 우리는 다시 사도행전에서 교회의 선교운동은 그 무게의 중심이 하나님의 인도에 따라 한 곳에서 다른 곳으로 옮겨졌다는 사실을 발견하게 된다. Danis Lane, 『선교사와 선교단체』, 16-17.

490) Danis Lane, 『선교사와 선교단체』, 15.

491) 안디옥 교회는 짧은 역사와 자원 부족, 그리고 자신들의 필요에도 불구하고 다른 지역과 문화권에 복음을 확장하기 시작했다. 안디옥의 그리스도인들은 성령의 인도하심에 순종하여 그들 가운데서 가장 뛰어난 두 사람을 선교적 과업(the missionary task)을 위해 드렸다. 그들은 바울과 바나바를 통해 자신들이 가진 모든 재원들을 자체의 필요에 의해서뿐만 아니라 복음 사역의 확장과 예루살렘의 성도들을 돕는 일을 위해서도 적극적으로 사용했다. Danis Lane, 『선교사와 선교단체』, 15-16.

492) Roger E. Hedlund, 『성경적 선교신학』, 송용조 역 (서울: 고려서원, 1990), 347-348.

493) Richard N. Longenecker, 『바울의 사역과 메시지』, 36.

었다.494) 이스라엘의 구원에 대한 바울의 관심은 그의 선교전략을 통해 알 수 있다. 그래서 선교전략은 결정적인 행동이 뒤따르지 않으면 아무런 의미를 갖지 못한다.

2) 교회개척은 가장 효과적인 전문인 선교방법이다.

바울은 '그리스도 안에'(in Christ) 있다는 개념을 개인적 차원에서 사용하지만 그 개념은 집합적 의미(meaning)도 포함된다. '그리스도 안'이라는 말이 집합적 의미로 쓰일 때에는 공동체 안에 들어가 그 공동체의 일원이 되는 것이다. 그래서 공동체는 예수 그리스도와 밀접한 관계를 맺음으로써 서로 뗄 수 없는 관계가 되는 것이다. 이러한 것을 두고 '그리스도의 몸'(body of Christ)이라 묘사한다. 교회를 나타내는 '몸'의 표현은 골로새서와 에베소서에서 나타나고 있다.495)

바울의 선교전략 중에 하나가 믿는 자의 공동체(communities of believers)인 교회를 개척하는 일이었다(행 14:21 – 23). 바울은 사람들이 예수 그리스도를 믿고 영접하는 것으로 만족하지 않았다. 바울은 지상 대위임 성취를 위해서는 예수 그리스도를 믿는 자들의 공동체를 세우는 일임을 확신하고 있었다(엡 1:22 – 23, 골 1:24 – 29).496) 따라서 바울의 가르침에서 교회는 예수 그리스도와 긴밀하게 연결된 개인들로서 구성되어 있으며, 그로 인해 각 개인들을 예수 그리스도에 대한 동일한 충성(allegiance)을 고백하는 가운데 서

---

494) Roger E. Hedlund, 『성경적 선교신학』, 347–348.
495) Richard N. Longenecker, 『바울의 사역과 메시지』, 107.
496) 김승호, 『사도행전』, 37.

로에 대해서도 뗄 수 없는 관계로 연결되어 있다.[497] 바울은 청중을 위해 선교 사역에 있어서 도움의 손길로 교회들을 세웠다.[498]

교회개척은 복음을 확장시키는 열쇠로 바울의 전문인 선교에 대한 전략이었다.[499] 교회가 예루살렘과 유다, 그리고 사마리아와 땅 끝까지 확장되는 것을 보면, 바울이 교회개척을 위해 그 길을 이끌고 나갔다는 것을 알게 된다. 이것이 바로 활동적인 하나님 나라이며, 왕 되신 하나님을 인정하는 것이다. 하나님 나라의 공동체로서 교회는 의도적으로 개척하지 않는다면 이것은 하나님의 명령에 불순종하는 것이다. 이와 같이 바울이 교회를 세우는 것을 강조한 밑바탕에는 깊은 선교의 전제들(assumptions)이 깔려 있다.

3) 교회개척은 전문인 선교의 전진 기지 역할을 한다.

바울은 10여 년에 걸친 3차례의 선교여행을 통해 로마제국의 갈라디아, 마케도니아, 아가야, 아시아 지역에 많은 교회들을 세웠다. 이것은 바울의 높은 교회관(high view of the church)에서 비롯된 것이었다. 다메섹에서 부활하신 주님을 만날 때, 하나님께서는 바울이 핍박하던 이는 다름 아닌 주님 자신임을 밝히셨다. 이 계시로 하여금 바울은 교회에 대한 깊은 애정과 교회의 중요성을 갖도록 만들었다(행 9:5). 바울은 세워진 교회로 하여금 그 지역 및 인근

---

497) Richard N. Longenecker, 『바울의 사역과 메시지』, 108.

498) Roland Allen, *Missionary Methods: St. Paul's or Ours?* 83.

499) 신약성경의 선교 전략은 복음을 전파하고, 회심자를 얻어서 교회를 배가하는 것을 강조한다. 바울도 그의 세 차례의 전도여행을 통해서 가는 곳마다 설교하고, 회심자들을 모으고 믿는 자들로 하여금 그 지역에 자치(self-governing)의 교회를 형성하게 하였다.

지역의 복음화를 위한 전진 기지 역할을 하도록 만들었다(행 14:48 –
49; 19:10).[500]

여기서 바울의 교회개척에 대한 중요성을 발견하게 된다. 그것은
믿는 자의 공동체를 세우는 일을 선교의 중요한 목표 중 하나로 삼
았기 때문이다. 공동체는 복음서에서 말씀하신 온 천하 만민(the
nations of the earth)에게 복음을 전하라고 하신 예수님의 명령이
실천되도록 삶의 현장을 사도행전적인 교회로 만들어야 할 것이다.
교회개척은 복음을 확장시키는 바울의 전문인 선교 방식이다. 교회
가 예루살렘과 유다와 사마리아와 땅 끝까지 확장되는 것을 추적
해 보면, 교회 개척자들이 그 길을 이끌고 나갔던 사실을 알 수 있
다. 이것은 오늘날 대형교회만이 감당해야 할 것이 아니다. 사도행
전 29장의 주인공은 교회개척을 위한 전문인 선교사가 되어야 할
것이다.

2. 피터 와그너의 타문화권 교회개척

교회개척은 교회의 사역(the work of the church)과 선교 전략
(mission strategy)에 있어서 중심적인 위치를 차지한다. 와그너는 교
회개척의 다섯 가지의 중요한 이유를 다음과 같이 정리하였다.[501]

---

500) 김승호, 『사도행전』, 37
501) C. Peter Wagner, *Church Planting for a Greater Harvest*, 19.

1) 교회개척은 성경적이다(Church Planting is biblical).

교회개척은 복음을 확장시키는 신약 성경적인 방식이다. 교회가 예루살렘과 유다와 사마리아와 땅 끝까지 확장되는 과정(course)을 통해 추적해 볼 수 있다. 교회개척자들은 그 길을 이끌고 나갔던 사실을 알게 된다. 이것이 바로 활동적인 하나님 나라이며, 우리의 왕 되신 하나님의 인정을 받은 것이다. 하나님 나라는 공동체로서 우리가 교회를 의도적으로 혹은 적극적으로 개척하지 못하면 우리는 하나님 나라의 명령에 불순종(disobedience)하는 것이다.[502]

2) 교회개척은 교단의 생존과 연결된다
(Church Planting means denominational survival).

어떤 사람들은 교단의 생존을 중요하게 생각하지 않을 수도 있다. 그러나 대부분 교회 지도자들은 마음 깊은 곳에서 그와는 반대로 생각하고 있다. 아마도 우리 중에도 교파를 강조하는 것이 그리스도의 몸 된 교회 전체에 어떤 중요한 공헌을 하고 있다고 생각한다. 많은 교회들이 현재 감소율을 보이고 있다고 하지만 감소를 역전시키는 데 절대적으로 필요한 요인은 정열적으로 교회를 개척하는 것이다.[503]

---

502) C. Peter Wagner, *Church Planting for a Greater Harvest*, 19.
503) C. Peter Wagner, *Church Planting for a Greater Harvest*, 19-20.

3) 교회개척은 새로운 지도력을 개발한다

(Church Planting develops new leadership).

많은 선교학자들의 연구에 의하면, 교회성장과 팽창의 가장 중요한 변수는 지도력(Leadership)이라는 사실을 입증해 준다. 교회성장에 있어서 담임목사보다 더욱 중요한 사람은 없을 것이다. 담임목사는 교회의 사역에 있어서 평신도 지도자들도 책임 있는 위치를 차지해야 한다는 사실을 분명히 알아야 한다. 대부분 교회들은 목사나 평신도 지도자에 대해서 무의식적으로 벽을 만들고 있다. 이것은 새신자들이 사역의 자리를 향하여 올라가는 것을 어렵게 만든다. 그러나 새롭게 세워지는 교회들을 보면 지도력과 사역의 문을 넓게 개방하고 있을 뿐만 아니라 그 결과 그리스도의 몸 된 교회 전체가 유익을 얻게 된다.[504]

4) 교회개척은 기존 교회들에게 자극을 준다

(Church lanting stimulates existing churches).

어떤 사람들은 이미 있는 교회들에게 피해를 줄까 봐 두려워서 교회개척을 회피하는 경향이 있다. 즉 그리스도 안에서의 교회들끼리 바람직하지 못한 경쟁(competition)을 야기할 수 있을 것으로 생각한다. 그러나 지역사회 내의 새로운 교회는 일반 사람들의 종교적(sacred) 관심을 고조시킬 수 있다. 또한 적절하게 다루어진다면 긍정적으로 기존 교회들에게도 유익을 가져다줄 수 있다. 이것은

---

504) C. Peter Wagner, *Church Planting for a Greater Harvest*, 20.

하나님 나라에 축복이 되는 것뿐만 아니라 교회들에게도 축복이 될 것이다.[505]

5) 교회개척은 선교에 효과적인 방법이다
(Church Planting is efficient of the mission).

어떤 지역에서 불신자들을 예수 그리스도께로 인도하는 데 교회를 개척하는 것보다 더욱 실제적이고 효과적인 전략은 없을 것이다. 아직까지 복음화되지 않은 지역의 사람들이 우리가 복음을 가지고 새로운 지역으로 들어갈 때 새로운 교회들이 필요하다는 사실에 있어서 논란의 여지가 없다. 그러나 최근에 국제적인 복음 사역자들은 지속적인 결과를 얻는 데 교회개척이 얼마나 중요한지를 깨닫기 시작하였다.[506]

미국 남침례교(Southern Baptist Convention) 국내선교부 개척교회 담당부총재였던 찰스 체이니(Charles L. Chaney)는 그의 책 『20세기 말의 교회개척』(Church Planting at the End of the Twentieth Century)에서 교회개척의 중요성에 대하여 말하기를, "예수 그리스도의 복음이 어떻게 효과적으로 모든 족속과 부족, 그리고 씨족, 인간 가족들에게 전달될 수 있을까? 확실히 은사를 받았고, 기름부음을 받은 사람들이 이러한 각 족속들에게 메시지를 전달하기 위하여 개척자로서 장애물들을 넘어야 한다. 그러나 궁극적인 방법은 그러한 각 씨족들과 부족들, 그리고 가족들 가운데 교회들을 개척하는 것

---

505) C. Peter Wagner, *Church Planting for a Greater Harvest*, 20－21.
506) C. Peter Wagner, *Church Planting for a Greater Harvest*, 21.

이다. 우리는 모든 사회 구석구석과 인간의 모든 문화와 언어권에 토착교회가 세워질 때만이 복음이 모든 인간 씨족들에게 미칠 수 있다는 것을 확실할 수 있다."라고 역설하였다.[507] 그러므로 선교사의 관심은 기존 교회에 성도들을 늘리는 것뿐만 아니라 교회가 없는 모든 세계와 모든 족속, 그리고 민족과 방언에 교회를 개척해야 할 것이다.[508]

3. 박기호의 타문화권 교회개척

풀러신학교의 선교학 교수인 박기호는 '왜 교회들을 개척해야 되는가?'에 대해 타문화권에서 사역하는 선교사들은 직접적이건 간접적이건 자신들이 사역하고 있는 선교 현지에서 교회를 개척하는 일에 관심을 가지고 참여해야 한다고 주장한다. 선교사들이 직접적이든 간접적이든 교회개척에 동참해야 할 이유에 대해 네 가지로 다음과 같이 정리하였다.[509]

1) 교회개척은 예수 그리스도가 원하시는 일이다(마 16:16).

"시몬 베드로가 대답하여 이르되 주는 그리스도시요 살아 계신 하나님의 아들이시니이다"(마 16:16)

---

507) Charles L. Chaney, *Church Pianting at the End of the Twentieth Century* (Wheaton: Tyndale House Publishers, 1986), 25.

508) Donald A. McGavran, *Understanding Church Growth* (Grand Rapids: Eerdmans, 1990), 46.

509) 박기호, 『타문화권 교회 개척』 (서울: 개혁주의신행협회, 2005), 55–56.

예수님은 자신을 그리스도요 살아 계신 하나님의 아들이라고 고백하는 신앙고백 위에 자신의 교회를 세우겠다고 말씀하셨다. 사도들도 가는 곳마다 복음을 전파하고 교회들을 개척하였다. 예수님은 자신이 친히 교회 설립하는 일을 주도하시지만 동역자들을 필요로 하고 계신다. 바울과 아볼로가 하나님의 동역자로서 사역했던 것처럼 우리도 교회개척을 원하시는 하나님의 뜻에 따라 성령께서 주신 은사를 따라 하나님으로 동역자로서 교회개척 사역에 참여해야 한다.

2) 교회개척은 지상에서 유일한 하나님 나라의 대리 기관이다 (마 16:18).

"또 내가 네게 이르노니 너는 베드로라 내가 이 반석 위에 내 교회를 세우리니 음부의 권세가 이기지 못하리라"(마 16:18)

만왕의 왕이요 만주의 주가 되시는 예수 그리스도께서는 우주를 다스리시기를 원하신다. 또한 예수 그리스도의 초림으로 시작이 되어 재림으로 완성될 하나님 나라는 교회의 사역을 통하여 하나님의 통치가 이 세상에 확장되도록 하는 데 그 목적이 있다. 교회는 세상을 구원하기 위한 하나님께서 이 땅 위에 세우신 거룩한 기관으로 천국 열쇠를 가지고 있는 유일한 기관이기에 타문화권에서 교회를 개척하는 일은 예수님의 지상 사역을 완성하여 하나님 나라를 임하게 하는 가장 효과적인 전략이다.

3) 교회개척은 하나님께서 세상에서 일하는 도구이다(엡 1:23).

"교회는 그의 몸이니 만물 안에서 만물을 충만하게 하시는 이의 충만함이니라"(엡 1:23)

예수 그리스도는 자신의 몸 된 교회를 통하여 잃어버린 자들을 구원하시는 일뿐만 아니라 정치, 경제, 사회, 문화, 교육 등 세상의 모든 영역을 통치하기를 소원하신다.

4) 교회개척은 대위임령 성취를 위한 가장 효과적인 방법이다.

피터 와그너(C. Peter Wagner)는 교회개척에 대하여 말하기를, "하늘 아래서 가장 효과적인 단일 전도 방법은 새로운 교회들을 개척하는 것이다."라고 하였다.[510] 또한 "한 지역에서 새로운 교회들을 개척하는 것보다 불신자들을 그리스도에게 인도하는 데 더 실제적이고 경제적으로 효과적인 방법은 없다."라고 주장하였다.[511]

이러한 선교 과업을 완수하기 위해 자극을 주었던 것은 빌리 그래함(Billy F. Graham) 목사에 의해 소집되었던 "지구로 그의 음성을 듣게 하라"(Let the earth hear His Voice)라는 주제로 개최되었던 1974년 제1차 세계복음화 로잔회의였다. 이때 전 세계 교회와 선교 지도자들이 참석하였다. 도날드 맥가브란(Donald A. McGravran) 과 랄프 윈터(Ralph D. Winter)와 같이 사람들이 지역이나 국가가 아니라 사람을 중심으로 하는 교회개척을 하고, 예수 그리스도께서

---

510) C. Peter Wagner, *Church Planting for a Greater Harvest*, 11.

511) C. Peter Wagner, *Church Planting for a Greater Harvest*, 21.

위임한 과업 완수에 대해 새롭게 생각하도록 지도자들에게 도전을 주었다.[512]

따라서 전문인 선교에 있어서 교회개척은 자문화권 혹은 타문화권이든 간에 예수 그리스도의 지상 대위임을 성취하는 데 가장 효과적인 방법이다. 또한 기존 교회의 성장을 위한 노력도 필요하지만 새로운 교회들을 개척해야 할 것이다.

---

512) Michael. Pocock, Gailyn Van. Rheenen, Douglas. McConnell, 『변화하는 내일의 세계선교』, 9.

제12장 전문인 선교와 교회성장

교회성장운동(Church Growth Movement)이 시작된 것은 1950년 도날드 맥가브란(Donald A. McGavran)으로 그의 책『하나님의 선교전략』(The Bridges of God)에서 알려졌다. 그러나 이 세상적인 기업의 비상한 재주 안에서 성공 지향적이며, 고도로 경쟁적인 종교시장의 본질을 목회자들은 교회성장에 대한 필요성을 인식하고 있다. 그러나 맥가브란의 선교적인 맥박은 놓친 채 교회로 하여금 성장을 위해서만 나아가도록 만들고 말았다.[513] 아울러 교회성장의 원리들은 처음에 급격하게 성장하는 아프리카와 남미, 아시아, 특히 한국과 싱가포르의 교회들로부터 가져왔다. 그러나 교회성장이 통찰력의 가장 성공적인 적용은 전도전략들과 교회개척의 전략들로 개발되었다. 그들은 또한 비기독교인들이 복음에 반응하는 데 방해가 되어 온 문화적, 역사적 원인들을 밝혀내는 데 도움을 주었다.[514] 교회성장이라는 용어가 취해야 할 균형은 우리는 성장이라는 단어를 단순히 군중을 매혹시키는 수단이 아니라 교회들을 재

---

513) Charles H. Kraft,『말씀과 문화에 적합한 기독교』, 467-468.
514) Charles H. Kraft,『말씀과 문화에 적합한 기독교』, 469.

생산하기 위해서 세상에 흩어지는 교회라는 의미에서 이해해야 한다.[515] 이러한 관점에서 사람들을 믿음의 공동체로 불러 양육하고, 책임감을 키워주고, 사역을 개발하고, 선교적인 잠재력을 키우지 않고는 성취 불가능한 제자를 만드는 예수 그리스도의 지상 대위임(the Great Commission)이 가지는 목표에 큰 강조를 두어야 한다.

이러한 교회성장운동은 그 통찰력을 명확하게 규명하고 현대의 선교적인 도전들을 붙잡고 계속해서 시대에 맞게 움직여야 한다. 우리는 다시 한 번 교회를 선교적인 교회로서 재강조해야 한다. 우리가 성경적으로 그리고 문화적으로 적합하려면 관리(maintenance)에서 선교(mission)로 넘어가야 한다.[516] 이러한 점은 선교 지도자가 어떤 비전을 가지고 있느냐 하는 것이다. 이러한 비전이 실천 가능할 때 21세기 교회성장에 대안이 될 수 있다. 기존 한국의 교회성장(church growth in korea)은 단일 문화권에서 교회성장을 추구하고 있었다.[517] 현재까지 한국 교회의 교회성장의 모델은 다민족 문화권에서의 미국의 교회성장을 추구한 것이다. 미래 한국 교회가 다민족 문화권에서의 교회성장을 추구하려면 어떻게 해야 하는가? 그것은 한국 교회가 세계 선교를 수행하는 선교대국으로서 전문적인 선교를 확대 가능한 인식을 해야 할 것이다.

---

515) Charles H. Kraft, 『말씀과 문화에 적합한 기독교』, 470. 교회성장에 대한 북미주교회성장학회의 회원들의 입장을 보면 "교회성장은 모든 족속으로 제자를 삼으라(마 28:19-20)는 하나님의 위임령을 효과적으로 수행하는 데 관련된 기독교의 교회들의 본질, 확장, 개척, 배가, 기능 그리고 건강을 조사하는 학문적 훈련이다. 교회성장의 연구자들은 교회의 확장에 관한 하나님 말씀의 영원한 신학적 원칙들과 현대과학, 그리고 행동주의적 과학자들의 최고의 통찰들을 도날드 맥가브란의 기초적인 연구를 우성적인 참고의 틀로 도입함으로 통합하려고 노력한다."라고 정의하였다. C. Peter Wagner, *Strategies for Church Growth* (Ventura: Regal Books, 1987), 114.

516) Charles H. Kraft, 『말씀과 문화에 적합한 기독교』, 485.

517) 김태연, 『전문인 선교사를 깨워라』, 47.

한국 교회는 아직까지 목회자가 중심적인 교회들이 많이 있다. 이러한 목회자의 패러다임이 선교형 교회(mission - oriented church)로 바꾸기 위해서는 목회자의 리더십이 변환될 때, 교회 건물 중심의 목회 철학에서 그리스도의 몸 중심의 선교 철학으로 접근할 수 있도록 도와준다.[518]

도날드 맥가브란(Donald A. McGavran)은 선교의 철학에 대하여 말하기를, "이제까지 선교는 인간을 위한 하나님의 전체적인 프로그램이라고 폭넓게 정의되어 왔으며, 우리는 그 정의에서 비롯된 다른 정의의 가능성들을 살펴보았다. 이제 선교는 훨씬 더 의미심장한 것으로 정의될 수 있을 것이다. 성경에 계시된 대로 하나님께서는 모든 남자와 여자를 예수 그리스도와의 살아 있는 관계 속으로 초대하는 것에 가장 높은 우선순위를 부여함으로써 우리는 선교를 좁은 의미에서 모든 남자와 여자에게 예수 그리스도의 복음을 선포(proclamation)하며 그들을 제자화(discipling)시켜 그리스도의 교회의 구성원이 되게 하는 일에 헌신하는 일로서 정의할 수 있을 것이다."라고 기술하였다.[519]

하나님은 그의 교회가 성장하기를 소원하신다(God wills his church to grow).[520] 선교의 주요 목적은 하나님의 뜻에 나타난 대로 잃어버린 자를 찾아서 하나님과 화해시켜 그들을 교회의 책임 있는 구성원이 되게 하는 데 있다.[521] 지난 몇 세기 동안 세계적으로 상당

---

518) 김태연, 『전문인 선교사를 깨워라』, 47.

519) Donald A. McGavran, *Understanding Church Growth*, 35

520) C. Peter Wagner, "Donald McGaveran: A Tribute to the Founder", In C. Peter Wagner(ed.), *Church Growth: State of the Art*, Wheaton: Tyndale, 1989.

521) 소망아카데미, "소망교회 곽선희 목사와 세계적인 교회성장신학자 밴 엔겐 박사의 교회성장신학 세미나," 『소망교회』 (1999, 9월), 23. 지난 1999년 9월 6일(월)부터 7일

히 많이 선교하는 교회(Missionary Church)성장의 모델이 생겨났다.
그 대표적인 교회들을 예로 들면 다음과 같다.

1. 윌로우크릭 커뮤니티 교회
(Willow Creek ommunity Church)

미국 일리노이 주 사우스 베링턴 시에 위치한 오늘날 전 세계적
으로 많은 관심과 주목을 받고 있는 교회, 계속 성장하고 있는 빌
하이벨스(Bill Hybels) 목사가 시무하는 윌로우크릭 커뮤니티교회이
다. 1975년에 시작된 이 교회는 1991년 10월에 4부로 주일 예배를

(화) 소망아카데미가 주최하고 소망교회와 룰러신학교 선교대학원에서 후원하는 교회
성장신학 세미나(주제: 오늘과 내일의 교회성장 신학을 말한다)가 곽선희 목사가 사역
하고 있는 소망교회에서 열렸다. 1강의는 곽선희 목사가 '소망교회성장의 본질'과 2
강의는 '교회성장신학의 본질'에 대해서 강의했다. 곽선희 목사는 성장하는 한국 교회
의 한 표본 모델로 주목받고 있는 소망교회에서 현재 원로목사로 사역하고 있다. 그는
장로회신학대학교(Th.B.)와 장로교신학대학교 신학대학원에서 목회학 석사(M.Div.) 졸
업, 미국 프린스턴신학교에서 조직신학으로 신학석사학위(Th.M.)와 풀러신학교에서
선교신학으로 박사학위(D.Miss.)를 받았다. 그는 조직신학과 선교신학을 한국의 목회
현장에 적합한 교회성장신학으로 정립하여 실제화시킨 목회자이며 선교 신학자이다.
특히 교회성장신학 이론을 구체적으로 현장 목회에 적용하여 괄목할 만한 성장 사례
를 보였고 지속적으로 성장하는 교회로서의 소망교회를 과거에 이끌어 냄으로써 명
실공히 선교신학 이론과 목회 실제를 겸비한 목회자로 한국뿐만 아니라 세계적으로
알려져 있다. 찰스 밴 엔겐(Chalres E. Van Engen) 박사는 『모이는 교회 흩어지는 교
회』(도서출판 두란노, 1994)를 통해서 한국 교회에 알려졌다. 그는 현재 풀러신학교
선교대학원에서 선교신학 분야의 개혁장로교회 출신인 아서 글라서(Arthur Glasser)에
이어 교회론 중심으로 밴 엔겐 교수가 선교신학을 발전시키고 있다. 그는 네덜란드
암스테르담의 자유대학교에서 조직신학과 선교신학으로 철학박사(Ph.D.)학위를 받았
다. 멕시코 선교사의 자녀로 성장했으며, 자신도 멕시코 선교사가 되어 치야파스
(Chiapas) 지역에서 선교활동을 했던 선교현장의 실제적 경험을 가지고 있는 학자이
다. 그리고 1998년에 미국의 개혁교회(Reformed Church in America) 교단의 총회장을
역임하는 등 교회현장을 중심으로 하는 신학자다. 특히 복음주의 선교신학계에 교회
론을 중심으로 조직신학과 선교신학의 학문적 상호상승작용을 주도하고 있는 세계적
인 권위자로 알려져 있다.

드리고 출석교인만 1만 4,000명을 넘었다.[522] 이 교회가 표방하고 있는 목적에 선교의 비전과 관심사를 알 수 있다. 이 교회의 사명은 비그리스도인들을 예수 그리스도께 완전히 헌신된 제자로 삼는 데 있다. 이러한 관점에서 세계 선교를 위한 선교선언문에 밝히고 있는 것은 세계적 기아에 초점을 맞추어 세계 교회와 연계하여 선교하는 특징이 있다는 것이다.[523] 윌로우크릭 커뮤니티 교회는 다음과 같은 4가지 범주(category)로 비전을 설명하고 있다.[524]

① 찬미(exaltation): 교회는 예수 그리스도를 위해 존재한다.
② 복음전도(evangelism): 교회는 복음 선포를 위해 존재한다.
③ 교화(edification): 교회는 자신을 위해 존재한다.
④ 확장(extension): 교회는 사회봉사를 위해 존재한다.

이러한 교회의 독특성은 오랜 기독교 전통과 분위기에 익숙하지 않은 일반사회의 구성원들과의 접촉점을 넓혀 가려는 노력을 엿볼 수 있다. 이 교회는 특히 예배 순서와 예배에 사용되는 음악선정, 그리고 예배 진행되는 모든 프로그램들은 접촉점을 대하려는 대표적인 노력의 산물이 이 교회의 핵심적인 선교적 예배라는 것을 볼 수 있다. 이 교회는 구도자(seeker) 중심의 예배로 세간의 관심을 끌었다. 그것은 교회 다니지 않는 사람들을 배려한 전문적인 선교 전략이다. 그러나 이 전략이 인기가 있고 널리 보급되고 있는 것처럼

---

522) Gregory Pritchard, *The Strategy of Willow Creek Community Church: A Study in the Sociologyof Religion* (Evanston: Northwestern University, 1994), 3.

523) 정재우, "메가 교회 메타교회의 과거, 현재, 미래," 『활천』 통권 660호 (2008, 11월), 84.

524) 정병관, 『복음 혁명을 주도하는 세계 17대 교회』 (서울: 생명의말씀사, 2005), 10-12.

보인다. 미국의 대형교회(mega church) 대다수가 이 전략을 채택하고 있는 것은 아니다.525) 이 교회는 평신도들의 은사와 능력을 발굴하여 선교적으로 활동하도록 가르치고 훈련시키고 변화시켜 세상으로 파송한다.

2. 캔자스 센트럴 커뮤니티 교회
(Kansas Central ommunity Church)

현재 미국 위치타에 자리 잡고 있는 센트럴 커뮤니티교회는 대다수의 교회들의 분위기가 베이비 붐시대에 태어난 젊은 성인 남녀들로 이들을 대상으로 레이먼트 코튼(Raymond Cotten) 목사가 목회하고 있다.526) 이 교회는 젊은 성인 남녀들이 만족할 만한 형태의 목회와 선교란 기존의 전통을 유지하면서도 이들이 기존의 교회에 대해 실망했던 모습과 시대에 뒤떨어진 듯 고리타분한 구조로부터 벗어나 신선하고 창의적인 목회구조와 지도력, 선교전략 등을 사용하고 있다.527) 이 교회는 강력한 소그룹 사역을 실시하고 있으며, 이 교회의 성장 기반은 소그룹에 있다고 해도 과언이 아니다. 이 교회는 소그룹을 통하여 회중(congregation)이 상호 간 개인적 관계를 맺게 하는 데만 그치는 것이 아니라 회중을 책임 있는

---

525) Harvie M. Conn & Manuel Ortiz, 『도시목회와 선교』, 한화룡 역 (서울: 기독교문서선교회, 2006), 303.

526) 신성종, 『이런 교회가 성장한다』 (서울: 도서출판 하나, 1993), 140－141. 현재는 존 헨리(John Henry)가 담임목사로 있다.

527) 정병관, 『복음 혁명을 주도하는 세계 17대 교회』, 38－40.

사역에 참여시키는 데 관심을 가지고 있다. 소그룹 지도자로서 희망한 사람에 한해 3개월간 집중훈련을 시킨 후에 평신도 지도자라는 명칭을 붙여 주고, 대예배 시간에 이들을 임명하는 성대한 예식을 가진다.[528]

또한 이 교회는 매우 역동적인 교육 프로그램을 가지고 있다. 우선 숫자적으로 예배에 참석하는 숫자의 70%라는 대다수가 교육 프로그램에 참여하고 있다는 점이다. 교회학교는 무려 50개로 구분되는데 우선 연령별로 교회학교가 나누어져 있고, 직장인들, 대학생, 신혼부부, 독신자, 재혼자, 장애인과 같은 특수반들이 있다. 각 교회학교는 성경공부와 동시에 각종 세미나와 나름대로 특성에 맞는 훈련 프로그램을 가지고 있는데 이 교회의 모범적인 교육 프로그램은 캔자스 주 정부가 바람직한 교육 모델로 추천했을 정도이다.[529]

3. FICWFM 교회(The Fellowship of Inner-City Word of Faith Ministries)

현재 프레드릭 프라이스(Frederick K. C. Price)가 목회하는 FICWFM 교회는 약 25,000명의 교세를 가지고 있으며, 지금도 계속 성장을 멈추지 않고 있는 주목할 만한 C&MA(Christian & Missionary Alliance) 교단 소속의 교회이다.[530] 성도는 거의 흑인들로 95%이며, 나머지

---

528) 정병관, 『복음 혁명을 주도하는 세계 17대 교회』, 43.

529) 정병관, 『복음 혁명을 주도하는 세계 17대 교회』, 45-46.

530) 이 교회는 미국 로스앤젤레스 다운타운에서 남쪽으로 아주 가까운 거리에 있는 버몬크가의 서민 주택가에 있다.

약 5%는 백인을 비롯한 타인종으로 구성되어 있다. 이 교회는 페퍼다인대학의 캠퍼스를 1,400만 불에 구입했고, 이 캠퍼스 내에 900만 불을 들여 10,000석이 넘는 규모의 대예배당을 1989년에 건축하였다.[531] 우선 이 교회의 예배는 오순절(Pentecost)이고 영적인 예배를 강조한다. 이 교회성장의 원인으로는 이미 지적한 영적인 측면들 외에는 교회가 대단히 동질적 집단이라는 사실에서 찾을 수 있다. 이 교회는 또한 기존의 대학 페퍼다인 캠퍼스를 구입함으로 많은 이점을 가지고 있기 때문에 교회성장의 빼놓을 수 없는 요인이 되었다. 이 교회가 기존의 캠퍼스 내의 다양한 교육시설들을 이용하여 다양한 프로그램을 운영할 수 있는 것은 이 교회가 이미 받은 큰 축복이 아닐 수 없다. FlCWFM 교회의 미래는 앞으로 보다 많은 선교적 가능성을 가질 수밖에 없다는 결론을 내릴 수 있다.[532] 현재 10,000개 이상의 좌석 수를 가지고 있는 새성전을 지었고, 예배실황을 텔레비전을 통하여 반영되기 때문에 많은 사람들이 몰려와 놀랍게 성장하게 될 것으로 전망하고 있다.

4. 스카이라인 웨슬리안 교회(Skyline Wesleyan Church)

존 맥스웰(John C. Maxwell) 목사가 시무하는 스카이라인 웨슬리안 교회는 캘리포니아 최남단의 항구 도시인 샌디에이고 시에 위치해 있다. 이 교회 구성원들은 대체로 서민적인 백인들로 구성되

---

531) 정병관, 『복음 혁명을 주도하는 세계 17대 교회』, 50-51.
532) 정병관, 『복음 혁명을 주도하는 세계 17대 교회』, 53-56.

어 있으며, 교회 구석구석을 둘러보면 아름답기도 하지만 교회 건물시설들이 매우 분명한 철학과 방향을 가지고 있음을 느낄 수 있다. 교회 전면에 세계지도가 장식되어 있으며, 벽에도 역시 세계 선교 파송 현황 등을 나타내는 지도와 사진들이 전시되어 있는데 이를 통해서 선교에 대한 강조가 이 교회 목회사역 안에서 이루어지고 있음을 알 수 있다.[533]

스카이라인 교회의 예배는 축제(celebration)의 예배를 드린다. 이 교회는 성도의 감소를 전혀 경험하지 않았으며, 오히려 점점 증가해서 오늘날에는 전 교인의 50% 이상 각자 충실하고도 적극적으로 목회 사역에 동참하고 있다. 그뿐만 아니라 거의 성도 전체가 전도에 참여하는 교회로 유명하다. 이 교회가 이같이 놀라운 비율의 평신도 사역자를 가질 수 있는 비결은 성령의 역사와 은사개발에 힘쓴 결과이다. 그레이드 목회 프로그램은 이 교회의 대표적인 사역이다.[534]

그레이드 프로그램은 전 교인이 다섯 가지 형태(form)로 크게 나누어진 사역 중에 한 가지 사역을 반드시 참여하도록 유도함으로 자신의 영적 은사를 적절하게 활용하도록 도와주는 프로그램이다.

첫째는 안드레 사역자반으로서 안드레와 같이 전도의 은사를 가진 사람들이 영혼구령에 참여하도록 하기 위한 사역자 그룹이다.

둘째는 바나바 사역자 반으로서 바나바와 같이 긍휼을 보이는 은사를 가진 사람들이 자신의 은사를 활용하도록 하기 위한 사역 반으로서 지난주에 참석하지 못한 사람들, 질병으로 고통받는 사람

---

533) 정병관, 『복음 혁명을 주도하는 세계 17대 교회』, 58-59.
534) 정병관, 『복음 혁명을 주도하는 세계 17대 교회』, 60-61.

들, 각종 문제로 인해 괴로움을 겪는 형제들을 심방하고 위로하는
긍휼의 사역을 성실하게 감당하고 있다.

셋째는 디모데 사역자 반으로서 이 교회에 새로 방문하거나 참
석하려는 새신자들을 가르치고 돌보는 데 자신의 은사를 활용하는
사역자 그룹이다.

넷째, 아브라함 사역자반은 교회에서 실시하는 각종 전도 프로그
램을 위하여 간절히 책임 있게 기도하는 중보자(mediator) 사역을
감당하는 사역자 그룹이다.

다섯째, 목회자의 기도 동역자 반으로서 매 주일 한 팀씩 1부 예
배 전에 기도를 위해 맥스웰 목사와 만나서 무릎을 꿇고 맥스웰을
위하여 통성으로 기도해 준다.

오늘날 한국 교회의 교인들의 대다수가 날이 갈수록 단순히 주
일예배에 손님처럼 참석했다가 사라져가는 현실을 비추어 보면 미
국이라는 상황에서 스카이라인 교회의 현실은 대단히 주목할 만한
상황이 아닐 수 없다.

5. 그레이스 커뮤니티 교회(Grace Community Church)

로스앤젤레스 북부에 위치한 선 밸리(Sun Valley) 지역에 가면 이
미 한국에 이름이 많이 소개된 존 맥아더(John MacArthur)가 목회
하는 그레이스 커뮤니티 교회가 있다.[535] 장년만 약 12,000명이 넘

---

535) 이 교회는 넓은 대지 위에 큰 규모의 본당과 교육관, 그리고 중간 크기의 예배실, 가
족센터(Family Center), 서점, 기도실, 음악실 등 다양한 사람들이 배치되어 있다. 그리
고 주중에는 이러한 시설들을 이용해 세 개의 학교가 운영되고 있다. 첫째, 마스터대

는 대형교회인데 교육 목회에 성공한 교회로서 건강한 교회이다.536) 이 교회는 많은 나라에 선교사를 파송하고 있다. 또한 내적으로는 스포츠와 레크리에이션 활동을 통하여 먼 곳에 있는 불신자들에게 접근하여 복음을 전하려고 애쓰고 있다. 또한 라디오와 테이프 등의 미디어를 통하여 복음을 지역 사회와 미국, 세계의 많은 사람들에게 적극적으로 전하고 있다.537) 맥아더가 그레이스 커뮤니티교회가 지난 몇 십 년간 미국의 대표적인 교회 중의 하나로서 지속적으로 성장해 온 비결에 대해 묻는 많은 사역자들을 향하여 분명히 대답하는 것은 바로 교회가 성경적 지도력 원칙으로 되돌아가는 것이 그 비결이다.

6. 새들백 커뮤니티 교회(Saddleback Community Church)

1980년에 릭 워렌(Rick Warren)은 7명의 성도들과 새들백 커뮤니티 교회로 시작하여 오늘날 20,000명이 넘는 대형교회로 성장시켜 놓았다. 릭 워렌 목사는 새들백 지역의 문화와 사람들의 성향을 충분히 연구하고 습득한 교회성장과 관련한 지식들과 관찰들은 새들백교회를 역동적으로 만드는 데 크게 기여하였다. 워렌은 낚시

학(The Master's College)이다. 둘째, 마스터신학대학원(The Master's Seminary)이다. 그리고 마지막으로 셋째, 야간으로 운영하는 로고스성경대학(Logos Bible Institute)이다. 뿐만 아니라 거대한 주차장은 분명 이 교회를 성장시키는 비결로 특별히 환자, 노약자, 장애우들을 위해 교회는 각별히 신경 쓰고 있다.

536) 정병관, 『복음 혁명을 주도하는 세계 17대 교회』, 94. 이 교회는 현재 미국에 살고 있는 다양한 인종과 언어, 그리고 국적의 배경을 가지고 있는 사람들과 토요일 저녁 기도회 및 성경공부를 하고 깊은 친교를 맺는 일을 지속하고 있다.

537) 정병관, 『복음 혁명을 주도하는 세계 17대 교회』, 106.

복음전도라는 전도 철학을 가지고 있으며, 이 전도 철학이 워렌의 목회 모든 영역에 반영되었다.[538) 워렌은 교회 지도자들이 해야 할 일은 마치 능숙한 파도타기를 하는 사람처럼 성령의 파도를 식별하며, 기회가 왔을 때 성령의 기름 부으심을 의지하여 부흥의 시대를 열어야 한다고 강조한다. 목회자가 파도를 일으켜야 하는 책임이 있는 것이 아니라 하나님이 이 세계에서 어떻게 일하고 계신가를 살펴보고 그 역사에 동참하는 것이라고 말한다.[539) 그래서 그는 1980년 새들백 커뮤니티 교회를 개척할 때 매년 한 교회를 개척해 나가겠다고 선언하였다. 그리고 그것을 실천함으로 현재까지 지속적으로 매년 교회를 개척하고 있는데 워렌의 목회관과 선교관의 신실성을 확증하는 기회가 되고 있다. 그리고 최근에 교회가 성장하면서 매년 더 많은 숫자의 교회를 개척하고 있는 중이다. 새들백 커뮤니티 교회가 주관이 되어서 개척한 교회 중의 대부분은 이미 자립 기반을 확보한 상태로 지속적으로 성장하고 있다.[540)

7. 페리미터 교회(Perimeter Church)

이 교회는 조지아 주 애틀랜타 시의 전 인구를 전도하려는 비전 아래 현재 담임목사인 랜디 포프(Randy Pope)에 의해 세워졌다.[541) 이 교회는 미국에서 가장 빨리 성장하는 교단의 하나인 미국 장로

---

538) 정병관, 『복음 혁명을 주도하는 세계 17대 교회』, 132-137.
539) 정병관, 『복음 혁명을 주도하는 세계 17대 교회』, 138-139.
540) 정병관, 『복음 혁명을 주도하는 세계 17대 교회』, 150.
541) 페리미터 교회(Perimeter Church)를 번역하면 '주변부 교회'라는 말이다.

교회(PCA, the Presbyterian Church of America)로 국내에서나 국외에서 선교 사업에 힘쓰는 교회로 유명하다.542) 국내외적인 선교적 열정은 교회성장에 매우 역동적인 움직임을 갖게 만들었으며, 목회적 양태에 있어서는 매우 개방적인 체제와 분위기를 추구하고 있다.543)

이 교회는 전통적인 예배를 고수하면서도 변화의 수용을 개방적으로 지향하면서 점차 여러 가지 변화를 나름대로 여러 부분에서 적용하기 시작하였다. 예를 들면, 전통적인 성가대의 고루한 찬양보다는 불신자, 청장년 세대들이 좋아하는 독창과 앙상블을 연주함으로써 그들이 흥미로워하는 연주회 분위기를 느끼게 하였고, 전통적으로 교회 안에 위치한 성만찬(eucharist) 탁자와 강단을 없애고 단지 성경만을 들고 회중(congregation) 안에 서서 설교를 하였다. 또한 찬송가만을 부르지 않고 새로운 복음송가를 가르쳐 주었고, 피아노와 오르간에 의한 음악보다는 오케스트라를 활용하였고, 예배시간 도중에 드라마를 공연함으로 예배 혁신을 시도하였다.544) 드라마는 전통적인 찬송가와 설교 형식보다 더 효과적일 수 있다. 또한 이 교회는 평신도 지도자 개발 훈련과 역할 분담을 통하여 교회성장을 주도하고 있는 모범적인 선교적 교회이다.

---

542) 신성종, 『이런 교회가 성장한다』, 134-136. PCA 교단은 다른 문화권의 사람들에 대한 선교적 관심은 미국에 살고 있는 한국인들과 더불어 남미 출신의 사람들이 현재 이 교단에 많이 소속하게 하는 원인이 되었다. 이 교단의 국내외적인 선교적 열정은 교회성장에 매우 역동적인 움직임을 갖게 만들었다.

543) 정병관, 『복음 혁명을 주도하는 세계 17대 교회』, 162-163.

544) 정병관, 『복음 혁명을 주도하는 세계 17대 교회』, 169.

8. 산요세 벧엘 교회(Bethel Church of San Jose)

인구 이동은 선교와 목회에 있어서 대단히 중요한 의미들을 갖는다. 미국에서 가장 빠른 교회성장을 보이는 지역은 인구이동이 가장 많은 캘리포니아 지역으로 미국의 10대 지역 중에 다섯 곳이 바로 이 지역에 집중되어 있다. 데이비드 커스톤(David Cawston)이 담임목사인 산요세 벧엘 교회는 이 교회를 방문하는 사람들은 누구라도 느낄 수 있을 정도의 활기와 영적인 역동성을 가진 캘리포니아 지역의 대표적인 교회이다.[545] 이 교회의 부흥과 성장의 특징은 다음과 같다. 첫째, 인구 이동에 따른 신흥도시로 교회를 이전한 뒤 엄청난 교회성장을 경험하였다. 둘째, 적절한 시기와 장소에 아주 훌륭한 교회 건축은 교회성장에 큰 요인이 되었다. 셋째, 열정적인 예배와 찬양, 뜨거운 기도회는 성령의 기름 부으심을 받게 되었고, 성령의 역사가 강하게 임하자 교회성장이 자연스럽게 이루어졌다. 넷째, 지역 사회에 적극적으로 뛰어들어 헌신적으로 봉사(diakonia)할 뿐만 아니라 지역주민들과 다양한 행사와 활동을 통하여 교회에 대한 이미지를 변화시켰다. 다섯째, 목회자가 뜨거운 영혼구원의 열정과 선교적 비전으로 강력하게 교회를 이끌어 갈 때 교회성장이 일어났다.[546] 교회성장과 부흥은 저절로 일어나는 것이 아니라 준비된 교회, 열정적인 분위기, 성령의 역사하심이 임할 때 일어난다는 것을 분명하게 알 수 있다. 이러한 벧엘 교회의 활동들에게서

---

545) 정병관, 『복음 혁명을 주도하는 세계 17대 교회』, 174-175. 이 교회는 현재 리처드 드레셜하우스(Richard L. Dresselhaus) 목사가 담임으로 있다.
546) 정병관, 『복음 혁명을 주도하는 세계 17대 교회』, 175-186.

우리가 짐작할 수 있는 것은 이 교회의 전도와 선교활동이다. 이 교회는 지역사회에 적극적으로 뛰어들어 헌신적으로 봉사할 뿐만 아니라 그러한 봉사의 기회는 곧 선교의 기회로 연결되고 있다.

9. 사랑의 교회

사랑의 교회는 많은 한국 교회들 가운데 평신도를 깨우는 제자훈련과 열정적인 예배로 건강한 교회로 성장한 유명한 교회이다. 특히 옥한흠 목사의 목회철학은 처음부터 명목적인 평신도들의 제자화와 동력화에 중점을 두었고, 준비되지 않는 한국 교회의 미래를 착실하게 준비하는 교회였다.[547] 1980년 후반부터 교회성장이 정체되고, 역동성(dynamics)이 상실할 즈음에 사랑의 교회는 오히려 한국 교회에 더 부각되는 교회가 되었고, 점차 쇠퇴의 징후들을 보이고 있었던 한국 교회들은 사랑의 교회를 통하여 새로운 비전과 사역의 방향을 찾기 시작하였다. 그 결과 많은 교회들이 사랑의 교회의 목회철학과 제자훈련 방식에 동의하고 자신의 사역 안에 그것들을 도입하기 시작함으로써 단순히 숫자만 많은 대형교회가 아닌 한국의 복음주의(evangelicalism) 교회 전반의 목회와 사역들에 영향을 끼친 진정한 의미의 영향력 있는 교회로 자랄 수 있었던 것이다.[548]

사랑의 교회는 한국 교회에 두 가지 측면에서 기여하였다. 교회 내부적으로는 복음주의 목회철학에 근거한 평신도 운동을 전개해

---

547) 현재 이 교회의 담임목사는 미국 남가주사랑의 교회 담임목사를 역임한 오정현 목사이다.

548) 정병관,『복음 혁명을 주도하는 세계 17대 교회』, 193-196.

잠자고 있는 평신도들을 깨워 함께 지어져 가는 교회를 만들어 갔다. 외부적으로는 복음주의 연합을 구축해 복음주의 철학과 사상을 한국 교회 전반에 확대시킨 것이다. 사랑의 교회의 특징은 첫째, 교회에 대한 새로운 정의 곧 교회가 부름 받은 자들이면서 동시에 보냄을 받은 자라는 정의를 통해 한국 교회에 세상을 향한 그리스도인들의 책임의식을 고취시켜 주었다. 둘째, 사도성의 회복을 통해 세상을 향한 복음주의적 책임의식을 일깨워 주고 있다. 셋째, 만인제사장 원리의 회복을 통해 하나님의 백성인 성도들에게 복음주의 정신을 일깨워 주고 있다. 넷째, 평신도를 훈련시켜 그 인격이 예수님을 닮도록 하는 것이다. 1970년대부터 몰아닥친 평신도 운동의 영향을 강하게 받은 옥한흠 목사의 비전은 제자훈련을 통하여 한국 교회에 큰 영향력을 끼치고 있다.

또한 교파와 교단을 초월한 선교단체에 대한 끊임없는 협력을 통해서 찾아볼 수 있다. 지구촌선교회를 비롯하여 여타 복음주의 선교회를 적극 후원하고 있으며, 유수한 선교단체인 OM의 한국오엠 국제선교회(OMK)를 주도하는 데 주도적인 역할을 하기도 했다. 선교 분야에서 사랑의 교회의 복음주의 운동은 연변과학기술대학의 설립을 위한 협력에서도 찾아볼 수 있다. 이 대학은 단순히 선교적인 차원만이 아니라 복음주의 본래의 사명인 기독교가 세상과 사회에 대한 책임을 다해야 할 사명을 부여받았다는 선교정신(missionary spirit)과 일치하는 것이다.

사랑의 교회는 전문인 선교사를 양성하기 위한 실제적인 사역을 진행하고 있다. 이 교회의 제24기 전문인선교학교 심화훈련과정(ITC)을 살펴보면, 세계를 품은 그리스도인이 자신의 삶의 현장에서 선교사적 삶을 살아가고, 나아가 타문화권 선교를 희망하는 선교 헌신자들에게 전문인 선교사로서 각자의 은사에 맞는 사역을 준비할 수 있도록 돕는 선교 프로그램이다.[549] 이 과정은 선교 사역의 준비와 실제, 선교학교 mid – term retreat, 선교사의 건강한 자기이해와 팀 사역 & workshop, 선교사 후원관리 및 모금, 미전도 종족 선교의 실제, 선교사 자녀 이해와 돌봄, 전문인 선교사 사례발표 I (국제통상), 전문인 선교사 사례발표 II (IT선교), 전문인선교의 성경적 기초, 선교단체 박람회, 선교학교 Closing Festival 등 실제적인 사례발표와 주제별 특강, 다양한 소그룹 활동으로 진행되고, 선교 현지 문화에 대한 이해(understanding)를 통한 미전도 종족 선교에 대한 마인드(mind)를 공유하게 된다.[550]

10. 온누리 교회

1984년 한남동에서 12가정으로 시작한 온누리 교회는 이제 한국 교회 내에서 가장 비중 있는 교회로 성장하였다. 하용조 목사는 복음의 열정과 성령의 역사를 바탕으로 한 탁월한 제자훈련과 문화운동을 통하여 한국 교회가 시도하지 못하였던 매우 다양한 차원의 목회로 이어졌고, 기존의 전통교회들이 주지 못하였던 사람들의 필요 욕구들을 충족시켜 줌으로써 젊은 층을 중심으로 폭발적인

---

549) 이 과정은 2008년 9월 21일 부터 12월 7일(매 주일)까지 진행했으며, 사랑의 교회 세계선교부가 주최했다.

550) 사랑의 교회, "세계선교부", http://mission.sarang.org. 제24기 전문인선교학교 심화훈련과정(ITC)은 훈련생들 모두가 주님의 지상 대위임을 준행하기 위해 세상으로 보냄을 받은 그리스도의 제자가 되어 하나님 나라 확장사업에 동참하기 위한 것이다.

부흥과 성장을 경험하게 되었다.[551]

온누리 교회가 창립될 때 주셨던 사도행전적인 바로 그 교회의 비전을 새롭게 하고 구체화한 것이 ACTS 29 비전이다. 이 비전은 사도행전 29장을 의미하는 것으로, 사도행전은 끝나지 않았고 계속적으로 쓰여야 한다고 주장한다. 사도행전 28장 이후의 기록이 바로 이 시대 교회들의 기록이 된다면 온누리 교회를 통하여 이루시는 하나님의 역사가 사도행전 29장처럼 기록되기를 원한다는 꿈이다.[552] 온누리 교회의 ACTS 29의 비전은 비전교회, 위성방송, 양지세계선교훈련센터, 사회참여의 4축으로 세분화(differentiation)되어 수행하고 있다.

온누리 교회의 특징은 첫째, 성령님에 의해 움직이는 교회가 되자. 둘째, 평신도들이 능동적으로 움직이는 교회가 되자. 셋째, 사명에 의하여 움직이는 교회가 되자는 목표 아래 온 성도들이 자발적으로 움직이는 교회이다.[553] 온누리 교회는 자신만의 성장에 감사하지 않고 성령의 역사하심을 다른 교회와 끊임없이 나누며, 네트워킹하여 1년에 두 차례 열리는 온누리 사역축제와 비전, 협력교회를 통하여 축복의 통로의 역할을 담당하고 있다. 종교다원주의(religious pluralism), 포스트모더니즘(postmodernism)시대, 이해할 수 없는 신문화가 파도처럼 밀려오는 시대에 문화와 시대의 장벽을 넘어선 사역은 성령에 의해 움직이는 교회로서 능력 있는 교회가 되었고, 한국 교회 성장에 주역이 되고 있다.

---

551) 온누리 교회, "교회소개", http://www.onnuri.or.kr.
552) 하용조, 『사도행전적 교회를 꿈꾼다』(서울: 도서출판 두란노, 2007), 8-23.
553) 온누리 교회, "교회소개", http://www.onnuri.or.kr.

11. 훼이스 커뮤니티 뱁티스트 교회
(Faith Community Baptist Church)

한국 교회에서 시작된 아시아 교회의 괄목할 만한 부흥과 성장은 이제 아시아 전역으로 확산되고 있다. 그중에 1986년에 시작된 싱가포르에서 주목을 받고 있는 FCBC 교회로 4년 만에 4,500명으로 성장하였다.554) 이 교회의 예배에 참여하기 위해 사람들로 넘쳐나고 있으며, 이 교회를 방문하는 사람마다 역동적으로 발산되는 교회의 영적 분위기에 많은 은혜와 도전을 받고 있다.

FCBC의 지도자 로렌스 콩이 지향하는 사역은 다음과 같은 특징을 지니고 있다. 첫째, 성장에 대한 확실한 비전과 전략을 가지고 있다. 둘째, 성령의 초자연적인 역사하심을 전적으로 의지한다. 셋째, 하나님의 기름 부으심을 받는 강력한 지도자의 자질과 능력을 갖추기 위하여 제자훈련으로 양육 받으며, 강한 군사로서 훈련을 받는다. 넷째, 전인적인 소그룹을 통한 셀 교회를 목표로 삼는다. 다섯째, 영혼구원의 열정과 재생산을 통한 세계비전을 추구한다. 이런 비전과 전략으로 셀 리더를 강력하게 양육과 훈련을 시키며, 축제예배를 통하여 열정적으로 교회를 만들어 가고 있다. 특히 셀 교회를 전투부대처럼 준비시켜 각 셀이 복음을 가지고 사회 속으로 침투하면 교회는 그야말로 하나님의 나라를 확장시키는 강력한 군사가 된다는 확신을 바탕으로 성도들을 강한 리더십으로 이끌어 가고 있다.

---

554) Keith Hinton, *Growing Churches Singapore Style: Ministry in an Urban Context* (Singapore: OMF Books, 1985), 136.

12. 미션 캘리스마틱 인터내셔널 교회

(Mission Charismatic International Church)

콜롬비아 보고타 시에는 지금 세계를 놀라게 할 만한 일이 벌어지고 있는데 바로 MCIC 교회의 사역과 관련되어 있다. 1991년에 70개의 셀로 시작한 MCIC 교회는 1994년에 1,200개로, 1996년에는 4,000개로 그해 말에는 10,500개로, 1999년에는 20,000개의 셀로, 현재는 30,000개 이상으로 성장하고 있다. 한 지역교회가 성도의 수의 단순한 증거가 아닌 소그룹 사역을 중심으로 소그룹의 폭발적인 증가를 통해 이렇게 단시간 내에 큰 교회성장을 보인 예는 일찍이 없었다. 이 교회는 예수님께서 12명의 제자들을 부르시고, 훈련시킨 후에 지상 대위임을 위임하신 그 원리를 바탕으로 12명을 선택하고 훈련한 후에 똑같은 일을 하기 위하여 또 다른 12명을 택하여 예수님의 비전과 능력을 전수해 주는 사역이 핵심이다. MCIC 교회는 G12원리를 적용하기 시작한 이후로 콜롬비아의 기독교 역사상 전례 없는 최고의 성장을 경험하고 있다. 그리고 이것은 전 세계적인 파급효과로 나타나며, 많은 세계 교회들과 사역자들에게 큰 도전을 주고 있다. 모든 성도들을 황홀한 사역자로, 목회자로 세우는 G12모델은 이 교회에서 실제로 현실화되고 있으며, 그것이 가능하다는 것을 열매로 충분하게 입증해 줄 뿐만 아니라 이 같은 MCIC의 비전을 받아들이고 실행하는 많은 교회들에서 그 열매는 거의 동일하게 나타나고 있다.

13. 지구촌교회

이 땅에 존재하는 것만으로도 세상의 소망과 축복이 되는 교회가 되고자 하는 소망으로 1994년에 첫 출발한 이동원 목사가 시무하는 지구촌교회는 철저한 성경교육, 복음전도훈련, 선교훈련을 통해 그리스도의 제자들을 키우고 세상 속으로 파송하는 역동적인 교회로 발돋움하고 있다.[555] 비전은 예수 그리스도의 전도 명령과 사랑의 명령에 순종함으로써 민족을 치유하고 세상을 변화시키는 교회가 되고자 한다. 사명은 교회의 모든 성도들은 소속된 목장교회를 통하여 선교사적 삶을 살아가는 평신도(전문인) 선교사로 훈련되어 나아가고자 한다. 전략 주후 2010년까지 30,000명의 교회가족, 3,000명의 평신도(전문인) 선교사, 300명의 해외 선교사를 파송하는 것이다. 이러한 비전을 실현하기 위한 전략적 목표들은 다음과 같다. 첫째, 우리 교회 내 가정주부들을 적극적으로 훈련시켜 마을 목자가 되도록 격려한다. 둘째, 헌신적인 형제들로 하여금 형제목장이나 부부목장의 리더가 되게 한다. 셋째, 직장인들은 직장 내의 신우회 활동에 적극 참여케 하거나 직장 내에서 성경공부 그룹을 인도하도록 돕는다. 넷째, 사업가들은 기독교적 비전에 근거한 회사 경영과 회사 복음화에 헌신하도록 격려한다. 다섯째, 위의 비전을 성취하기 위하여 마을 목자 훈련을 강화하고 21세기를 대비하여 본 교회 내에 개설된 '평신도 선교대학'에 적극 참여하도록 한다.[556]

---

[555] 지구촌교회, "교회연혁", http://www.jiguchon.org. 현재 지구촌교회는 미국 큰비전교회를 담임했었던 진재혁 목사가 담임하고 있다.

[556] 지구촌교회, "비전과 사명", http://www.jiguchon.org. 평신도선교사대학 이수과목은 12과목으로 다음과 같다. 새생명, 새가족, 새공동체, 목장교회생활, 목자의 삶, 성경

14. 여의도순복음교회

조용기 목사가 개척한 여의도순복음교회는 1958년 5월 18일 서대문구 대조동 공동묘지 옆의 깨밭에 천막을 세우면서 시작했다.[557] 여의도순복음교회는 1980년대 말에 예배 참석자 수가 65만 명을 기록한 세계에서 가장 큰 교회이다. 5만 5,000명의 구역장들이 이끄는 구역 예배를 통해서 서울시 전역에서 교인들이 모여들고 있다. 구역의 양육 시스템을 통해서 도시 전역을 사역지로 삼을 수 있었다.[558] 이러한 구역 조직 외에도 선교활동은 교회성장의 원동력이 되었다. 1988년과 1992년에 있었던 나라와 민족을 위한 구국기도집회는 1백만의 기독교인이 모인 가운데 여의도 광장에서 개최되어 범교파적 국내 선교의 횃불을 들었으며, 매년 수차례에 걸쳐 지방 성회를 열어 전 민족 복음화에 주력해 왔다. 뿐만 아니라 교회 내 각 선교회별로 다양한 선교활동도 벌여왔다.[559]

따라서 미래에 성장하는 교회는 전문가가 있는 교회이다. 교회는 사람을 키우는 곳이다. 미래의 최대 자원은 인적 자원이기 때문에 교회도 마찬가지다. 건물의 크기가 아니라 사람을 키우는 데 인색

적 리더십, 전도폭발, 선교폭발, 중보기도, 사역봉사, 세상을 변화시키는 그리스도인(내용: 1강 위대한 평신도 선교사, 2강 그리스도인의 세상관, 3강 가장 중요한 두 개의 선교 현장, 4강 가장 중요한 두 개의 선교 명령, 5강 성경적 직업관, 6강 성경적 재물관, 7강 직장 생활의 장애물 뛰어넘기(1), 8강 직장 생활의 장애물 뛰어넘기(2), 9강 스트레스 관리와 안식 지키기, 10강 성경적 성공과 사명의 실현), 열린성경대학 중 1과목 등 평신도 선교사(국내)를 파송한다.

557) 국제신학연구원, 『여의도순복음교회의 신앙과 신학』 (서울: 서울서적, 1993), 182. 현재는 이영훈 목사가 담임하고 있다.

558) Harvie M. Conn & Manuel Ortiz, 『도시목회와 선교』, 304.

559) 국제신학연구원, 『여의도순복음교회의 신앙과 신학』, 195.

하다면 교회의 미래는 불투명할 수밖에 없다. 오늘날 한국 교회가 특히 전문가를 키우는 데에 투자한다면 교회는 엄청나게 달라질 것이다.560) 이제 교회는 전문가가 필요하다. 음악 전문가, 음향 전문가, 예배 전문가, 기획 전문가, 청소년 전문가, 노인목회 전문가, 가정 사역 전문가, 교육 전문가, 행정 전문가, 중보기도 전문가, 문화 사역 전문가, 전도 사역 전문가, 선교 전문가 등 전문인 시대에 걸맞은 영적 전문가를 키워야 한다. 전문성 없이 피상적인 목회시대는 지나갔다. 마찬가지로 교회도 전문가를 우대하고 전문인 선교사를 키우며 그들을 활용해야만 한다. 미래의 세계 선교는 준비하는 전문인에게만 다가올 것이다.

---

560) 명성훈, 『부흥뱅크』 (서울: 규장문화사, 1999), 349-350.

제13장 전문인 선교와 제자훈련

오늘날 기독교에 대한 반대와 박해는 과거에도 그러했듯이 여전히 지속되고 있다. 그러나 선교는 지속적으로 교회의 본질(the nature of the church)이 되어야 한다. 특히 전문인 선교에 있어서 제자는 교회의 필요성을 깨닫게 한다. 제자는 교회와 전문인 선교를 이해하는 데 매우 중요한 선교적 주제(the missionary motif)이다(행6:1; 6:7; 9:1; 9:19; 9:26; 11:1; 11:26).561) 그래서 초대교회(in the early church)의 전문인 선교는 예수님이 명하신 지상 대위임에 기초하였고, 초대교회 성도들은 제자로서의 삶으로 이해했다.562) 따라서 전문인 선교의 관점에서 제자의 개념을 바로 이해하고 그 의미를 살펴보고자 한다.

---

561) 김승호, 『사도행전』, 26.

562) 마태복음 28:19-20의 지상 대위임 구절에서 명령형은 오직 하나이다. 그것은 "모든 족속으로 제자를 삼아라"(make disciples of all nations)였다. '제자 삼아라'는 부정과거 명령형인데 헬라문법에서 부정과거는 시간상 과거를 뜻하기보다는 '중대한 행동', '결정적인 행동', '즉각적으로 시행되어야 할 것'들을 강조할 때 사용되었다. 마태복음 28:19는 예수 그리스도의 제자가 만들어지는 과정을 3개의 분사형으로 제시해 주고 있는데 '가는 일'(going), '세례를 주는 일'(baptizing), '가르치는 일'(teaching)을 통해 제자는 만들어지게 된다. 김승호, 『사도행전』, 26-27.

1. 제자란 무엇인가?

제자라는 용어는 특히 사복음서(the Fourth Gospel)와 사도행전 (Acts)에서 대략 250여 회가량 사용되고 있다. 광의적인 의미로 사용하는데 혁신적인 역할을 한 사람은 누가였다. 특히 사도행전에서 예수를 믿는 사람이면 누구에게나 주저하지 않고 그 이름을 부르는 것을 볼 수 있다. 단지 두 가지 경우만 예외로 볼 수 있다(행 9:25; 19:1). 당시 성도들 중에 상당수가 예수님을 전혀 목격한 일이 전혀 없었으나 제자로 불리고 있다. 사도행전의 서두에는 개종한 성도들을 '믿는 자'와 '제자'라는 두 가지 이름으로 혼용하다가 얼마 후 없어지고 후자만 남게 된다(행 2:44; 4:32).563) 그리고 조금 지나 이방 선교가 본격화되자 안디옥에서 제자들이 세상으로부터 그리스도인이라는 아름다운 별명을 얻게 되었다(행 11:26). 이것은 제자라는 이름 속에 살아 있는 능력을 그들의 인격과 삶을 통해 구현한 사람들에게만 돌려질 수 있었던 명예로운 호칭이었다.564)

1) 제자는 보냄을 받은 전문인 선교사이다.

예수님은 밤이 맞도록 기도하신 후 열두 명을 불러서 사도라는 이름을 주셨다(눅 6:12 - 13). 사도란 헬라어 아포스텔로($\alpha\pi\sigma\sigma\tau\varepsilon\lambda\omega$)로 '보낸다'라는 단어에서 왔다. 즉 '보냄을 받은 자'(the sent one; the agent)라는 뜻이다.565) 보냄을 받은 제자는 성경은 오직 열

---

563) 옥한흠, 『평신도를 깨운다』 (서울: 도서출판 국제제자훈련원, 1984), 129−131.
564) 옥한흠, 『평신도를 깨운다』, 131.
565) 보냄 형식에서 '보냄을 받은 자'는 보낸 자(the sender; the commissioner)와 같다. 이것

두 사도에 국한시키지 않는다. 초대교회의 제자 또는 전문인 선교사들에게도 사용되고 있다. 제자란 개인이 구세주로 믿고 일생 동안 주님을 배우며, 예수 그리스도의 주권(sovereignty) 아래서 살아가는 모든 그리스도인을 의미한다.566)

2) 제자는 지상 대위임을 지키는 전문인 선교사이다.

제자 삼는 사역은 모든 족속을 대상으로 삼는 우주적인 시각을 갖고 있다. 모든 족속이란 어떤 지리적인 범위를 말하는 것이 아니라 전 세계의 모든 사람을 가리키고 있다. 특히 예수 그리스도의 지상 대위임에도 분명히 "예루살렘으로부터 시작하여 모든 족속"이라고 말하고 있다(눅 24:47). 또한 "온 유대와 사마리아와 땅 끝까지"로 확대되고 있음을 볼 수 있다(행 1:8).567) 그러므로 하나님의 분명한 목적은 모든 인간에게 복음이 전해지는 것임을 알 수 있다.

은 요한복음의 선교 명령을 '보냄의 형식'으로 표현했다. 보냄 형식은 예수 자신이 아버지에게서 보냄 받은 아들이라는 사실과 하나님은 예수를 보내신 아버지라는 사실이 요한복음에서 자주 나온 것이다. 그래서 보냄 받은 자는 보낸 자의 전권 대사이다. 마찬가지로 예수께서 보냄 받은 아들로서 보내신 아버지의 전권을 대행하는 분이다. 또한 아들 예수는 그를 보내신 아버지를 고스란히 계시할 수 있었고, 아버지의 권세를 행사해서 아버지가 하시는 생명의 일을 행했던 것이다. 이제 부활한 예수는 자신의 제자들을 파송한다. 그래서 자신이 하나님 아버지의 전권 대사 노릇을 하였듯이 제자들 곧 교회로 하여금 자신의 전권 대사가 되게 한다. 김세윤, 『요한복음 강해』 (서울: 도서출판 두란노, 2001), 221.

566) 손석원, "제자훈련과 선교," 『성결신학연구』 제7집 (2002, 12월), 42.

567) Robert E. Coleman, 『위대한 지상명령』, 20. 사도행전의 핵심구절인 사도행전 1:8은 또 다른 주님의 지상 대위임으로서 이 명령은 성령의 능력으로만이 부활의 증인으로서의 사역을 성공적으로 감당할 수 있음을 의미하고 있다(마 28:16-20). 그리고 그 사역은 이스라엘에게만 국한되지 아니하고 지리적이고 인종적인 경계를 넘어서서 예루살렘과 온 유대와 사마리아와 땅 끝까지 나아가는 은혜의 보편성과 복음의 보편성을 강조한다. 그러므로 예수 그리스도의 복음을 통한 제자는 모든 민족과 모든 사람에게, 그리고 땅 끝까지 나아가야 한다.

예수님의 지상 대위임은 지금 우리가 이 땅에서 하늘에 속한 비전을 가지고 살 것을 요청한다. 뿐만 아니라 이 위임은 명백하게 전체 교회에 주어진 의무이며, 삶의 방법이라는 것이다. 대체할 수 있는 다른 방법도 다른 선택도 없다. 우리가 신학대학을 다닐 때 반드시 선택해야 했던 과목들처럼 예수님의 지상 대위임은 선택과목이 아니라 필수과목이다. 이 지상 대위임은 그가 보내신 성령에 의하여 권능 가운데 성취됨을 보여준다.

3) 제자는 하나님 나라를 건설하는 전문인 선교사이다.

예수님께서 공생애 사역의 시작에 하신 일은 천국복음을 전파하신 것과 제자를 부르신 일이다. 예수님은 이 땅에 하나님 나라를 세우시기 위하여 오셨다. 하나님 나라는 그의 사역의 중심이었다. 그의 전파와 가르침과 사역의 중심은 하나님 나라였다(눅 4:43; 6:20; 7:28; 8:1; 8:10; 9:1; 9:11; 10:11; 11:2; 12:31; 13:18; 17:20 − 12; 18:24 − 30; 19:11; 22:29 − 30; 23:42, 행 1:3). 예수님은 제자들과 동행하심으로 후에 그들을 통해 하나님 나라의 복음을 증거하게 하시고 그 나라를 건설하고자 한 것이다(행 1장).[568] 결과적으로 사도행전 1:1-5에 의하면, 예루살렘으로부터 시작된 하나님 나라는 성령의 권능을 받은 제자들(사도들)이 고난 속에서도 담대히 주의 말씀을 전함으로써 그 영향력이 로마에까지 역동적으로 나타난다(행 14:22).

---

568) 심상법, "한국교회 제자훈련의 성경적 평가와 전망," 『신학지남』 제290호 (2007, 3월), 193.

4) 제자는 재생산하는 전문인 선교사이다.

신약성경을 보면, 사도들이나 초대교회 성도들은 자신들이 가는 곳마다 가르치고 양육하는(nurturing) 제자훈련을 했다(행 8:4 - 5; 8:35; 11:19 - 20). 예수 그리스도의 지상 대위임의 가장 큰 강조점이 제자를 만드는 일이기 때문이었다(행 13:49).

찰스 도드(Charles H. Dodd)는 제자에 대하여 말하기를, "주님을 따르는 제자들은 하나님께서 성자를 보내신 사랑, 성자께서 자신의 목숨을 버리기까지 보여주신 사랑, 서로 사랑하는 사랑 안에서, 제자 삼는 재생산의 사역을 해야 한다."라고 하였다.[569]

바울은 자신과 같은 그리스도의 제자를 낳는 사도였다(행 11:26; 13:52; 14:20 - 21; 18:23; 19:8 - 10, 골 1:28 - 28, 살전 2:11 - 12). 사도들의 중요한 사명은 성도를 제자훈련시켜 그들로 하여금 세상에서 효과적인 증인(witnessing)이 되도록 준비시키는 것이다(엡 4:11 - 12). 제자는 사도들의 가르침을 받고 서로 떡을 떼고 함께 기도하는 성도의 교제(fellowship) 앞에 자신을 헌신하는 사람이었다(행 2:42). 뿐만 아니라 사도행전 19:10에 의하면, 복음을 갓 영접

---

569) Charles H. Dodd, *The Interpretation of the Fourth Gospel* (Cambridge: Cambridge University Press, 1980), 405. 도드(1884 - 1973)는 영국의 신학자로 많은 연구서를 썼고, 성경주해, 성경번역 등의 사업을 펼쳤다. 대표적인 저서로는 『오늘날 바울로의 의미』(Meaning of Paul for Today)와 『성경의 권위』(The Authority of the Bible), 『사도적 설교와 그 전개』(The Apostolic Preaching and its Developments) 등이 있다. 1912-1915년, 1918-1919년에 걸쳐 워릭의 회중파 교회 목사로 재직하였고, 1930-1935년 맨체스터대학교 성경비평학과 석의학(釋義學) 교수를 지냈다. 옥스퍼드대학교과 캠브리지대학교에서도 성경 비평학을 강의하였으며, 영국 성경개역위원장을 지냈다. 그는 서양고전학을 바탕으로 한 영국식의 견실한 학풍을 이어받았으며, 양식사적 연구방법을 발전시켜 많은 연구서를 썼고, 성경주해와 성경번역 등의 사업을 벌였다. 특히 그리스도의 '비유'(比喩)를 해석하는 데 있어서 현재적 종말론(Realized Eschatology)의 입장을 밝혀 커다란 반향을 일으켰다.

한 자들이 다른 이들에게 복음을 전하여 또 다른 제자를 재생산하고 있음을 볼 수 있다.[570] 뿐만 아니라 재생산하는 자의 사역은 하나님이 뜻이 이 땅에 이루어지는 것이다. 이것은 각 사람을 예수 그리스도 안에서 온전한(holistic) 자로 세우는 사역이며, 봉사자로 세우는 사역이며, 그리스도의 몸(body of Christ)을 세우는 제자훈련을 통해 나타난다.

2. 제자훈련(Disciple Training)

1) 선교신학자의 견해

풀러신학교 선교학 교수인 아서 글라서(Arthur F. Glasser)는 제자훈련에 대하여 말하기를, "바울이 제자들을 만들었고, 예수님이 열두 제자를 훈련하시면서 사용하신 독특한 리더십 패턴을 따르지 않았다. 바울은 후일에 선교를 위해 사도들을 모집할 때 그들을 훈련하면서 예수님의 제자훈련 방식을 사용하였다."라고 결론지었다.[571]

달라스신학교(Dallas Theological Seminary) 선교학 교수인 조지 피터스(George W. Peters)는 제자에 대하여 말하기를, "제자화는 선교 지상 대위임의 중심적 주제이고 예수 그리스도는 제자를 만드시는 분이다."라고 주장하였다.[572]

트리니티복음주의신학교 선교학 교수인 로버트 콜만(Robert E.

---

570) 김승호, 『사도행전』, 38-39.

571) Arthur F. Glasser, 『성경에 나타난 하나님의 선교』, 임윤택 역 (서울: 생명의말씀사, 2006), 474.

572) George W. Peters, *A Biblical Theology of Missions* (Chicago: Moody Press, 1972), 184.

Colman)은 제자에 대하여 말하기를, "주님의 제자훈련은 성령께서 명하신 제자훈련을 교회가 어떻게 수행했는지를 사도행전을 통해 보여준다."라고 평가하였다.[573] 그러나 존 스토트(John R. W. Stott)가 지적한 것처럼 제자훈련에 대하여 말하기를, "세계 많은 곳에서 교회가 성장하고 있지만 기독교의 상황은 여전히 깊이 없는 성장과 피상적 제자도의 만연과 미성숙함으로 요약될 수 있다. 즉 각 사람을 그리스도 안에서 성숙한 자로 세워 가야 하는 제자훈련의 목표가 흐려져 있지 않는지 자문해 보아야 한다."라고 하였다.[574] 제자훈련의 궁극적인 목적은 예수 그리스도의 인격과 삶을 자기 것으로 채택하는 데 있다.

2) 목회자의 견해

사랑의 교회의 원로목사이자 국제제자훈련원 원장이었던 옥한흠은 제자훈련의 궁극적인 목적에 대하여 말하기를, "예수 그리스도의 인격과 삶을 본받는 신자의 자아상을 확립하는 것이며, 예수처럼 되고 예수처럼 살기를 원하는 신앙인으로 만드는 데 있다"라고 하였다.[575] 따라서 교회가 만들어야 하는 제자는 예수님의 제자이지 바울의 제자가 아니며, 사역자의 제자도 아니다. 예수 그리스도 자체가 제자훈련의 주제이며, 제자훈련의 표준(standard)이며, 제자훈련의 목표이다. 더 나아가 제자훈련은 예수님의 사역을 계승하는

---

573) 심상법, "한국교회 제자훈련의 성경적 평가와 전망,", 188.

574) Steve Rabey & Lois Mowday Rabey, 『21세기 제자도 사역 핸드북』, 윤종석 역 (서울: 출판사 복있는사람, 2003), 8.

575) 옥한흠, 『평신도를 깨운다』, 191-192.

전문인 선교사로 만드는 과업이다. 전문인 선교사는 예수님처럼 세
상에서 가르치고 전파하고 치료하는 제자이다.

3) 초대교회의 견해

초대교회 성도들이 작은 그리스도라는 별명을 들었던 것처럼 성
도들은 예수화가 되어야 한다. 그래서 제자훈련은 무엇보다 사람을
바꾸어 놓는 작업이다. 제자는 말씀과 성령의 감화를 받아 하나님
의 사람으로 하여금 온전한 사람이 되게 하고, 온전한 삶을 살도록
해야 한다(딤후 3:17).[576] 예수님은 세상에서 가르치고 전파하고 치
료하셨다. 제자훈련은 그리스도인을 복음의 전파자로 하나님의 이
름(the name of God)이 거룩히 여김을 받을 수 있고, 하나님의 뜻
이 이루어질 수 있도록 최선을 다하는 소명자로 만드는 것이 제자
훈련이다.[577] 예수님의 제자훈련은 그 자신(himself)이 바로 커리큘
럼이셨다.[578]

초대교회의 제자훈련은 다음과 같다. 첫째, 말씀에 헌신하였다(행
2:42). 둘째, 서로에 대해 헌신하였다(행 2:42; 2:42; 2:46). 셋째, 기
도에 헌신하였다(행 2:42). 넷째, 찬양(praise)과 경배에 헌신하였다
(행 2:43; 2:47). 다섯째, 복음 전파에 헌신하였다(행 2:45 - 47).[579]

따라서 초대교회가 제자훈련을 통해 성장했음을 보여주고 있으
며, 숫자적으로도 아주 분명하게 나타나고 있다. 열두 제자에서(행

---

576) 옥한흠, 『평신도를 깨운다』, 192.

577) 옥한흠, 『평신도를 깨운다』, 192-194.

578) Eddie Gibbs, *I Believe in Church Growth*, 157.

579) 배굉호, "제자훈련과 교회성장과의 관계," 『개혁신학과 교회』 제14호 (2003), 274.

1:12), 120명(행 1:15), 3,000명(행 2:47), 구원받는 사람이 날마다 더함(행 2:47), 남자의 수가 약 5,000명(행 4:4), 남녀의 큰 무리(행 5:14), 제자가 더 많아짐(행 6:1; 6:7), 수가 더 많아짐(행 9:31), 하나님의 말씀이 흥왕함(행 12:25), 금하는 사람이 없었다(행 28:31). 따라서 제자훈련이 성장한 사실은 역사적으로 기록되어 있고, 숫자적으로도 성장했음을 증거해 주고 있다.

특히 복음을 전파하는 전문인 선교사는 사람들을 예수 그리스도의 제자로 만드는 중요한 목표를 갖고 있다. 그래서 제자 삼는 것은 전문인 선교에 있어서 선교 핵심의 주제이다. 초대교회는 제자를 교회의 중요한 선교 사역으로 여겼다(행 5:42; 6:10; 7:4 - 5; 7:35; 11:19 - 20). 그리고 초대교회는 사람들을 단지 그리스도인으로 만드는 것으로 만족하지 않았으며, 예수 그리스도 안에서 성숙된 제자로 만들기 위해 모든 지혜를 가르쳤다(골 1:28).[580] 예수님은 전문인 선교의 역군으로 행동하셨다. 예수님은 하나님의 나라를 선포하셨으며, 하나님의 구원 메시지를 전 세계에 드러낸 전문인 선교의 주체이셨다. 이러한 특징은 전문인 선교와 제자훈련을 선교적 차원에서 이루어져야 선명해질 수 있을 것이다.

---

580) 김승호, 『사도행전』, 26.

제14장 전문인 선교와 NGO

우리는 가끔 TV를 통해서 가난과 굶주림에 시달리는 아프리카 사람들을 흔히 볼 수 있다. 뼈만 앙상하게 남아 있는 사람들의 커다란 눈동자가 참으로 슬프게 보인다. 그리고 그들뿐만 아니라 아직도 지구촌(global village) 곳곳에는 끼니조차 잇기 힘들 만큼 가난한 사람들이 많이 있다.

세계은행(IBRD)의 조사에 따르면, 전 세계 인구 중 약 28억 명이 하루에 2달러도 안 되는 돈으로 생활하고 있다.[581] 전 세계 인구를 약 60억 명으로 볼 때, 절반에 가까운 사람들이 아주 힘겹게 살고 있다는 것이다. 또한 그들 중 약 11억 명은 하루 생계비가 1달러 미만인 절대 빈곤(absolute poverty) 계층으로 1달러도 채 되지 않는 돈으로 하루 종일 먹는 것과 생활을 해결할 수 없는 실정이다.[582]

---

581) 세계은행(International Bank for Reconstruction and Development)의 정식 명칭은 국제 부흥개발은행이다. 국제연합의 산하 기구로서 월래는 제2차 세계대전 후 피해 복구를 위해 1946년에 발족하였다. 회원국의 경제 발전과 개발 촉진이 주목적이며, 주로 개발도상국의 공업화(Industrialization)를 위해 금융 지원 및 기술 지원을 하고 있다. 지역별로 중남미 지역이 가장 큰 수혜를 받고 있다. Alvin Toffler & Heidi Toffler, 『엘빈 토플러 청소년 부의 미래』, 김주현 역 (서울: 청림출판, 2007), 238.

582) 절대 빈곤은 살아가는 데 필요한 의식주 및 교육, 복지, 위생 등의 필수적인 서비스가 결핍되어 인간다운 생존이 위협받는 상태를 말한다. 절대 빈곤층을 나누는 기준은 1인당 연평균 소득 365달러 이하인데 아시아와 아프리카 지역에 빈곤층이 집중되어

아마도 한 끼를 제대로 먹는 것도 힘들 것이다.[583]

UN식량농업기구(FAO)에 따르면, 식량이 부족한 나라는 37개국에 이르고 있다. 경기 침체에도 불구하고 선진국에서는 개인차원의 기부는 영향을 받지 않고, 다만 국가적 차원의 식량 원조는 줄고 있다.[584] 또한 지구촌에는 질병에 걸려서 전혀 의료 혜택을 받지 못하는 사람들이 너무 많아 자칫 죽음으로 내몰리기까지 한다. 이러한 빈곤 퇴치사업을 벌여 지구촌 이웃들에게 희망을 심어주어야 한다. 따라서 구호단체인 NGO들의 역할은 매우 중요하다.

1. NGO란 무엇인가?

NGO(Non-Governmental Organization)는 정부와 관련 없는 민간 국제단체를 말한다. NGO는 비정부기구(非政府機構)로서 NPO(Non-Profit Organization)와 같은 의미로 사용한다. 국제연합(UN) 헌장 제17조에서는 "UN 경제사회이사회는 그 권한의 범주에 속하는 사항과 관계가 있는 민간단체와 협의하기 위해 적당한 협약을 체결할 수 있다."라고 규정하고 있다. 구체적으로는 경제사회이사회가 NGO로부터 전문적인 정보나 조언을 구하는 방법이나 NGO에 의사 표명의 기회를 주는 지위(협의적 지위)를 부여하는 방법이 있다. 이러한 지위는 기대하는 공헌의 정도에 따라 3등급으로 분류되며

있다. 산업화가 진행되면서 물질적인 부는 크게 늘어났지만 부의 분배는 고르게 이루어지지 않았고, 이로 인해 빈곤 문제가 발생하였다. Alvin Toffler & Heidi Toffler, 『엘빈 토플러 청소년 부의 미래』, 249.

583) Alvin Toffler & Heidi Toffler, 『엘빈 토플러 청소년 부의 미래』, 176.

584) 기아대책, "NGO의 역할," 『기아대책』 (2009, 4월), 10.

지위를 부여받은 단체는 모두 합쳐 약 830개가 있다. 그러나 근래에는 각국의 국내 NGO도 재해원조나 개발 등 많은 분야에서 UN의 기관과 제휴하거나 독자적으로 활동하고 있다.585)

전 세계 NGO들은 이처럼 가난하고 굶주린 사람들을 돕기 위해 많은 노력을 하고 있다. 미국 미래학자인 앨빈 토플러(Alvin Toffler)는 NGO에 대한 활동에 대하여 말하기를, "첫째, 가난한 마을에 식수와 식량을 공급한다. 둘째, 오지 마을에 의사를 보내 병을 치료해 준다. 셋째, 빈곤(poverty)의 문제를 해결하기 위해 회의와 모임을 열기도 한다"라고 보았다.586) 그러나 이런 노력에도 불구하고 여전히 그들의 빈곤의 문제는 해결되지 않고 있다. 만족을 모르는 인간의 욕망은 마지막 그날까지 계속될 것이다. 물질만능으로 풍요를 살아가는 자본주의의 선두주자인 선진국에는 특이한 현상(saturation)이 일어나고 있다. 그것은 풍요 속에서 새로운 신을 찾고 있다는 것이다.

예를 들면, 프랑스와 독일 등 예전에 기독교 국가라 일컫는 곳에서 이러한 현상이 번창해 가는 것을 보게 된다. 뉴에이지의 윤회와 같은 흐름의 라마불교587)의 부흥이 그러한 예라고 볼 수 있다.588) 물질의 풍요는 인간을 행복하게 하지 못했다. 더 복잡해진 현대사회에서 육체적인 질병뿐만 아니라 정신적(idea)인 질병 또한 나타나고 있다. 그런 현상들은 보다 신비하고 특별한 것을 바라보게 된다. 그래서 불교를 철학적으로 혹은 종교적으로 받아들이는 현상이 일

---

585) 브리태니커, "NGO", http://enc.daum.net/dic100/contents.do?query1 = rts02a204.

586) Alvin Toffler & Heidi Toffler, 『엘빈 토플러 청소년 부의 미래』, 176.

587) 라마불교에는 황색불교와 티베트 불교가 있다.

588) 조은강, "불교의 영이 흐르는 중심 티벳," 『개척정보』 제200호 (2004), 11.

어나게 했다. 현재 서구세계의 복음적인 그리스도인들의 수와 불교인들의 수는 비슷한 것이 사실이다.

2. 중국 티베트의 NGO 사역 사례

특히 윤회가 현실에 자연스럽게 적용되고 있는 티베트 불교는 중요한 위치를 차지하고 있다.[589] 티베트 불교의 특징을 살펴보면 밀교적이다. 샤머니즘적인 요소가 아주 많은 것을 발견하게 된다. 이들이 살고 있는 지역은 중국의 서남쪽과 인도의 북부 지역, 네팔의 변방 지역, 부탄에까지 미치고 있다. 현재 중국의 티베트 족은 티베트 자치구, 청해성, 감숙성, 사천성, 운남성에 살고 있다. 아직도 다른 민족에 비하면 한족화가 많이 안 되어 있으며, 독립에 대한 소망을 잃지 않았음을 알 수 있다.

사실 티베트 불교 행위들을 관찰하게 되면 불교라기보다 샤머니즘이 불교의 겉옷을 입고 있는 듯하다. 그리고 티베트 불교의 변증변론이란 것이 그 매력을 더하게 하고 있다. 한국에 88년도 올림픽 때 세계에서 정신적으로 중요한 인물 둘이 왔다고 한다. 하나는 교황이고 또 하나는 일곱 살짜리 티베트의 제2인자인 판첸 라마이다. 그 어린 승려는 한국의 불교계를 놀라게 했다. 우리나라의 60세부터 70세까지의 고승들과 선문답을 하는데 뛰어난 답을 했다고 한다. 우리나라 동자승에게서 나올 수 없는 놀라운 모습은 결국 한국에 티베트 불교를 허입하게 되는 결정적인 계기가 된다. 현재 티베

---

589) 조은강, "불교의 영이 흐르는 중심 티벳," 11.

트에서는 한국인이 세계 1위의 외국인관광객이다. 가장 많은 관광객은 물론 중국의 한족이다.590)

결국 티베트 불교는 부흥의 시기에 들어와 있다. 특히 할리우드의 영화와 일본의 만화영화는 이 흐름을 더 부추기고 있다. 일본의 경우 100년 전부터 티베트를 연구했으며, 일본과 비슷한 종교적 흐름을 가지고 있는 티베트 불교의 흐름을 현대의 아이들에게 접하기 쉬운 매개체로 영적인 공격을 해 오고 있다. 그 가운데 한국에서 TV를 통해 많은 어린이들에게 방영했던 '드래곤 볼',591) '포켓몬스터'592)가 그러한 흐름의 영화이다. 결국 자본주의와 함께 세계를 강타해 가고 있는 티베트 불교를 위한 대적이 필요하다. 결국

---

590) 조은강, "불교의 영이 흐르는 중심 티벳,", 11-12.

591) 드래곤 볼(Dragon Ball, 일본어: ドラゴンボール)은 도리야마 아키라가 『주간 소년점프』에 1984년부터 1995년까지 연재한 만화 및 이를 원작으로 한 애니메이션이다. 단행본 42권으로 완결되었으며, 일본 내에서 약 1억 5천만 부, 전 세계에서 약 3억 부 이상이 판매되었다. 애니메이션은 40여 개국, 만화는 약 26개국 언어로 번역되어 있다(Dragonball LANDMARK, 슈에이샤, 1993년 발행). 2004년에 나온 완전판은 총 34권이며, 표지 그림을 전부 새로 그렸다. 드래곤 볼은 원숭이 꼬리가 달린 소년 손오공이 겪는 이야기를 다루며, 초반의 줄거리와 등장인물 설정은 서유기에서 따온 부분이 많다. 서유기(西遊記)는 중국 명나라 때에 오승은(吳承恩)이 저술한 소설로, 7세기에 당나라 승려 현장(玄奘)이 인도에 가서 불경을 가져온 일을 바탕으로 꾸민 이야기이다. 아울러 삼장법사가 천축(인도)으로 불경을 구하러 가는 여행을 손오공, 사오정, 저팔계 등 3대 제자가 호위하는 이야기이다. 손오공은 여러 동료들과 함께 수많은 싸움을 이겨내어 만화 속 우주 전체에서 가장 강한 인물들 중 한 명으로 성장한다. 제목인 드래곤 볼은 이 이야기에 나오는 일곱 개의 구슬들을 가리킨다. 드래곤 볼을 전부 모으면 신룡을 소환해 소원을 빌 수 있으나 신룡이 모든 소원을 다 들어줄 수 있는 것은 아니다. 소원이 이루어진 뒤 일곱 개의 드래곤 볼은 지구 곳곳으로 흩어지고, 그로부터 일 년 동안 평범한 돌멩이로 변한다. 과거에는 드래곤 볼을 모으기 위해서 아주 오랜 세월이 걸렸다고 하나 드래곤 볼이 시작하는 시점에서는 부르마가 발명한 드래곤 레이더를 통해 이 탐색 작업이 훨씬 더 쉬워지게 된다. 한국도 서유기를 바탕으로 만든 만화 애니메이션은 허영만 화백의 날아라 슈퍼보드이다.

592) 롤플레잉 게임으로서의 포켓몬스터는 '포케몬(포켓몬)'이라는 신기한 생물과 인간이 함께 살아가는 세계에서 몬스터를 잡아, 파트너로서 상대 트레이너의 몬스터와 맞서 싸우며 여러 이벤트를 거쳐 마지막으로 세계 최강자 및 주인공의 라이벌을 쓰러뜨리는 것이 목표인 게임이다.

그 흐름을 자신의 위치에서 자신과 가족에게서 끊어가며 대적하는 것이 중요하다. 그러나 더욱 중요한 것은 그 영적 흐름의 발산지인 히말라야에서부터 끊어가는 것은 대단히 중요한 일이다. 하나님 나라는 전 지구적으로 전 영적 흐름 속에서 진행되어야 한다. 따라서 티베트 불교의 흐름과 비슷한 영적 흐름들을 관가해서는 안 된다.[593]

이런 상황에서 티베트 사역의 어려운 점은 온전한 신분을 획득하기가 어렵다는 것이다. 신분을 획득하기 위해서는 전문적인 사업이나 NGO를 해야 한다. 그러나 만만치 않게 재정이 들기에 쉽게 접근하기 어렵지만 전문적인 직업을 준비한다면 외국인들과 중국 한족이 많이 들어오기 때문에 그들을 위한 사업도 가능하다. 현재 한국에 대한 이미지가 좋고 경제력이 현지인보다 좋기 때문에 그에 맞는 전문인도 가능하다. 또한 귀한 약재가 많아 그것들을 수출하는 사업도 가능할 수 있다. NGO로는 기술교육과 의료를 통한 전문인 선교를 진행할 수 있다.

3. 케냐의 NGO 사역 사례

케냐 나이로비 중심가는 쓰레기를 태우는 메케한 냄새와 다 쓰러져 가는 양철 지붕 주택들 그 사이로 악취를 풍기며 흐르는 시궁창이 있다. 특히 키베라는 세계 3대 슬럼가 중 한 곳이다. 아프리카 전체 슬럼가 중 남아프리카공화국 슬럼가에 이어 두 번째로 크다. 이곳은 상하수도 시설이 전혀 되어 있지 않다. 주민들은 생활

---

593) 조은강, "불교의 영이 흐르는 중심 티벳", 12.

쓰레기와 음식물을 모두 길가에 있는 시궁창에 갖다 버린다. 검회색 하수가 마을 아래쪽으로 유유히 흘러가는데 수많은 비닐과 음식물 찌꺼기, 인분 등이 섞여 파리가 들끓고 있다. 절망적인 상황이지만 아이러니컬하게도 냉동 장치가 없는 정육점과 쇠창살로 막힌 구멍가게, 검댕이 덕지덕지 붙은 석쇠에 양머리를 굽는 간이식당 등에선 빠른 비트의 레게음악이 흘러나왔다. 농촌을 떠나 도시로 몰려든 사람들이 임시로 정착하기 시작한 키베라는 가난의 벽을 뛰어넘지 못하고 눌러앉은 사람들의 영구 거주지가 되면서 슬럼가로 변한 지 오래다. 경찰도 출입을 꺼릴 정도로 범죄 발생 빈도가 높다. 대부분의 집은 녹슨 양철판과 나무, 그리고 흙으로 만들었다. 10㎡도 안 되는 공간에서 다수의 가족이 모여 산다. 집에는 상하수도 시설과 화장실이 없기 때문에 공공시설에서 요금을 내야 사용할 수 있다. 이 같은 상황 때문에 반기문 유엔 사무총장은 지난해 취임 후 처음 방문지로 키베라를 찾아 주거 개선 사업을 위해 10만 달러를 기부했다.594) 키베라에서 가장 큰 피해를 보는 사람은 여성과 아이들이다. 아이들은 질퍽한 시궁창을 놀이터 삼아 뛰어다닌다. 불결한 환경 탓에 5세 미만 어린이 사망률은 신생아 1,000명당 125명 수준이다. 식수도 마땅치 않아 지하수나 물탱크에 저장해 놓은 물을 사 먹는다. 물을 긷는 일은 여성의 몫이며, 팔고 있는 식수라고 해 봐야 지하수인데 시궁창 물이 스며들 것을 생각하면 마실 수 있는지도 의문이다. 공공 화장실과 샤워 시설이 있지만 불결하긴 마찬가지다.

키베라에는 케냐 보건부와 유럽연합(EU), 그리고 미국 국제 개발

---

594) 국민일보 2008년 8월 28일자 신문.

처(USAID), 국제기아대책기구(FHI) 등이 지원하고 있는 실랑가 의무실이 있다. 이곳에는 결핵 치료와 에이즈 상담, 종양 치료 등이 있는데 주민들의 발길은 끊이지 않는다. 케냐의 기대수명은 1990년대 들어 HIV 바이러스와 에이즈 때문에 51세로 뚝 떨어졌으며, 현재 500명 이상이 매일 목숨을 잃고 있다. 감염자가 100만 명을 넘자 2000년부터 HIV 바이러스와 에이즈를 국가 재앙으로 선언했다. 심각한 문제는 에이즈가 경제적으로 왕성한 활동을 할 계층인 15세에서 45세까지 치명타를 끼친다는 것이다. 가족 수입원 하락과 구성원 사망을 겪으면서 가정 해체 등 사회 기반이 흔들리는 현상이 나타나고 있다. 이곳을 조사한 굿피플 김주봉 부회장은 "에이즈가 모유를 통해 아기에게 전염되지 않도록 분유 보급 사업을 적극 펼치겠다."라고 말했다.[595]

4. 한국의 NGO 단체들

1) 굿피플(Good People)

굿피플은 예수 그리스도의 사랑의 정신을 따라 나눔과 섬김의 손길이 되어 가난과 재난으로 고통당하는 이웃들에게 국경을 초월하여 긴급구호와 개발 사업을 전개함으로써 함께 더불어 사는 지구촌 건설 실현을 목적으로 설립되었다. 1999년 7월 외교통상부에 국제개발 NGO로 등록하여 국내 아동보호, 문화, 환경사업, 의료,

---

595) 국민일보 2008년 8월 28일자 신문.

구호사업, 개발, 연구사업, 기타 목적 사업을 운영하며, 새터민의 정착과 경제적 자립을 돕는 자유시민대학 교육과 케냐, 스리랑카, 아프가니스탄, 필리핀, 베트남, 미얀마, 중국 등 해외 각국과 북한에서 구호 및 개발 사업을 전개하고 있다. 유엔 경제사회이사회 특별협의지위자격으로 국내 9개 지부, 해외 15개 지부를 설립하여 각 지부별 특별 사업을 전개하고 있으며, 고통과 절망의 현장, 소외(alienation)되고 그늘진 곳, 한 민족이면서 이방인처럼 여겨진 새터민의 곁, 홀로서기 어려운 우리 이웃을 위해 일하고 있다.[596]

2) 국제기아대책(Food for The Hungry International)

기아대책은 기독교 정신을 바탕으로 1971년에 설립된 국제 NGO 단체이다. 이 단체는 지구촌 기아상황을 전 세계에 알리고 제3세계(the Third World)의 굶주린 이웃들에게 떡과 함께 복음을 전하는 NGO이다. 미국, 캐나다, 영국, 일본에 이어 1989년 한국에 설립되었다. 유엔경제사회이사회(UNECOSOC)에 협의 지위자격으로 등록되어 세계 50개국 국가에서 3,500여 명의 스태프와 403명의 기아봉사단이 각종 개발사업과 긴급구호 활동을 펼치고 있다. 국내 70개 지역회와 99개 운영시설에 결손 가정과 독거노인, 그리고 장애인을 위해 여러 가지 복지사업을 해 오고 있으며 북한지원사업도 하고 있다.[597]

---

596) 굿피플, "굿피플 소개", http://www.goodpeople.or.kr.

597) 기아대책, "기아대책 소개", http://www.kfhi.or.kr. 기아대책의 법인은 사단법인 기아대책 외에 복지법인 기아대책과 국제개발원, 재단법인 섬김, 재단법인 행복한 나눔을 자매기관으로 하여 5가지 법인으로 구성되어 있다.

과거 기독교 선교를 거부하는 국가가 1970년대 39여 개국이었으나 2000년대 들어와서는 무려 90여 개국으로 늘어났다. 이 지역의 80% 이상이 정식선교사들의 입국을 허용하지 않는다. 따라서 선교 전문가들은 고효율 저비용 선교의 가능성(possibility)을 높여 갈 수 있는 대안과 전문인 선교로 NGO 사역을 꼽고 있다. NGO 사역은 선교의 전 분야와 연관되어 있기 때문에 21세기 전문인 선교의 탁월한 전략이라고 할 수 있다. 실제로 미국을 비롯한 서구의 교단 선교부들도 NGO 사역을 점차적으로 늘려 가고 있는 추세이다. 그것은 기독교 선교사를 거부하는 지역들이 많기 때문이다. 이러한 지역들의 특성을 살펴보면, 대체로 육체적으로 굶주린 사람들이 많다. 또한 10/40 Window 지역에 사는 사람들의 97% 이상이 복음을 전혀 듣지 못하고 있는데 그 지역에 전 세계의 굶주린 사람들의 82%가 살고 있다. 그래서 육신의 양식을 비롯한 육체적 필요를 채워주면서 아울러 영혼의 양식을 효과적으로 전하는 것은 NGO만이 할 수 있는 전문인 선교의 장점이라고 말할 수 있다.

이 단체는 통합적인 전문인 선교 사역을 전개함에 있어서 평신도 전문인 선교사들이 구호와 개발사역으로 뿌린 복음의 씨앗들이 그다음 목회자 전문인 선교사들의 사역을 통하여 아름답게 열매 맺고 있다. 예를 들면, 중동선교회와 협약을 맺어 유능한 전문인 선교사를 지원받아 창의적 접근 지역에 공동 파송하여 NGO을 통한 전문인 사역을 안전하게 전개하고 있다. 또한 수자원 개발전문 선교단체인 FOI(Field Operations International)와 협약을 맺어 우물 설치 프로젝트를 전개하기도 한다. 기아가 극심한 지역일수록 물이 없거나 혹은 오염이 심하여 설사 등 수인성 질환으로 수많은 사람들이 생명을 잃고 있다. 우물을 통한 풍부한 물과 깨끗한 식수를 보급함으로써 아프리카나 중동과 같은 물 기근 지역뿐만 아니라 몽골과 네팔 등지에서 폭넓은 사역을 전개하는 것은 전문인 선교에 있어서 매우 중요한 사역일 것이다.

후원자 온누리 교회 노국자 권사는, 케냐에 작은 마을에 우물을 팠다. 케냐 우간다에서 이미 판 것을 포함하면 다섯 번째 우물이다. 펌프질을 통해 지하 암반을 뚫고 올라오는 이 물은 인근 마을 주민까지 총 6,000명이 사용하게 될 생명수가 되었다. 마을은 축제가 벌어졌으며, 여자들은 옥수수 죽을 끓이고 남자들과 아이들은 춤을 췄다. 우물에서 나온 물을 나눠 마신 노국자 권사는 2009년에 우물 하나를 더 팠다.[598]

기아대책은 사역현장에 교회와 지도자, 그리고 가정에 주목하고 있다. 그래서 사역지 현장에 반드시 교회를 돕거나 교회를 개척하는 경우도 있다.

〈도표 5〉 기아대책 해외 파견 선교사(2005년 기준)

연도	2000	2001	2002	2003	2004	2005
해외 파견 선교사	6	4	8	17	30	36
합계	101					

이 단체의 주요 해외 전문인 선교에 대한 사역은 다음과 같다.[599]

---

598) 국민일보 2009년 4월 3일자 신문.

599) 한국해외원조단체협의회, "세계 빈곤지역의 한국 NGO,"『2005 민간단체 해외원조단체 활동 자료집』(2005), 81.

① 수단 보마 지역 수자원 개발 사업(한국국제협력단 지원)

② 에티오피아 카마쉬 지역 개발사업(대양상선 지원)

③ 캄보디아 한캄 청소년 센터 건축 및 운영사업(한국국제협력단
   지원)

④ 모잠비크 나라송가 초등학교 증축(이랜드 지원)

⑤ 인도네시아 반다아제 수자원개발사업(한국국제협력단 지원)

⑥ 네팔 바라트폴보건대학 사후관리사업(한국국제협력단 지원)

아울러 향후 주요 해외 전문인 선교에 대한 사역은 다음과 같다.

① 인도네시아 학교건축

② 에티오피아 기술학교운영

③ 에티오피아 카마쉬 지역 개발사업(대양상선 지원)

④ 이란 유치원 건축 및 운영사업

⑤ 파라과이 보건소 신축 및 기존 보건소 의료시설 강화 및 구
   축사업

⑥ 우즈베키스탄 사마르칸트 병원 지원 등(2006년 총 26개국 지
   원 예정)

이 단체는 전문인 선교를 통해서 지구촌의 기아현황을 세상에
알릴 뿐만 아니라 각종 개발사업과 구호활동을 통해 가난과 굶주
림으로 고통받는 사람들에게 복음을 증거하고 돕는 것이다.

3) 월드비전(World Vision)

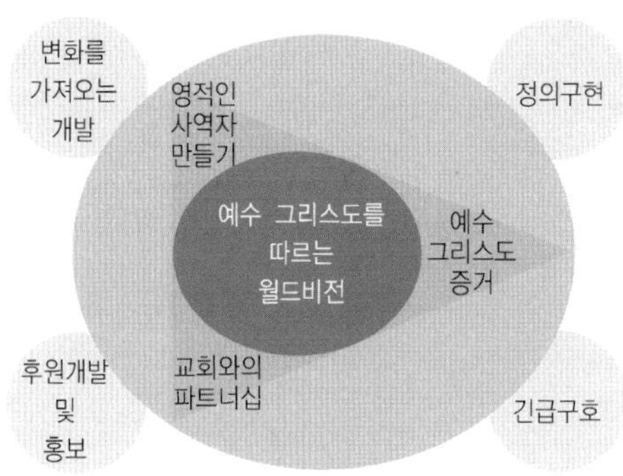

〈도표 6〉 월드비전의 총체적 사역
(Holistic Ministry)

월드비전은 1950년 한국전쟁으로 인한 고아와 남편을 잃은 부인들을 돕기 위해 미국인 선교사 밥 피어스(Bob Pierce)와 한경직 목사에 의해 설립되어 한국에서 첫 사업을 시작했다. 이 단체는 현재 전 세계 100여 나라에서 1억 명의 사람들을 돕는 세계 최대의 기독교 NGO이다. 월드비전 한국은 1991년까지 해외 후원자들의 도움을 받아오다 '사랑의 빵', '기아체험 24시간' 등의 자체적인 모금활동을 통해 도움을 주는 나라로 전환하여 국내는 물론 전 세계의 도움이 필요한 아동들을 돕고 있다. 국내 저소득 가정과 아동들을 돕기 위해 전국 11개의 지역복지관과 10개의 가정개발센터, 1개의 장애인복지관과 10개의 사랑의 도시락 나눔의 집을 운영하고 있다. 또한 해외 40개국 122개 사업장을 통해 변화를 가져오는 개발사업을 벌이고 있으며, 국내외의 대형 재난에 대한 긴급구호 및 재건사업을 진행한다. 국내 NGO 중 최초로 1994년 대북지원을 시작해 북한의 주요 농업개발사업인 씨감자 생산사업과 채소 및 과수묘목 증식사업을 진행하고 있다.[600]

---

600) 월드비전, "월드비전 소개", http://www.worldvision.or.kr.

이 단체의 주요 해의 전문인 사역은 다음과 같다.[601]

① 스리랑카: 쓰나미 피해 지역 학교재건사업
② 인도: 아동노동예방사업, 쓰나미 피해 지역 생계 지원 사업, 어척 지원 사업
③ 인도네시아: 쓰나미 긴급구호사업
④ 베트남: 호아산 중등학교 건축사업
⑤ 에티오피아: 에이즈 예방사업
⑥ 케냐: 논토토 유치원 건축사업
⑦ 우간다: 야간대피 아동구호사업
⑧ 르완다: 내전피해자 화해 및 치유사업
⑨ 시에라리온: 주민소득 중대 사업
⑩ 수단: 동절기 구호물품 지원 사업
⑪ 라이베리아: 지역사회 심리치료 지원 사업
⑫ 아르제르바이잔: 장애아동 통합 교육사업, Hope Haven 사업
⑬ 우즈베키스탄: 에이즈예방사업
⑭ 알바니아: 아동교육 보건환경 개선사업
⑮ 파키스탄: 지중해 성 빈혈 치료예방사업
⑯ 팔레스타인: 팔레스타인 자치지구 내 교육환경 개선사업

이러한 전문인 선교를 통해 현재 전 세계 100여 개 나라에서 1억여 명의 수혜주민들과 그 지역사회의 신체적, 물질적, 정서적, 사회적, 영적 전 영역에서의 총체적(holistic) 변화를 가져오는 것을 구

---

601) 한국해외원조단체협의회, "세계 빈곤지역의 한국 NGO", 56.

호, 개발, 옹호 사업 등을 실시하고 있다.

4) 굿네이버스(Good Neighbors)

이 단체는 기독교 정신에 입각하여 가난하고 소외된 지구촌 이웃들의 문제에 관심을 가지며 전문적으로 해결해야 한다는 사회적(social) 요청에 부응코자 1991년 3월 한국인에 의해 설립되었다. 전문적이고 성실한 국제기관으로 1996년에는 국내 최초로 UN경제이사회로부터 NGO 최상위 지위인 포괄적 협의 지위(general consultative status)를 부여받았다. 국내에서는 중앙아동학대예방센터, 17개 아동학대예방센터, 5개 지역복지센터, 2개 복지관, 1개 가정위탁지원센터에서 전문사회복지사업을 수행하고 있으며, 해외에서는 방글라데시, 케냐, 에티오피아, 르완다, 타지키스탄, 네팔, 아프가니스탄 등 10개국과 북한에서 구호 개발 사업을 전개하고 있다.[602]

〈도표 7〉 굿네이버스 해외 파견 선교사(2005년 기준)

연도	2000	2001	2002	2003	2004	2005
해외 파견 선교사	15	77	51	81	120	456
합계	800					

이 단체의 주요 해외 전문인 사역인 해외 원조 개발 사업으로 방글라데시, 캄보디아, 네팔, 르완다, 케냐, 에티오피아 등 2005년 8월까지 전 세계 15개국에서 빈민아동지원을 위한 교육 및 보육, 급식지원, 가장지원사업과 보건의료, 지역개발사업을 실시하고 있다.[603]

---

602) 굿네이버스, "굿네이버스 소개", http://www.goodneighbors.kr.

또한 긴급구원사업으로는 지진 해일 일대를 입은 스리랑카, 인도네시아 및 파키스탄에서 긴급진료활동, 구호품 지원, 아동정서치료와 방역사업을 실시하였으며, 식수개발 및 직업훈련사업, 아동교육사업 등을 장기적으로 진행하고 있다. 향후 주요 해외 전문인 선교는 2015년까지 전 세계 빈곤 수준을 절반 이상 낮추자는 모토 아래 전 세계가 공동으로 노력하고 있는 새천년개발목표(MDG: Millennium Development Goals) 홍보 및 이행에 적극 참여하고 UN의 공동 프로그램을 진행하는 등 UN과 교류 협력 사업을 증진해 나갈 예정이다.604)

이러한 관점에서 전문인 선교는 먼저 기독교 정신에 입각해야 하며, 국내외의 빈곤문제를 조사 연구하고, 사회복지(social welfare) 사업을 수행하여 소외계층과 선교 현지의 복지증진에 기여하는 것도 중요하다.

5) 컴패션(Compassion)

한국전쟁의 폐허 속에 버려진 고아들의 참혹한 실상을 목격하게 된 에버렛 스완슨(Everett Swanson) 목사에 의해 컴패션 사업이 시작되었다. 50여 년이 지난 지금 컴패션은 전 세계 24개국의 어린이 약 100만 명을 양육하는 세계적인 어린이 양육기관이 되었다(2008년 6월 기준). 이 단체는 41년 동안 한국의 어린이들을 위해 사역하다가 1993년 한국을 떠나게 되었다. 지금까지 100만 명의 어린

---

603) 한국해외원조단체협의회, "세계 빈곤지역의 한국 NGO,", 16.
604) 한국해외원조단체협의회, "세계 빈곤지역의 한국 NGO,", 21-22.

이들을 양육으로 후원하였고, 현재 전 세계 22개국에서 50만 명이 넘는 아이들을 양육하고 있다. 또한 2003년에 최초의 수혜국이자 많은 열매를 맺어 온 한국에 아시아에서는 최초로 한국에 이 단체가 설립되었다. 특히 빈곤한 국가들과 북한의 어린이들을 위해 사역하기 시작하였다. 현재 한국에는 수많은 컴패션 출신의 전문인 변호사와 의사, 그리고 장교, 양로원 원장, 목사들이 활동하고 있다.[605]

6) 국제사랑의봉사단(Loving Concern International)

이 단체는 세계를 교실 삼아 도전하고 배우며 제3세계에 사랑의 혁명을 일으키는 예수 청년들의 행진이다. 2020년까지 전 세계에 2,020개의 사랑의 진료소 및 공동체를 세우고 세계 지도자로 양성하는 것은 하나님께서 이 단체에게 주신 고유한 사명이다. 이제 국제사랑의봉사단은 미국 워싱턴 DC에 국제본부가 설립되었고, UN 산하단체에도 가입이 예정되어 명실상부한 국제기구로서 널리 쓰임받고 있다.[606]

〈도표 8〉 국제사랑의봉사단 해외 파견 선교사(2005년 기준)

연도	2000	2001	2002	2003	2004	2005
해외 파견 선교사	199	178	189	183	194	579
합계	1,522					

---

605) 컴패션, "설립동기", http://www.compassion.or.kr.
606) 국제사랑의봉사단, "소개", http://www.lci.co.kr.

이 단체의 주요 해외 전문인 사역은 다음과 같다.[607]

① 마다가스카르 사랑의 진료소 착공(2005년 8월)

② 태국 치앙마이문화센터 개원(2005년 10월)

③ 24기 국제사랑의봉사단(2005년 1월 태국, 인도, 네팔, 필리핀
   등 79명)

④ 25기 국제사랑의봉사단(2005년 8월 수단, 케냐, 탄자니아, 필
   리핀, 마다가스카르, 태국, 인도 방갈로르, 하이드라바드, 미
   얀마, 러시아, 몽골, 중국, 캐나다 등 500명)

이러한 다양한 활동을 이 단체는 해외 지부에서 활동하고 해외 선교사의 사역을 돕기 위해 매년 파트너 선교사를 모집하여 파송하고 있다. 파트너 선교사는 현지의 선교사들을 도와 6개월에서 2년까지(6개월＝1Term) 선교 사업장에 거주하는 단기선교사를 지칭한다. 이 제도를 통하여 지난 1993년부터 2008년까지 120여 명의 파트너 선교사를 파송하였으며, 2008년 11월 약 30여 명의 파트너 선교사가 세계 각지에서 훌륭하게 활동하고 있다. 이 단체에서 활동하는 국가는 도미니카 공화국, 탄자니아, 모잠비크, 케냐, 태국, 마다가스카르, 카자흐스탄, 네팔, 인도, 베트남, 인도네시아 등이다. 그리고 활동 내용은 의료, 교육(컴퓨터, 독서, 영어, 태권도, 음악 등), 행정, 농업개발, 기술, 공동체 자립, MK 사역 등으로 다양한 전문적인 사역을 펼치고 있다.[608]

---

607) 한국해외원조단체협의회, "세계 빈곤지역의 한국 NGO," 20－21.

608) 이 단체는 파트너 선교사 지원 기간은 연중 수시로 모집을 하고 있으며, 파트너 선교

이 단체가 진행하는 향후 주요 해외 전문인 선교에 대한 계획
(Plan)은 다음과 같다.

① 2020 프로젝트(제3세계에 사랑의 진료소, 병원, 학교 및 문화
　　센터 설립)
② 해외정기봉사단(매년 1월, 8월 전 세계로 봉사단 파견)
③ 인력파견사업(제3세계 보건, 의료, 교육, IT, 문화, 개발 등)
④ 사랑의장학금사업(제3세계 청소년 결연후원사업)
⑤ 긴급 구호팀 파견

NGO를 통한 전문인 선교의 목적은 모든 인간은 하나님의 형상
으로 창조(creation)되었고, 사랑받아야 할 고귀한 존재이기 때문에
세계의 가난하고 소외된 이웃들을 하나님의 사랑으로 섬기며 그들
의 전인격적인 필요에 부응해야 한다.

7) 해비타트(Habitat)

해비타트 운동은 밀라드 풀러(Millard Fuller)라는 한 미국인 변호
사로부터 시작된 운동이다. 가난했지만 독실한 그리스도인이었던
그는 벤처기업을 일으켜 20대 후반에 이미 백만장자가 되었다. 어
느 날 아내가 "돈만 추구하는 의미 없는 삶을 더 이상 살 수 없다"
며 별거를 요구해 왔다. 하나님과 아내를 극진히 사랑했던 그는 가
정의 위기를 맞자 하나님 앞에서 새롭고 의미 있는 삶을 찾게 되었

사 훈련프로그램을 수료한 후에 각 선교 현지로 파송되고 있다.

고, 1965년 결국 전 재산을 팔아 가난한 사람들에게 나누어 주고 기독교 공동체인 코이노니아 농장에서 하나님의 인도를 기다렸다. 신명기 15:7-8을 통해 비전을 받은 밀라드 풀러 부부는 1973년 아프리카 자이레로 가서 가난한 흑인들을 위해 집을 지어주기 시작했고 1976년에 오늘날의 국제 해비타트(Habitat for Humanity International)를 창설하였다. 이렇게 해비타트 운동은 모든 사람이 다 인간다운 거처에서 존엄하게 살 수 있는 재원을 주셨다는 믿음에서 시작되었다. 세계 곳곳에서 24분마다 1채의 해비타트 주택이 지어지고 있으며, 2005년에는 미국 테네시 주 낙스빌에서 20만 번째 해비타트 주택이 건축되었다. 이로써 국제 해비타트는 전 세계 1백만 명의 무주택자들에게 새로운 보금자리에서 삶의 희망을 되찾는 계기를 마련해 주었다.[609]

〈도표 9〉 해비타트 해외 파견 선교사(2005년 기준)

연도	2000	2001	2002	2003	2004	2005
해외 파견 선교사	54	282	87	201	278	483
합계	1,385					

이 단체의 주요 해외 전문인 선교는 다음과 같다.[610]

① 해외 주택 5개국 54채 건축

② 동남아시아 쓰나미 피해 돕기 모금 캠페인 실시

③ 미국 카트리나 피해 돕기 모금 캠페인 실시(국민일보 공동)

---

609) 해비타트, "해비타트 소개", http://www.habitat.or.kr.
610) 국해외원조단체협의회, "세계 빈곤지역의 한국 NGO,", 87-88.

아울러 향후 주요 해외 전문인 선교는 다음과 같다.

① 해외 건축 매년 50채 이상 지원 예정
② 쓰나미 피해 지역 건축 지원
③ 카트리나 피해 지역 지원

이러한 전문인 선교는 기독교와 인류애의 정신에 입각하여 적절한 주택이 필요한 가정과 지역, 그리고 자원봉사자들이 합력하여 주택 신축, 개조, 수리 등으로 주거환경을 개선함으로써 그들에게 복음을 전할 뿐만 아니라 가정과 지역의 향상에 기여하게 될 것이다.

8) 장미회(Rose Club)

장미회는 예수 그리스도가 보여주신 박애정신의 기반을 두고 간질병환우의 진료, 상담 및 선교를 통하여 건강한 사회인으로 살아가도록 돕기 위하여 설립된 기독교 선교단체이다. 이 단체는 가시를 가진 장미도 아름다운 꽃을 피우듯이 육체의 가시를 가진 간질환자도 잘 치료하면 건강한 사회인으로 복귀할 수 있다는 의미에서 지어진 이름이다. 1965년 미국과 독일교회의 도움으로 시작된 간질 환우들을 위한 선교 사업은 1970년 서울 기독 의사회를 중심으로 사단법인 장미회가 발족하면서 전문적이고 체계적인 의료선교 사업의 틀을 갖추게 되었으며, 1985년부터는 힌두교 국가이자 세계 최빈국 중의 하나인 네팔을 중심으로 중국연변과 몽골, 우즈베키스탄 등에도 의료 전문인 선교 사역을 시행하고 있다.[611]

〈도표 10〉 장미회 해외 파견 선교사(2005년 기준)

연도	2000	2001	2002	2003	2004	2005
해외 파견 선교사	5	5	5	2	4	4
합계론	25					

이 단체의 주요 해외 전문인 선교는 다음과 같다.[612]

① 소망아카데미(초·중·고등학교) 운영 및 초등학교 교실 건축
② 라우타핫 진료소 운영
③ 국립직업기술훈련원 운영

이 단체의 향후 주요 해외 전문인 선교는 소망아카데미 전문대학을 설립하는 것이다. 이러한 관점에서 전문인 선교는 기독교 진리를 기반으로 진료와 상담, 그리고 선교를 통하여 건강한 사회인으로 살아가도록 도와야 할 것이다.

현재 한국 전문인 선교사들은 전 세계에서 다양하게 사역하고 있다. 목사 선교사 혹은 평신도 선교사로 혹은 NGO 사역으로 다양하다. 전문인 선교 형태도 거주 선교에서 비거주 선교로 혹은 국내에도 100여만 명의 외국인 근로자로 인하여 선교 현지가 되고 있다.[613] 따라서 현재 한국 교회가 목회자뿐만 아니라 약 99%의 엄청난 전문직 자원인 평신도들을 전문인 선교사로 동력화한다면 21세기에 전문인 선교사를 전 세계에 파송하여 전 세계를 복음화

---

611) 장미회, "기관소개", http://www.roseclub.or.kr.

612) 한국해외원조단체협의회, "세계 빈곤지역의 한국 NGO,", 64.

613) 전호진, "2006 세계선교대회/NCOWE Ⅳ: 한국교회 선교 25년 평가," 『세계선교대회/NCOWE Ⅳ』 (2006, 6월), 44.

할 수 있다. 전문인 선교사는 이념과 사상, 그리고 종교적 장벽을 쉽게 뛰어넘을 수 있다. 그래서 국제 NGO 단체를 통해 다양한 직종의 전문인들이 기본적인 선교훈련을 마치면 훌륭한 NGO 전문인 선교사로 하나님께 쓰임받을 수 있을 것이다.

제 5 부

전문인 선교의 동력화

제15장 전문인 선교와 영성관리

피터 와그너(C. Peter Wagner)는 선교사의 영성에 대하여 말하기를, "우물에서 물을 계속 퍼내기만 하면 결국 말라 버려서 더 퍼낼 물이 없이 메마른 우물처럼 선교사들의 심정은 영적으로 메말라 있다."라고 하였다.[614] 선교사의 심령은 탈진되어 있지만 자주 선교사들이 영적 능력(spiritual power)과 말씀(word), 그리고 은사(gift)를 재충전해야 하며, 선교 확장(missionary expansion)의 전력보다 사람의 변화가 더 중요하다. 누가복음 24:49에 의하면, 예수님은 선교하러 나가는 제자들을 향해 "볼지어다 내가 내 아버지께서 약속하신 것을 너희에게 보내리니 너희는 위로부터 능력으로 입혀질 때까지 이 성에 머물라 하시니라."라고 말씀하신다.

이러한 차원에서 2008년 제6차 세계한인선교대회(KWMC 2008)는 선교사들에게 새벽기도와 선택강좌, 그리고 선교사 보고, 저녁부흥회 등 선교사 재충전의 기회였다고 평가되었다.[615] 따라서 선교사

---

614) 정인찬, "제6차 세계한인선교대화 참관기," 『목회와신학』 (2008, 9월), 206.

615) 이 대회는 2008년 7월 28일부터 8월 1일까지 미국 시카고 휘튼대학(Wheaton College) 빌리 그래함 센터에서 열렸으며 5,000여 명 이상이 한자리에 모인 선교 축제의 장이 되었다. 선택강좌는 당면한 선교현안들과 방법론에 대한 구체적인 탐색을 위해 200여 개의 다양한 주제들과 200여 명의 한인 및 외국선교사 강사들의 선택강좌 200여 개

의 영역과 능력, 그리고 사명감의 재충전은 마치 에스겔의 마른 뼈들이 연락하여 일어나는 것과 같다.

전문인 선교사는 총체적인 영성을 다음과 같이 추구해야 한다. 첫째, 하나님과의 영적인 교제를 확인해야 한다. 둘째, 하나님의 형상대로 지음 받은 자신의 전문성을 수립해야 한다. 셋째, 비전문인을 그리스도를 아는 전문인으로 세워야 한다. 넷째, 책임 있는 전문인 경영자로서 기능을 감당하는 성육신적인 영성을 추구해야 한다.[616] 이러한 영성(spirituality)에 기초하여 IT시대에 전문인 선교사를 양성해야 한다. 실제로 영성을 겸비하지 않고 직업의 전문성을 가지고 현장에 나가는 것은 양 날개를 잃어버린 비둘기에 불과하다. 성령의 기류를 타고 역동성 있는 영성으로 선교 현지로 나가는 전문인 선교사가 되어야 할 것이다. 이럴 때 그들은 세계를 품은 탁월한 전문인이라고 볼 수 있다. 따라서 전문인 선교사는 훌륭한

가 대회 중에 진행되었다. 선택강좌는 다음과 같다. ① 선교일반(선교신학, 선교역사, 선교동향, 선교전망, 선교운동, 선교와 기도, 선교와 핍박, 세계를 품은 그리스도인의 삶), ② 한인세계선교(한국교회와 세계선교, 한인 디아스포라와 세계선교), ③ 교회와 선교(지역교회 선교활성화, 목회자와 선교, 지역교회 선교정책/훈련/운영, 평신도와 선교, 여성과 선교, 차세대와 선교), ④ 선교사(선교사 인격과 영성, 선교사 가정과 복지, 여성/독신선교사, 선교 헌신자, 선교사 자녀교육, 비거주선교사), ⑤ 타문화권 선교(미전도 종족 선교, 타문화권 선교, 타종교권 선교, NGO선교, 창의적 접근 지역선교, 북한선교, 중국선교, 이슬람권 선교, 불교/힌두권 선교, 아프리카 선교, 공산권 선교, 신도권 선교, 가톨릭권 선교, 유대인 선교, 이단/세속문화 선교, 구소련/중앙아시아 선교, 중동선교, 북미주 선교), ⑥ 특수선교(전문인/자비량선교, 의료선교, 단기선교, 성경번역/배포선교, 도시선교, 구제/개발선교, 장애인 선교, IT선교, 대학생선교, 외항선/항공선교, 어린이선교, 산업선교, 빈민선교, 국제노동자선교, 탈북자 선교, 직장선교, 다중문화권 선교, 군경선교, 스포츠선교, 교소도선교), ⑦ 선교전략(팀/네트워크사역, 전도/교회개척사역, 신학교/학교/훈련사역, 치유사역, 선교동원, 벤처미션, 전방위선교), ⑧ 선교기관/신학교, ⑨ 차세대선교도전(각국별 한인선교사들의 선교보고와 간증과 전략), ⑩ 아시아 선교, ⑪ 중앙아시아선교, ⑫ 유럽선교, ⑬ 라틴아메리카 선교, ⑭ 오세아니아선교, ⑮ 아프리카 선교, ⑯ 중동선교 등이 있다. 제6차 세계한인선교대회, "선택강좌/선교포럼", http://www.kwmc.com.

616) 김태연, 『전문인 선교사를 구비시켜라』, 82.

영적 면에서 타의 모범이 되며 섬기는 자(diakonoi)의 모습을 가져야 한다.

전문인 선교 사역은 영적 사역으로 훌륭한 기능이나 학식보다 영성이 가장 중요하다. 그러므로 전문인 선교사는 우선 중생한 그리스도인으로 구원에 확신이 있어야 한다. 하나님의 말씀(word of God)에 순종하는 경건한 삶의 증거를 보여야 한다(갈 5:22 – 23). 이것은 자기 자신의 영성을 잘 관리하는 데서 시작된다.

한국의 선교역사는 서구에 비해 그리 오래되지 않았다. 한국 교회가 파송한 선교사의 숫자는 계속적으로 증가하는 추세이다. 많은 선교사들이 세계 곳곳에서 사역하며 선교의 주도적인 활동을 하고 있다. 전문인 선교사의 영성 관리에 있어서 중요한 것은 자신의 영적 훈련이다.617) 영적 생활의 결핍은 전문인 선교사의 가정과 사역의 전 부분에 실패를 초래하여 결과적으로 무용한 선교사가 되게 한다. 전문인 선교사의 영적 생활에 대한 결핍은 정상적인 정서(affects) 생활에도 영향을 미칠 수 있다. 영적 생활의 결핍은 가정 불화와 인간관계 문제, 그리고 부도덕한 생활까지 영향을 미치게 된다.

제3세계 선교사의 중도 탈락의 36.6%가 영성 결핍이 원인으로 보고되었다. 실제적으로 선교사 사역의 여부는 그 선교사의 영적 상태와 직접적으로 관련되어 있다고 말해도 과언이 아니다. 선교사가 강하고 성숙한 영적 생활을 하는 길은 바울이 디모데전서 4:7 – 8까지 말하는 대로 경건을 위해서 자신을 훈련하는 길밖에는 없다.618) 영적 생활이 메말라 버리면 전문인 선교사는 하나님의 사역

---

617) 강승삼, 『선교행정과 정책』 (서울: 총신대학교 선교대학원, 1996), 20.

을 지속적으로 해 나갈 수가 없다. 자신의 영성 훈련을 유지하기 위한 방법들을 고민하는 것은 너무나 중요하다. 선교현장(mission context)에 간 지가 오래된 후에도 전문인 선교사는 계속 예수 그리스도의 은혜와 지식 가운데 자라야 한다. 전문인 선교사의 목표 설정은 진정한 리더의 지속적인 영성 훈련에 있다. 그렇지 않으면 영적전쟁에서 그의 생활은 황폐해지고 자신의 사역은 비효과적이 될 것이다.

1. 기도 훈련

제임스 몽고메리(James Montgomery)가 말한 것처럼 기도가 그리스도인의 필수적인 호흡이며 그의 모국의 공기라면, 전문인 선교사는 그 습관을 더욱 계발해야 한다.[619] 기도는 환경에 따라 변할 수도 있고 고된 일이 될 수도 있다. 만약 기도를 자신의 일과 혹은 심지어 그의 선교부에 보다 광범위한 일에만 제한시킨다면 그는 곧 기도가 지루하다는 것을 발견할 수 있다. 바울은 그의 개종자들에게 모든 성도들과 모든 사람들과 모든 일들을 위해 기도할 것을 권면했다(엡 6:18, 딤전 2:1, 빌 4:6). 전문인 선교사들은 바울의 권면(exhortation)을 쫓아서 그의 기도 속에 전 세계적 관심을 포함시키기 위해 기도를 확장시키는 일을 할 수 있다.[620] 전문인 선교사

---

618) 강승삼, 『21세기 선교 길라잡이』, 81.

619) 성경에 시편 외에도 657회 기도 요청과 457회 기도 응답에 대한 기록들이 있다. 기도는 주관적 영적인 활동이 아니다. 그것은 구체적인 결과를 이루는 하나님의 힘이요, 불가능을 가능하게 하는 것이다.

620) J. Herbert Kane, *Life and Work on the Mission Field*, 125－126.

가 매일 기도 스케줄을 유지하는 데 거스르는 기본적인 문제가 있다. 그것은 일이 쌓여서 시간에 대해 부담을 느끼게 되면 기도는 소홀해지는 것이 된다. 한번 소홀해지면 그것을 극복하기가 어렵다. 왜냐하면 기도는 습관이기 때문이다. 전문인 선교사는 기도를 적게 하는 악순환을 허용해서는 안 될 것이다.[621] 이런 점에서 전문인 선교사는 기도에 대한 행위(deeds)를 규정하는 몇 가지 조건들을 발견해야 한다.

첫째, 전문인 선교사는 거룩한 손을 들어야 한다.

'깨끗한 손', 곧 거룩한 손은 거룩한 성품을 나타낸다. 어떤 식으로든 하나님께 가까이 다가가고자 선교사는 반드시 거룩한 성품을 지녀야 한다. 거룩하지 않고는 하나님을 볼 수가 없다(합 1:13). 이처럼 죄를 벗어 버려야 할 필요성을 자각하고 우리의 손을 거룩하게 하기로 결단하는 것은 하나님께 나아가기 위한 필수 조건이다. 우리는 기도의 응답에 대한 의문을 제기하기에 앞서 먼저 이 일을 해야 한다.[622]

둘째, 전문인 선교사는 진노가 없어야 한다.

진노는 원한이나 질투나 악의 혹은 이웃이 우리에게 실제로 행했거나 행한 것으로 보이는 어떤 잘못을 용서하지 않는 마음을 의미한다. 하나님께서 우리의 기도와 간구에 귀를 기울여 주실 것으로

---

621) 강승삼, 『21세기 선교 길라잡이』, 90.

622) D. Martyn Lloyd Jones, 『왜 하나님은 전쟁을 허용하실까?』, 박영옥 역 (서울: 도서출판 목회자료사, 1991), 23-25.

기대할 권리가 우리에게 있다는 사상은 고린도후서 13장에 완벽하고도 자세하게 묘사되어 있다. 만일 우리가 종(servant)이라면 왕과 권좌에 앉은 모든 사람에게 분노의 감정을 가져서는 안 된다.[623]

셋째, 전문인 선교사는 의심이 없어야 하며 혹은 분쟁이 없어야 한다.

마음속에 의심을 품고 있으면 하나님께 기도해 보아야 아무 소용이 없다. 사람들은 믿지 않고 의심하면서 하나님께 기도하는 경우가 많다. 기도는 하나님을 시험하는 도구가 아니라 오히려 하나님을 믿기에 하나님과 하나님의 거룩한 뜻에 모든 것을 맡길 자세가 되어 있다는 믿음의 표현이며 결과이다.[624] 전문인 선교사는 의심이나 분쟁이 있어서는 안 되며, 하나님을 시험해 보려는 마음도 가져서도 안 된다. 오히려 서두르지 말고 조용히 하나님의 완전한 뜻에 모든 것을 맡겨야 한다. 그리고 기도는 지속적으로 계발되어야 하는 습관임을 기억해야 한다. 만약 시간을 정해 놓고 매일의 기도를 위한 장소를 정한다면 도움이 될 것이다.

강승삼은 선교사의 기도에 대하여 말하기를, "선교사 개인과 가정은 뜨거운 기도 시간을 정기적으로 가져야 한다."라고 하였다.[625] 따라서 그러한 시간이 오면 전문인 선교사는 기도할 마음이 들든지 들지 않든지 기도를 할 것이다. 기도의 삶을 사는 데는 다른 방

---

623) 강승삼, 『선교행정과 정책』, 28.

624) 강승삼, 『선교행정과 정책』, 29-30.

625) 강승삼, 『21세기 선교 길라잡이』, 90. 경건한 영웅인 모세와 다니엘(단 6-9장), 우리 주 되신 예수 그리스도(막 6:46, 눅 3:21; 6:12; 22:44, 히 5:7)와 바울(행 16:13-25, 롬 15:3-32, 엡 6:18-20, 빌 1:19, 골 4:2-4, 살전 5:25, 살후 3:1-3, 몬 1:22)은 우리가 닮아야 할 모범이다.

도가 없다.

2. 성경 훈련과 묵상하는 시간

18세기 영국에서 복음주의(Evangelical) 운동을 일으켰던 존 웨슬리(John Wesley, 1703~1791)는 성경이 영적인 훈련의 가장 원천적이고, 중요한 표준(natae)과 자료가 되었다. 왜냐하면 성경이 복음에 관하여 가장 확실한 가르침을 제공하기 때문이다. 특히 말씀을 읽고, 묵상하고, 듣기를 통해서 은혜 받는 것은 중요하다.[626] 하나님의 말씀은 우리의 소중한 생명의 양식이다. 우리가 매일 음식을 먹는 것처럼 영적인 양식의 말씀을 먹어야 산다. 시편 1:2에 의하면, "오직 여호와의 율법을 즐거워하여 그의 율법을 주야로 묵상하는도다."라고 하였다. 선교사는 매일 꿀보다 더 맛있는 성경 말씀을 배부르게 먹고 묵상 생활을 할 필요가 있다(시 10 - 20). 하나님의 말씀은 선교사의 삶을 풍성하게 만든다.

여호수아 1장에서는 율법을 입에서 떠나지 말게 하며 주야로 그

---

[626] 이재완, "교회 안의 작은 교회 운동에 나타난 요한 웨슬리의 선교사상 연구,"『박사학위논문』(서울: 아세아연합신학대학교 대학원, 2003). 웨슬리는 일생 동안 사람의 표준이 성경이었다. 그의 목회의 표준이 성경이었기에 그는 매일 성경을 히브리어와 희랍어로 몇 시간씩 읽으면서 진지하게 성경을 연구하였다. 그래서 웨슬리는 성경에 능통하였고, 그가 쓴 편지든 논설이든 많은 성경구절이 인용되어 있었고 항상 성경에 대한 이야기로 가득 채워져 있었다. 또한 웨슬리의 설교의 기초와 내용이 바로 성경이었다. 그의 설교문들은 간접적으로 혹은 직접적으로 성경의 인용으로 가득 차 있었다. 웨슬리의 성경훈련에는 세 가지의 중요한 요소는 다음과 같다. 첫째, 자기성찰을 통한 개인성화의 성취이다. 둘째, 신도들이 은혜 안에서 성장하는 것을 돕기 위함이며, 마지막으로 소공동체 안에서 성경연구를 통하여 서로 고쳐주고, 나아가 부요하게 해 주며, 서로 경험을 보다 구체적으로 나눔으로써 그리스도께 더 가까이 나아가는 은혜의 수단으로 마음껏 활용하였던 것이다.

것을 묵상하고 지켜서 행할 때 형통하리라고 말씀하고 있다.[627] 디모데후서 3:15에 의하면, 하나님의 말씀은 우리들에게 그리스도 예수 안에 있는 믿음으로 말미암아 구원에 이르는 지혜가 있게 하신다. 디모데후서 3:16에 의하면, 모든 성경은 하나님의 감동으로 된 것으로 교훈과 책망과 바르게 함과 의로 교육하기에 유익하다. 또한 디모데후서 3:17에 의하면, 하나님의 말씀은 영적인 지도자를 온전케 하신다.

하나님의 말씀은 살아 있고, 운동력이 있어서 좌우에 날선 어떤 검보다도 예리하여 혼과 영과 관절과 골수를 찔러 쪼개기까지 하며 또 마음의 생각과 뜻을 감찰하신다(히 4:12). 그리고 하나님의 말씀이 교회를 먹이시고 다스리신다.[628] 특히 전문인 선교사가 영적 전쟁에 있어서 성경은 우리의 눈을 열어 우리를 향하신 하나님의 뜻이 무엇인지를 분별하도록 돕는다(딤후 3:15 - 17).

3. 경건 서적 읽기와 테이프 청취

본국에 있는 목회자들은 세미나와 선교포럼에 참석할 기회가 많다. 그러나 전문인 선교사들은 사역의 여건상 그렇지 못하다. 신간 서적을 구입하기가 힘들며, 자기 계발 프로그램에 참석하는 것도 불가능하다. 그러나 안식년(sabbatical year) 동안만 재교육을 받는 것이 아니라 선교현지에서도 평소에 독서하는 습관을 갖는 것으로

---

627) 강승삼, 『영적 전쟁의 신학적인 기초와 실재』, 29.
628) 강승삼, 『영적 전쟁의 신학적인 기초와 실재』, 29-30.

자신의 지적 수준을 높이려고 노력해야 한다. 전문인 선교사를 위한 성경 주석과 사전 등이 메시지를 준비하기에 간편하게 나온다. 그러나 솔직히 이런 것들은 영혼을 양육하는 데는 별로 가치성이 없다. 그 목적을 위하여 경건적인 서적들이 필요하다. 어떤 저자들은 이런 유의 문서에 전문적이다. 소수의 이름만을 들어본다면, 앤드류 머레이(Andrew Murray), 스테판 올포드(Stephen Alford), 오스왈드 샌더스(Oswald Sanders), 알란 래드패스(Alan Redpath), 토저(A. W. Tozer), 오스왈드 챔버스(Oswald Chambers), 스튜어트 브리스코(Stuart Briscoe) 등이며, 시집들도 간과되어서는 안 된다.[629]

경건을 위한 문서로서 흔히 소홀해지기 쉬운 것은 찬송가이다. 어떤 찬송가는 경건 생활을 위한 찬송이 특히 풍부하다. 경건 생활을 위한 찬송들은 거룩에 대한 찬송뿐만 아니라 복음송가의 테이프도 크게 효과적으로 사용될 수 있다.[630] 이러한 것들을 전문인 선교사가 사용하면 매일 갖는 경건의 시간을 더욱더 풍성하게 해줄 것이다. 최근에는 그리스도인 생활의 다양한 측면들을 다루고 있는 테이프들을 이용할 수도 있다. 전문인 선교사들이 비록 육체적으로는 고립되었다 하더라도 영적으로 본국에서의 간행물들로부터 더 고립될 필요가 없다. 이러한 자료들은 전문인 선교사들에게 영적인 삶을 살찌우게 하고 영적으로 민감하게 만들 것이다.

---

629) J. Herbert Kane, *Life and Work on the Mission Field*, 125−126.
630) J. Herbert Kane, *Life and Work on the Mission Field*, 126.

4. 인터넷을 통한 영적 관리

정보화 사회는 컴퓨터와 통신이 하나로 연결되면서 가능하게 되었다.[631] 이런 네트워크 개념을 사무실과 사무실 사이, 집과 집 사이 LAN을 전 세계로 통하게 만든 것이 인터넷이다. 현재 인터넷은 전 세계 대학, 연구소, 도서관 및 기업들의 7천여 개 통신망과 연결되어 있고, 2백만 대의 컴퓨터가 온라인으로 상호 접속되어 있다. 현재까지 인터넷에 접속된 국가는 북한, 아프리카의 일부 국가를 제외하고, 140여 개국에 달하고 도매인 호스트로 연결된 컴퓨터만 3천만 대가 넘는다.

영국의 저명한 문화인류학자 리처드 도킨(Richard Dawkins)은 한 영국 언론과의 인터뷰에서 종교계에 인터넷에 가입한 사실 자체를 인류가 전자문화시대의 문턱을 넘어섰음을 입증하는 것이라고 했다.[632] 그래서 인터넷은 기독교 역사를 변화시키는 힘으로 작용하

---

631) 정광호, "우리 생활에 있어서 인터넷이란 무엇인가?,"『정보통신』13권 (1996, 6월), 68-71. 현대사회를 정보화 사회라고 일컫는다. 서슴없이 컴퓨터와 통신을 통해 정보를 수집, 가공 활용하는 정보가 그 어떤 자원보다도 중요시되는 사회라고 이야기한다. 그래서 현대사회를 살아가는 우리는 누구보다 더 많은 정보를 빠르고 정확하게 얻기를 원한다. 인터넷은 네트워크의 네트워크(Network of Network) 또는 정보의 바다(Sea of Information)라고 불릴 정도로 무한히 정보들로 가득 차 있다. 지금까지 대부분의 사람들은 컴퓨터를 개인용으로만 사용하여 왔기 때문에 활용할 수 있는 정보의 크기가 한정될 수밖에 없었다. 그렇기 때문에 사람들은 컴퓨터와 컴퓨터를 연결하여 좀 더 많은 정보를 서로 나누는 방법을 생각하게 되었고 지역적으로 가까운 곳에 있는 컴퓨터를 서로 연결하여 정보를 공유하거나 편지를 서로 주고받을 수 있게 되었다. 인터넷을 연결하기만 하면 자신의 컴퓨터를 통해 가까운 곳에부터 지구상 어느 곳이든 접근할 수 있다. 인터넷은 전자우편(E-mal), 파일전송(FTP), 원격접속(Telnet), 파일검색(Archie, Wais, Gopher, Veronica, Lynx, WWW), 주제발표 및 게임 등이 가능하며 전자우편 기능을 이용하며 미국에 있는 친구와 시내 요금으로 기능을 이용하여 미국에 있는 친구와 시내 요금으로 편지를 주고받을 수 있으며, 검색도구를 사용하여 전 세계의 모든 정보들을 검색하고 원하는 정보를 나의 컴퓨터로 전송받아 볼 수 있다.

632) 정광호, "우리 생활에 있어서 인터넷이란 무엇인가?,", 71.

고 있으며 전문인 선교의 새로운 기회를 만들어 주고 있다. 이런 장점을 전문인 선교사는 인터넷을 통해서 세계 각국의 전문인 선교사들과 필요한 정보를 공유하며, 중보기도 제목을 나눌 수 있고, 주님의 말씀과 세계 선교에 현장 증언을 온 세계에 전할 수 있도록 만들어 준다.633) 그리고 전문인 선교사들과 연관된 전문적인 연구서들을 통하여 깊이 있게 말씀을 연구하는 것과 사역과 관계된 사항을 공동으로 연구하고 배워 가는 일, 그리고 말씀 연구와 함께 기도하는 습관을 계속해서 강조하고 개발하는 것은 자신의 사역에 질을 높여 주는 데 많은 도움을 준다. 또한 전문인 선교사가 매일의 기도와 말씀 연구의 스케줄을 유지할 수도 있다. 이러한 인터넷 세상 속에서 기독교의 영성을 찾는 새로운 접근이 필요할 것이다.

5. 부흥회나 수련회를 통한 영성

전문인 선교사에게 있어서 가장 중요한 것은 전도와 선교이다. 이러한 위대한 사역은 주님께서 다시 오실 때까지 잘 감당해야 한다. 그러나 전도와 선교 못지않게 중요한 것이 영성을 개발하는 것이다. 전문인 선교사라 할 수 있는 베드로는 로마 제국의 폭군이었던 네로 황제의 폭정 하에서 박해받고 죽어가는 신자들을 향해 그의 마지막 서신서(Epistle)인 베드로후서 3:18에서 "오직 우리 주 곧

---

633) 인터넷의 기술적인 측면에서는 하나님의 메시지를 전달하는 데 아무런 장애를 받지 않는다. 히브리서 1:1에 의하면, "옛적에 선지자들로 여러 부분과 여러 모양으로 우리 조상들에게 말씀하신 하나님"을 보면 하나님은 커뮤니케이션의 하나님이시다. 이영제, "세계화 시대의 인터넷 선교,"『세계선교』39호 (2003), 94.

구주 예수 그리스도의 은혜와 그를 아는 지식에서 자라 가라 영광이 이제와 영원한 날까지 그에게 있을지어다"라고 강조하였다. 여기서 "자라 가라"(grow)는 말씀은 영성개발을 촉구하는 명령이다.[634] 전도와 선교는 전문인 선교사와 교회가 밖을 향하여 수행해야 하는 외적 차원(outward dimension)의 명령이고, 영성개발은 전문인 선교사와 교회가 내부적으로 수행해야 하는 내적 차원(inward dimension)의 명령이다. 그래서 모든 전문인 선교사들은 이 두 가지 명령을 동시에 받고 있다.[635] 따라서 부흥회나 수련회는 우리 모두에게 집중적으로 재충전할 수 있는 계기가 된다.[636]

전문인 선교사들에게도 영적인 도전을 줄 수 있는 연례 영성개발을 위한 수련회가 필요하다. 전문인 선교사에게 있어서 영성개발의 필요성은 다음과 같다.[637] 첫째, 예수님의 삶의 방식이 우리의 영성개발을 요구한다. 둘째, 예수님의 말씀 또는 명령이기에 영성개발을 해야 한다. 셋째, 영성개발은 신약성경이 강력하게 명령하고 있다. 넷째, 영성개발은 개신교의 오류를 보완한다.

미국 남캘리포니아대학교(University of Southern California) 철학과 교수인 달라스 윌라드(Dallas Willard)는 영성훈련에 대하여 말하기를, "경건에 이르기를 연습하는 것은 우리 자신이나 다른 사람들에게 전혀 해를 끼치지 않고 주님의 생명과 능력을 많이 받아들

---

634) 권택조, 『영성발달』 (서울: 예찬사, 1999), 13.

635) 권택조, 『영성발달』, 14.

636) 강승삼, "영적 전쟁의 신학적인 기초와 실재,", 30.

637) 홍성주, 『21세기 영성신학』 (서울: 은성출판사, 1995), 173－174. 어떤 그리스도인들은 예수님이 죄인들과 세리 및 창녀들과 먹고 마신 것을 예로 들면서 예수님은 매우 자유분방하게 사셨던 것으로 간주하여 그런 삶을 살고자 한다. 그러나 예수님은 규칙적으로 기도생활을 하셨다(막 1:35－39).

일 수 있게 해 주는 활동이다.”라고 하였다.[638]

미국 아주사퍼시픽대학교(Azusa Pacific University)의 영성신학 교수인 리차드 포스터(Richard J. Foster)는 영성훈련에 대하여 말하기를, “우리의 선을 위한 것이며, 하나님의 품성하심을 우리의 삶 속에서 가져오는 것이다.”라고 하였다.[639]

영성개발은 예수 그리스도의 영성(spiritual), 인격(character), 삶(life), 뜻(will)이 전문인 선교사와 공동체(가정, 교회, 문화, 노동, 국가 및 세계) 속에 이뤄지도록 역사하시는 성령의 활동에 능동적으로 협조하는 지속적인 훈련이다. 이러한 훈련은 선교국가별로 혹은 지부별로 한국인 전문인 선교사들이 연례적으로 만나 교제(koinonia)하고, 영성 수련회를 가진다면 그들의 사역에 있어서 영적으로 많은 도움이 될 것이다.

6. 휴식을 통한 영성 회복

대부분의 전문인 선교사들은 육체적, 정신적으로 건강에 도움이 되지 못하는 곳에 살고 있다. 찌는 듯한 밀림 속에서 영양가도 부족하고 변화도 없는 식사와 밤에도 덥고 습한 기후에 떨어져 살고 나면 그들은 육체적으로는 물론 정신적으로도 탈진의 상태가 된다.[640] 미국 트리니티복음주의신학교에서 20여 년간 기독교상담학을 강의하면서 신학과 심리학의 통합(unification)을 주도했던 게리

---

638) Dallas Willard, 『영성훈련』, 엄성옥 역 (서울: 은성출판사, 1993), 160.

639) Richard J. Foste, *Celebration of Dicsipline* (London: Hodder & Stoughton, 1989), 9.

640) J. Herbert Kane, *Life and Work on the Mission Field*, 215－216.

콜린스(Gary R. Collins)는 선교사의 스트레스에 대하여 말하기를, "선교사들이 고독, 타문화에 적응, 의료기관이나 의약품의 계속되는 부족, 과다한 업무와 어려운 사역 환경, 피선교지인들에게 계속적으로 열정적인 전도를 해야 한다는 압박감, 피선교지에 있는 교회에서 선교사들의 역할 분담에 관한 혼란, 사생활을 보호받지 못함, 휴가나 휴식을 보내는 기회가 적음 등 아홉 가지 스트레스를 받는다."라고 진술하였다.[641]

제2차 세계대전 중에 미군들이 뉴기니 정글에서 1년을 보낸 후에 전력(全力)의 50%를 상실했다고 보고된 적이 있다. 선교 현장에서 30년 혹은 40년을 휴가나 휴식 없이 지낸 선교사들도 있다. 남녀 구분 없이 4년간 열심히 사역한 후에는 전력(全力)이 급격히 떨어지게 된다. 그래서 본국으로 돌아와서 좋은 기후, 풍성하고 영양 있는 음식, 풍경의 변화 가운데 향수를 푸는 것도 꼭 필요하다.[642] 휴식을 통해서 모든 사역과 스트레스를 떠나서 하나님이 주시는 평안함을 되찾아야 한다. 만약 일중독에 걸린 전문인 선교사가 있다면 정서적(emotional)으로 실의에 빠질 뿐만 아니라 영적으로도 연약해지기 쉽다는 것이다.

7. 가정 예배

전문인 선교사는 자기 자신의 중요한 시간에 덧붙여 가족과 함

---

641) Gary R. Collins, *Spotlight on Stress* (Ventura CA: Vision House, 1983), 152. 김은미, "선교사의 스트레스와 해결 방안,", 622.

642) J. Herbert Kane, *Life and Work on the Mission Field*, 216.

께 예배를 매일 실시해야 한다. 이것은 아이들이 학교에 있는 기숙사에 가기 위해 집을 떠나기 전까지 어린 시절 동안 특히 중요하다. 심지어 아이들이 간 이후라도 남편과 아내, 집안에 있는 다른 식구와 함께 기도하고 찬송하고 하나님의 말씀을 함께 읽기 위해서 매일 모이는 것도 좋은 생각이다. 아마도 매일 드리는 가정 예배보다 더 가족을 하나로 묶어주는 효과적인 모임은 아무것도 없을 것이다.[643] 가정은 이 땅에 하나님의 나라를 이루는 가장 기본적인 시스템이다. 그러므로 개인적인 영적인 생활(spiritual life)과 사랑을 나눌 수 있는 가장 적합한 장소라고 볼 수 있을 것이다.

8. 사역일지 기록

사역일지에는 사역의 공적인 기록뿐만 아니라 사역하는 동안 느꼈던 감정과 가족이 겪는 경험, 선교현지의 환경, 사람들의 생활모습, 여러 가지 문화 등 사적인 부분까지 모두 기록하는 것도 좋은 습관이라고 본다. 나중에 읽어 보면 그 순간 하나님의 은혜(the grace of God)와 역사하심을 다시 느낄 수가 있다. 더 나아가 이러한 자료가 한국 교회 선교의 역사와 후임 선교사들을 위한 좋은 정보가 될 수 있다. 그러므로 항상 메모하는 습관을 갖도록 해야 한다. 사역일지는 선교사를 훈련시키거나 선교학을 강의할 내용에도 강조할 수 있는 부분이다. 또한 복음전도의 접촉점을 찾는 데 유용하게 사용되며, 효과적인 전략(effective strategies)을 세울 수 있고,

---

643) J. Herbert Kane, *Life and Work on the Mission Field*, 126.

선교보고 작성에도 많은 도움이 될 것이다.

전문인 선교사는 수평적인 관계성(relationship)을 가지고 사람들에게 복음을 전하는 사람이지만 항상 하나님과의 수직적인 관계성을 갖도록 자신의 영성을 관리해야 한다. 살아 있는 영성을 가진 전문인 선교사는 선교현지인 역사의 현장에서 하나님의 뜻을 실현할 수 있을 뿐만 아니라 어두운 세상에 많은 사람들에게 하나님의 사랑과 빛을 전할 수 있다. 위와 같이 여러 가지 영성을 위한 전문인 선교사의 노력으로 뿌리 깊은 위대한 전문인 선교를 감당할 수 있을 것이다.

제16장 전문인 선교와 후원문제

과연 전문인 선교사는 후원이 필요한가? 그러나 실제로 모든 전문인 선교사는 후원을 필요로 한다. 그러면 전문인 선교사를 위한 후원은 다음과 같이 다섯 가지로 나눌 수 있다.

1. 중보기도 후원

전문인 선교사에게 있어 가장 중요한 커뮤니케이션은 기도 편지라고 본다. 이것은 개인과 개인의 커뮤니케이션으로 전문인 선교사는 기도 편지를 받는 사람들이 중보기도를 해 줄 것으로 기대하고 그의 역경과 축복을 동시에 나타날 수 있다. 그들은 공개되는 문서에 쓸 수 없는 이야기와 그와 가장 가까운 사람들에게 가슴을 열고 자신의 문제를 나눌 수 있다. 이러한 문제는 중보기도하는 데 있어서 많은 도움을 준다. 그것은 중보기도자(intercessors)가 선교현지의 정확한 정보를 가지고, 자세하고 분명하게 기도할 수 있기 때문이다.

하나님은 잃어버린 영혼들을 향한 그분의 마음을 품고 기도할 때 역사하신다. 모든 종족(peoples)을 구속하시려는 하나님의 목적

(purpose of God)은 우리의 중보기도를 통해서도 이루어질 것이다. 미전도 종족의 복음화를 위한 전략적 기도운동과 국제적인 기도운동에 동참해야 한다. 따라서 전문인 선교사들에게 정기적으로 기도편지를 쓰도록 독촉하고 상기시켜 주어야 한다. 또한 중보기도자도 기도만 하는 것이 아니라 전문인 선교사들에게 기도를 받아야 할 대상이다. 중보기도 후원이야말로 영적 전쟁에서 가장 기본적인 것이요 최상의 전략이라고 할 수 있다. 모든 전문인 선교사는 기도를 먹고 살아간다. 그래서 중보기도자들은 전문인 선교사들을 위한 기도지침이 필요하다.

첫째, 선교 현지의 영혼을 위하여 기도해야 한다. 하나님께서 전도 받는 그들의 마음을 준비시키며 믿는 현지인들 가운데 영적 지도자들 세워 주시기를 기도하는 것이다. 새롭게 믿는 사람은 그 받은 복음을 가족과 그 주변의 사람들과 먼 곳에서 있는 사람들까지도 전도해야 한다는 책임감을 갖도록 기도해야 한다.

둘째, 타문화권 전문인 선교사를 위해 기도해야 한다. 치열한 영적전쟁에서 전문인 선교사들이 날마다 말씀과 기도로 하나님과 교제할 수 있도록 할 뿐만 아니라 성령의 능력에 의지하여 삶을 살면서 사역에 대한 비전을 끊임없이 새롭게 하며 하나님의 군사 된 자로 승리할 수 있는 영적인 힘을 주시도록 기도해야 한다. 또한 전문인 선교사들이 사역에 필요한 지혜를 얻으며 정서적으로 안정되도록 기도해야 한다. 그들이 복음을 전달할 수 있는 창조적인 방법을 찾아내도록 그리고 하나님께서 사역의 계획을 주관하시며 그 우선순위(priority)를 정하는 데 필요한 지혜를 주시도록 중압감과 소외감 속에서도 분투할 수 있도록 힘을 주시기를 기도해야 한다.

하나님께서 전문인 선교사의 건강을 돌보아 주시기를 기도해야 한다. 전문인 선교사는 물론 다른 이의 건강도 관리할 수 있도록 지혜 주시기를 기도해야 한다. 그들은 경제적인 문제로 어려움을 겪기도 한다. 기도와 물질로 지원받는 일이 차질 없이 진행될 수 있도록 기도해야 한다. 그리고 사역에 필요한 여러 기자재들을 적절히 활용할 수 있도록 기도해야 한다. 전문인 선교사 가족들이 서로 사랑하고 도와주는 관계(relationship)가 계속되며, 따뜻함과 평안이 넘치는 가정이 되도록 기도해야 한다. 또한 미혼으로 사역하는 전문인 선교사들이 좋은 친구를 사귀며 풍성한 사랑 가운데 거하도록 전문인 선교사들이 문화적 장벽을 넘어서 선교 현지의 동료들과 진실하게 사랑을 나누도록 기도해야 한다.

셋째, 국내 전문인 선교사와 선교단체를 위해 기도해야 한다. 즉 국내에서 행정업무를 맡은 이들이 올바른 판단력으로 전문인 선교사 관리(member care) 및 격려하는 역할을 잘 수행하도록 기도해야 한다. 본국의 사무실에서 전문인 선교사들을 돕는 역할은 대단히 중요하나 때로는 어려움을 겪기도 한다. 대부분의 사람들이 국내에서 돕는 일을 진정한 선교의 일로 인정해 주지 않기 때문이다. 하나님께서 이들을 위로하시고 필요한 부분을 채워 주시도록 이 시대에 적절한 선교정책을 수립하여 파송교회와 올바른 관계 속에서 전문인 선교사들을 관리하도록 기도해야 한다. 이렇게 전문인 선교사를 위한 기도는 승리의 열쇠가 될 것이다.

2. 정신적인 후원

1) 격려 편지

파송단체와 후원교회의 정신적인 후원은 여러 형태가 있다. 그것은 교회의 격려 편지와 배려하는 전화는 전문인 선교사에게 큰 힘이 된다. 전문인 선교사란 예수 그리스도가 없는 사람들에게 복음을 전달하기 위해 존재한다. 전문인 선교사는 선교현지뿐만 아니라 그들을 후원하는 사람들에게도 커뮤니케이션을 하기 위해 똑같은 노력을 기울여야 한다. 전문인 선교사를 파송한 교회도 그들과 계속 접촉하는 일에 노력과 헌신(commitment)을 보여야 한다. 전문인 선교사가 선교현지에 나가 있는 동안 몇 개월은 파송한 교회로부터 많은 편지를 받게 된다. 그러나 시간이 지나면 선교사의 얼굴은 멀어지고 편지는 겨우 몇 통에 불과할 것이다. 파송한 교회와 파송된 전문인 선교사는 모두 커뮤니케이션의 라인이 항상 열려 있는 것이 중요하다. 이러한 인식을 모두에게 적절히 가르쳐야 함을 잊지 말아야 한다.

허드슨 테일러(Hudson Taylor)는 선교사의 보고 사역을 통한 의사전달에 대하여 말하기를, "친구들과의 모든 교제에 있어서 그리스도의 존귀함과 그리스도와 우리의 연합에 대한 이해를 깊게 하도록 하라. 당신이 만약 그들로 선교에만 관심을 가지도록 하는 데 성공한다면 당신의 노력은 거기에서 끝나고 말 것이다. 그러나 당신이 그들의 영혼이 축복을 누리도록 사역한다면 그들은 보다 더 그리스도의 지상 대위임과 그 뜻에 깊이 동참하여 더 좋은 기도의 동역자가 될 수 있을 것이다. 결국 우리가 원하는 것은 돈이 아니라 능력이다."라고 하였다.[644] 모든 전문인 선교사들은 이러한 주장에 대해 동감할 것이다. 전문인 선교는 불신자와 신자들에게 예수 그리스도를 전달하는 것이다. 이러한 전달은 전문인 선교사에게 평생의 지원자를 확보하게 되는 중요한 통로가 될 것이다.

2) 녹음테이프

전문인 선교사에게 녹음된 테이프를 보내는 것은 매우 귀중한 것이다. 물론 지난 주일예배 녹음테이프만 보내는 것은 별로 의미가 없다. 그들은 낯선 언어(language)로 예배를 드려야 하기 때문에 영적인 양식의 공급이 부족할 수 있다. 이럴 때 설교의 은사가 있는 목회자들의 좋은 메시지를 담은 테이프를 보내준다면 전문인 선교사들의 영혼을 살찌울 수 있을 것이다. 그들은 교회 안에서 일어나는 일상적인 이야기들과 사람들의 개인적인 소식도 듣고 싶어 한다. 전문인 선교사는 성도들이 그를 위해 기도하고 있는지 알고 싶어 하기 때문에 전문인 선교사가 가장 최근에 보낸 선교소식들에 대한 반응을 알려 주는 것도 좋은 방법이다. 또한 전문인 선교사는 본국의 사회적 발전에 대해 알고 싶어 한다.

3) 간행물

전문인 선교사들은 본국의 일상적인 생활에 대해 이야기해 주는

---

644) Denis Lane, 『선교사와 선교단체』, 166.

잡지를 받는 것을 좋아한다. 전문인 선교사들에게 이런 간행물들을 정기 구독하도록 신청해 주는 것도 매우 신선할 뿐만 아니라 그들을 즐겁게 해 주는 것이다. 물론 기독교 잡지도 괜찮지만 부인들 혹은 여성 선교사들에게 여성 잡지를 볼 수 있도록 하며, 남자들은 취미생활에 대한 잡지를 읽도록 배려하는 것도 그들의 사역에 힘을 실어 줄 수 있을 것이다.

4) 선물

전문인 선교사들에게 생일과 성탄절은 특별한 날이다. 특히 한국 전문인 선교사들에게 있어서 설날은 특별한 날일 수도 있을 것이다. 이런 절기에 색다른 선물들을 보낸다면 본국의 성도들을 전문인 선교사와 가깝게 만들어 주는 의미 있는 일이 될 것이다.

5) 선교 현지 방문

요즘 많은 교회들이 선교현지를 방문하는 경우가 잦아지고 있다. 이러한 선교현지의 방문은 새로운 안목을 열어주며, 교회에 돌아가면 대신해서 선교보고를 할 수 있게 된다. 이러한 선교현지의 방문을 지혜롭게 처리하면 매우 유익한 선교 기회를 만들 수 있을 것이다.

3. 재정적인 후원

20세기 후반부터 널리 알려져 선교 이론을 공부하는 이들과 목

회현장에 있는 이들에게 도전과 희망을 준 롤런드 앨런(Roland Allen)
의 『선교사의 방법: 바울의 선교 vs. 우리의 선교』(Missionary Methods:
St. Paul's or Ours?)라는 책을 보면 재정에 대하여 말하기를, "재정
은 교회 조직의 일부가 아니라 복음을 전파하는 데 외적 요소의 하
나로 취급하는 것이 자칫하면 이상하게 보일지 모르겠지만 바울이
청중에게 접근할 때 재정을 매우 중요시했다. 또한 재정이 오늘날
우리의 선교 사역에 아주 흥미로운 빛을 비춘다. 선교재정이 중요
한 일차적 이유는 재정관리가 선교사와 선교대상의 관계에 중대한
영향을 준다."라고 강조하였다.[645] 그만큼 선교와 돈은 서로 뗄 수
없는 관계성을 가지고 있다. 많은 사람들이 양자를 분리시키고 싶
어 할 뿐만 아니라 많은 교회들이 실제로 그렇게 하고 있다. 그러
나 돈 없이는 선교는 존재할 수 없다. 대부분 전문인 선교사들은
바울과 같은 보장이 없다. 그들이 전문적인 직업으로 가서 일하는
과정에서 복음을 증거하지만 선교 현지에서 이민 당국과 노동법이
생활비를 버는 것을 금하고 있기 때문이다.[646] 그래서 본국으로부
터 생활비가 오지 않으면 그들은 굶을 수밖에 없다. 재정적인 후원
은 전문인 선교사에게 실질적인 후원이다.[647] 예수님은 마가복음
6:21에서 물질에 대한 후원을 요청하고 계신다.

"네 보물 있는 그곳에는 네 마음도 있느니라"(마 6:21)

선교 헌금을 하지 않는 성도나 혹은 후원교회가 선교사를 기억

---

645) Roland Allen, *Missionary Methods: St. Paul's or Ours?*, 49.
646) Denis Lane, 『선교사와 선교단체』, 101.
647) 강승삼, 『21세기 선교 길라잡이』, 142.

하여 기도하기란 그리 쉽지 않을 것이다. 재정 후원은 그 선교사가 선교 사역 팀의 일원(member)으로 자기 사명을 다할 수 있다. 그러나 반대로 후원을 받지 않게 되면, 선교사는 지치게 되고 후원교회들을 돌면서 새로운 후원금을 모금(fund raising)해야 하는 부담감을 느낄 것이다. 또한 안식년(furlough)이 끔찍하게 여겨질 수도 있다.[648] 전문인 선교사는 비싸다. 그러나 단독으로 선교사 가족을 지원하려고 하는 교회는 많지가 않다. 이상적인 교회는 본인 교회에서 나간 전문인 선교사를 교회가 재정후원을 전액 책임져야 한다. 이 문제는 신중을 요하는 것으로 전문인 선교사와 파송교회 사이에 공동의 합의(consensus)가 있지 않으면 안 된다. 합의가 되지 않을 때는 결국 각자가 스스로 후원금을 모금해야 한다.

사실 모든 전문인 선교사는 믿음으로 걸어가야 한다. 지원하겠다는 약속은 곧 우편함에 도착한 수표를 의미하는 것은 아니다. 그의 필요를 사람들에게 이야기하는 선교사는 그렇게 하지 않는 사람들처럼 혹은 그들보다 더 하나님을 신뢰할 수도 있다.[649] 전문인 선교사는 하나님께서 원하시는 뜻을 따라 그 마음에 확정(confirmation)해야만 할 것이다.

특히 인플레에 시달리는 나라에서 환율이 재정의 문제를 복잡하게 만든다. 예를 들면, 일본에 있는 선교사는 다른 나라에 있는 동료 선교사들보다 몇 배 이상의 생활비 지원이 필요하다. 또한 선교사가 추운 지방에서 사역한다고 하면 동남아 국가와는 달리 따뜻한 옷이 필요로 한다. 전문인 선교사에게 생활비로 환율이 매일같

---

648) Denis Lane, 『선교사와 선교단체』, 102.
649) Denis Lane, 『선교사와 선교단체』, 102.

이 변동하는 상황에서 이 문제는 그들에게 심각한 영향을 주는 것이다.650) 그 외에도 전문인 선교사는 일반 사람들에게는 없는 비용을 지출해야 한다. 그들은 선교 현지에 가고 오는 여행을 해야 한다. 그들은 자녀 교육을 위해 학비가 더 비싼 외국인 학교에 보내야 한다. 그들은 선교 현지의 여러 지역을 순회해야 할 필요도 있다. 이 모든 필요 때문에 선교사별 후원금 요청의 액수는 매우 큰 것이다.651) 또한 세계의 모든 지역에는 특유의 질병문제가 있다. 따라서 전문인 선교사를 위해서는 여러 가지 지출 항목에 대해 알려두지 않으면 안 된다. 그것은 본국에 있는 사람들은 그들이 생존을 위해 투쟁하고 있을 때 선교사에 대해 사치스럽게 살고 있다고 생각할 수 있다. 하나님께서는 그의 뜻대로 행하는 자에게 안전을 제공해 주시지만 지각 있는 예방책도 포함한다. 후원자들은 전문인 선교사가 계속 사역할 수 있도록 재정을 지원해야 할 것이다.

4. 목회적인 후원

전문인 선교사일수록 어려운 선교 현지에서 목회적 관리(pastoral care) 후원이 더욱 절실하다. 신임 전문인 선교사는 어디서 어떻게 자신의 사역을 시작해야 할지 모를 수 있다. 이런 경우 좀 더 연륜과 경험을 가진 사역자가 그를 안내해 주는 역할을 하게 된다면 그는 중대한 시행착오를 범하지 않을 수 있을 것이다. 이것은 각 파

---

650) Denis Lane, 『선교사와 선교단체』, 105.
651) Denis Lane, 『선교사와 선교단체』, 105－106.

송기관을 통해서 혹은 선교현지에서 팀 사역(team ministry)의 네트워크를 통해서 관리되어야 한다.

5. 행정적인 후원

선교 사역에 직접적이고 간접적인 독려가 필요하다. 본부의 행정적 배려와 후원은 신중하게 이루어져야 한다.[652] 그래서 이들을 효과적으로 관리하고, 시스템을 활용하기 위한 선교 행정 전문인 선교사를 양성하고 개발하는 것도 매우 시급하다. 첫째, 선교행정 전문인 선교사 제도 육성이 필요하다. 세계화와 전문화(specialization) 시대에 걸맞게 선교 행정을 위한 전문인 선교사 육성을 지역교회보다 선교단체들이 도입해야 한다. 이미 한국세계선교협의회가 선교행정학교를 운영하며 사역하는 것은 매우 다행한 일이라 하겠다. 둘째, 선교 행정 전문인 선교사의 다양한 분야 개발이다. 즉 일반 선교 행정가를 비롯하여 선교 재정 전문가, 멤버 케어 전문가, 선교 심리상담사, 선교 토탈 영상 전문가 등 다양한 행정 분야의 전문성을 창출시켜 다양한 선교 행정 개발이 구축되어야 한다. 셋째, 선교 행정 이론의 개발이 필요하다.[653] 한국의 선교대학원 내에 선교행정 전공이 설치되어 행정 이론에 대한 연구 개발로 새로운 행정 이론 제시 및 창의적 논문들의 발표가 계속 일어나야 할 것이다.

---

652) 강승삼, 『21세기 선교 길라잡이』, 142.

653) 조명순, "2006 세계선교대회/NCOWE Ⅳ: 한국 선교 미래 25년을 위한 행정 시스템과 콘텐츠," 『세계선교대회/NCOWE Ⅳ』 (2006, 6월), 121.

제17장 전문인 선교와 케어 사역들

한국선교연구원(KRIM)이 발표한 '한국 선교의 동향과 과제'에 대한 최근 조사결과에 의하면, 1995에서 2004년 말까지 35개 선교단체(총 2,413명)에서 중도탈락한 선교사는 522명으로 나타났으며, 중도 탈락률이 연 3.4%에 이른다. 특히 2004년 한 해 동안 83명이 중도 탈락한 것으로 나타났는데 1992년 35명, 1993년 71명, 1994년 79명과 비교하여 중도 탈락하는 선교사 수는 꾸준하게 증가하고 있다.[697] 그러면 선교사 중도 탈락의 원인은 총 515가지 사례로 살펴보면 다음과 같다.

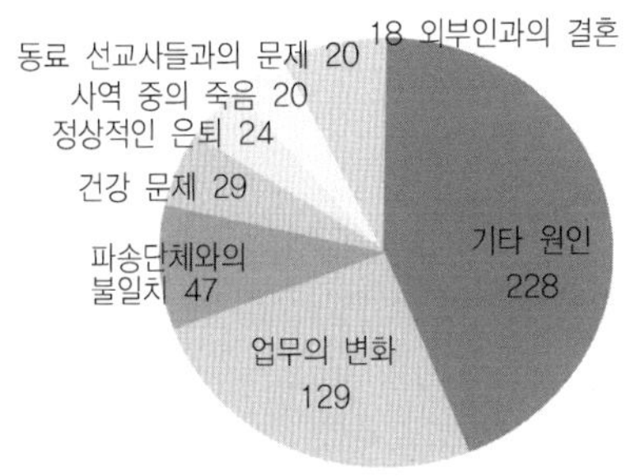

〈도표 11〉 선교사 중도 탈락 원인

① 업무의 변화(129)
② 파송단체와의 불일치(47)
③ 건강 문제(29)
④ 정상적인 은퇴(24)
⑤ 사역 중의 죽음(20)
⑥ 동료 선교사들과의 문제(20)
⑦ 외부인과의 결혼(18)
⑧ 기타 원인(228)

이러한 원인 등으로 선교사가 선교현지에서 조기 철수로 이어진다고 발표하였다. 이 중에는 파송단체와의 불일치, 동료 선교사들과의 문제와 같이 중도탈락을 사전에 방지할 수 있는 사유 중에서도 특히 관계 문제의 심각성을 찾아볼 수 있다.

세계복음주의연맹(WEA)의 연구에서도 동료 선교사와의 마찰이 중도 탈락 원인 1순위인 점을 감안하면, 선교사들의 갈등 처리 및 커뮤니케이션 훈련이 시급히 요청되는 것이다. 한국선교연구원은 선교단체와 선교사의 관계성에 대하여 말하기를, "선교단체와 선교사의 의견 차이를 줄이기 위한 타협과 노력이 요구되며, 이에 앞서 선교사의 기본적인 인격과 관계력을 감안한 훈련이 뒷받침되어야 한다."고 평가하였다.[654] 따라서 많은 전문가들이 이제 선교사 관리를 방임에서 보호로 가야 하며, 대량 파송 중심에서 체계적인 선교사 멤버 케어 체계로 가야 한다고 말한다.

1. 전문인 선교사를 위해 무엇을 케어할 것인가?

1) 전문인 선교사 케어(Care)

전문인 선교사를 케어 한다는 것은 무엇을(What) 말하는가? 그것은 전문인 선교사와 그의 가족, 그리고 선교사의 모든 지원체제를 케어한다는 것을 의미한다. 전문인 선교사는 그의 가족과 함께 낯선 선교 현지에서 본국과는 전혀 다른 생활환경과 문화, 그리고

---

654) 크리스천투데이, "선교와 세계", http://www.christiantoday.co.kr.

언어, 사람, 낯선 정치사회 체제로부터 문화적 충격(cultural shock)과 많은 스트레스를 받고 있다. 때로는 선교를 반대하는 국가나 사회로부터 감시를 받기도 한다. 그래서 인간관계의 갈등으로 인해 심신이 지쳐 가기도 한다.[655] 전문인 선교사 케어는 이러한 상황을 이해할 뿐만 아니라 그에 합당한 지원을 하는 것이다. 특히 전문인 선교사의 가정과 MK교육은 선교 사역의 중요한 부분이다.

2) 전문인 선교사의 자녀(Missionary Kids)

선교사 자녀들을 가리켜 MK의 약자로 넓게는 선교사 자녀를 총칭해서 말하고 좁게는 선교사의 어린 자녀를 일컫는 말이다. 그들은 선교사인 부모를 따라 선교 현지로 가서 언어와 문화적인 다중성을 가지며 잦은 이동을 경험하고 남의 나라에서 한국인도 아니고 현지인도 아닌 상태로 자라가면서 자신의 정체성에 대해 어려움을 겪게 된다. 그래서 그들은 파란 나라도 아니고 노란 나라도 아니고 초록 나라의 아이들이라고 하며 제3의 문화권 자녀(TCK, Third Culture Kid)로 일컫기도 한다.[656] 전문인 선교사의 케어에 있어서 이 MK들에 대한 체계적인 지원은 시급하다. 가장 중요한 것은 MK가 어떤 특성을 가지고 있는가를 이해하고, 넓은 마음을 가지고 그들을 향한 돌봄과 지원하는 일이다. 사실 MK들은 외모는 한국에서 자라고 있는 아이들과 같지만 그들의 생각과 경험은 아주 다르다. 따라서 이들을 이해하지 못하면 아무리 돕고 싶어도 진

---

655) 윤누가, "선교사 멤버 케어," 『난 곳 방언으로』 (2006, 11월), 3.
656) 김주향, "주께서 주신 아름다운 기업 MK," 『개척정보』 제201호 (2004), 7.

정한 도움을 주지 못할 것이다.[657]

일반적으로 MK를 지원하는 것은 그들이 한국문화를 위하여 교사를 지원하는 일이다. 그것은 자주 바뀌는 한국의 교육환경을 알려 주어 한국에 아이들이 돌아와 공부할 수 있는 최소한의 준비를 시킬 수 있도록 하는 사역이다. 따라서 한국에서 교육받을 수 있는 공간을 제공하는 일 등은 매우 중요하다.

3) 전문인 선교사의 부모

전문인 선교사를 케어하는 일은 선교 현지에서 사역하고 있는 선교사와 그의 가족만을 돌보는 것이다. 그러나 한국에 남아 있는 전문인 선교사의 부모를 케어하는 일 또한 중요하다. 전문인 선교사가 선교 현지로 떠난 이후 많은 부모와 편부모만 홀로 남는다. 전문인 선교사들은 본국에 홀로 남아 있는 연로하신 부모 걱정으로 때로는 사역에 집중하기가 힘들다. 자식을 떠나보낸 전문인 선교사의 부모들은 많은 걱정이 될 것이다.[658]

따라서 전문인 선교사의 부모에게 정기적으로 선교사의 소식을 전해 주고 케어한다면 선교사는 큰 격려를 받고 더욱더 사역에 집중(concentration)할 수 있을 것이다. 더 나아가 전문인 선교사의 부모들 간에 교제의 장을 열어주는 것도 많은 위로가 된다. 그들이 함께 격려하도록 하고 위로할 수 있다면 이것 또한 훌륭한 케어가 될 수 있다.

---

657) 윤누가, "선교사 멤버 케어,", 3.
658) 윤누가, "선교사 멤버 케어,", 3.

4) 전문인 선교사를 위한 지원체제들

전문인 선교사를 케어 하는 것은 선교사의 지원체제를 케어하는 것이 포함된다. 전문인 선교사를 파송한 교회와 가족, 그리고 후원자들뿐만 아니라 총체적인 전문인 선교사의 멤버 케어 체제를 구축하고 실제적인 지원 체제를 만드는 것이다. 그런 측면에서 전문인 선교사를 파송한 교회가 재정적인 지원 외에도 교회에서 여러 자원을 활용하여 구체적인 전문인 선교사 케어에 참여하도록 돕는 것이다. 그것은 건강(health)과 상담, 그리고 정신과 등 좀 더 전문적인 영역에서 지원하며 케어하는 체제를 만드는 것이다.

2. 지역교회에서의 전문인 선교사 케어

1) 지역교회는 전문인 선교사를 케어하라.

지역교회는 선교단체와 함께 전문인 선교사 케어의 핵심 역할을 하는 곳이라 할 수 있다. 지역교회는 선교단체와 함께 이 사역을 진행해야 한다. 지역교회는 전문인 선교사를 지원할 수 있는 좋은 지원체제를 구축해야 할 것이다. 수시로 선교 현지의 상황변화를 인식하고 그에 따른 적절한 지원 사역을 함과 동시에 각 전문인 선교사들 상황과 필요성을 파악해야 한다. 그러나 지역교회가 자주 직면하는 문제는 전문인 선교사에게 지원하고자 하는 자원이 선교단체는 턱없이 부족하다는 것이다. 그러나 지역교회는 전문인 선교사를 케어하기 위한 거의 모든 자원을 가지고 있다. 지역교회에는

MK를 위한 교사들이 있으며, 격려해 줄 수 있는 지원 그룹인 중보기도, 의사, 상담가, 목회자 등이 있다. 지역교회는 선교단체와 함께 전문인 선교사 케어에 있어 적극적으로 이 사역에 참여할 수 있도록 정보를 교환하고 격려하는 일을 위해 고도전략인 윈윈(win - win) 관계의 커뮤니케이션을 해야 한다. 따라서 지역교회는 하나님 나라의 건설을 위해서 선교단체와 함께 전문인 선교사 케어의 주체가 될 수 있도록 협력해야 할 것이다.

2) 전문인 선교사 케어를 위한 체제를 구축하라.

전문인 선교사 케어 체제를 구축하는 것은 규정 혹은 지침을 만드는 것과 함께 구체적이고 실제적인 시스템을 갖는 것이다. 전문인 선교사를 케어하기 위한 시스템은 다음과 같이 진행할 수 있다.[659]

① 중보기도 팀

월별로 전문인 선교사를 위한 중보기도지를 발간해야 한다. 그것은 사실 매월 일어나는 선교 현지의 긴박한 상황을 성도들이 인식하고 깊이 있는 중보기도를 할 수 있기 때문이다. 따라서 매월 선교 현지로부터 온 기도편지, 긴급 중보기도 요청, 다른 경로를 통해 들어온 중보기도 제목을 모아 매월 주일마다 주보지에 싣는 것이다. 혹은 교회의 중보기도팀에게 요청해서 기도하는 것도 좋은 예가 될 수 있다.

---

659) 윤누가, 『선교사 멤버 케어』, 4-5.

② 인사 팀

인사 팀은 전문인 선교사로 지원하는 자들의 서류를 심사하고 그들이 적절한 훈련과 준비를 통하여 전문인 선교사가 되도록 돕는 일을 한다. 지원자들을 상담하고, 동기부여로 세우는 일, 어떤 전문적 사역이 적절한가를 안내하는 일을 한다. 신임 전문인 선교사들은 사역을 위해 본격적인 훈련을 받은 후 선교 현지로 갈 수 있도록 선교단체 정보를 제공하고 현지에 배치되어 사역을 할 수 있도록 돕는 일을 한다.

③ 전문인 선교사 지원 팀

전문인 선교사 지원 팀은 선교사들의 일반적인 모든 필요를 지원하고 안내하는 일을 한다. 또한 우편물, 선교사 자료기록 보관, 안식년 안내 및 재정지원, 물품구입 등을 들 수 있다.

④ MK 팀

MK 팀은 MK들의 정보를 관리하고 선교 현지에서의 교육 상황을 파악하여 교육적인 지원을 하는 일을 한다. 한국교육에 대한 정보를 제공하고, 안식년에 함께 한국에 들어오는 MK들의 준비를 돕는다. 대학 진학에 대한 안내를 한다. 또한 MK들의 부족한 한국교육을 위하여 MK를 위한 전문인 교사를 발굴하고 훈련시켜 선교 현지로 보내고 MK교사들을 관리하는 일을 한다.

⑤ 전문인 선교사 부모지원 팀

부모지원 팀은 부모들에게 전문인 선교사의 소식을 알려 준다.

필요에 따라 전문인 선교사들에게 부모들의 소식을 전해 준다. 이 팀은 수시로 전문인 선교사 부모들에게 전화하고, 필요시 방문하며 초청하기도 한다. 또한 월 1회 정도 부모들의 기도회 모임을 가져 전문인 선교사 부모들과 실질적으로 함께 기도하고 서로 위로하고 격려하도록 도울 수 있다.

⑥ 카운슬링 팀

전문인 선교사는 선교 현지에서 지속적인 스트레스 가운데 있기 때문에 4년을 선교 현지에서 지내고 오면 거의 지치거나 심리적, 정서적으로 어려움 가운데 있다. 이 팀은 상담이 필요한 전문인 선교사들을 직접 상담하거나 이 사역에 참여하고 있는 다른 전문 상담가를 소개하여 도움을 줄 수 있다. 특히 미술치료나 놀이치료를 운영하여 MK들의 상담을 돕는다. 그리고 상담자(counselor)는 전문인 선교사가 직면하는 위기상황에 직접적으로 관여하여 전문인 선교사를 도와 회복을 돕는 사역을 한다. 상담 팀의 가장 중요한 역할은 부모교육, 의사소통(over-communicate), 위기관리 등에 대한 강의나 안내를 통하여 어려움을 대처할 수 있는 능력을 높이는 것과 가능성 있는 문제들을 예방하는 것이 중요한 일이다.

3. 전문인 선교사의 안식년 케어에 힘쓰라.

전문인 선교사가 선교 현지에 있는 동안 필요한 기본적인 지원은 무엇인가? 어떤 면에서 전문인 선교사가 안식년에 본국으로 들어오면 좀 더 구체적으로 전문인 선교사 케어가 실행되어야 한다. 입국하기 전부터 국내 상황과 선교 현지를 떠나 한국으로 준비하여 올 것들을 알려주기 위하여 메일을 보내고 귀국하면 안내한다. 그리고 휴식, 본국사역지원, 후원교회 방문, 재교육, 재충전 등 균형 있게 지원하고 관리하여 준다.[660] 따라서 전문인 선교사를 위해 케어하고 관리하는 것은 제3의 선교전략이라고 볼 수 있다.

4. MK를 케어하라.

창의적 접근 지역에서 사역 중인 전문인 선교사는 최근 자녀 교육에 대하여 말하기를, "이제 큰 아이가 5학년에 올라가는데 공립학교는 철저한 이슬람 교육이니 곤란하고 국제학교는 너무 비싸 엄두도 못 냅니다. 그렇다고 한국에 계신 부모님께 보내자니 마음이 놓이질 않습니다. 자녀는 하나님이 직접 키워 주신다는 믿음이 있지만 선교사 자녀 교육 문제에 누군가는 나서야 합니다"라고 고민하였다. 이런 문제로 인해 발생되는 선교사 탈진 원인 중 가장 큰 이유가 자녀 문제로 탈진하는 선교사 중 60%가 자녀 교육 문제로 한국에 돌아온다고 밝혔다.[661] 따라서 이슬람 문화권에서 학교를 보낼 수 없는 전문인 선교사들은 홈 스쿨을 하다가 지치는 경우가 많다. 그래서 전문인 선교사 자녀만을 위한 전문 교육 기관이 있어야 한다.

---

660) 윤누가, "선교사 멤버 케어,", 6.

661) 기독신문, "선교", http://www.kidok.com.

1) MK 전문인 사역 기관

최근 들어 한국 교회가 또 다른 선교사인 선교사 자녀(Missionary Kid)에 눈을 뜨고 있다. 관련 기관들과 사역단체, 국내외 학교들이 세워지고 있다. 또 곳곳에서 선교사 자녀에게 장학금을 지급하는 등 정보만 잘 찾는다면 많은 혜택을 누릴 수 있다. MK네스트와 한국선교사자녀교육개발원(KOMKED)은 국내 대표적 MK 전문 사역 기관으로 일명 'MK 종합병원'으로 불린다. 1997년 설립한 MK네스트는 청소년 MK캠프와 청년 MK캠프, 장학금 지급, MK호스텔 운영, 상담 등 선교사 자녀를 위한 토털 케어가 이루어지는 곳이다. MK네스트의 대표적인 사역은 'MK 둥지캠프'로 이 단체가 공식으로 설립되기 전인 1994년부터 시작되었다. 초기에는 한글학습캠프였으나 현재에는 '한국인의 뿌리 의식, 천국시민 의식, 국제적 감각을 지닌 MK로 자라게 한다'는 목적으로 한 주간 진행되는 캠프로 발전되었다.[662]

한국세계선교협의회(KWMA) 산하기구로 설립된 KOMKED는 여름과 겨울 수련회와 장학사업, MK 한국어 교재 개발, 국내외 한인 MK 사역자 세미나 등을 진행하고 있다.[663] 이 밖에도 MK 커넥션(www.mkconnection.org)은 MK에 관련된 인터넷 사이트와 링크를 모아둔 곳이다. 또 해외국제학교, 교사훈련 프로그램 등 MK에 필요한 자료들이 망라되어 있다. MK2MK(www.MK2MK.org)는 국제

---

662) 기독신문, "선교", http://www.kidok.com.

663) 한국어 교재는 KOMKED의 대표적인 사역 중에 하나로 2006년 『함께 배우는 한국어 1』을 시작으로 『기초편』, 『한국어2』, 『한국어3』을 잇따라 선보이고 있다. 이 책은 기존의 재외 국민 자녀 어린이들을 대상으로 한 책과 달리 선교사 자녀들의 문화적 상황을 고려했고 혼자서 공부할 수 있도록 편성했다.

대학생선교회(CCC) 산하기구로 전 세계에 흩어진 MK들을 케어를 담당하는 기관이다. MK2MK는 선교사 자녀대회를 세계 곳곳에서 열고 있으며, 대학을 순회하면서 부모와 떨어진 대학생 MK들을 대상으로 사역하고 있다. INTERACTION INTERNATIONAL(www.TCKinterac.net)은 전 세계 MK와 TCK(제3문화의 아이)를 돕는 전문 사역 기관으로 지난 30여 년 동안 MK의 정체성 문제와 교육적인 이슈들을 소개하고 있다.

2) MK 교육기관

미국의 경우, 선교사 자녀 중 3분의 2가 체계적인 MK교육을 통해 자국 내에서 성공적으로 정착하고 있으며, 상당수가 부모의 뒤를 이어 선교사로 파송되고 있다. 그러나 한국은 선교사 자녀 교육기관이 턱없이 부족한 실정이다.[664]

현재 MK교육을 위한 국내외 대안학교는 다음과 같다. 국외에는 카자흐스탄 선교사 자녀 주간학교인 티엔산교육센터, 필리핀 마닐라의 한국아카데미, 우간다의 무지개학교 등이 있다. MK호스텔로 태국에 푸른초장이 있다.

국내에는 수원중앙침례교회 성도들의 헌금으로 세워진 수원중앙기독초등학교, 안산 동산교회의 7,000여 성도가 설립한 안산동산고등학교, 인문계 특성화 신생고인 한빛고등학교 등이 있다. MK교육지원을 위한 부산 지구촌고등학교, 한동국제학교, 꿈의학교 등도 있다. 그러나 MK교육이란 제도, 정책, 교육철학, 선교전략, 재정 등

---

664) 기독신문, "선교", http://www.kidok.com.

을 모두 고려해야 하기 때문에 초교파적인 대책 마련이 절실하다.

한편 최근 MK들이 국내 대학교 진학에 어려움을 겪고 있는 것으로 알려졌다. 과거 미션스쿨을 중심으로 선교사 자녀 특별전형이 있었지만 최근 들어 축소되거나 해외 거주 특별전형으로 변경되어 선택의 폭이 좁아지고 있다. GMS의 한 관계자는 안 그래도 한국 대학 진학을 기피하는 MK들이 많은데 대학들이 문호를 좁히고 있어 국내에 들어오는 MK들이 더 줄어들 것으로 전망된다고 밝혔다. 이제 걸음마 단계인 한국 MK 사역에 대해 교육기관 확대와 전문가를 세우는 일이 우선시되어야 한다. 따라서 턱없이 부족한 MK 단기선교사 문제도 풀어야 할 과제(tasks)이다. 선교사 파송 제2위 국가다운 사역 대책이 절실한 때이다.

결 론

과거 125년 전만 해도 세계 속에 한국은 선교 제한 국가인 창의적 접근 지역이었다. 이제 한국 교회의 그 규모는 괄목할 만한 성장을 이루었다. 그러나 2007년 7월 아프가니스탄 피랍 사태를 겪은 이후 한국 교회의 해외 선교 문제가 교세 확장의 한 수단과 물량적인 선교나 가시적인 선교에 있다는 비판을 받게 되었다. 이것은 한국 교회의 미성숙한 선교에 재검토가 요구되었던 중요한 교훈이라 할 수 있다. 이로 인한 세계 선교에 대한 잡음들이 오히려 한국의 지역교회와 선교단체들이 함께 귀 기울여 듣고, 손잡고 고민하면 21세기 선교는 더 크게 발전할 수 있을 것이다. 그 선교적인 대안에 있어서 좋은 구호나 열성만으로는 효율적인 선교를 할 수 없기 때문에 21세기의 지혜로운 세계 선교의 실천적 방법론은 전문인 선교일 것이다.

오늘날 세계에서 선교하는 대표적인 종교로 뽑는다면 기독교와 이슬람, 그리고 불교를 들 수 있다. 오랫동안 서양의 종교로 인식되어 온 기독교가 이제 아프리카, 아시아, 남미와 같은 비서구 지역을 중심으로 새롭게 부흥하고 있다. 그러나 아랍(Arabia)에서 시작된 이슬람교는 북아프리카와 동남아시아를 넘어 최근 유럽에서 상당한 세력을 갖게 되었다.665) 이러한 현상을 통해 볼 때, 한국 교회는 이슬람권과 힌두권, 그리고 불교권, 공산권 지역 등에서 전통적인 목회자 중심의 선교사들만으로는 복음을 전하기가 힘들어졌다는 것에 주목해야 한다. 그러나 전문인 선교사는 그 나라에 구할 수 없는 전문적인 직업 때문에 그 나라에 들어가서 살아갈 수 있는 권리를 얻게 된다.

세계 선교학계는 이러한 지역에 목회자의 신분을 감추고 선교 사역을 감당하기 위한 대안으로 소극적인 전문인 선교에서 완전히 탈피할 것을 주문하고 있다. 효과적인 선교 사역을 이루기 위해서 전문인 선교사는 전문인으로 사역자의 위상을 갖도록 지역교회와 선교단체를 통한 훈련과 신학적인 공급이 절대적으로 필요하다. 한국교회는 성경과 교회사, 그리고 현재 일어나고 있는 선교현장을 통해 하나님의 백성(the people of God)이 전문인 사역자로서 그 위상과 역할을 가지고 있음을 살펴보아야 한다.

아울러 필자는 이 책을 정리하면서 성공적인 전문인 선교사가 되기 위해서 힘들지만 값비싼 복음을 전파하는 데 적절한 준비가 필요하다고 보아 다음과 같이 열두 가지의 제언을 하고자 한다. 첫째, 영적, 육체적, 정신적, 감정적으로 충분히 준비하라. 둘째, 국내 지원자를 찾으라. 셋째, 하나님의 말씀을 배우라. 넷째, 영적 전쟁과 중보기도를 배우라. 다섯째, 전도를 배우라. 여섯째, 제자훈련을 배우라. 일곱째, 언어를 배우라. 여덟째, 문화를 배우라. 아홉째, 직업과 사역의 하나 됨(unity)을 배우라. 열째, 단기선교를 통해 배우

---

665) 안신, "세계종교로서 이슬람과 최근 동향과 전망: 유럽에서의 이슬람 확산과 한국에서의 다문화현상(Islam as a World Religion: Muslims in Europe and Korea)," 『횃불트리니티신학대학원대학교 10주년 기념 한국이슬람 연구소 공개강좌』 (2008, 11월), 1.

라. 열한째, 전문인 선교에 대한 책들을 읽으라. 마지막으로 열두째, NGO 단체와 연합하라.

21세기 마지막 선교적 대안(missional substitute)인 전문인 선교는 시대가 원하지만 분명히 하나님이 소원하시는 선교전략임에 분명하다. 전문인 선교는 현대 마지막 선교지인 창의적 접근 지역을 위한 가장 강력한 선교전략이 될 것이다.[666] 그래서 전문인 선교사는 자신의 전문적인 직업을 가지고 지금까지 선교의 문이 닫혀 있는 지역으로 가서 목회자 선교사의 비자가 아니라 전문인의 비자를 받아 들어가 선교현지에서 선교하는 선교전략을 펼쳐야 한다. 오늘날 선교현지는 전문인 선교사들을 절실히 요구한다. '평신도가 선교할 수 있는가?'라는 문제가 아니라 오늘의 한국 교회가 전문인 선교를 효율적으로 다양한 선교 영역들을 전략화한다면 교회 지도자뿐만 아니라 모든 평신도가 전문인 선교사의 비전을 새롭게 하는 실천적 작업이 절실하다고 본다.

『내가 찾은 하나님은』(Searching for God Knows What)이라는 책의 저자 도널드 밀러(Donald Miller)가 교회에 대하여 말하기를, "교회란 그 사명(mission)을 거부할 때 더 이상 교회가 아니다."라고 하였다.[667] 교회가 사도적(apostolic) 성격과 선지자적 성격을 회복할 때, 이웃과 전 세계를 변화시키고, 그들을 제자로 삼는 데 하나님의 도구가 될 수 있다. 교회는 전 세계적인 파트너십을 가지고 다른 사람들의 불에 기름을 부어서 더욱 밝고 힘 있게 타오르게 만들 사명이 있는 것이다.

---

666) 김성욱, "21세기 한국교회 전방개척선교를 위한 평신도 선교 사역의 효율성 연구,", 132.
667) Wolfgang Simson, 『가정교회』, 황진기 역 (서울: 국제제자훈련원, 2004), 47.

한국 교회는 선교를 함에 있어 전문인 선교를 극대화하는 것이 세계 선교를 앞당기는 방법이다. 전문인 선교를 위해 목회자들은 목회철학에 평신도들을 예수님의 제자로 재생산시켜 전문인 선교사로 훈련시키는 폭넓은 시각을 가져야 한다. 하나님의 영광(the glory of God)을 위한 것이 전문인 선교의 목적이라면 목회자는 단독으로 사역하는 자세를 이제 버려야 할 것이다. 그리고 오늘날 한국 교회의 평신도들도 보다 적극적인 사명과 자세를 보다 전문인 사역자로서의 자세를 가져서 마지막 선교 사역을 완수해야 한다. 전문인 선교는 예수님께서 이 땅에 다시 오시는 그 날까지 하나님의 구명보트가 되어야 할 것이다. 전문인 선교사를 위해 한국 교회는 목숨 걸고 세상으로 하여금 그들이 너무 오랫동안 무시했던 예수 그리스도를 보게 하는 위대한 과업에 쓰임 받아야 할 것이다.

참고문헌

국내서적

강승삼.『선교행정과 정책』. 서울: 총신대학교 선교대학원, 1996.
______.『21세기 선교 길라잡이』. 서울: 생명의말씀사, 1998.
권택조.『영성발달』. 서울: 예찬사, 1999.
국제신학연구원.『여의도순복음교회의 신앙과 신학』. 서울: 서울서적, 1993.
김성욱.『전문인 선교 역사 강의안』. 서울: 총신대학교 선교대학원, 2000.
김성태.『세계 선교 전략사』. 서울: 생명의말씀사, 1994.
김승호.『복음주의선교신학에 대한 이해』. 서울: 예영B&P, 2008.
______.『사도행전』. 서울: 기독교문서선교회, 2003.
김세윤.『요한복음 강해』. 서울: 도서출판 두란노, 2001.
김종성.『선교사의 생활과 사역』. 서울: 한국장로교출판사, 2006.
김태연.『전문인 선교사를 깨워라』. 서울: 이레서원, 2000.
______.『전문인 선교사를 구비시켜라』. 서울: 도서출판 치유, 2000.
______.『전문인 선교사로 살아라』. 서울: 도서출판 치유, 2002.
______.『전문인 선교사로 나가자』. 서울: 예영 닷컴, 2004.
김희성.『부활신앙으로 본 신약의 성령론』. 서울: 대한기독교서회, 2000.
남후수.『미래의 세계선교 전략』. 서울: 프리칭아카데미, 2008.
______.『바울과 한국 선교사』. 파주: 한국학술정보, 2007.
노봉린.『미전도 종족 선교정보』. 서울: 도서출판 횃불, 1995.
두란노서원 편집부.『직업』. 서울: 도서출판 두란노, 1990.
명성훈.『부흥뱅크』. 서울: 규장문화사, 1999.
목회와신학 편집부.『사도행전을 어떻게 설교할 것인가』. 서울: 두란노아카데미, 2003.

박흥일. 『2004년 세계선교대회 평신도/전문인 선교대회: 21세기 직장 선교와 세계선교』. 서울: 한국세계선교협의회, 2000.

박기호. 『타문화권 교회 개척』. 서울: 개혁주의신행협회, 2005.

______. 『한국교회선교운동사』. 서울: 아시아선교연구소출판부, 1999.

방지형. 『목회 커뮤니케이션』. 서울: 성광문화사, 1993.

배본철. 『기독교회사』. 서울: 문서선교 성지원, 1995.

선교사케어넷. 『땅끝의 아침』. 서울: 도서출판 두란노, 2007.

신성종. 『이런 교회가 성장한다』. 서울: 도서출판 하나, 1993.

신호철. 『이 땅의 떨어진 밀알들 양화진 선교사』. 서울: 양화진선교회, 2003.

손석태. 『창세기 강의』. 서울: 성경읽기사, 1993.

손영우. 『전문가, 그들만의 법칙』. 서울: 샘터, 2005.

송인규. 『세계를 품은 그리스도인』. 서울: 한국기독학생회출판부, 1992.

아세아연합신학대학교 라틴아메리카 연구원. 『라틴아메리카여 일어나라』. 서울: 예영커뮤니케이션, 2007.

안승오. 『사도행전에서 배우는 선교 주제 28가지』. 서울: 대한기독교서회, 2008.

안재은. 『현대선교신학』. 서울: 총신대학교 선교대학원, 1995.

양용의. 『마태복음 어떻게 읽을 것인가』. 서울: 성서유니온선교회, 2005.

이광순·이용원. 『선교학 개론』. 서울: 한국장로교출판사, 1996.

이사무엘. 『평신도를 부른다(1권)』. 서울: 성광문화사, 1999.

이수환. 『성경을 보면 선교가 보인다』. 파주: 한국학술정보, 2008.

이은무. 『한국 선교를 깨운다』. 서울: 도서출판 두란노, 2006, 127.

이충성. 『청년단기선교 A to Z』. 서울: 죠이선교회 출판부, 2008.

이태웅. 『한국교회의 세계선교 그 이론과 실제』. 서울: 죠이선교회 출판부, 1997.

이훈구. 『성경적 치유사역』. 서울: 갈릴리출판사, 2003.

인구보건복지협회. 『2007 세계인구현황보고서』. 서울: 인구보건복지협회, 2007.

임태수. 『구약성서와 민중』. 서울: 한국신학연구소, 1993.

유니온.『한 무명 선교사의 역설적 조언』. 서울: 성광문화사, 1996.

윤춘식.『현대교회와 선교교육』. 서울: 도서출판 영문, 2000.

옥한흠.『평신도를 깨운다』. 서울: 도서출판 국제제자훈련원, 1984.

장중열.『교회성장과 선교』. 서울: 성광문화사, 1978.

전택부.『양화진 선교사 열전』. 서울: 홍성사, 1986.

전호진.『종교다원주의와 타종교 선교전략』. 서울: 한국기독교신행협회, 1992.

정병관.『복음 혁명을 주도하는 세계 17대 교회』. 서울: 생명의말씀사, 2005.

정상운.『성결교회 역사총론』. 안양: 한국복음문서간행회, 2004.

＿＿＿＿.『한국성결교회(Ⅰ)』. 서울: 은성출판사, 1997.

차준희.『창세기 다시 보기』. 서울: 대한기독교서회, 1998.

＿＿＿＿.『출애굽기 다시 보기』. 서울: 프리칭아카데미, 2004.

최정만.『다시 써야 할 세계선교역사(Ⅰ)』. 서울: 쿰란출판사, 2007.

펴내기.『텐트메이커선교 그 이론과 실제』. 서울: 도서출판 펴내기, 1994.

하용조.『사도행전적 교회를 꿈꾼다』. 서울: 도서출판 두란노, 2007.

한국선교신학회.『선교학 개론』. 서울: 대한기독교서회, 2001.

한국전문인선교협의회.『선교의 패러다임이 바뀐다』. 서울: 도서출판 창조, 2000.

홍성주.『21세기 영성신학』. 서울: 은성출판사, 1995.

번역서적

Banks, Robert J.『바울의 공동체 사상』. 장동수 역. 서울: 한국기독학생회출판부, 2007.

Coleman, Robert E.『위대한 지상명령』. 하정완 역. 서울: 도서출판 두란노, 1994.

Conn Harvie M. & Ortiz, Manuel.『도시목회와 선교』. 한화룡 역. 서울: 기독교문서선교회, 2006.

Crossman, Meg.『미션 익스포저』. 정옥배 역. 서울: 도서출판 예수전도단, 2007.

Danker, William J. 『역사 속에서 본 비즈니스와 선교』. 신대현 역. 서울: 도서출판 창조, 1999.

Drucker, Peter F. 『프로페셔널의 조건』. 이재규 역. 서울: 청림 출판사, 2001.

Eldred, Ken. 『비즈니스 미션』. 안정임 역. 서울: 예수전도단, 2006.

Engen, Charles E. Van. 『모이는 교회, 흩어지는 교회』. 임윤택 역. 서울: 도서출판 두란노, 1994.

Gaukroger, Stephen. 『신세대를 위한 선교 길라잡이』. 김종호 역. 서울: 한국기독학생회출판부, 1998.

Glasser, Arthur F. 『성경에 나타난 하나님의 선교』. 임윤택 역. 서울: 생명의말씀사, 2006.

Griffiths, Michael. 『선교사가 되려는 분에게』. 보이스사 편집부 역. 서울: 보이스사, 1988.

Hamilton, Don. 『자비량 선교사들은 이렇게 말한다』. 정진환 역. 서울: 죠이선교회 출판부, 1991.

Hedlund, Roger E. 『성경적 선교신학』. 송용조 역. 서울: 고려서원, 1990.

Hiebert, Paul G. 『선교현장의 문화이해』. 김영동 · 안영권 역. 서울: 죠이선교회 출판부, 1997.

Jones, D. Martyn Lloyd. 『왜 하나님은 전쟁을 허용하실까?』. 박영옥 역. 서울: 도서출판목회자료사, 1991.

Kraft, Charles H. 『말씀과 문화에 적합한 기독교』. 김요한 · 피터 강 · 크리스티나 강 · 백신종 역. 서울: 생명의말씀사, 2007.

Lai, Patrick. 『직업선교, 미완성과업』. 선교한국 90조직위원회 역. 서울: 선교한국 90조직위원회, 1990.

Lane, Danis. 『선교사와 선교단체』. 도문갑 역. 서울: 도서출판 두란노, 1993.

Larkin, William J. 『문화와 성경해석학』. 정득실 역. 서울: 생명의말씀사, 2000.

Lenski, R. C. H. 『사도행전(하)』. 차영배 역. 서울: 백합출판사, 1979.

Longenecker, Richard N. 『바울의 사역과 메시지』. 김진영 역. 서울: 크리스챤다이제스트, 1997.

Miller, James E. 『설교를 돕는 소중한 책』. 정형수 역. 서울: 요단출판사, 1999.

Nissen, Johannes. 『신약성경과 선교』. 최동규 역. 서울: 기독교문서선교회, 2005.

Ogilvie, Lioyd John. 『당신에게 기적이 필요할 때』. 정진환 역. 서울: 생명의말씀사, 2006.

Peskett Howard & Ramachandra, Vinoth. 『선교』. 한화룡 역. 서울: 한국기독학생회출판부, 2006.

Peterson, Eugen H. 『비유로 말하라』. 양혜원 역. 서울: 한국기독학생회출판부, 2008.

Pocock, Michael. Rheenen, Gailyn Van. McConnell, Douglas. 『변화하는 내일의 세계선교』. 박영환 외 3명 역. 인천: 도서출판 바울, 2008.

Rabey Steve & Rabey, Lois Mowday. 『21세기 제자도 사역 핸드북』. 윤종석 역. 서울: 출판사 복있는사람, 2003.

Rad, G. Von. 『창세기』. 국제성서주석 역. 서울: 한국신학연구소, 1981.

Rankin, Jerry. 『하나님 나라를 위해 전력하라』. 이현모 역. 서울: 요단출판사, 2006.

Snyder, Howard A. 『21세기 교회의 전망』. 박이경 · 김기찬 역. 서울: 아가페출판사. 1993.

Stevens, R. Paul. 『21세기를 위한 평신도 신학』. 홍병룡 역. 서울: 한국기독학생회출판부, 2001.

Stott, John R. W. 『온전한 그리스도인이 되려면』. 한국기독학생회출판부 편집부 역. 서울: 한국기독학생회출판부, 1986.

__________. 『현대를 사는 그리스도인』. 한화룡 · 정옥배 역. 서울: 한국기독학생회출판부, 1993.

__________. 『현대 사회 문제와 그리스도인의 책임』. 정옥배 역. 서울: 한국기독학생회출판부, 2005.

Toffler Alvin & Toffler Heidi, 『엘빈 토플러 청소년 부의 미래』. 김주현 역. 서울: 청림출판, 2007.

Yammori Tetsunano & Eldred, Kennerth A. 『킹덤 비즈니스』. 최형근 역. 서울: 죠이선교회 출판부, 2008.

Wagner, C. Peter. 『겸손』. 정진환 역. 서울: 죠이선교회 출판부, 2004.

__________. 『기독교 선교전략』. 전호진 역. 서울: 생명의말씀사, 1978.

_________________. 『일터교회가 오고 있다』. 이건호 역. 과천: WLI Korea, 2007.

Webber, Robert E. 『그리스도교 커뮤니케이션』. 정장복 역. 서울: 대한기독교출판사, 1985.

Willard, Dallas. 『영성훈련』. 엄성옥 역. 서울: 은성출판사, 1993.

외국서적

Allen, Roland. *Missionary Methods: St. Paul's or Ours?* Grand Rapids: Eerdmans Publishing Company, 1962.

American Tract Society, *Ecumenical Missionary Conference*. New York: American Tract Society, 1990.

Barclay, William. *The Acts of the Apostles*. Philadelphia: Westminster Press, 1976.

Barrett, David B. *World—Class Cities and World Euangelization*. Birmingham: New Hope, 1986.

Bavinck, Johan H. *An Introduction to the Science of Missions*. Philadelphia: The Presbyterian and reformed Publishing Co, 1960.

Beyerhaus, Peter. *Shaken Foundation*. Grand Rapids: Zondervan Publishing House, 1972.

Blauw, Johannes. *The Missionary Nature of the Church*. New York: McGraw—Hill, 1963.

Boer, Harry. *Pentecost and Mission*. Grand Rapids: Eerdmans, 1961.

Borthwick, Paul. *How to Be a World—Class Christian*. Wheaton: Victor Books, 1991.

Bosch, David J. *Transforming Mission*. New York: Orbis Books, 1991.

Bredfeldt, Gary. *Great Leader Great Teacher*. Chicago: Moody Publishers, 2006.

Bristow, John Temple. *What Paul Really Said about Women*. San Francisco: Harper and Row, 1988.

Brock, Charles. *The Principles and Practice of Indigenous Church Planting*.

Nashville: Broadman Press, 1981.

Bruce, Frederick F. *Epistle to the Hebrews: New International Commentary on the New Testament*. Grand Rapids: Eerdmans Publishing Company, 1964.

__________. *New Testament History*. New York: Doubleday & Co, 1971.

__________. *Paul*. Grand Rapids: Eerdmans Publishing Company, 1978.

__________. *The Book of The Acts*. Grand Rapids: Eerdmans Publishing Company, 1984.

Carson D. A. and Moo Douglas J. and Morris, Leon. *An Introduction to the New Testament*. Grand Rapids: Zondervan, 1992.

Carter Charles W. and Earle, Ralph. *The Acts of the Apostles*. Grand Rapids: Zondervan Publishing House, 1978.

Chaney, Charles L. *Church Pianting at the End of the Twentieth Century*. Wheaton: Tyndale House Publishers, 1986.

Collins, Gary R. *Spotlight on Stress*. Ventura CA: Vision House, 1983.

Cook, Harold R. *Missionary Life and Work*. Chicago: Moody Press, 1959.

Danker, William J. *Profit for The Lord*. Grand Rapids: Eerdmans, 1971.

Dayton Edward R. & Fraser, David A. *Perspectives on the World Christian Movement*. Pasadena: William Carey Library, 1981.

Dodd, Charles H. *The Interpretation of the Fourth Gospel*. Cambridge: Cambridge University Press, 1980.

Dunn, James. *Romans 9−16*. Dallas: Word Books Publisher, 1988.

__________. *The Theology of Paul the Apostle*. Grand Rapids: Eerdmans Publishing Company, 1998.

Edward & Erny, Esther. *No Guarantee But God*. Greenwood: The Oriental Missionary Society, 1986.

Engen, Chrales E. Van. *God's Missionary People*. Grand Rapids: Baker, 1991.

__________. *Mission on the Way: Issues in Mission Theology*. Grand Rapid: Baker, 1996.

Erickson, Millard. *Christian Theology*. Grand Rapids: Baker, 1985.

Ericson, Norman R. *Theology and Mission*. Grand Rapids: Baker Book House, 1978.

Fee, Gordon D. *God's Empowering Presence: the Holy Spirit in the Letters of Paul*. Massachusetts: Hendrickson, 1994.

Foste, Richard J. *Celibration of Dicsipline*. London: Hodder & Stoughton, 1989.

Gibbs, Eddie. *Church Next*. Downers Grove: Inter Varsity Press, 2000.

__________. *I Believe in Church Growth*. London: Hodder & Stoughton, 1990.

Green, Michael. *Evangelism in the Early Church*. London: Hodder & Stoughton, 1970.

Griffiths, Michael. *Missionary?* London: Inter Varsity Press, 1992.

Grunlan Stephen A. & Mayers, Marvin. *Cultural Anthropology*. Grand Rapids: Zondervan, 1988.

Guder, Darrell L. *Missional Church*. Grand Rapids: Eerdman, 1998.

Hesselgrave, David J. *Communicating Christ Cross — Culturally*. Grand Rapids: Zondervan Publishing House, 1991.

__________. *Planting Churches Cross — Culturally*. Grand Rapids: Baker Book House, 1980.

Hiebert, Paul G. *Cultural Anthropology*. Grand Rapids: Baker, 1983.

Hinton, Keith. *Growing Churches Singapore Style: Ministry in an Urban Context*. Singapore: OMF Books, 1985.

James & Hefley Marit. *Uncle Cam*. Waco: Word, 1974.

Kane, J. Herbert. *A Concise History of the Christian World Mission*. Grand Rapids: Baker Book House, 1982.

__________. *Christian Missions in Biblical Perspective*. Grand Rapids: Baker, 1976.

__________. *Life and Work on the Mission Field*. Grand Rapids: Baker Book House, 1980.

__________. *Understanding Christian Mission* Grand Rapids: Baker, 1986.

__________. *Wanted: World Christians*. Grand Rapids: Baker, 1990.

__________. *Winds of Change in the Christian Mission*. Chicago: Moody Press, 1973.

Latourette, Kenneth S. *A History of the Expansion of Christianity*. New York: Harper and Brothers, 1939.

Lindsell, Harold. *An Evangelical Theology of Missions*. Grand Rapids: Zondervan Publishing House, 1970.

Livinston, Greg. *Planting Churches in Muslim Cities: Atean Approach*. Grand Rapids: Baker Book House, 1993.

Maxwell, John C. *Developing the Leaders Around You*. Nashville: Tomas Nelson Publishers, 1993.

McGavran, Donald A. *Understanding Church Growth*. Grand Rapids: Eerdmans, 1990.

Meeks, Wayne A. *The First Urban Christians*. New Heaven: Yale University Press, 1983.

Myers, Briant. *The New Context of World Mission*. Monrovia: MARC, 1997.

Nash, Laura. *Believers in Business*. Mashville: Thomas Nelson, 1994.

Nicholls, Bruce J. *Contextualzation: A Theology of Gospel and Culture*. Downers Grove: Inter Vasity, 1979.

Nida, Eugene A. *Customs and Culture*. New York: Harper, 1954.

Pate, Larry D. *Perspectives on the World Christian Movement*. Pasadena: William Carey Labrary, 1992.

Patte, Daniel. *Paul's Faith and the Power of the Gospel*. Philadelphia: Fortress Press, 1983.

Peters. George W. *A Biblical Theology of Missions*. Chicago: Moody Press, 1972.

Phillips James M. & Coote, Robert T. *Toward the Twenty −First Century in Christian Mission*. Grand Rapids: Eerdmans, 1993.

Polhill, John. B. *Acts*. New York: Nashville, 1992.

Pritchard, Gregory. *The Strategy of Willow Creek Community Church: A Study in the Sociology of Religion*. Evanston: Northwestern University. 1994.

Schlater, Wilhelm. *Geschichte der Basler Mission 1815 − 1915*. Basel: Verlag der Basler Missions − Buchhandlung, 1916.

Seamands, John T. *Tell It Well: Communicating the Gospel Across Cultures.* Kansas: Beacon Hill Press, 1971.

__________. *The Supreme Take of the Church.* Grand Rapids: Eerdmans, 1964.

Senior Donald and Stuhlmueller Carroll. *The Biblical Foundations for Mission.* Maryknoll: Orbis Books, 1983.

Stevens, R. Paul. *Liberating the Laity: Equipping All the Saints for Ministry.* Downers Grove: Inter Varsity Press, 1985.

Stewart, John. *The Nestorian Missionary Enterprise: The Story of a Church on Fire.* Edinburgh: Clark, 1923.

Stott, John R. W. *One People.* Downers Grove: Inter Varsity Press, 1982.

__________. *Persperctives on the World Christian* Movement. Pasadena: William Carey Library, 1992.

__________. *The Message of Acts.* Downers Grove: Inter Varsity Press, 1990.

Tenney, Merrill C. *New Testament Survey.* Grand Rapids: Eerdmans Publishing Company, 1961.

Thiessen, John. *A Survey of World Missions.* Dowers Grove: Inter Varsity Press, 1956. Tucker, Ruth. *From Jerusalem to Irian Jaya.* Grand Rapids: Zondervan, 1983.

Wagner, C. Peter. *Church Planting for a Greater Harvest.* Ventura: Regal Book, 1990.

__________. *Strategies for Church Growth.* Ventura: Regal Books, 1987.

Waker, F. Deaville. *William Carey: Father of Modern Missions.* Chicago: Moody Press, 1980.

Wanner, Gustav Adolf. *Die Basler Handelsgesellschaft AG 1859−1959.* Basel: Basel HandGesellschaft, 1959.

Wilson, J. Christy. *Today's Tentmakers: self−support an alternative model for worldwide witness.* Wheaton: Tyndale House, 1979.

Yamamori, Tetsunao. *Penetration Missions Final Frontier: A New Strategy for Unreached Peoples.* Downers Grove: IVP, 1993.

외국저널 및 사전

Butler, Robb. *"The Hope and the Challenge of World Evangelization."* in IJFM, April 1993.

Clark, Charles A. *"The Missionary Work of the Korean Presbyterian Church."* The Korea Mission Field. ed. by Ellasue Wagner, Vol. XXX, No. 8, August, 1934.

Elder, Ted. *"Where Are the Frontiers?"* International Journal of Frontier Mission. Jannuary 1992.

Kling, August J. *"Columbus — A Layman 'Christ — bearer' to Uncharted Isles."* The Presbyterian Layman, October 1971.

Mcknight, Scot. *"Gentiles, Gentile Mission."* in Dictionary of Jesus and the Gospels. 1997.

Winter, Ralph. *"Mission Frontiers."* April — May 1991.

Wagner, C. Peter. *"Donald McGaveran: A Tribute to the Founder."* In C. Peter Wagner(ed.), Church Growth: State of the Art. Wheaton: Tyndale, 1989.

논문

김수곤. "평신도 선교동력화에 대한 연구." 『석사학위 논문』 양평: 아세아연학신학대학교 신학대학원, 1997.

이재완. "교회 안의 작은 교회 운동에 나타난 요한 웨슬리의 선교사상 연구." 『신학박사학위논문』 서울: 아세아연합신학대학교 대학원, 2003.

정기간행물

강승삼. "한국형 선교모델을 찾자." 『한국선교 KMQ』 통권 22호. 2007.
4월.

기아대책. "NGO의 역할." 『기아대책』. 2009. 4월.

김병선. "선교훈련의 다양화." 『한국선교 KMQ』 통권 29호. 서울: 선교
타임즈 출판부, 2008. 4월.

김성욱. "21세기 한국교회 선교와 전문인 선교." 『총신대 논총』. 제22
집. 2003. 3월.

______. "21세기 한국교회 전방개척선교를 위한 평신도 선교 사역의 효
율성 연구." 『복음과 선교』 제4권. 2006. 6월.

김이곤. "하나님이 기뻐하시는 감사 예물." 『기독교사상』 제453호. 1996.
9월.

김주향. "주께서 주신 아름다운 기업 MK." 『개척정보』 제201호. 2004.

김주환. "척박한 땅에 세워진 선교의 전진기지." 『월간목회』 2008. 8월.
권병기. "전방개척선교에서의 문화선교사역의 방향." 『전방개척선교』.
2006. 5월.

노윤식. "20세기의 부흥운동과 선교." 『선교신학』 제16집. 2007. 11월.

류호준. "쉼표가 있는 삶." 『목회와신학』 2004. 12월.

박창환. "바울의 선교원칙." 『교회와 신학』 제28집. 1996. 4월. 배굉호.
"제자훈련과 교회성장과의 관계." 『개혁신학과 교회』 제14호. 2003.

서정운. "마포삼열이 한국교회 성장에 미친 영향." 『長神論壇』 제6권.
1990. 12월.

심상법. "한국교회 제자훈련의 성경적 평가와 전망." 『신학지남』 제290
호. 2007.

소망아카데미. "소망교회 곽선희 목사와 세계적인 교회성장신학자 밴
엥겐 박사의 교회성장신학 세미나." 『소망교회』. 1999. 9월.

손석원. "제자훈련과 선교." 『성결신학연구』 제7집. 2002. 12월.

송기태. "모든 성도를 전문인 선교화하는 교회." 『선교타임즈』. 2008. 6월.

안 신. "세계종교로서 이슬람과 최근 동향과 전망: 유럽에서의 이슬람
확산과 한국에서의 다문화현상(Islam as a World Religion: Muslims

in Europe and Korea)."『횃불트리니티신학대학원대학교 10주년 기념 한국이슬람 연구소 공개강좌』. 2008. 11월.

이종훈. "양화진 묘비에 얽힌 메시지와 한국선교사 양화진."『한국선교 KMQ』통권26호. 2008. 4월.

이영제. "세계화 시대의 인터넷 선교."『세계선교』 39호. 2003.

윤누가. "선교사 멤버 케어."『난 곳 방언으로』. 2006. 11월.

전동주. "현대 전문인 선교의 역사."『선교타임즈』. 2006. 9월.

전호진. "2006 세계선교대회/NCOWE Ⅳ: 한국교회 선교 25년 평가."『세계선교대회/NCOWE Ⅳ』. 2006. 6월.

정광호. "우리 생활에 있어서 인터넷이란 무엇인가?"『정보통신』 13권. 1996. 6월.

정인찬. "제6차 세계한인선교대화 참관기."『목회와신학』. 2008. 9월.

정재우. "메가 교회 메타교회의 과거, 현재, 미래."『활천』통권 660호. 2008. 11월.

조명순. "2006 세계선교대회/NCOWE Ⅳ: 한국 선교 미래 25년을 위한 행정 시스템과 콘텐츠."『세계선교대회/NCOWE Ⅳ』. 2006. 6월.

조은강. "불교의 영이 흐르는 중심 티벳."『개척정보』제200호. 2004.

최형근. "선교적 교회란 무엇인가."『목회와신학』 2006. 5월.

______. "2006 세계선교대회/NCOWE Ⅳ: 교회와 선교로 살펴본 미래 한국 선교이론."『세계선교대회/NCOWE Ⅳ』. 2006. 6월.

Olson, C. Gordon. "세계의 종교 현황과 미래의 선교방향."『현대선교』 8권. 1996. 2월.

한국해외원조단체협의회. "세계 빈곤지역의 한국 NGO."『2005 민간단체 해외원조단체 활동 자료집』. 2005.

신문

국민일보 2007년 3월 15일자 신문.
국민일보 2007년 3월 15일자 신문.
국민일보 2008년 1월 19일자 신문.
국민일보 2008년 8월 28일자 신문.
국민일보 2009년 1월 27일자 신문.
국민일보 2009년 4월 3일자 신문.
문화일보 2008년 2월 27일자 신문.
미주크리스찬신문 1994년 7월 25일자 신문.
한국선교연구원(krim.org) 파발마 615호.
The Christian Post 2008년 5월 27일자 신문.

인터넷

기독신문. "선교". http://www.kidok.com.
기독일보. "한인세계선교대회". http://kr.christianitydaily.com.
기아대책. "기아대책 소개". http://www.kfhi.or.kr.
국제사랑의봉사단. "소개". http://www.lci.co.kr.
굿네이버스. "굿네이버스 소개". http://www.goodneighbors.kr.
굿피플. "굿피플 소개". http://www.goodpeople.or.kr.
두산백과사전. "가나". http://www.encyber.com.
브리태니커. "NGO". http://enc.daum.net.
명지대학교특수대학원. "국제대학원". http://www.mju.ac.kr.
사랑의 교회. "세계선교부". http://mission.sarang.org.
서울대학교병원. "연혁". http://www.snuh.org.
온누리 교회. "교회소개". http://www.onnuri.or.kr.
영한사전. "Professional". http://engdic.daum.net.
월드비전. "월드비전 소개". http://www.worldvision.or.kr.
장미회. "기관소개". http://www.roseclub.or.kr.

지구촌교회. "교회연혁". http://www.jiguchon.org.

__________. "비전과 사명". http://www.jiguchon.org.

제2차 민족과 세계복음화 회의 자료집. "전문인 선교". http://kcm.co.kr.

제6차 세계한인선교대회. "선택강좌/선교포럼". http://www.kwmc.com.

컴패션. "설립동기". http://www.compassion.or.kr.

크리스천 투데이. "선교와 세계". http://www.christiantoday.co.kr.

한국기독교직장선교연합회. "직장선교회란". http://www.workmission.net.

한국세계선교협의회. "선교사 파송현황". http://www.kwma.org.

한국전문인선교훈련원(GPTI) 대전 지원. "선교칼럼". http://www.gpti.co.kr.

해비타트. "해비타트 소개". http://www.habitat.or.kr.

GTM. "중보기도". http://qt.swim.org.

Peoples Church. "The Peoples Church Toronto". http://www.thepeopleschurch.ca.

World Evangelical Alliance Missions Commission. "Iguassu Affirmation".
http://www.worldevangelicals.org.

이수환

성결대학교 졸업(신학사, B.A.)
총신대학교 대학원 졸업(선교학석사, M.A.)
한세대학교 신학대학원 졸업(목회학석사, M.Div.)
계명대학교 연합신학대학원 수학(신학석사, Th.M.)
성결대학교 신학전문대학원 졸업(신학석사, Th.M.)
성결대학교 일반대학원 졸업(철학박사, Ph.D.)
한국복음주의선교신학회 회원
한국디아스포라선교회 회원
한국다문화진흥학회 서기
한국성결선교학회 회장
한국세계선교협의회 국제문화예술기구(TCI) 전문이사
고천성결교회 수석부목사
미국 웨스턴커버넌트대학교 대학원 외래교수(선교학)
성결대학교 외래교수(선교학)

『인도네시아 순다족 문화권에서의 선교전략 – 영적 전쟁을 중심으로 – 』(총신대학교, 1997)
『타문화권 선교에서의 영적 전쟁 전략』(한세대학교, 1998)
『영적 전쟁을 통한 세계선교에 관한 연구』(한세대학교, 2000)
『선교를 위한 영적 전쟁에 대한 연구』(성결대학교, 2005)
『영적 종교현상의 형태론과 성경선교신학적 평가』(성결대학교, 2010)
『성결클릭』(한국성결교회연합회 공저)
『선교와 영적 전쟁』(2006)
『선교와 미디어』(2006)
『성경을 보면 선교가 보인다』(2008)
『전문인 선교론』(2009)
『21세기 선교와 종교현상학』(2011)
『선교와 영적 전쟁(개정판)』(2011)
『21세기 선교와 종교현상학(개정판)』(2011)
외 다수

이메일: soo-hwanlee@hanmail.net
트위터: www.twitter.com/soohwan22
페이스북: www.facebook.com/soohwan22

초 판 인 쇄 | 2009년 9월 30일
초 판 발 행 | 2009년 9월 30일
개 정 판 발 행 | 2011년 8월 28일

지　은　이 | 이수환
펴　낸　이 | 채종준
펴　낸　곳 | 한국학술정보㈜
주　　　소 | 경기도 파주시 문발동 파주출판문화정보산업단지 513-5
전　　　화 | 031) 908-3181(대표)
팩　　　스 | 031) 908-3189
홈 페 이 지 | http://ebook.kstudy.com
E - m a i l | 출판사업부　publish@kstudy.com
등　　　록 | 제일산-115호(2000. 6. 19)

ISBN　　978-89-268-2525-9　93230 (Paper Book)
　　　　978-89-268-2526-6　98230 (e-Book)